Hugo Saurma

Wappenbuch der schlesischen Städte und Städtel

Hugo Saurma

Wappenbuch der schlesischen Städte und Städtel

ISBN/EAN: 9783743478671

Hergestellt in Europa, USA, Kanada, Australien, Japan

Cover: Foto ©ninafisch / pixelio.de

Manufactured and distributed by brebook publishing software (www.brebook.com)

Hugo Saurma

Wappenbuch der schlesischen Städte und Städtel

WAPPENBUCH

DER

SCHLESISCHEN STÄDTE

UND STÄDTEL,

HERAUSGEGEBEN VON

HUGO SAURMA, FREIHERRN V. U. Z. D. JELTSCH,

ILLUSTRIRT VON L. CLERICUS

BERLIN, 1870.

IN COMMISSION BEI GOERLICH & COCH IN BRESLAU.

Vorrede.

Nächst denjenigen Freunden und Beförderern dieses Buches, denen der Herausgeber weiterhin seinen Dank abzustatten Gelegenheit haben wird, gebührt das Hauptverdienst an dem Zustandekommen desselben zwei Verstorbenen. Der eine von ihnen, Kretschmer, Beamter des hiesigen Königlichen Museums hatte sein ganzes Leben dazu angewandt, Materialien hauptsächlich für die Spezialgeschichte seines Geburtslandes Schlesien zusammenzutragen; mit seinem Nachlass, dessen grössten Theil der Herausgeber erwarb, glaubte dieser gewissermassen auch die Verpflichtung mit übernommen zu haben, die Resultate jenes rastlosen Fleisses nicht unverwerthet zu lassen. Der andre war F. A. Vossberg, Kanzleirath bei der Königlichen Hauptbank, der nicht allein als Sammler, sondern auch als Autor verdienstvoller Werke einen in weitesten Kreisen mit Anerkennung genannten Namen hinterlassen hat. Derselbe trat dem Herausgeber alle Silesiaca aus seinen verschiedenen Sammlungen mit dankenswerther Bereitwilligkeit ab, und schuf dadurch einen systematisch geordneten und wissenschaftlich gediegenen Kern, der um so nützlicher und nothwendiger war, als die Kretschmerschen Collectaneen bei genauerer Prüfung immerhin Anlass zu mancherlei Bedenken ergaben. Kretschmer fehlte die kritische Anlage; mit derselben Sorgsamkeit und Treue, mit derselben wirklich wunderbaren Zierlichkeit und Feinheit kopirte er das kostbarste Originalstück des Museums, wie irgend eine stümperhafte Abbildung, er excerpirte eben so gründlich die albernen Fabeln eines verschollenen Chronisten, wie die gediegenen Regesten eines Historikers von Ruf. In vielleicht zu voreiligem Vertrauen auf den quantitativen Reichthum dieses Materials, dessen Inhalt das ganze Gebiet der schlesischen Spezialgeschichte erschöpft zu haben schien, waren aber einmal die Einleitungen zur Herausgabe des schlesischen Städtewappenbuchs bereits Ende des Jahres 1868 getroffen worden und es galt später, auch unter wachsenden Schwierigkeiten das angefangene Werk zu vollenden.

Ein Appell an die Städte selbst, in Form einer Subscriptionseinladung, verknüpft mit der Bitte um Zusendung von Siegeln und historischen Daten, hatte einen sehr schwachen

Erfolg. Auf etwa 250 abgeschickte Briefe haben überhaupt geantwortet 33 Magistrate, aber kaum die Hälfte derselben machte die gewünschten Zusendungen. — Durch Subscription haben das Unternehmen unterstützt 18 Städte. Besonders misslich stand die Sache mit den nicht zur jetzigen preussischen Provinz Schlesien gehörenden, schlesischen Landestheilen. Kretschmer hatte sie ausgeschlossen, auch in den Vossbergschen Sammlungen war nur wenig vertreten. Für Oestreichisch Schlesien schien lange Zeit die einzige Quelle bleiben zu sollen Widimski's Städtewappenbuch der östreichischen Monarchie, ein hier fast unbekannt gebliebenes Buch, das zwar bunte Wappenbilder in Menge, aber sonst wenig bietet. Eben so dürftig waren die Materialien über den jetzt schlesischen Antheil an der Oberlausitz und über das jetzt märkische Herzogthum Krossen bestellt und gar über die alten schlesischen Städte, die heutzutage zu Russland, oder Galizien gehören, mehr als flüchtige Andeutungen in Erfahrung zu bringen, musste aufgegeben werden.

Unter diesen Umständen entschloss sich der Herausgeber, da seine eigne, dienstliche Stellung eine längere Abwesenheit von Berlin nicht gestattete, durch seinen artistischen Mitarbeiter, Herrn L. Clericus an Ort und Stelle, in Schlesien selbst neues Material sammeln und das vorhandene ergänzen zu lassen. Zu zwei verschiedenen Malen und mehre Monate lang arbeitete derselbe im vorigen Jahre im Königlichen Staatsarchiv zu Breslau und in den Bibliotheken zu Warmbrunn und auf dem Fürstenstein, und brachte eine Fülle nicht allein von Zeichnungen bisher unbekannt gebliebener Siegel, sondern auch von literarischem, noch nicht verwerthetem Stoff heim, so dass nunmehr mit einiger Zuversicht des Gelingens an die Redigirung und Herstellung des Wappenbuchs gegangen werden konnte.

Hiebei gebührt der grösste Dank aber auch einer Reihe von Gönnern dieses Unternehmens, welche es in jeder Weise mit Rath und That unterstützt und gefördert haben: den Herren Beamten des Königlichen Staatsarchivs zu Breslau, besonders dem Chef desselben, Herrn Professor Dr. Grünhagen, ferner Herrn Dr. Luchs und Herrn Assessor Knoblich in Breslau. Gleichen Dank stattet der Herausgeber ab Herrn Dr. Burghardt in Warmbrunn und dem Herrn Vorsteher der fürstlich Pless'schen Bibliothek auf dem Fürstenstein. In hervorragendster Weise aber hat sich der geistliche Rath, Herr Pfarrer Weltzel in Tworkau um das Zustandekommen des Werkes verdient gemacht, indem er eine Menge von Lücken, besonders der verwickelten Spezialgeschichte Oberschlesiens ausfüllte und unermüdlich sich die Durchsicht des Manuscriptes angelegen sein liess, dasselbe mit werthvollen Zusätzen und Randbemerkungen begleitend. Ihm sei der verbindlichste Dank für seine grosse und verdienstliche Freundlichkeit gezollt.

So viel über die Entstehungsgeschichte des vorliegenden Buches, dessen vielfachen, kleineren Schwierigkeiten zu kennen und deren ganz oder nur zum Theil gelungene Ueberwindung zu würdigen wohl nur der ganz im Stande ist, welcher selbst ein derartiges Sammelwerk herausgegeben hat.

Es dürfte sich aber empfehlen, auch über die Ausführung des Buches ein paar Worte vorauszuschicken, um mögliche Missverständnisse zu vermeiden. Erstens hat es nicht im ursprünglichen Plane gelegen, Siegeltafeln dem Werke beizufügen. Dadurch haben sich zwei Missstände ergeben, einmal der Mangel jeder Hinweisung im Texte auf die hinten folgenden Abbildungen, dann aber auch wahrscheinlich die irrthümliche Auffassung mancher Leser, dass der Herausgeber nicht Wappen- und Siegelbilder unterscheiden wolle, oder könne. — So lange aber an die besonderen Siegeltafeln nicht gedacht wurde, andererseits aber dem Verständniss des Publikums durch Abbildungen der oft nicht ganz leicht zur Anschauung zu bringenden, ältern Siegeltypen zu Hilfe gekommen werden musste, war es geboten, diese letztern in dem Rahmen eines Wappenschildes unterzubringen. Verkleinerte oder verstümmelte Siegel verfehlen ganz ihren Zweck, unter diesen Umständen schien es schon gerathener, die oft genug kaum noch erkennbare Grenze zwischen Wappen- und Siegelbildern, des praktischen Nutzens wegen, einmal fallen zu lassen.

Man könnte ferner den Vorwurf erheben, dass in den historischen Uebersichten, die von jedem Orte dem eigentlich heraldischen und sphragistischen Theile des Textes vorangestellt sind, auf die Aufzählung der Erbherren, Pfandbesitzer, Erbvögte und Hauptleute zu viel Gewicht gelegt worden, und demzufolge oftmals die grössern und wichtigeren Städte den kleinen Mediatflecken gegenüber zu kurz gekommen seien. Es ist darauf zu erwidern, dass das vorliegende Buch durchaus keinen Anspruch erhebt, ein historisches Handbuch zu sein, sondern in erster Reihe ein Wappenbuch sein soll. Ein wissenschaftlich behandeltes Wappenbuch muss sich aber dadurch vom blossen Bilderbuch unterscheiden, dass es die Entstehung der Wappen erklärt, mindestens die Erklärung anbahnt. Einige Städtewappen sind ganz zufällige und willkürlich erwählte, andere sind sogenannte redende, heraldische Rebus des Stadtnamens, noch andere finden ihren Ursprung in kirchlichen Verhältnissen, die allermeisten aber sind nach der Auffassung und Ueberzeugung des Herausgebers allein durch die heraldischen Embleme der alten Stadtherren, entweder der Landesregenten, oder der Mediatbesitzer, richtig zu deuten. Nur der Gleichmässigkeit und Vollständigkeit wegen sind dann auch die Erbherren derjenigen Orte mit aufgeführt worden, deren Wappen noch unermittelt geblieben, oder für deren Wappen diese Namenreihe eigentlich unwesentlich war. Diejenigen Forscher, welche in ihren speziellen Kreisen über Einzelnes besser informirt sind, als es der Herausgeber in der verhältnissmässig kurzen Zeit von zwei Jahren gleichmässig über 241 Städte und Märkte hat werden können, mögen überzeugt sein, dass derselbe ebenfalls recht wohl weiss, wie unendlich viel historische Details noch hätten ermittelt werden können und müssen — es ist aber doch wohl vorzuziehen, ein solches Werk vielleicht etwas zu eilig zu ediren und einer spätern, verbesserten Ausgabe seine endgiltige Vollendung zu überlassen, als in stetem Misstrauen gegen sich selbst und stetem Zagen vor der Oeffentlichkeit die Publikation desselben fort und fort zu verschieben.

Das Dunkel, welches so lange die ältere Geschichte Schlesiens verhüllte, hat erst neuerdings angefangen, unter den verdienstlichen Arbeiten kritisch zu Werke gehender Historiker sich einigermassen zu lichten, allein da auch sie nicht auf ein Mal, sondern nur stückweise den Vorhang der Sage, Erdichtung und Fabelei zu heben im Stande sind, so herrscht doch noch immer eine namenlose Verwirrung in den einander sich widersprechenden Traditionen und Angaben über lange Zeiträume. Bis zum Jahre 1250 ist als alleiniger Leitfaden der Codex siles. dipl. des Dr. Grünhagen festgehalten worden.

Es giebt bestimmte Hauptabschnitte und wichtigste Epochen in der schlesischen Landesgeschichte, die nur ab und zu in diesem Buche erwähnt worden sind: so die noch fast mythischen Tartarenzüge — die Lehnsanschlüsse an Böhmen, welche die allmälig stattgehabte Germanisirung des Volkes besiegelten und vielleicht das Hauptverdienst der eingebornen Piasten ausmachen, da Böhmens ganzes Kulturleben damals, ebenso wie jetzt, rein deutsch war — darauf die gräuliche Periode der Hussitenkriege — dann die Religionsspaltung — in ihrem Gefolge der dreissigjährige Krieg, in seinen Details doch schon menschlicher, als die Hussitenzeit in ihren, aber durch seine lange Dauer noch weit verheerender wirkend — endlich die Eroberung Schlesiens durch den grossen Preussenkönig, die den jetzigen, blühenden Aufschwung des Landes bedingt hat.

Alle diese und noch manche andre Ereignisse von weniger weit gehender Bedeutung immer wieder in seiner Weise zu schildern, erlässt sich kein Geschichtsschreiber einer einzelnen Stadt, er verabsäumt es aber auch nicht, die sichtbar gewordenen Kometen, die schrecklichen Seuchen, die einzelnen Mordthaten und vor allen Dingen die Feuersbrünste zu registriren, er beschreibt ferner die Revolten und gesellschaftlichen Umwälzungen in den grossen und die langwierigen Prozesse der kleinen Städte mit ihren adligen Herren, er verzeichnet die Schulbauten und den Inhalt der neuen Kirchthurmknöpfe, die Zeit der Einrichtung der neuen Strassenbeleuchtung und der allerjüngsten Zweig-Eisenbahneröffnung — das Alles fehlt in diesem Buche, weil der Herausgeber das sich immer gleich Bleibende, das sich überall in staunenswerther Regelmässigkeit Wiederholende nicht immer noch einmal bringen konnte.

Noch ein Vorwurf kann dem Buche gemacht werden, der Mangel der Quellenangabe. Darauf ist zu entgegnen, dass es dem reellen Kenner der schlesischen Geschichte wohl nur höchst selten einmal zweifelhaft sein wird, woher diese oder jene Angabe genommen ist. Einzelne, vielleicht überraschende, weil in den bekannten Geschichtswerken nicht zu findende, Notizen sind beim Siegelzeichnen den Urkunden und Acten des Breslauer Staats-Archivs nebenher entnommen und war die Spezialisirung dieser Quellen aus verschiedenen Gründen nicht recht statthaft. Für den Bruchtheil des lesenden Publikums aber, der durch Quellen-Citate nur den Schein historischer Gelehrsamkeit gerettet wissen will, die Jedem bekannten Büchertitel bei so vielen Parallel-Artikeln bis zur völligen Ermüdung aneinander zu reihen, davon musste aus wirklichem Mangel an Raum und Zeit Abstand genommen werden.

Möge das Publikum dieses Erstlingswerk günstig aufnehmen und wo es Ausstellungen zu machen hat, dem Herausgeber wenigstens die Anerkennung nicht versagen, dass er etwas Gemeinnütziges beabsichtigt hat.

Altenberg,

Kr. Schönau, Regbz. Liegnitz,

früher ein Marktflecken, jetzt ein blosses Dorf. Es wurde einst daselbst ein schwunghafter Bergbau auf goldhaltiges Silber betrieben, der aber bereits um 1563 stark ins Stocken gerathen war. Doch muss der Grubenertrag sich später wieder gehoben haben, da der Ort kurz vor der Zeit des dreissigjährigen Krieges ganz städtische Einrichtungen erhielt. Im Jahre 1661 gehörte Altenberg einem Conrad von Sack und Damsdorff auf Kauffung, als königlichem Pfandherrn. Er liess in diesem Jahre das unten beschriebene Gerichtssiegel aufertigen und starb 1687. Ihm folgte sowohl auf Kauffung, als auch im königlichen Pfandbesitze von Altenberg (1696) Anna Maria verwittwete von Zedlitz, geborne von Schindel. In diesem Jahrhundert hat Altenberg eine Zeit lang der Familie der Freiherren von Stillfried-Rattonitz gehört. In den Jahren 1845, 1857 war die (später geadelte) Familie Kramsta im Besitz, heutzutage ist es ein Herr von Sprenger.

Abdrücke des oben erwähnten Siegels, die sich erhalten haben, ergeben das Wappen der früheren „Stadt" Altenberg: Ein quer getheilter Schild, dessen obere Hälfte wiederum senkrecht getheilt ist. Oben rechts St. Nicolaus im bischöflichem Ornat, in dreiviertel, oder sehr gedrückter, ganzer Figur, links der böhmische Löwe, unten ein in der Grube sitzender und mit Schlegel und Eisen arbeitender Bergmann. Die Umschrift lautet: SIGIL · DER · FREIEN · BERGSTAT · AVF · DEM · ALTENBERGE. Die Farben ergeben sich, wenn nöthig, nach Analogie ähnlicher Wappendarstellungen von selbst, beim zweiten Felde stehen sie fest: der Heilige im konventionellen blau-rothen Kostüm auf Goldgrund, der Löwe weiss in Roth, der Bergmann schwarz zwischen weiss-grauen Steinen.

Auras,

Kr. Wohlau, (bis 1817 Kr. Breslau), Regbz. Breslau,

Stadt am rechten Oderufer, früher Owras, Uras, Uraz, Wraz genannt. Ein Ort dieses Namens wird bereits 1203 in der Stiftungs-Urkunde von Trebnitz erwähnt, die freilich unecht ist, deren der echten nachgebildeter Inhalt aber nicht durchaus Falsches enthalten wird; als Stadt wird Auras zuerst 1378 genannt. Die ehemalige Burg daselbst war eine der ältesten in Schlesien, auf ihr residirten schon im dreizehnten Jahrhundert landesherrliche Kastellane. Von Besitzern des späteren Burglehns Auras sind bekannt: 1427 Georg von Zedlitz, 1428, 1443 Opitz von Czirn. Nach dem Tode des Herzogs Heinrichs VI. von Breslau fiel mit dem ganzen Fürstenthum als erledigtem Lehn, auch Auras an den König Georg Podiebrad, der letzteres 1466 dem Christoph von Sehkopp verlieh. Dieser erbaute das neue Schloss. Im Jahre 1489 erhielt der vertriebene Herzog von Öls die Herrschaft auf Lebenszeit, er blieb jedoch nur bis 1598 dort. Seit 1492 war Auras unmittelbar mit dem Fürstenthum Breslau verbunden. Hans von Lidlau erhielt 1502 Auras pfandweise und starb 1524, seine Wittwe Margarethe veräusserte es 1529 an die Gebrüder von Köckeritz und Friedland. Im Jahre 1555 war Abraham Freiherr von Jörger (Georger) im Besitze von Auras, er starb 1592 ohne

1

Erben. 1604 wird Siegfried von Kollonitzsch
als Besitzer genannt, 1615, 1617 Friedrich Wilhelm
von Rotwitz. Im Jahre 1629 kaufte Leuthold
Saurma, Reichsfreiherr von und zu der Jeltsch
Auras, in dessen Familie es bis 1672 verblieb, zu
welcher Zeit (1673) es der Freiherr Caspar von
Schallenfeld erwarb, aber bereits 1690 wieder
an Balthasar Friedrich Freiherrn von Logau veräusserte, den Sohn des bekannten Dichters. Im
Jahre 1695 war Besitzer Georg Ernst von Milten-
berg, von dem 1699 der Herzog Christoph Ulrich
von Würtemberg-Öls Auras kaufte. Die Gebrüder Freiherren de Campo à Castel-Campo erwarben das Burglehn 1713, sie erliessen 1715 eine
neue Rechtsordnung für Auras, ihnen folgte später
im Besitz ein Graf von Schmettau und diesem
1744 Prinz Heinrich von Preussen. Die letzten
Besitzer von Auras (das Dominium heisst offiziell
Auras-Fischergasse) waren seit 1790 Christoph
Friedrich von Koschützky, seit 1807 Benno von
Adlersfeld, seit 1824 ein Herr von Schickfuss
und endlich (1840) die Wittwe des Ministers Freiherrn von Schuckmann, geborne von Lüttwitz,
deren Erben es noch gehört.

Das älteste, ziemlich grosse Siegel der Stadt
(Abdruck vom Jahre 1433) zeigt im gegitterten Felde
einen Stier, die Umschrift heisst: sigillum · ciuitatis ·
abraßiensis · Ein gleichzeitiges Schöppensiegel (Abdruck von 1514) hat dieselbe Vorstellung, nur ist
das Siegelfeld mit Blätterranken damaszirt. Umschrift: S · SCABINORVM · IN · OWRAS. Neuere
Siegel unterscheiden sich von den ältern Vorbildern
dadurch, dass der Stier meistentheils auf Erdreich
steht. Es ist nicht unwahrscheinlich, dass man, als
das Bedürfniss nach einem Stadtwappen sich geltend machte, mit Anspielung auf den deutsch ähnlich klingenden Namen Uras, Auras einen Ur, Auer-
ochsen zum Sinnbild erwählte, gleich der benachbarten Stadt Wohlau, die auch, weil Wol im Slavischen „der Ochs" heisst, einen Stier im Wappen führt.
Nach Ausweis einer älteren Bürgerfahne sind die Farben des Wappens von Auras weiss im grünen Felde.

Auschwitz,

Kr. Wadowitz, Kgr. Galizien.

Uswiez, Uschwitze, Usweczin, Osa-
wierz, Oswięcim, Osvencim, Oss-
vancim, Osswacim, Oswietczim, Osa-
wyaczim (Osvetun, Hospencin), Os-
wentim, lat. Oswentina, Osvétina,
nicht weit von der Weichsel. Hauptstadt des einstigen Herzogthums dieses Namens. Es ist characteristisch, dass, während in Preussen die alt-slawi-
schen Orte immer mehr deutsche und deutschklin-
gende Namen erhalten haben, in Oestreich der Jahrhunderte lang allein übliche, noch bei den Theilungen Polens vorwiegende Name Auschwitz, heute der
offiziellen Bezeichnung „Oswiecim" hat weichen müssen. Die Geschichte des Landes Auschwitz hebt
mit dem Jahre 1178 an, in dem Herzog Mieczyslaw
Beuthen und Auschwitz erhielt. Er succedirte 1201
auch in Oppeln und starb 1211. Unter seinem Sohne
Casimir († 1230) erscheint urkundlich der erste Kastellan auf der Burg zu Auschwitz. Zwischen 1239
und 1246 soll das Kloster Leubus eine deutsche Kolo-
nie im Territorium von Auschwitz neben der Burg
angelegt haben, die 1291 deutsches Stadtrecht erhielt. Casimir's zweiter Sohn Wladislaw heisst 1278
urkundlich zuerst Herzog von Auschwitz. Doch voll-
zog sich die Trennung eines eignen Herzogthums
Auschwitz von Teschen, zu dem es so lange gehört, erst unter Wladislaw's gleichnamigem Enkel
(1290) und Urenkel Johann I., der 1327 Vasall der
böhmischen Krone wurde. Nach seinem kinderlo-
sen Tode, 1347, folgte wieder ein Herzog von der
Teschner Linie Johann II., dessen gleichnamiger
Enkel auch kinderlos starb und das Land dem Herzog Casimir von Teschen hinterliess. Dieses Casimir drei Söhne regierten von 1433 bis 1445 zusammen und theilten sich dann so in ihre Besitzungen,
dass Wenzel Zator, Przemislaw Tost und Johann
Auschwitz (und Gleiwitz) erhielt. Der letztere

konnte sich dem steten Drängen der Krone Polen nicht entziehen, er musste 1454 Vasall derselben werden und 1457 sein ganzes Land, welches schleunigst polonisirt wurde, gegen eine Baarentschädigung abtreten. Er starb um 1487 kinderlos zu Gleiwitz. Ein Herzog Johann von Auschwitz, der noch 1515 genannt wird, war der Sohn Wenzels, hatte etwa von 1470 bis 1494 in Zator regiert, war in gleicher Weise sein Land an Polen los geworden und beschloss diese Linie der oberschlesischen Herzöge. Bei der ersten Theilung des Königreichs Polen im Jahre 1772 kam Land und Stadt Auschwitz unter die Herrschaft Östreich's. Die übrigen Städte der Fürstenthümer Auschwitz und Zator, des jetzt Neu-Galizien genannten Theiles des östreichischen Königreichs Galizien, werden mit Ausnahme einzelner weniger, über die etwas mehr bekannt geworden ist, zusammen mit den Städten des vorübergehend preussisch gewesenen Bezirkes Neu-Schlesien, im Anhange kurz aufgeführt werden.

Die Herzoge von Auschwitz hatten in ihrem Wappen den Adler von Teschen, den oberschlesischen goldnen im blauen Felde geführt. Später wurde er natürlich in den polnischen Farben weiss in Roth abgebildet, einen Fürstenhut auf dem Kopf, (Oswetynski noch 1609) und nach Ausweis einer viereckigen goldnen Medaille, die ungefähr hundert Jahre nach der Vereinigung der beiden Herzogthümer Zator und Auschwitz mit der Krone Polen, auf dieses „glückliche Ereigniss", 1563 geprägt wurde, mit dem Anfangsbuchstaben des slavischen Namens O. auf der Brust. Ein Siegel der Stadt Auschwitz ist nicht zu ermitteln gewesen, ebensowenig war ein Wappen bekannt. Ein städtischer Denar aus dem 15ten Jahrhundert, in der Sammlung des Herausgebers, dürfte diesen Mangel heben. Er zeigt auf der Hauptseite einen, mit breitem Dach bedeckten Zinnenthurm, zwischen den Anfangsbuchstaben O. S. Die Umschrift lautet: MONETA OSSVACIM.

Bauerwitz,

Kr. Leobschütz, Regbez. Oppeln.

Baurwicz, Bauwrowicz, Bavarow, Bavorow, Bawrob, Baborow, Boberow, Babronicz, am linken Ufer der Zinna, offne Stadt, die schon 1296 städtische Rechte gehabt haben muss, aber zu einem Marktflecken herabsank, und erst 1718 wieder zur Stadt erhoben wurde. Dass der Name von einem Eigen- und Personennamen Bawor (dem Gründer des Orts) herzuleiten, wie czechische Sprachgelehrte wollen, würde wahrscheinlicher sein, wenn nicht eben in der ältesten Urkunde von 1296 der mehr deutsch klingende Name Baurwicz vorkäme. Ursprünglich gehörte Bauerwitz zum Herzogthume Troppau, seit 1377 zu dem neu entstandenen Fürstenthume Jägerndorf und zwar zu dem Theile desselben, welcher 1742 für Preussen abgetrennt wurde. Im Jahre 1340 kaufte die Herzogin Euphemia von Ratibor, Nonne im Dominikaner-Kloster zum heiligen Geiste in Ratibor, für dasselbe das Städtchen Bauerwitz von den Gebrüdern von Blumenau (Plumenau), „deren Urgrossvätern der Ort bereits gehört hatte" — nach anderen Nachrichten vom deutschen Ritter-Orden. Das Kloster blieb bis zu seiner Aufhebung im Jahre 1810 im Besitze der Stadt, jedoch mit längerer Unterbrechung, hervorgerufen dadurch, dass Herzog Nicolaus IV. von Jägerndorf Bauerwitz den ziemlich ohnmächtigen Nonnen einfach wegnahm. Den vom Kloster gegen die beiden Söhne des Herzogs angestrengten Process gewann dasselbe 1467, allein ohne faktischen Erfolg. Der eine der beiden Herzoge, welche die Herrschaft Bauerwitz gemeinschaftlich besassen, Johann von Jägerndorf verlor sein Fürstenthum an den König Matthias und dieser gab es 1493 dem Johann von Schellenberg, der eben so wenig daran dachte, den Nonnen gerecht zu werden. Der andre Herzog, Wenzel zu

1*

Rybnik hatte seine Hälfte von Bauerwitz verpfändet, 1477 hatten die Gebrüder von Boskowitz
und Schwarzenberg den Pfandbesitz geerbt, aber
erst 1495 trat Benedict von Boskowitz und Schwarzenberg seinen Antheil dem Kloster in Ratibor ab.
Endlich 1514 gelangte auch der Streit mit den Schel-
lenbergs dahin zum Abschluss, dass das Kloster den
grössern Theil auch der zweiten Hälfte von Bauerwitz wieder erhielt, dagegen das Obergericht mit
seinen Pertinenzien dem regierenden Hause verblieb.
Uebrigens war auch das Verhältniss der Bauerwitzer
Bürgerschaft zum Kloster fortwährend ein überaus
schlechtes. Nach der Säcularisation des Klosters
ging der Besitz der Herrschaft nebst den andern
Ratiborer Stiftsgütern auf die Landgrafen von
Hessen-Rotenburg über. In den Jahren 1845
und 1857 war Amtmann Machat Grundherr von
Bauerwitz, heutzutage ist es ein gewisser Löbel
Schottländer.

Das älteste Siegel der Stadt, Abdruck vom Jahre
1644, zeigt im Siegelfelde auf Rasen stehend deutlich zwei weibliche Figuren mit Heiligenscheinen,
die sich die Hand reichen. Umschrift: SIGILLVM.
CIVITATIS. BAVAROW. Es ist die sogenannte
„Heimsuchung Mariae“, die dargestellt sein soll,
die beiden Figuren sind die heilige Jungfrau und
Elisabeth (Evang. Lucae, I, v. 39--56). Der Ursprung dieses in der Heraldik ziemlich vereinzelt
dastehenden Wappens ist offenbar in der Abhängig-
keit der Stadt vom Ratiborer Jungfrauen-Kloster zu
suchen, das auch die heilige Maria im Siegel und
Wappen führte. Wenn nötbig, sind die beiden
Frauen in den conventionellen, rothen und blauen
Gewändern auf Goldgrund abzubilden. Ein paar
kleinere Siegel von verschiedenem Stempel, die aber
beide der obigen Umschrift noch die Jahreszahl:
1765 hinzugefügt haben, lassen auch noch deutlich
die beiden weiblichen Heiligen erkennen, erst neuesten Siegelforschern ist es gelungen, in ihnen zwei
bärtige männliche Heilige zu erblicken und sie als
die Märtyrer Johannes und Paullus zu deuten, die
in Mähren und Oberschlesien in hoher Verehrung

stehen. Demgemäss zeigt denn auch das jüngste
Stadtsiegel die beiden, sich gleichfalls begrüssenden
Männer mit Heiligenscheinen und den Attributen
einer Palme und eines Schlüssels. Die Umschrift
heisst: MAGISTRAT. DER. STADT. BAUERWITZ.

Beneschau,

Kr. Ratibor, Regbez. Oppeln.

Beneschaw, Benishaw, mähr. Bene-
šow, lat. Benessovia, an einem Arm
der Oppa, Marktflecken, der früher
zum Fürstenthum Troppau, seit
der Theilung von 1377 zu Jägern-
dorf gehörte und 1742 abgetrennt und zu Preussen
geschlagen wurde. Er ist nicht zu verwechseln mit
der ähnlich klingenden Bergstadt Benisch im östreichisch gebliebenen Theile von Jägerndorf. Der
Gründer des Orts (Marktes, welcher 1377 eine Stadt
genannt wird) soll Benedict (Beneš, Benesch) von
Branitz aus dem alten mährischen Geschlechte
der Krawař, im Jahre 1288 gewesen sein, doch
kommt bereits 1240 ein Drslaus de Benessow urkundlich vor. Immerhin mag der Name Beneschau
von dem Vornamen Benesch abzuleiten sein. Im
Jahre 1415 ist Besitzer des Orts Cenek von Dra-
hotus (Drahotausch), dessen Nachkomme Benesch
1493 den unten erwähnten Wappenbrief für Beneschau erhielt und dessen Geschlecht mit Lorenz
1557 ausstarb. Die Erbtochter des Geschlechts,
Helene († 1593), vermählt an einen von Bodo-
nowski hat die Herrschaft wohl vorübergehend an
diesen gebracht. Von 1590 bis 1652 gehörte sie
denen Mošnowski v. Morawic (auch Moschowski
von Morawein geschrieben, identisch mit denen von
Mosch.) Indessen werden 1594 auch ein Bzonec von
Markwatowic und ein Georg Schipp von Branitz als Besitzer genannt, möglicherweise besassen
sie Antheile an der Herrschaft. Einen solchen Antheil muss 1650 auch der Graf Stephan III. von
Würben auf Hultschin, Königsberg und Odersch

besessen haben. Durch das Testament des letzten Mošnowski, Carl, fiel (kurz vor 1653) Beneschau an Georg von Czettritz. Diesem folgten im Besitze Max Georg von Hoditz und Carl Max Freiherr von Kalkreuth († 1715). Im Jahre 1720 gehörte die Herrschaft einem Georg Franz Herzmanski von Heldenberz, 1721 dem Freiherrn Johann Baptist Marx von Juana, dessen Wittwe (oder Schwiegertochter), die Freiin Marie Elisabeth von Juana, geborne Freiin von Palm, sie nach 1752 an diese Familie brachte. Freiherr Joseph Carl von Palm starb 1773, im Jahre darauf folgte ihm im Besitze Beneschau der Freiherr Gottlieb von Henneberg, von dessen Söhnen der letzte, Aloys, auch auf Zauditz gesessen, 1823 starb. Von dem Fürsten Eduard Lichnowski erwarben 1839 die belgischen Banquiers, Gebrüder Lejeune die Herrschaft, ungefähr seit 1845 ist sie im Besitz der freiherrlichen Familie von Rothschild.

Wie schon erwähnt, ertheilte König Wladislaw von Ungarn d. d. 1493, am Osterdienstage dem „Städtchen" Beneschau einen besonderen Wappenbrief, nach dem das Wappen bestehen soll aus einem (silbernen), schräg rechts gestellten Hecht, einen Weissfisch im Maule, im rothen Felde. Ein noch existirendes, 1593 gestochenes, silbernes Petschaft hat diese Wappenvorstellung im ovalen, verzierten Schilde mit der Umschrift: S . URBIS . BENESSOW(iae). Ein neueres Siegel, dessen rundes Wappenschild punktirt ist und daher den Irrthum erwecken könne, als sollte das Feld golden sein, führt die anspruchsvollere Umschrift: SIG . CIVITATIS . BENESCHOVIENSIS ., sonst dieselbe Vorstellung.

Benisch,
Fürstenthum Jägerndorf, Bez. Troppau.

Benesove, Bennisch, Bentschin, Bentsch, mähr. Penic, richtiger Penčin, lat. Benissium, am Bache Cilina, Bergstadt, deren Silbergruben bereits 1247 urkundlich erwähnt werden und ihren Namen wohl auch, wie Beneschau, einem ersten Besitzer, oder Gründer Beneš (Benesch) zu verdanken hat. Vom Könige Ottocar II. soll der Ort das Iglauer Bergrecht erhalten haben, er blieb ein blosser Marktflecken, bis ihm 1797 vom Kaiser Franz II. der Titel einer „freien Bergstadt" verliehen wurde. Im Uebrigen scheint Benisch oder Bentsch stets die Schicksale des Fürstenthums Jägerndorf getheilt zu haben, kam zu Ende des fünfzehnten Jahrhunderts in den Besitz der Freiherrn von Schellendorff, 1524 der Markgrafen von Brandenburg-Jägerndorf und 1623 der Fürsten von Liechtenstein, denen der Ort noch gehört. Von Siegeln des Marktfleckens oder der Stadt ist nur eins, vom Jahre 1681, bekannt. Es enthält dieselbe Darstellung, welche Widimski mit den Farben folgendermassen beschreibt und abbildet: Im gespaltenen Schilde rechts der halbe schlesische Adler (der allgemein-schlesische, schwarz im goldnen, nicht der oberschlesische goldne im blauen Felde), links zwei schräg rechts nach unten zu gewendete silberne Pfeile, oder Bolzen im rothen Felde. Die Umschrift des erwähnten Siegels lautet: SIGIL . CIVITATIS . METALLICÆ . BENNISCH.

Bernstadt,
Kr. Oels, Regbez. Breslau,

Berolstadt, slaw. Bierutow, Bierutowa, lat. Beroldivilla, Beroldstadium, Mediatstadt am rechten Ufer der Weida, erhielt 1266, unter Aufhebung des ursprünglichen Ortsnamens Ligniza (lignea), unter dem Namen Fürstenwald deutsches Stadtrecht. Der offizielle Name bürgerte sich aber nicht ein, bereits seit 1268 wurde die Stadt in Urkunden als Beroldi villa bezeichnet, unbekannt, nach welchem Berold. Die Stadt, in welcher seit 1323 eine herzogliche Burg mit einem Kastellan bestand, gehörte ursprünglich zum Fürstenthume Breslau, seit 1294 zu Glogau, seit 1312 zu Öls, 1323 bis

bis 1329 zu Liegnitz-Brieg, seitdem wieder zu
Öls-Münsterberg. Im Jahre 1391 muss sie einem Otto von Kittlitz gehört haben, der sich Herr
zu Bernstadt nannte, 1517 und in den folgenden Jahren war sie im Besitze eines Heinrich von
Schindel, 1534 wurde sie auf mehrere Jahre dem
Rathe zu Breslau verpfändet. Von 1574 bis 1604
gehörte sie wieder den Herren von Schindel, seitdem ist sie vom Fürstenthume Öls nicht mehr getrennt worden. Eine herzogliche Residenz war die
Stadt bereits in den Jahren 1543 bis 1568, seit 1618
blieb sie es fast immer, besonders unter den 1647
in Öls succedirenden Herzögen von Würtemberg.
Nach dem Aussterben derselben, 1791, kam Bernstadt, zusammen mit dem Thronlehn Öls, in den Besitz des herzoglichen Hauses Braunschweig-
Wolffenbüttel, dem es noch gehört.

Das älteste bekannte Siegel der Stadt, von ge-
ringem Umfange, aber dem Typus nach, wohl noch
dem vierzehnten Jahrhundert angehörig, (ein Abdruck von 1430) zeigt im spitzen Schilde drei in der
Mitte zusammenstossende, in das Dreieck gestellte
Haken mit scharf umgebogenen Spitzen, begleitet
von drei Sternen. Umschrift: S: CIVIVM . D .
BOROLSTAT . Ein neueres, grösseres Siegel aus
dem siebenzehnten Jahrhundert hat den Wappen-
schild von einem Engel gehalten auf den Seiten
Blümchen, die Umschrift: SIGILLVM . CIVITATIS .
BEROLSTADIENSIS . und ist dadurch bemerkens-
werth, dass die Haken zu vollständigen, einarmigen
Ankern, oder Angelhaken geworden sind, in der
Mitte durch einen Ring zusammenhängend. Es giebt
noch mehrere kleinere Nachahmungen der beiden
Haupttypen, das Wappenbild ohne Schild, im run-
den Siegelfelde führend, von denen die des ältern
Typus die Umschrift hat: FVRSTL . RESID : BERN-
STADT ., die des jüngern: HERZOGLICHE . STADT .
BERNSTADT . Während des Pfandbesitzes der
Stadt Breslau war ein Siegel im Gebrauch mit dem
Wappen dieser Stadt, dem nur ganz klein in der
Umschrift das Bernstädter Wappen beigefügt war.

Es existiren zwei Hypothesen zur Deutung des

Wappenbildes. Nach der einen wären die Haken
verstümmelte Schindeln aus dem Wappen der Herren
von Schindel, nach der andern ständen die halben
Anker in heraldischer Verbindung mit dem Stadtwappen von Brieg. Beide Hypothesen erscheinen
unhaltbar, die Verstümmelung der Schindeln in Haken ist fast undenkbar, auch das älteste Siegel der
Stadt mit den Haken ist jedenfalls weit älter, als
die Besitzperiode der von Schindel, dann gehörte
freilich Bernstadt eine kurze Zeit den Herzogen von
Liegnitz-Brieg, aber niemals der Stadt Brieg, also
ist auch die zweite Erklärung eine müssige. Die
Farben des Stadtwappens, welches durchaus nicht
auffallender ist, als die vieler anderer Städte, deren
Entstehung auch nie nachgewiesen werden wird,
sind, allerdings nur aus Wahrscheinlichkeitsgründen,
silbern (goldne Sterne) im rothen Felde angenommen worden.

Berun,

Kr. Pless, Regbez. Oppeln.

Bierun, Alt-Berun (zum Unterschiede
von dem, jetzt den gräflich Arcoschen
Erben gehörigen Orte Neu-Berun,
Berun-Zabrzeg, wo das kön. Haupt-
Zoll-Amt an der polnischen Grenze)
am Rande des, jetzt völlig trocken gelegten Beruner
Sees, ist ein kleiner Marktflecken, über dessen Son-
dergeschichte so gut wie nichts bekannt ist. Im
Jahre 1387 wurden die Vogtei und zwei Hufen in
Berun einem gewissen Cussowitz vom Herzoge
von Ratibor verliehen, 1407 aber Berun und Pless
der Herzogin Helene von Ratibor, einer gebornen
Grossfürstin von Littauen zum Leibgedinge verschrieben und hiebei der erstere Ort bereits ausdrücklich ein „Städtchen" genannt. Später kam
Berun an die Herrschaft Pless, von der es nicht
mehr getrennt worden ist. Die Schicksale und wechselnden Besitzer der freien Standesherrschaft, 1823
zu einem Fürstenthum erhoben, sind unter Pless

aufgeführt. Der jetzige Herr von Berun ist Hans Heinrich XI. Fürst von Pless, Graf von Hochberg, Freiherr zum Fürstenstein

 Ein kleines Siegel des Fleckens, höchstens aus dem vorigen Jahrhundert stammend, hat im Siegelfelde ein nach rechts laufendes Einhorn, auf dessen Rücken ein Pelikan seine Jungen füttert. Umschrift: STÆDTL . BERUN . S ., im Abschnitt: PLESSNER . CREYS. Ein jüngeres Siegel, dessen silberner Stempel noch existirt, vom Magistrate in Berun als alt bezeichnet, aber schwerlich früher als zu Ende des vorigen Jahrhunderts geschnitten, zeigt statt des Einhorns einen auf Rasen nach links laufenden Hirsch, auf dessen Rücken zwischen dem Geweih der Pelikan, ohne Jungen, steht. Umschrift: SIGILLVM . CIVITATIS . BIERVN. Das neueste Siegel hat den Hirsch beibehalten, den Pelikan zu einer Gans degradirt, die auf dem Geweih selbst sitzt und die Umschrift: SIGILLVM . CIVITATIS . BERUNENSIS. Wahrscheinlich ist das Wappenbild des Städtchens aus der Vereinigung zweier Wappen (herb's) früherer, unbekannt gebliebener Besitzer der Herrschaft Berun entstanden, vielleicht des herb Pelikan und des herb Brochwic, wie das beispielsweise bei den Städten Grosspolens, des jetzigen Grossherzogthums Posen (Vossberg, Wappenbuch) sehr häufig vorkommt. Auf dem zweiten Siegel ist eigentlich nur ein Hirschhorn zu erkennen, möglich, dass aus dem ältern frühern ein einhörniger Hirsch geworden, wie aus dem einhörnigen Hirsch der alten Herren von Parchwitz (vide Parchwitz) das Einhorn bei Sinapius und Siebmacher. Nach Analogie der genannten herb's sind dem städtischen Wappen die Farben weiss im rothen Felde gegeben worden.

Beuthen, O.-S.

Kreisstadt im Regbez. Oppeln.

 Bythom, Bithom, Bitom, Bewthom, Buthum, Botun, Bewthum, auch slaw. Białobriezie, lat. Bithomia, zwischen den Quellenarmen des Beuthner Wassers, war wohl schon frühe der Hauptort eines besondern Gebietes, obschon die Schenkung desselben, als seines Erbes durch einen Bogdan von Reichenbach an das Kloster von Miechow mehr als nur zweifelhaft ist. Herzog Mesko soll den Ort 1200 gegründet haben, 1229 gehörte das Marktrecht daselbst dem Kloster Tiniec. Dem St. Vincenzstifte in Breslau zugehörige Kirchen St. Margarethae und St. Marie in Beuthen werden 1201 und 1233 urkundlich erwähnt. Auch eine herzogliche Burg mit einem Kastellan stand schon im dreizehnten Jahrhundert. Im Jahre 1251 soll Beuthen deutsches Stadtrecht erhalten haben. Durch die Landestheilung von 1283 wurde Beuthen, das bis dahin zu Oppeln gehört hatte, eine eigne Herrschaft, oft auch Herzogthum genannt, meist mit Cosel und Gleiwitz in einer Hand vereinigt. Im Mannsstamme starb die erste Linie der hier regierenden Herzoge 1355 aus. In Folge dessen wurde die Herrschaft unter die den Linien zu Öls und zu Teschen angehörenden Erben 1369 dergestalt getheilt, dass die Grenze nicht allein durch die Stadt, sondern sogar mitten durch das Schloss ging.

Der Öls-Münsterberg'sche Theil von Beuthen fiel 1476 an den König Matthias zurück, der ihn sofort 1477 dem Johann von Zierotin und Fulnek verpfändete, 1479 gelangte auch der Teschensche Theil an den König Matthias. Der Zierotinsche Pfandbesitz dauerte bis 1498, in welchem Jahre der Herzog von Oppeln Beuthen einlöste. Im Jahre 1526 wurde Markgraf Georg von Brandenburg mit Beuthen belehnt und machte sich durch Hebung des schon in alter Zeit betriebenen, aber allmälig sehr vernachlässigten Bergbaues um den Ort verdient. Nach dem Tode seines Sohnes, 1603, fielen die brandenburg-schlesischen Besitzungen an den Kurfürsten, der sie aber bald seinem Sohne Johann Georg abtrat. Dieser verpfändete Beuthen sofort an Lazarus Henckel (von Donnersmark). Im Jahre 1617 wurde der Markgraf zuerst der Herrschaften Beuthen und Oderberg vom Kaiser beraubt und das Erbrecht auf erstere einem Grafen Carl von Harrach zugesprochen, dessen Erben sich indessen bald mit Geld abfinden liessen. Lazarus Henckel blieb im Besitze. Nach seinem Tode (1624) wurde 1629 sein Sohn Lazarus der Jüngere nicht allein mit Beuthen, sonder auch mit Oderberg und Tarnowitz belehnt. Nach diesen drei Herrschaften nannten sich die 1664 und 1671 entstandenen Linien des, 1636 in den Freiherren-, 1651 in den Grafenstand erhobenen, Henckelschen Geschlechts, welches noch heutzutage im Besitze ist.

Im Jahre 1697 wurde Beuthen zur freien Standesherrschaft creirt und 1701 entschied der Kaiser, dass die standesherrliche Würde an den Besitz der der älteren Linie gehörigen Herrschaft Beuthen geknüpft sein solle. Unter preussischer Hoheit wurde, 1745, eine entgegenstehende Bestimmung getroffen, wonach jene Würde dem jedesmaligen Geschlechts-Senior zustehen soll, eine Bestimmung, die bis in die neueste Zeit noch öfters angefochten worden ist.

 Das älteste bekannte Siegel von Beuthen, ein Schöppensiegel aus der ersten Hälfte des vierzehnten Jahrhunderts (Abdrücke von 1350, 1405), enthält im runden Siegelfelde das senkrecht getheilte Stadtwappen: rechts ein mit dem Eisen auf dem Gestein arbeitender Bergmann (wohl schwarz im weissen Felde), links ein halber Adler, offenbar der goldne, oberschlesische im blauen Felde. Umschrift: S . SCABIRORVM . IR . BVTHOM . Um das Jahr 1500, zu einer Zeit, in welcher der, später erst unter brandenburgischer Herrschaft wieder aufblühende Bergbau fast ganz danieder lag, beliebte es der Stadt, bei einem neu gefertigten Stempel den Adler allein im Schilde beizubehalten, unter diesen Umständen natürlich in ganzer Figur. Umschrift: S . civitatis . bithomirn(sis). Unverstand neuerer Stempelschneider hat in irgend einer Schildverzierung eines andern Siegels eine Sichel entdeckt und diese wird noch jetzt als wesentliches Beizeichen stets getreulich unten abgebildet. Auch tingirt man jetzt aus Unkenntniss den oberschlesischen Adler nach den Farben des preussischen, nämlich schwarz mit goldnen Waffen im weissen Felde. Da kein landesherrliches Diplom einer etwaigen solchen Farben-Veränderung existirt, so ist das eine historische Versündigung, die endlich gut gemacht werden sollte.

Beuthen a. O.

Kr. Freistadt, Regbez. Liegnitz.

 Butin, Bitom, Bytom, Bythom, am linken Ufer der Oder, mittelbare (offene) Stadt im Fürstenthum Carolath, wird von Chronisten bereits bei dem Jahre 1109 genannt. Doch stand die Burg, von der dabei noch allein die Rede sein kann, wohl eine ziemliche Strecke abwärts von dem spätern Orte, dessen Kirche St. Stephani aber auch schon 1175 in der Stiftungsurkunde des Klosters Leubus urkundlich erwähnt wird. Im Jahre 1222 wurde dem Kloster St. Bartholomaei in Naumburg a. B. das Patronat über die Marienkirche in Beuthen ertheilt, seit 1243 sassen sicher herzogliche Kastellane auf der Burg daselbst und 1249 soll sich Herzog Conrad, der designirte Bischof von Passau, in dem Streite wider seine Brüder derselben bemächtigt haben. Die Stadt Beuthen mit deutschem Recht hat wohl jedenfalls schon existirt, als 1292 das, 1314 nach Sprottau verlegte, Nonnenkloster St. Mariae und Magdalenae daselbst gestiftet wurde. Doch muss Beuthen Anfangs sehr unbedeutend gewesen sein, da es niemals unter den Städten des Fürsten-

thums Glogau, zu dem es bis 1331 gehörte, genannt wird. Erst ein 1332 vom Könige Johann
der Stadt ertheiltes Privilegium (in deutscher Sprache)
scheint den Ort mehr haben aufblühen zu lassen.

In den Jahren 1331 und 1360 wurde die Stadt
in zwei Hälften getheilt, eine königliche und eine
herzogliche, mit besondern Magistraten. Der königliche Theil wurde 1381 an Nicolaus von Rechenberg verpfändet, der herzogliche bald darauf vorübergehend auch an denselben und einige andre Edel-
lente. Im Jahre 1469 erhielten Georg von Glaubitz
und Andreas Neumann den Pfandbesitz der herzoglichen Hälfte, letzterer brachte 1475 auch den
königlichen an sich, so dass er drei Viertel von
Beuthen besass. (Damit ist schwer in Einklang zu
bringen, dass 1478 König Wladislaw „seine Hälfte"
einem gewissen Hans Gewalze verliehen haben
soll, abgesehen davon, dass der König sich damals
auch als den Oberherrn der herzoglichen Hälfte betrachten konnte.)

Johann von Rechenberg erwarb 1506 die Neumann'schen drei Viertel zurück, vereinigte damit
1526 das Glaubitz'sche Viertel und ganz Beuthen
blieb, seitdem vereinigt, bis 1562 im Besitz der
Rechenbergs. In diesem Jahre kaufte der, darauf
in den Freiherrnstand erhobene, Fabian von Schönaich auf Sprottau, Muskau und Parchwitz die Herrschaft Beuthen nebst dem Schlosse Carolath, jedoch
verblieb anfangs, bis 1578, noch das Haus Beuthen
der Wittwe von Rechenberg. Nach Fabians Tode
1591 trat eine kaiserliche Administration ein, während welcher die übrigen Güter veräussert wurden
und nur Carolath und Beuthen zusammenblieben.
Im Jahre 1595 erwarb Georg von Schönaich, seitdem Freiherr von Beuthen, die beiden Herrschaften,
welche 1612 in ein Majorat verwandelt, 1697 zu
einer freien Standesherrschaft creirt wurden und
noch heutzutage dem, 1675 in den Freiherren-, 1700
in den Grafen- und 1741 (und 1753) in den preussischen (neben Hatzfeldt erste preussische Fürstung)
Fürstenstand erhobenen, Hause Schönaich-Carolath-Beuthen zugehören.

Aeltere Siegel der
Stadt Beuthen haben
sich nicht ermitteln
lassen. Nach nicht wei-
ter begründeten Nach-
richten Zimmermann's soll das älteste Stadtwappen
bestanden haben in einem behelmten Mannskopf,
einen Spiess über die rechte Schulter gelegt, mit
unten beigefügter Initiale B., entweder Bitom, oder
den angeblichen Gründer des Orts, Herzog Boleslaw I. bezeichnend. Nach demselben Gewährsmann
soll die Stadt seit der ersten Theilung derselben den
Adler zum Wappenbilde angenommen haben. —

Das jetzige Wappen besteht aus einem gespalte-
nen Schilde, rechts der halbe schlesische Adler,
schwarz im rothen Felde (auf Herzogs Heinrichs VI.
von Breslau, † 1335, Grabdenkmal ist das schlesische
Wappen ebenso tingirt, Luchs, schles. Fürstenbil-
der), links aufrecht ein silberner Karpfen im blauen
Felde. Umschrift des ältesten der neueren Siegel:
SIGILLVM . CIVITAT . BEUTHEN . AD . ODER .
Es ist wohl als sicher anzunehmen, dass dieses
Wappen (anfangs vielleicht nur für die herzogliche
Hälfte) aufgekommen ist bei der Theilung der Stadt
und dass der Karpfen nichts weiter als das herb
Glaubic ist, das Wappen der Herren von Glaubitz,
denen ein Viertel von Beuthen von 1469 bis 1526
zugehörte. Auffallend freilich bleibt die Nichtbe-
rücksichtigung des Wappens derer von Rechenberg,
denen, mit kurzer Unterbrechung, der grössere Theil
und schliesslich die ganze Stadt 181 (gewissermassen
197 Jahre) gehört hat. Entschieden falsch ist die
Blasonnirung Dorst's: „ein halber goldner Adler im
blauen Felde" — wie soll der oberschlesische Adler
hierher passen? Das „GRÄFL . SCHÖNAICH . HOF .
GERICHTS . SIEG(el)" für Beuthen von 1743 zeigt
im Schilde den gekrönten, doppeltgeschwänzten Löwen mit geschultertem Schwert.

Bielitz,

Fürstenthum Bielitz, Teschener Kr., Oestr.-Schlesien,

Bilitz, slav. Bjła, lat. Bilicium, Bili-
tium, Bilica, Hauptstadt des gleichnamigen Fürstenthums, an der Bjła,
(Biala), gehörte zum Herzogthum
Teschen und soll, zugleich mit dem
Schlosse, von Herzog Casimir III. gegründet worden sein. Als Stadt wird Bielitz zuerst 1312 erwähnt, das Dorf Alt-Bielitz ist älter. Im Jahre 1424
war die Stadt „schon lange" mit Mauern versehen
und nächst Teschen die bedeutendste Stadt des Herzogthums.

Der Herzog Friedrich Casimir von Teschen
(† 1571) erhielt Bielitz, nebst den Herrschaften
Freistadt und Friedeck, noch bei Lebzeiten seines
Vaters, 1560. Nach seinem Tode, 1572 wurden die
drei Herrschaften verkauft, seit welcher Zeit sie den
Rang von Minder-Standesherrschaften erhielten. Bie-
litz kam an den Freiherrn Carl von Promnitz-
Pless, von diesem 1587 an Adam Schaffgotsch.
Im Jahre 1592 kaufte die Herrschaft Johann von
Sonneck (Sunnegh), Freiherr von Jessenitz und
Budiatin, bei dessen im Laufe des 17ten Jahrhun-
derts in den Grafenstand erhobenen Familie Bielitz
bis zu ihrem Aussterben, 1724, verblieb. (Ein Graf
Georg Ludwig von Starhemberg 1650, und ein Graf
Ludwig Maximilian von Hoditz 1670, nannten sich,
wohl nach einem andern Orte dieses Namens, Herren
von Bielitz.) Die Herrschaft kam darauf (1730) in
den Besitz der Grafen von Solms-Wildenfels,
von diesen 1743 käuflich an Friedrich Ludwig von
Haugwitz. Von Friedrich Wilhelm Grafen von
Haugwitz kaufte Bielitz 1752 der 1733 in den
Grafenstand erhobene Alexander Joseph Sulkowski,
welcher darauf im selben Jahre zum Reichsfürsten
ernannt wurde. Das seitherige Fürstenthum erhielt
1754 auch den Titel eines Herzogthums. Im Besitze von Bielitz ist die ältere Hauptlinie der Fürsten
Sulkowski noch heute.

Das älteste, grössere, schön geschnittene Siegel
der Stadt Bielitz zeigt den St. Nicolaus, stehend,
im bischöflichen Ornat, mit segnend erhobener Rechten. Zu seinen Füssen der gespaltene Wappenschild,
rechts der halbe goldne Adler der oberschlesischen
Herzoge im blauen, links übereinander drei silberne
Lilien im rothen Felde. (Die Farben dieser Schildeshälfte nach der Angabe Widimski's). Das zierlich damaszirte Siegelfeld wird von einem Bande
umschlungen mit der Umschrift: SI . MAIVS . CIVI-
TATIS . BILICENSIS. Der Abdruck des Siegels
ist vom Jahre 1582. Ob die Lilien des Wappens
etwa auf frühere Beziehungen der Stadt zu dem
schlesischen Bisthume schliessen lassen könnten,
mag dahingestellt bleiben.

Bobersberg,

Kr. Krossen, Regbez. Frankfurt,

offene Stadt am Bober, die ursprünglich zu Nieder-Schlesien, zeitweilig
auch zur Nieder-Lausitz gehörte und
durch das Testament des Herzogs
Heinrich X. von Glogau 1472 sei-
ner Gemahlin Barbara, Markgräfin von Brandenburg
mit vermacht wurde. Wenn auch nach dem darüber entstandenen Streite, beim Vergleiche 1482
gerade über Stadt und Land Bobersberg noch nicht
fest entschieden wurde, so verblieb es seitdem dennoch faktisch dem Kurhause Brandenburg. Im
Testamente des Kurfürsten Joachim I. 1535 wurde
es, als Theil des Herzogthums Krossen, nebst der
Herrschaft Sommerfeld, zur Neumark geschlagen,
die bis 1571 noch einmal einen eignen Herrscher in
der Person des Markgrafen Johann (von Cüstrin)
hatte. Das Herzogthum Krossen bildete nachher
einen der sogenannten incorporirten Kreise der Neumark. In der Stadt befand sich ein adliges Gut,
1454 im Besitze eines Bartisch von Wesenberg,
1534 bis 1775 der Herren von Knobelsdorff.

Nach diesen gehörte Bobersberg (bis 1842 mit Cunow vereinigt) denen von Rhaue, seit 1825 einem Herrn Kinzel. Heutzutage findet sich nur noch Cunow in der Matrikel der Rittergüter des Kreises Krossen aufgeführt, zur Zeit im Besitze eines Herrn von Lüderitz.

Ein älteres Siegel der Stadt hat sich nicht ermitteln lassen. Nach einem neuern mit der Umschrift: STADT . BOBERSBERG . 1803 . ist das Wappen von Bobersberg ein Thurm, unter dem rechts ein mit einem Halsbande versehener Bär aufrecht vor einem Bienenkorbe steht, vielleicht mit Anspielung auf dort stark betriebene Bienenzucht.

Bohrau,

Kr. Strehlen, Regbez. Breslau,

Borau, Baronw, slaw. Boriow, Boriovo, Marktflecken am rechten Ufer der grossen Lohe, bis 1817 zum Kreise Breslau gehörig, ist ein alter Ort, der bereits 1202 in der Bestätigungsurkunde des Klosters Leubus genannt wird. Der Name ist möglicherweise aus dem slavischen Bor (der Wald) entstanden. Um das Schloss Bohrau scheint sich erst 1310 ein eigner Ort entwickelt zu haben, beide gab Herzog Heinrich VI. von Breslau 1326 einem von Reideburg zu Lehn. Im Jahre 1353 wurde das Burglehn vom Könige wieder eingezogen, nachher kam es in den Besitz der Commende corporis Christi, 1439 gehörte es darauf denen von Parchwitz, dann denen von Rhedern, welchen es noch 1511 zustand, da das 1459 von den Breslauern zerstörte feste Schloss wieder aufgebaut werden durfte. Im Jahre 1686 war der Graf Conrad von Hochberg zum Fürstenstein im Besitz von Bohrau. Ihm oder seinen Erben folgten im Besitze die Grafen von Gfug, des letzten Grafen Wittwe vermachte die Herrschaft den Grafen Posadowski, seit den sechziger Jahren des vorigen Jahrhunderts aber bis auf die neueste

Zeit (noch 1846) waren die, 1697 in den Freiherren-, 1741 in den preussischen Grafenstand erhobenen, Herren Sandreczky von Sandraschütz Besitzer von Bohrau, gegenwärtig ist es ein Freiherr von Seidlitz.

Ein Siegel, oder Wappen des Marktfleckens ist nicht bekannt.

Bolkenhain,

Kreisstadt im Regbez. Liegnitz.

auch Polkenhayn, am linken Ufer der wüthenden Neisse, ursprünglich Hain, Hayn, Haynow, Hainau geheissen, angeblich schon 1312, wahrscheinlicher erst während der zweiten Hälfte des vierzehnten Jahrhunderts zu Ehren des Herzogs Bolko von Schweidnitz mit dem jetzigen Namen belegt, lat. Bulconi fanum. Man hat sich daher vor Verwechslungen mit der Stadt Haynau zu hüten. Die älteste Geschichte der Stadt ist durch Hosemann'sche, von Steige und Andern wiederholte Fabeln entstellt und verwirrt. Urkundlich sicher erscheint Bolkenhain 1265 und hatte vielleicht schon 1276, jedenfalls 1293 deutsches Stadtrecht. Auf dem sehr festen Schlosse, dem Burglehn Bolkenhain, sassen anfangs herzogliche und königliche Burggrafen, dann wechselnde Pfandbesitzer, endlich seit 1596 erbliche Eigenthümer. In der nicht ganz sichern Reihe der Burggrafen findet man die Namen des Siegmund und Matthias von Czettritz 1392 und 1428, in welchem Jahre der letztere beim Sturm der Hussiten fiel, von 1429 bis 1445 Nickel (Heinz?) von Czirn, 1462, 63 Mikisch von Warnsdorff, 1463 bis 1466 Hans von Czirn, 1466 Wenzel von Warnsdorff, 1475 Ernst von Zedlitz, 1476 bis 1479 Hans von Zawlez, 1479 Hans von Hennersdorff, 1484 Nickel von Pannwitz, 1494 Fabian von Tschirnhauss, aus seiner Familie noch hintereinander Michael, Kunz und Hans (†1539). Im Jahre 1511 soll Ulrich Schaffgotsch zum

Greiffenstein das Burglehn erhalten haben, 1531 wurde der Bischof von Breslau, Jacob von Salza, oberster Pfandinhaber des Schlosses Bolkenhain, der 1539 Georg von Schweinichen als Hauptmann einsetzte und dem nach seinem Tode seine Vettern Joachim, Hans und Opitz von Salza nach einander im Pfandbesitze folgten, welchen letztern 1569 Matthias von Logau, auch auf Burglehn Jauer gesessen, ablöste. Im Jahre 1596 kaufte Jacob von Zedlitz das Burglehn. Im Besitze seiner Familie, die 1617 in den Freiherrenstand erhoben wurde, blieb es bis 1702, da die Abtei Grüssau dasselbe erstand. Aber erst 1732 resignirte zu Gent in Flandern der Freiherr Carl Caspar Conrad von Zedlitz definitiv, im Namen seiner Familie, auf alle Wiederkaufs-Ansprüche. Mit der Säcularisation des Klosters Grüssau 1810 ward Bolkenhain eine Immediatstadt.

Das älteste Siegel der Stadt (vom Jahre 1326), von ziemlicher Grösse, enthält im runden Siegelfelde einen breiten Zinnenthurm von zwei Stockwerken und mit spitzem Dach, oben zur Seite Mond (mit Vollgesicht) und Sonne, unten zwei Sterne, unter dem geöffneten Thor ein Hecht. Umschrift: SIGILLVOM . QIVIVOM . IN . ḪᎯYR. Dieselbe Vorstellung, nur oben vermehrt mit noch zwei Sternen hat ein etwas kleineres Secret (Abdruck vom Jahre 1544, aber weit älter) mit der Umschrift: SӇCRQTVOM . QIVIVOM . IN . ḪᎯYR. Bei diesem Stadtwappen ist man stehen geblieben, die Farben werden angegeben: der Thurm roth, das Feld blau, der Hecht silbern, die Gestirne golden.

Von den neueren Siegeln mag noch erwähnt werden ein kleines Secret, wohl aus dem siebenzehnten Jahrhundert. Dasselbe enthält nur die Beizeichen der Sonne und des Mondes und darüber die Buchstaben P(olken) H(ain). Auch ein Schöppensiegel derselben Zeit ist bemerkenswerth. Es zeigt im ausgeschweiften, zu den Seiten mit Blümchen verzierten Schilde einen Eichenstrauch mit Blättern und drei Eicheln auf einem Dreihügel. Ueber dem Schilde steht: 1649, die Umschrift lautet: SIGILLVM . MAIVS . SCABINOR . POLKENHAINENS.

Borislawitz,

Kr. Cosel, Regbez. Oppeln.

Borzislawitz, slaw. (1531) Borzeslawice, angeblich auch „Eberstelig" genannt, Marktflecken neben dem ältern Dorfe gleichen Namens, das der Stammsitz derer von Polka war (z.B. 1517 Wenzel Polka etc.) und seinen Namen wohl dem Vornamen seines Gründers Borizlaw verdankt. Freiherr Heinrich von Sass, der in der zweiten Hälfte des vorigen Jahrhunderts Besitzer von Borislawitz war, legte neben dem Dorfe mitten in einem, mit grossen Kosten urbar gemachten Sumpfe, eine neue Colonie an, verschaffte ihr 1787 Marktrecht (1788 zu vier Märkten) und legte dem Flecken den Namen „Klein-Berlin" (mała Berlina) bei, der sich indessen nie einbürgerte und jetzt vergessen ist. Die Freiherrn von Sass blieben bis 1802 im Besitze, in welchem Jahre ein Herr Unger den Marktflecken kaufte und ihn 1808 dem Grafen von Pückler verkaufte, aus deren Händen ihn 1829 die Familie der jetzigen Besitzer Fölkel erwarb.

Es existirt ein Gemeindesiegel von Borislawitz, welches im ausgeschweiften Schilde einen Tannenbaum auf Erdreich zeigt, in dem quer über eine Säge steckt. Umschrift: GEMEINDE . BORISLAWITZ . KREIS . COSEL. Dieses Wappen, dessen Bilder in den natürlichen Farben im weissen Felde darzustellen sein dürften, ist offenbar bei Erhebung des Orts zum Marktflecken demselben entweder von der königlichen Regierung, oder wahrscheinlicher von seinem Gründer zuertheilt worden und soll wohl die Schwierigkeit des Wald - Ausrodens im Sumpfe symbolisiren.

Bralin,

Kreis Poln. Wartenberg, Regbez. Breslau,

slaw. Bralina, ein offner Marktflecken, neben einem gleichnamigen Dorfe mit dem herrschaftlichen Schlosse, in der freien Standesherrschaft Polnisch-Wartenberg. Ueber die ältere Geschichte des Orts ist nichts bekannt, wahrscheinlich gehörte er von jeher zu Polnisch-Wartenberg, welche Herrschaft bis 1490 den Herzogen von Öls direct zustand, seitdem vielfach ihre Pfandherren und Besitzer wechselte. Im Jahre 1668 wurde dem damaligen freien Standesherrn Carl Hannibal Burggrafen zu Dohna, das Stadtrecht für Bralin „retablirt", was also ein schon früher ertheiltes voraussetzt und dieses Retablissement noch 1709 vom Kaiser bestätigt. Im Jahre 1734 folgte den Dohna's das gräfliche Haus Biron — später herzogliche Haus Curland im Besitze von Polnisch-Wartenberg mit allen Pertinenzien und ist es auch heute noch.

Vom Städtel Bralin sind ein paar Siegel neuerer Zeit bekannt. Wohl das älteste ist klein, mehr oval als rund und zeigt, ohne Umschrift, einen ausgerissenen Fichtenbaum, dessen Stamm den Grundstrich der Initiale B bildet. Hinten sind noch drei kleine Kiefern auf zwei Dreibergen landschaftsartig angedeutet. Der Abdruck dieses Siegels ist von 1739. Wernber's handschriftliche Topographie Schlesiens kennt auch nur dieses ältere Wappen: ein grösserer Baum mit dem (schwarzen) B, daneben ein kleinerer, beide grün auf grünem Boden im weissen Felde. Es ist anzunehmen, dass das B nicht der Anfangsbuchstabe des Ortsnamens, sondern die Initiale der neuen Grundherrschaft Biron hat sein sollen. Ein grosses rundes Siegel mit der Umschrift: BRALINER . STADT . SIEGEL . ANNO . 1785 hat im Siegelfelde links neben der im Erdreich wurzelnden Fichte mit dem B noch einen rundbedach-

ten, mit Knopf und Windfahne, zwei Fenstern und einem Thor versehenen Thurm stehen. Ein kleineres mit derselben Darstellung, aber mit der Jahreszahl 1735 in der Umschrift, soll nach einer Mittheilung des standesherrlichen Gerichts zu Polnisch-Wartenberg erst in den zwanziger Jahren dieses Jahrhunderts gefertigt worden sein. Der Thurm ist wohl roth zu tingiren. Vielleicht steht der Ortsname mit der slavischen Bezeichnung einer Fichte, Kiefer (oder Tanne) in Zusammenhang.

Breslau,

Kreis- und Regierungs-Hauptstadt, dritte Haupt- und Residenzstadt des Königreichs Preussen.

Wraczelew, Wratizlaw, Vrozlavia, Frodezlaw, Wroczlavia, Vortizlava, [Budorgis], lat. Wratislavia, ein Name, der entschieden mit einem Herzog Wratislaw in Zusammenhang steht, an beiden Ufern und auf Inseln der Oder, sowie der Ohle, dessen glaubwürdigere Chronisten schon 1017 und 1157 Erwähnung thun. Urkundlich erscheint Breslau 1201 bei Gelegenheit der Bestätigung der Besitzungen des St. Vincenz-Klosters. Das Bisthum Breslau wurde um das Jahr 1000 gestiftet, die Erzählung von der früheren Stiftung desselben zu Schmograu ist eine blosse Sage, dagegen wurde aus irgend welchen Ursachen die Residenz der Bischöfe 1038 nach Schmograu, darauf nach Rützen (Ritschen) verlegt und 1046 oder 1051 nach Breslau zurückverlegt. Das Bisthum, dessen Sprengel sich über alle schlesischen Lande erstreckte, welches später bedeutende Besitzungen, so die Fürstenthümer Neisse und Grottkau u. a. m. erwarb und 1341 vom erzbischöflichen Stuhle Gnesen eximirt wurde, war mit die Hauptursache, neben der günstigen Lage der Stadt an der Oder, im Herzen des Landes, dass Breslau sehr bald als die Hauptstadt Schlesiens anerkannt wurde. Die Burg zu Breslau wird sicher zuerst um das Jahr 1200 genannt, in den ersten

Jahren des dreizehnten Jahrhunderts fanden daselbst bereits Märkte statt, im Jahre 1241 wurde der Ort durch den Locator, Vogt Heinrich nach deutschem Rechte zur Stadt erhoben.

Die Herzoge von Breslau (seit 1163) starben 1335 mit Heinrich VI. aus und damit fiel die Stadt und das Fürstenthum unmittelbar an die Krone Böhmen. Auf eine detaillirte Uebersicht der interessanten, vielbeschriebenen, ferneren Schicksale der Stadt kann hier unmöglich eingegangen werden. Im Jahre 1741 nahm König Friedrich II. von Preussen Besitz von der Hauptstadt Schlesiens. Nachdem der in Breslau geschlossene Friede mit dem Kaiserhause den grössten Theil von Schlesien definitiv zur preussischen Provinz gemacht hatte, wurde die Stadt zur dritten Haupt- und Residenzstadt des Königreichs Preussen erklärt.

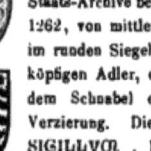

Das älteste, erst neuerdings bekannt gewordene Siegel der Stadt Breslau (im Dresdner Geheimen Staats-Archive befindlich), vom Jahre 1262, von mittlerer Grösse, enthält im runden Siegelfelde einen doppelköpfigen Adler, ohne Kronen, in jedem Schnabel eine rankenförmige Verzierung. Die Umschrift lautet: SIGILLVM . BVRGENSIVM . W(RATISLAVIE). Dieses höchst interessante Siegelbild, welches selbstverständlich mit dem erst weit später aufgekommenen Reichs-Doppeladler um so weniger in irgend einem Zusammenhange steht, als Schlesien weder damals, noch je nachher zum deutschen Reiche alten Begriffs gehört hat, lässt sich am besten als monogrammatische Zusammenziehung zweier Adler (des polnischen und schlesischen, oder des nieder- und oberschlesischen) erklären, gleichsam als ein Symbol der Bedeutung der Hauptstadt Schlesiens. Das nächst älteste Siegel, welches bereits 1283 vorhanden war, ist von bedeutender Grösse: im dreibogigen Portale einer viertbürmigen Burg mit zwei Seitenpforten erblickt man den Schutzpatron der Stadt Breslau, Johannes den Täufer in schreitender Stellung, die Rechte erhebend, mit der Linken auf der Brust das Gewand zusammenfassend. Die Umschrift lautet: SIGILLVM . CIVITATIS . WRATISLAVIE. Ein 1303 vorkommender anderer Stempel zeigt nur geringe Unterschiede. In der Mitte des 14. Jahrhunderts, schon 1354, erscheint ein neuer Stempel mit wesentlich anderer Architectur und dem St. Johannes stehend, nach links gewandt, in der Linken eine runde Scheibe mit dem Lamm Gottes, mit der Rechten auf dasselbe hinweisend. Der Heiligenschein wird von der von oben herabschwebenden Taube gleichsam gehalten. Auf den Seitenzinnen sieht man in halber Figur rechts einen blasenden Thurmwart, links einen betenden Engel. Die Umschrift lautet: SIGILLVM . VNIVERSITATIS . CIVIVM . IN . WRATISLAVIE. Auch von diesem Siegel scheint noch ein anderer Stempel zu existiren, nach einer vorliegenden Zeichnung Kretschmers neuerer Arbeit, modern stylisirt. Auch ein kleineres Siegel, wohl aus dem Anfang des funfzehnten Jahrhunderts zeigt noch das Bild des stehenden Schutzpatrons und die Umschrift: sigilium . civitatis . wratislavien'. Alle bei dem regen Geschäftsverkehr und der stetig wachsenden Bedeutung Breslaus nöthig gewordenen und in Abdrücken vorkommenden Siegel einzeln aufzuführen und zu beschreiben ist hier nicht wohl möglich. Die Bürgerschaft bediente sich schon 1283 eines eignen Siegels bloss mit dem schlesischen Adler, Umschrift: S . CIVIVM . DE . WRATISLAVIA. Im ganzen vierzehnten und funfzehnten Jahrhundert und noch später treten verschiedene Stempel auf, die nur den Kopf Johannis des Täufers auf der Schüssel haben, Umschriften (1372): S . MA(gis)TRI . CIVIVM . WRAT., (1401): SECRETVM . CIVITATIS . WRATISLAVIE. Die Schöppen führten den schlesischen Adler (ohne Schild) mit der Umschrift: S . SCABI-

ΩORV . DΘ . VRATISLA`., die Landschöppen den Adler im Schilde mit der Umschrift: S . SCΛ-BIΩOR` . PROWIΘELIŨ . WRAT. Das eigentliche Gerichtssiegel hatte den quadrirten Wappenschild von Böhmen und Schlesien, von einem Engel gehalten (ſ . iubicia` . cibıð . wratiſlauienſıſ), auch die Initiale W allein im Schilde (SIGIL . ADVOCA . CIVI . VRAT .).

Im Jahre 1530, der Zeit, in welcher die Sitte der kaiserlichen Wappenbriefe vorzugsweise zu floriren begann, fühlte der Rath zu Breslau das dringende Bedürfniss, seine Wappen- und Siegelverhältnisse zu ordnen und der Stadt ein stattlicheres heraldisches Symbol zu beschaffen. Das vom Rath selbst redigirte neue Wappen erhielt d. d. 12. März die Bestätigung des Königs Ferdinand und d. d. 10. Juli die des Kaisers. Dasselbe ist quadrirt, hat im ersten Felde den einwärts gekehrten weissen, gekrönten, doppeltgeschweiften, böhmischen Löwen in Roth, im zweiten den rechts gekehrten, schwarzen, schlesischen Adler mit der silbernen Binde auf der Brust in Gold, im dritten die schwarze Initiale W in Gold und im vierten rothen Felde den über einer gestürzten, goldnen Krone sich erhebenden Kopf St. Johannis des Apostels. Dieser Kopf ist öfters irrthümlicher Weise für den der St. Dorothea gehalten worden. An Stelle des Mittelschildes zeigt sich die silberne Schüssel mit dem Kopfe Johannis des Täufers. Natürlich durfte auch ein Helm nicht fehlen. Derselbe ist gekrönt und von roth - weissen Helmdecken umflattert. Ueber der Krone erhebt sich der Kopf St. Johannis des Apostels, rechts und links begleitet von zwei in die Krone gesteckten Fahnen, deren jede roth und weiss geviertet, nach anderer Darstellung auch dreimal roth und weiss quer getheilt ist.

Dieses neue komplizirte Wappen ist, fast ohne jede Ausnahme, fortan allein im Gebrauch geblieben. Die Umschriften der auch mit diesem Bilde überaus zahlreichen Siegelstempel lauteten früher meist: S. SENATUS . POPVLIQVE . WRATISLAVIENSIS., neuerdings gewöhnlich: RATHS . SIEGEL . DER . HAUPT- UND . RESIDENZ . STADT . BRESLAU. Zuweilen sind sie auch ohne Umschrift, oben nur mit der Jahreszahl der Ingebrauchnahme bezeichnet.

Brieg,

Kreisstadt im Regbez. Breslau,

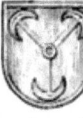

Breg, Visokebreg, slaw. Brzeg d. h. Ufer, lat. Brega, Briga, urbs oder civitas ad altam ripam, am linken Ufer der Oder, Hauptstadt des ehemaligen, nach ihr benannten Fürstenthums, deren herzogliches Schloss zuerst 1235 urkundlich erwähnt wird und welche im Jahre 1250 von Herzog Heinrich III. durch drei Locatores, den Schulzen Heinrich von Reichenbach, Gerkinus von Goldberg und Orthlifus deutsches Stadtrecht erhielt. Anfangs zum Fürstenthum Breslau gehörig, wurde Brieg 1311 Hauptort des gleichnamigen neu abgetheilten Fürstenthums, welches aber später meistentheils mit dem Fürstenthum Liegnitz vereinigt war. Am 21. November 1675 starb der letzte Piast, der Herzog Wilhelm von Liegnitz und Brieg. Trotz der 1537 zwischen Brieg und Kur-Brandenburg geschlossenen Erbverbrüderung fiel Stadt und Land als erledigtes Lehn an die Krone Böhmen und das Kaiserhaus, 1680 wurde das Fürstenthum Brieg vollständig den Erbländern inkorporirt, bis der erste schlesische Krieg dasselbe definitiv der Krone Preussen sicherte. Die ehemalige Residenz der Brieger Herzoge wurde leider bei dem Bombardement 1741 fast völlig zerstört.

Das älteste bekannte Siegel der Stadt, von mässiger Grösse, schon 1318 im Gebrauch, hat im fein punktirten Felde den zugespitzten Wappenschild mit drei ankerförmigen Doppelhaken, die in der Mitte an einem Ringe zusammenhängen. Umschrift: SIGILLVΩ . BVRGΘΩSIVΩ . D . BREGΛ. Zwei kleinere Siegel von 1428 und aus etwas späterer

Zeit haben dieselbe Vorstellung (das letztere im abgerundeten Schilde) und die Umschriften: S. CON-
SVLVM . DE . BRUGH . und ſigillum . conſu-
lum . br . brega . Ein grösseres von 1550 zeigt
die drei Doppelhaken, mit Widerhaken, vollständig
als Anker geformt, frei im Siegelfelde. Die Umschrift zwischen Blätterkränzen lautet: SIGILLVM .
CIVITATIS . BREGENSIS. Dieser Stempel ist
später wiederholt nachgebildet worden, doch findet
sich auch ein dem ältesten Stempel nachgebildetes
Siegel von 1609 mit der ebenfalls alten Umschrift:
SIGILLVM . BVRGENSIVM . BREGÆ. Gleichzeitig mit dem ältesten Schöppensiegel, welches gleich
beschrieben werden soll, findet sich von 1394 ein
Siegel, welches, zwar nicht völlig erhalten, doch
noch deutlich lesen lässt: (SIGILLV)M . SC(HBIR)
NTVS . BRUGH . und im Felde den schlesischen
Adler zeigt, auf einem mit den Spitzen nach oben
gekehrten Halbmonde stehend. Das erwähnte, bereits 1382 vorkommende, gewöhnliche Schöppensiegel hat den städtischen Wappenschild im mit Ranken verzierten Felde und die Umschrift: S . SCH-
BINORVM . DE . BRUGH. Ebenso, aber mit
Minuskelumschrift, ist das spätere Schöppensiegel
aus dem fünfzehnten Jahrhundert, jedoch erscheint
hier hinter dem Schilde in halber Figur ein Engel
als Schildhalter. Diesen Engel sind seitdem die
Brieger nicht wieder los geworden. Schon das Siegel des Stadtvogts aus dem Anfang des siebenzehnten Jahrhunderts hat ihn wiederholt. Der zierlich
ausgebogene Wappenschild desselben hat jedoch nur
einen einzigen, aufrecht gestellten, die Arme nach
oben, den Ring nach unten kehrenden Anker, auf
beiden Seiten begleitet von einem Sterne. Umschrift:
S . ADVOCA . CIVITATIS . BREGENSIS. Mit
einziger Ausnahme eines Stempels, der aller Wahrscheinlichkeit gleich nach der Besitzergreifung der
Stadt durch Preussen entstanden ist und den preussischen Adler zeigt, der in etwas ängstlicher Positur
auf dem schräge auf Grasboden stehenden Wappenschilde balancirt, haben alle neueren städtischen
Siegel den zuweilen zum blossen geflügelten Kopf

zusammengeschrumpften, zuweilen in halber Figur
dargestellten Engel beibehalten, man scheint ihn für
etwas Wesentliches anzusehen. Die Umschriften
auch der neuesten Siegel sind durchweg lateinisch
abgefasst.

Die Farben des Stadtwappens sind Silber in Roth.
Der goldne Schildesrand ist ganz unwesentlich. Die
Entstehung des Wappens erklärt sich leicht aus der
Lage der Stadt an der schiffbaren Oder und dem
Umstande, dass ihre ältesten Bewohner meistentheils
Fischer und Schiffer gewesen sein mögen, deren na-
türliches Symbol der Anker ist. Auf den ältesten
Siegeln lernt man dabei die älteste und roheste Form
von Ankern kennen. Die Deutung der drei Wappen-
figuren auf die drei Lokatoren der Stadt ist wohl ge-
sucht und verwerfbar.

Bunzlau,
Kreisstadt im Regbez. Liegnitz.

Buntzlaw, Buntzel, slav. Boleslaw,
Bolezlavech, Boleslawezc, Bolozlavez,
lat. Boleslavia, Bavleslavia, zum Unterschiede von Boleslawice in Russ.-
Polen, das, so lange es zu Schlesien
gehörte, auch den deutschen Namen führte und ferner von Alt-Bunzlau und Jung-Bunzlau in Böhmen,
„Bunzlau in Schlesien" genannt, am rechten
Bober- Ufer (Kreisstadt erst seit 1818), soll 1190
durch Herzog Boleslaw I. gegründet worden sein.
Die Angaben über die Gründungsjahre der verschiedenen Bunzlauer Kirchen in den zwanziger Jahren
des zwölften und ersten Jahren des nächsten Jahrhunderts sind unsicher, einen Kastellan auf der Burg
daselbst gab es aber sicher schon 1203. Wahrscheinlich, aber nicht nachzuweisen ist es, dass die
Stadt bereits unter Heinrich I. deutsches Recht erhalten hat. Die wechselnden Landesherren der
Stadt waren in der zweiten Hälfte des dreizehnten
Jahrhunderts die Herzoge von Glogau, Löwen-

berg, Liegnitz, wieder Glogau und Schweidnitz. Seit 1353 gehörte sie zum Fürstenthume Jauer. Als aber nach dem Tode der Herzogin Agnes das Land an die Krone Böhmen fiel, wurde das Burglehn Bunzlau sofort 1392 einem von Kreckwitz verpfändet. Diesem folgten im Pfandbesitze sehr bald ein von Zedlitz und 1399 die Gebrüder von Redern. Von 1410 bis 1495 gehörte das Burglehn der Familie von Raussendorff, welche es durch die von Schellendorff verwalten liessen, die auch, nach vorübergehendem gemeinschaftlichen Besitz mit Wladislaw von Niesemeuschel, seit 1506 im alleinigen Besitz verblieben bis 1556. Ihnen folgte 1557 der böhmische Vicekanzler Mehl, Dr. jur., 1594 aber erwarb die Stadt selbst das Burglehn.

Das älteste bekannte Siegel von Bunzlau vom Jahre 1447 hat im runden Siegelfelde zwei spitzbedachte Zinnenthürme über einer Mauer, zwischen denen ein hoch emporragender, gothisch verzierter Giebel in seiner Thoröffnung unten den schlesischen Adlerschild erblicken lässt. Die Umschrift ist fast unleserlich. Wenn sie möglicherweise auch nicht die Bürgerschaft, sondern den Hofrichter (Burgherrn) bezeichnen sollte, so beweist doch das nächstfolgende Siegel von 1596 mit der Umschrift: sigillvm . cibitatis . baoleslabienfis., dass in diesem Falle das Hofrichtersiegel nicht vom Stadtwappen verschieden war. Denn auch dieses, schön geschnittene Siegel hat genau dieselbe, nur in andern architectonischen Formen gehaltene Darstellung, mit dem einzigen Unterschiede, dass der spitze gotbische Giebel in der Mitte nicht offen, sondern ausgemauert erscheint. Nachdem in einem Hof-Schöppensiegel aus dem siebenzehnten Jahrhundert (Abdruck von 1701) noch einmal die Vorstellung des offenen Giebels sich wiederholt, haben die spätern und neuesten, in sehr vielen Stempelverschiedenheiten und Grössen vorhandenen Stadtsiegel (SIGILLVM . CIVITATIS . BOLESLAVIENSIS . und SIEGEL . DER . STADT . BUNZLAU .)

das Wappenbild festgehalten: drei festgemauerte, bedachte Zinnenthürme über der Stadtmauer, in deren Thoröffnung der schlesische Wappenschild. Die Farben dieses Schildes stehen fest, die der Thürme und des Feldes nicht, doch wohl: roth in Weiss. Die gewöhnlichen Entstellungen neuerer Stempelschneider haben auch dazu geführt, statt des schlesischen Schildes, den preussischen Adler stehend im Thore abzubilden, auch letzteres frei und den natürlichen preussischen Adler mit einem Oelzweige in den Krallen über dem Mittelthurm fliegen zu lassen.

Canth,

Cant, Kanth, zwischen der Weistritz und dem Striegauer Wasser, wurde wohl in der zweiten Hälfte des dreizehnten Jahrhunderts bei dem Schlosse dieses Namens („der" Canth) gegründet, erscheint 1292 zuerst urkundlich und erhielt bald darauf deutsches Stadtrecht. Anfangs zum Fürstenthume Schweidnitz gehörig, kam es 1326 an Jauer, darauf an die Krone Böhmen und 1351 an Herzog Nicolaus von Münsterberg. Im Jahre 1370 erwarben Canth die Herzoge von Oels. Einer derselben, Conrad IV. († 1439) hatte seiner Zeit nach seinem Besitzthum den Beinamen „der Canthner". Doch war die Stadt bereits 1419 dem Domcapitel von Breslau verpfändet worden und gehörte ihm seit 1474 erb- und eigenthümlich. 1810 wurde Canth eine königliche Immediatstadt.

Das alte Siegel der Stadt von ziemlicher Grösse (Abdruck von 1388) zeigt im runden Siegelfelde zwei aufrecht stehende, mit den Körpern von einander abgewendete, mit den Köpfen einander zugekehrte, gekrönte Löwen, deren (einfache) Schwänze sich incinander verschlingen. Umschrift: S . CIVIVM . DE . CANT . Das Wappen ist unverändert beibehalten worden, sowohl auf einem kleinern Siegel von 1566, wie auf einem grössern aus dem siebenzehnten Jahrhundert (SIGILLVM . CIVITAT . CANTHENSIS .) dem gleichzeitigen Secret (SIGIL-LVM . CIVITAT . CANTENSIS . MINVS . 1633 .) und auf den neuesten Siegelstempeln. Das eigenthümliche Wappen (ausser bei den schwäbischen Grafen von Rechberg und Rothenlöwen kaum jemals wiederkehrend) ist schwer zu erklären. Schon wegen der, bereits in alter Zeit auf den Köpfen der Löwen vorkommenden, Kronen möchte man zuerst an das Wappenbild der Könige von Böhmen denken, dagegen spricht der Umstand, dass die Cauthner Löwen stets einfach geschwänzt sind, ferner die (freilich nicht viel auf sich habende) Tradition, dass das Feld des Wappens blau ist, hauptsächlich aber der Mangel jedes historischen Anhalts, weshalb bei der kurzen böhmischen Herrschaft gerade für diese kleine Stadt das böhmische Wappenthier in so auffälliger Weise eine Verdoppelung erfahren haben sollte.

Das Schöppensiegel von 1536 hat im Wappenschilde einen heraldischen, einfachen, aber mit einem Nimbus um den Kopf versehenen Adler und diese Umschrift auf dem umgelegten Bande: s . baß . ſchuppbilbeſ . kantſ.

Carlsmarkt,

Carlsmarker Markt, slaw. Karlowice, am rechten Stober-Ufer, Marktflecken (nur vorübergehend 1834 zu den Städten gerechnet), welches früher Ketzendorf (Ketzerdorf, Kätzendorf) hiess und ein fürstliches Schloss enthielt, das schon 1411 urkundlich erwähnt wird. Im Amte Ketzendorf liegt das Dorf Cöln (Colna), welches ein Stammhaus der Freiherren von Bees war, denen als fürstliches Lehn auch der grösste Theil von Ketzendorf schon lange vor 1521 gehörte. Beim Erlöschen dieser Bees'schen Linie, etwa in der zweiten Hälfte des

siebenzehnten Jahrhunderts, fiel Ketzendorf an das herzogliche Haus Brieg heim, welches auch den übrigen Theil von Ketzendorf dazukaufte. Nach dem Aussterben der Herzoge, seit 1675 war Ketzendorf eine k. königliche Domaine, im Jahre 1712 wurde der Gemeinde daselbst das Marktrecht ertheilt und der Ort selbst unter dem obigen Namen (nach Kaiser Carl VI.) zum Marktflecken erhoben. (Ein gewisser Leopold Fritschke von Fürstenmühl, 1728 „auf Carlsmarkt", war wohl nur Domainen-Amtmann.)

Das einzige bekannte, kleine, etwas ovale Ortssiegel enthält im Siegelfelde ein einfaches Gebäude mit einem Thürmchen — entweder die Hauptkirche, oder das Amtshaus darstellend —, mit einem Strauch daneben. Die Umschrift heisst: SIG . Z . CARLS-MARKER MARK, im Abschnitt steht: BRIEGER CREIS.

Carlsruhe,

slaw. Pokoi, Pokoyu d. h. Frieden, Ruhe, auch das Neuvorwerk von Krogulno geheissen, ein Dorf, zwischen der Stober und Brenitz, welches den Grafen von Redern, anfänglich nur pfandweise, gehörte und durch die Tochter des Grafen Erdmann, Charlotte Philippine an den Herzog Christian Ulrich von Würtemberg-Oels, ihren Gemahl seit 1711, kam. Sein Sohn, der 1744 zur Regierung in Oels gelangte, Herzog Carl Christian Erdmann erbaute daselbst 1749 ein Jagdschloss und 1751 ein neues Residenzschloss und verschaffte dadurch an Bedeutung gewinnenden Orte auch das Marktrecht. Die Herrschaft verblieb, als Oels beim Aussterben der Würtemberg'schen Nebenlinie, 1791, an den Herzog Friedrich August von Braunschweig fiel, der Würtemberg'schen Hauptlinie und wurde 1793, unter andern Besitzungen, nebst den früheren

Städten Schwirz und Südtel im Namslau'schen Kreise, zu einem Fideicommiss gemacht. Die Wittwe des Herzogs von Würtemberg-Oels, welche den lebenslänglichen Niessbrauch der Herrschaft behielt, Marie Sophie Wilhelmine, geborne Gräfin von Solms-Laubach starb 1793 und es succedirte ihr Herzog Friedrich Eugen Heinrich von Würtemberg-Stuttgart; gegenwärtig gehört Carlsruhe dem Herzog Eugen.

Ein eigentliches Siegel oder Wappen des Orts ist nicht bekannt.

Charlottenbrunn,

Kreis Waldenburg, Regbez. Breslau,

der „Brunn von Tannhausen", ein zur Herrschaft Tannhausen gehöriger Ort, in dem Ende des siebenzehnten Jahrhunderts heilkräftige Quellen entdeckt wurden, die seit dem Jahre 1724 einen bedeutenden Ruf erlangten, so dass dem aufblühenden Bade- und Brunnenorte 1770 das Marktrecht ertheilt werden konnte. Tannhausen gehörte in der ersten Hälfte des achtzehnten Jahrhunderts der 1721 in den Freiherrenstand erhobenen Familie von Seherr-Thoss. Nach der Gemahlin des k. k. Feldmarschalls Hans Christoph Freiherrn von Seherr-Thoss, Charlotte Maximiliane, gebornen Gräfin Pückler bekam der Badeort, um den sie sich besonders verdient gemacht hatte, seinen Namen. Der verwittweten Freifrau Charlotte von Seherr-Thoss, die 1770 starb, folgten im Besitze ihre Verwandten, die Grafen von Pückler, bis mehre Jahrzehnte in dieses Jahrhundert hinein. Seit 1843 war Tannhausen mit Charlottenbrunn im Besitze eines Herrn Menzel, seit 1855 gehören die Güter einem Herrn Engels.

Ein eigenes Siegel oder Wappen des Fleckens ist unbekannt.

Constadt,

Kr. Kreuzburg, Regbez. Oppeln,

Konstadt, Kunzenstadt, Cunzinstat, slaw. Wolczin, an der Briniza, einem Nebenflüsschen des Stober, wurde 1261 unter dem, übrigens nie gebräuchlich gewordenen, Namen „Fürstenthal" von einem gewissen Cunzo im Auftrage des Herzogs Heinrich III. von Breslau gegründet und erhielt das Neumarkter Stadtrecht. Bereits 1294 erscheint der Name Cunzinstat. Die Stadt gehörte bislang zum Fürstenthum Oels und ist erst durch die neueste preussische Eintheilung zu Oberschlesien geschlagen worden. Seit 1323 stand daselbst eine Burg mit Kastellanen auf ihr, welche allmälig das Eigenthum an derselben erlangt haben müssen. Von diesen Burgherren zu Constadt sind bekannt: um 1436 Dobko Puchal, welcher die Burg in eben diesem Jahre an die herzoglichen Brüder von Oels abtreten musste. Diese verkauften sie sofort wieder an Hans Skalanecki, auch Janusz Skalenski genannt (1439). Im Jahre 1461 wurde Hans von Borschnitz, Freiherr von der Jeltsch († 1463 im Gefängniss) gewaltsam aus der Burg vertrieben und diese der Erde gleich gemacht. Darauf muss wieder die Familie der Skalanecki in den Besitz der Herrschaft gelangt sein, denn ihnen kaufte 1465 Hans von Herbort und Fulstein Constadt ab, veräusserte es jedoch bereits 1468 an Christian Gaschinski von Gaschowitz, den Stammvater der späteren Freiherren und Grafen von Gaschin. Christian's Söhne verkauften die Herrschaft dem Heinrich von Borschnitz zu Skoroschau, seine Erbtochter Hedwig brachte sie 1495 dem Hans von Posadowski zu, dessen Nachkommen (von dieser Linie) nach zweihundertjährigem Besitze 1695 ausstarben. Im Jahre 1719 besass ein von Prittwitz die Herrschaft, 1742, 1750 wieder ein von Posadowski und Postelwitz, 1783 ein Major von Radecke, welcher Constadt 1791 einem Edlen von Gräve verkaufte. Nach seinem Tode (1793) kam aus den Händen seiner Wittwe Constadt 1797 noch einmal in den Besitz eines Posadowski, bis 1803, in welchem Jahre die Herzogin Louise von Württemberg, geborne Prinzessin von Stollberg-Gedern, die Herrschaft erstand, aber auch nur, um sie bereits 1806 einem Grafen von Wartensleben käuflich abzulassen. Von 1812 bis 1843 war eine Familie Schneider im Besitz, jetzt (1857) gehört das „Ellgut" Constadt einem Freiherrn von Seidlitz-Goblau.

Das älteste Stadtsiegel, wohl noch aus dem Anfang des 15ten Jahrhunderts, zeigt einen Halbmond, zwischen dessen aufwärts gekehrten und mit Sternen besetzten Spitzen sich ein Zinnenthurm erhebt. Umschrift: SIGILLVM . DЄ . ƆVRƆⱯRSTAT . Ein neueres Siegel mit der Umschrift: SIGIL . CIVITA . CONSTADT . 1615 . zeigt dieselbe Vorstellung noch deutlicher ausgeprägt, desgleichen ein noch jüngeres mit der Umschrift: SIGILL . CIVITTA . (!) CONSTADI . 1666. Auf den beiden letzten Siegeln ist der Mond gebildet, d. h. mit einem Gesicht versehen. Wahrscheinlich ist es das slavische herb Lodzia II., oder Korab (Mond und Kahn wechseln auch bei ihnen), dessen Stamme entweder der Gründer Cunzo, oder die ersten Besitzer, die Puchal's und Skalanecki's angehörten, welches auch das Wappen der Mediatstadt geworden ist. Man tingirt jetzt Halbmond und Thurm weiss, die Sterne golden und das Feld schwarz.

Cosel,

Kreisstadt im Regbez. Oppeln.

Kosel (seit 1863 offiziell mit dem C geschrieben), Kbosoll („die" Kozil), slaw. Koźle, (Chosle), lat. Cozla, am linken Ufer der Oder, seit 1742 Festung, ist erst seit 1813 eine königliche Immediatstadt. Der Name, wie das Wappen, der Stadt hängt mit dem mährischen und böhmischen Kozel und dem polnischen Koziel, Kozioł zusammen, einem Worte, das auf deutsch „der Ziegenbock" heisst. Die darüber im Schwange gehenden Sagen können füglich übergangen werden. Der Ort ist alt, die Burg dieses Namens wird sicher bereits 1108 erwähnt, Kastellane auf ihr kennt man seit 1239. Wenn der neben derselben entstandene Ort deutsches Stadtrecht erhalten, ist nicht mit Bestimmtheit nachzuweisen, schwerlich vor 1250. Bis zum Jahre 1281 gehörte Cosel zum Fürstenthume Oppeln-Ratibor. Von da ab war es eine Hauptstädte des besondern Fürstenthums Cosel-Beuthen-Gleiwitz. Nach dem Aussterben dieser Piasten-Linie, 1355 mit Herzog Bolko, folgten zuerst die Herzoge von Oels, 1473 Herzog Heinrich von Münsterberg, 1476 als Landeshauptmann Johann Bielik von Kornitz, 1490 als Pfandbesitzer Puta von Riesenberg und Swihow. Im Jahre 1492 wurde derselbe Besitzer, vererbte Cosel auf seinen Sohn Wilhelm, der die Herrschaft 1509 an den Herzog Johann von Oppeln verkaufte. Von 1532 bis 1552 war Cosel in den Händen der beiden Markgrafen von Brandenburg-Jägerndorf, Vater und Sohn, 1552 der Königin Isabella von Ungarn (eigentlich ihres unmündigen Sohnes, des Prinzen Johann Siegmund Zapolya), 1557 unmittelbar des Königs Ferdinand I. Vom Jahre 1558 beginnt wieder eine Reihe von Pfandbesitzern auf Cosel:

1558 bis 1563 Otto von Zedlitz auf Parchwitz,
1563 bis 1617, seit 1595 erb- und eigenthümlich die
Freiherren von Oppersdorf-Ober-Glogau, (1582
in Bezug auf Cosel und Ober-Gleiwitz gepflogene
Kaufsverhandlungen mit Hans Saurma, Freiherrn von
und zu der Jeltsch zerschlugen sich wieder). 1617
bis 1629 Andreas von Kochtitzki auf Lublinitz.
Darauf war Cosel über 100 Jahre, von 1629 bis
1735 ein kaiserliches Kammergut, als solches 1645
bis 1666, nebst Oppeln-Ratibor, der Krone Polen
verpfändet. Im Jahre 1735 ward dasselbe als Mann-
lehn dem Grafen Ferdinand von Plettenberg-
Witten verkauft, in dessen Familie es verblieb, bis
Graf Maximilian Friedrich 1799 Cosel, gegen Ratibor, der Krone Preussen abtrat, welche die Herrschaft bis 1812 noch als königliche Domäne verwalten liess.

Nachzuholen ist noch, dass Kaiser Carl VI. dem,
1727 in die Verbannung geschickten und 1729 in
Sibirien gestorbenen, Fürsten Menzikoff, neben
dem Titel eines deutschen Reichsfürsten, auch den
eines Herzogs von Cosel verlieh.

Das älteste Siegel der Stadt vom Jahre 1342 befindet sich im ständischen Archive zu Brünn, es muss wohl
nicht abweichend sein von der spätern Darstellung
des Stadtwappens, weil es sonst wohl der betreffende Berichterstatter angemerkt haben würde. Eine
andre Nachricht, dass früher (noch 1653) die städtischen Siegel sich so unterschieden hätten, dass die
Schöppen drei, der Magistrat zwei, der Stadthauptmann einen Bockskopf im Wappen geführt, lässt
sich aus Mangel an vorliegenden ältern Siegeln nicht
widerlegen, erscheint aber wenig glaubwürdig, da
ein 1658 gestochenes, kleines und ein wenig jüngeres, 1683 schon im Gebrauch befindliches, grösseres
Stadtsiegel bereits die drei Bocksköpfe, wie sonst
immer angegeben, enthält. Diese beiden Siegel und
spätere haben die gleichlautende Umschrift: SIGIL-
LVM . CIVITATIS . COSLENSIS. Die drei Bocksköpfe (der Tradition nach: schwarz im weissen Felde)
sind stets, mit den Mäulern in der Mitte einander
zugekehrt, in das Dreieck gestellt, so dass die Hör-

ner nach aussen abstehen. Eine bei manchen Siegeln an der Stelle des Zirkelpunktes sich vorfin-
dende kleine Rosette ist natürlich unwesentlich. In
Bezug auf jene Angabe der drei in der Zahl der
Figuren sich unterscheidenden Siegel mag noch erwähnt werden, dass das Hauptmannssiegel durch die
neben dem Helme (mit einem wachsenden Bock)
stehenden Buchstaben G . L . Z . K . (Girzik d. h.
Georg Lippa z Kozarzowa d. h. Ziegenort) sich als
blosses Familiensiegel ausweist, zufällig auch ein
Bockswappen führend. Möglich ist es immerhin,
dass einst ein kleines Sekret der Stadt existirt hat,
welches im kleinen Raume nur zwei Bocksköpfe,
gleichsam andeutungsweise enthielt, wie Aehnliches
sich öfters findet.

Creuzburg,

Kreisstadt im Regbez. Oppeln.

Kreuzburg, Creutzburg, Kreutzburg,
Craceburc, Cruezbure, Cruczbork,
Cruceborch, lat. Crucibargum, slaw.
Cluezibor (d. h. Waldschlüssel, Wald-
schloss), an der Stober (Stobra), gehörte früher mit dem ganzen Kreise zum Fürstenthume Brieg und wurde erst 1820 zu Oberschlesien
geschlagen. Der Orden der Kreuzherren mit
dem rothen Stern (erst 1238 confirmirt) soll, was
aber nicht weiter bewiesen ist, bereits 1230 eine
erste Niederlassung in Schlesien, ein Haus in der
Gegend des spätern Creuzburg besessen haben. Sie
führten als Ordenszeichen ein rothes Kreuz und
als Sonderzeichen, zum Andenken an ihren ersten
Grossmeister Albrecht von Sternberg, darunter einen
rothen Stern. Die später bedeutendsten Häuser des
Ordens, dessen Hauptsitz sich in Prag befand (resp.
noch befindet), in Schlesien waren das Kreuzstift
zu St. Matthias in Breslau und das Kreuzstift in
Neisse. Im Jahre 1253 bekam der Orden vom Herzoge Heinrich III. die Freiheit, um jenes erste Haus

eine Stadt nach deutschem Rechte anzulegen, die wohl jedenfalls ihren Namen nach ihren Gründern erhielt, so dass die slawische Bezeichnung als eine blosse, nach ähnlich klingenden Lauten zurechtgelegte Entstellung des deutschen Namens angesehen werden muss. Die neue Stadt war jedoch nur in geistlichen Dingen den Kreuzherren unterworfen, in allen übrigen Stücken stand sie unmittelbar unter den Landesherren. Diese waren zuvörderst die Herzoge von Glogau, 1312 die von Oels, 1320 die von Brieg, welche seit 1323 einen Kastellan auf der Burg daselbst eingesetzt hatten, nach kurzer Verpfändung an Schweidnitz, 1369 wieder die von Brieg. Nach abermaliger Verpfändung an Oels-Cosel, 1420 abermals von Brieg eingelöst, wurde die Stadt später noch zweimal als Pfandobject weggegeben, 1434 bis 1481 und 1510 bis 1536 an die Herzoge von Oppeln-Streblitz. Nach dem Aussterben der Piasten in Liegnitz-Brieg, 1675, war die Stadt k. k. Kammergut bis zur Besitznahme durch Preussen.

Das älteste bekannte Siegel der Stadt, von 1376, nicht besonders gross, hat im spitzen Schilde eine dreithürmige Burg mit Thor. Ueber den niedrigeren Seitenthürmen und am mittlern, mehr nach unten zu, stehen drei Kreuze. Von Aussen ist das Schild begleitet von drei Sternen. Umschrift: S . CIVIVOL . DH . CRVCIBVRCH. Die neuern Siegel haben im, zuweilen von einem Engel gehaltenen, Wappenschilde dieselbe Burg mit drei, ziemlich gleich hohen Thürmen, über deren mittelsten allein das Kreuz schwebt. Umschrift: SIGIL . CIVITATIS . CRVCIBVRGENSIS. Die Farben werden roth im weissen Felde, das Kreuz schwarz angegeben. Es erscheint angemessen, die drei Kreuze des alten Stadtsiegels in ihrer Stellung zu belassen und, zur Erinnerung an den alten Orden, den einen der auf dem ältesten Siegel aussen angebrachten Sterne mit in das Wappen, über dem Mittelthurm aufzunehmen. Die Hofschöppen von Creutzburg siegelten 1449 mit dem schlesischen Adlerschild, über welchem aber, noch in dem sonst mit Blumenranken ausgefüllten

Siegelfelde ein grösseres Kreuz, als besonderes Abzeichen schwebt. Die Umschrift lautet: S . SOH-BIKORVM . CVRIO . CRVCIBV(rch).

Dyhernfurth,

Kr. Wohlau, Regbez. Breslau,

 Dybrnfurth, Diehrenfurt, Marktflecken, neuerdings als wirkliche Stadt anerkannt, am rechten Oderufer, (bis 1818 zum Kreise Breslau gehörig), hiess früher Brzeg (d. h. Ufer), Brzege, Brzieg, Brzik, Persigk, Praig, Prziegk und war ein Dorf und Rittergut, bereits 1358 erwähnt, von dessen Besitzern bekannt sind: 1355 bis 1478 die von Haugwitz, 1522 und 1525 Florian von Falckenhayn, 1528 Ernst von Diebitsch, 1528 und 1529 die Gebrüder von Haugwitz, 1529 Melchior von Ungerathen, 1543 Heinrich von Falckenberg, 1551 bis 1659 die von Falckenhayn. Nach dem Tode Florian's von Falckenhayn, 1659, kaufte 1660 das Gut und Dorf Georg Abraham, (seit 1655) Freiherr von Dyhrn und verschaffte demselben vom Kaiser 1663 Stadtrecht. In den Jahren 1688 und noch 1747 waren die Freiherren von Glaubitz Besitzer der Herrschaft, ihnen folgten die Grafen von Sternberg, (1740, 1744), 1765 bis 1770 Friedrich Wilhelm Arnd von Kleist, 1771 der 1786 in den Grafenstand erhobene Minister von Hoym, nach seinem Tode, 1807, seine Wittwe, eine geborne Freiin von Dyhrn bis 1820. Darauf erbte die Majoratsherrschaft die Fürstin Franziska Biron von Curland-Wartenberg-Hoym, geborne Gräfin von Maltzan, 1833 wieder vermählte Frau von Strantz (1845) und gegenwärtig (schon 1856) ist Besitzerin ihre Tochter, die Gräfin Antonie von Lazareff, geborne Prinzessin Biron von Curland.

In dem kaiserlichen Privilegium vom 20. Januar

1663 wurde der neuen Stadt das folgende Wappen
ertheilt: Der Ritter St. Georg, geharnischt. zu Pferde,
stösst dem unten sich windenden Drachen die Lanze
in den Rachen. Das Pferd ist weiss mit rothem
Sattelzeug, der Ritter hat am linken Arm den
Wappenschild und auf dem Helm den Helmschmuck
derer von Dyhrn. Der Hintergrund ist landschaftlich gehalten, vorne Wiese, dann die Oder, an deren
Ufer ein Kahn liegt, hinten Wald. Das hier beschriebene Wappen derer von Dyhrn, sonst auch oft
abweichend gebildet, besteht aus drei rothen Rosen auf
silbernem Schrägrechtsbalken im rothen Felde, den
Helmschmuck bilden sieben schwarze Reiherfedern.
Ein gut geschnittenes, achteckiges Siegel enthält
dieses Wappen mit der Umschrift: SIGILLVM .
CIVITATIS . DYHERNFVRTENSIS.

Engelsberg,
Minderherrsch. Freudenthal, Kr. Troppau.

(slaw.) Engelsperk, lat. Engelsberga,
früher auch Engelstadt (Engelsthal)
im „Besreck" geheissen, Marktflecken,
oder sogenannte freie Bergstadt am
Engels- oder Annenberge. Der Ort,
in dem schon frühzeitig Bergbau betrieben worden
sein mag, gehörte zur Herrschaft Freudenthal, die
seit 1367 den Herzogen von Jägerndorf aus dem
Hause Troppau zustand, bis sie vor 1483 vom
Könige Matthias eingezogen wurde. Im sechszehnten und anfangs des siebenzehnten Jahrhunderts besassen diese die Herren (und Grafen) von Würben
(Wrbna) und Freudenthal, unter Hoheit der
Markgrafen von Brandenburg-Jägerndorf. Durch
den Grafen Johann den Aeltern erhielt Engelsberg
1556 den Titel einer freien Bergstadt. Dieselbe
war einst stark befestigt. Im Jahre 1621 wurde die
Herrschaft Freudenthal denen von Würben konfiszirt und vom Kaiser dem Erzherzoge Carl von

Oestreich geschenkt, der Bischof von Breslau und
Brixen, auch Deutschmeister war und bei seinem
Tode Freudenthal dem deutschen Orden vererbte,
welcher noch heutzutage davon Besitzer ist. Das
Stadtwappen ist, nach Widimski, das der Würben's:
ein beiderseits von drei goldnen Lilien (in einer
Reihe) begleiteter, goldner Querbalken im blauen
Felde, nur dass hier die untern drei Lilien durch
einen grünen Dreihügel ersetzt sind, auf dem sich
Hammer und Eisen (goldfarben) kreuzen. Ein Sie-
gel von Engelsberg ist nicht bekannt geworden.

Falkenberg,
Kreisstadt im Regbez. Oppeln,

slaw. Niemodlin, Nemodlin, lat. Fal-
goborga, am linken Ufer der Steina,
wird unter seinem slawischen Namen
bereits 1224 urkundlich erwähnt, aber
noch als Dorf. Eine Burg mit einem
Kastellan gab es schon im selben Jahrhundert zu
Falkenberg, wann dieses aber Stadtrecht erhalten,
ist unbekannt. Die ersten Herren von Falkenberg
waren die Herzoge von Oppeln. Bei der Theilung
im Jahre 1318 wurde das Gebiet von Falkenberg
ein besonderes Fürstenthum, das fast ununterbrochen
bis zum Jahre 1448 unter eignen Herzogen Oppel-
schen Stammes stand. Von da ab fängt die Reihe
der wechselnden Pfandbesitzer und Erbherren an.
Im Jahre 1449 war Falkenberg im Besitze des
Partschal von Reibnitz, 1502 Johann's IV.
Proskowski von Proskau, der 1504 auch die
Herrschaft Löwen an sich brachte und 1508 starb.
Darauf gehörte die Herrschaft wieder zu Oppeln
und nach dem Aussterben der dortigen Herzoge,
1532, fiel sie dem Könige Ferdinand anheim. Dieser verpfändete sie 1552 an Balthasar von Pöck-
ler, welcher sie 1578 käuflich ganz an sich brachte,
1591 in den Freiherrenstand erhoben wurde und

1591 starb. Nach dem Tode Caspars des Jüngern von Pückler auf Falkenberg fiel 1590 die Herrschaft an Polyxena von Zierotin (wahrscheinlich eine Tochter des Freiherrn Balthasar von Pückler), die sich 1609 wieder mit Weichard Freiherrn von Promnitz-Pless vermählte, in dessen Familie Falkenberg bis 1660 blieb. Darauf folgten im Besitze die Freiherren und Grafen von Zierotin bis 1777, in welchem Jahre Graf Michael die Herrschaft seinem Schwager, dem Grafen Johann Nepomucen von Praschma, Freiherrn von Bilkau auf Friedeck testamentarisch vermachte, welcher denn auch sofort den Besitz antrat und ihn seiner Familie bis auf diesen Tag vererbt hat.

Ein altes Siegel von Falkenberg ist noch nicht ermittelt. Neuere von 1663 und 1746 zeigen im ausgeschweiften Wappenschilde einen natürlichen Falken mit zum Fluge erhobenen Flügeln auf einem Berge, also ein redendes Wappen. Die Farben sind nach Ausweis einer alten Stadtfahne die natürlichen des Falken und des grünen Berges im blauen Felde. Die Umschriften dieser Siegel lauten: SIGILLVM . CIVITATIS . FALGOBERGENSIS. Ein neueres, 1816 gefertigtes soll die für unsere Zeit höchst charakteristische Umschrift führen: „MAGISTRAT . ZU . FALGOBERGENSIS" (!).

Festenberg,

Kr. Wartenberg, Regbez. Breslau,

 slaw. Twardagora (Hartenberg), Mediatstadt in der freien Standesherrschaft Goschütz, an einem Mühlgraben, hart am Judenberge und bei den Schönwalder Bergen, „woher der Name". Von der Stadt zu unterscheiden ist das ringsum liegende Dorf Alt-Festenberg, in dem sich das herrschaftliche Schloss befindet. Herzog Heinrich III. von Glogau ertheilte dem Orte 1293 das Neumarker Stadtrecht. Bei der Landestheilung nach

dem Tode dieses Herzogs kam Festenberg unter die Hoheit des Fürstenthums Oels. Die ersten Erbherren der Stadt um das Jahr 1293 sollen gewesen sein Rumprecht von Bolesin und Heinrich von Szavon. Etwas später nannte sich das Geschlecht von Packisch, welches sein Stammschloss bei der Stadt hatte, nach derselben von Festenberg, so um 1364 Pacuslaw. Von 1499 bis 1556 gehörte Festenberg den Herren von Borschnitz auf Schönwald, im letztern Jahre erwarb sie Georg von Dyhrn auf Schönau, dessen Wittwe Catharina, geborne von Schindel, sich mit Caspar von Köckeritz vermählte. Die von Köckeritz und Friedland blieben bis 1676 im Besitz, in welchem Jahre Siegmund von Köckeritz die Herrschaft dem in Oels residirenden, herzoglichen Hause Würtemberg verkaufte. Aus dessen Händen erkaufte sie 1772 der Graf Heinrich Leopold von Reichenbach-Goschütz, vereinigte Festenberg mit dieser seiner freien Standesherrschaft Goschütz und vererbte seiner Familie dieselbe bis heute.

Das Wappen der Stadt ist ein redendes: ein fester (hefestigter) Berg. Die Festung wird in gewöhnlicher Weise als dreithürmiges Kastell mit Thor dargestellt. Aeltere Siegel fehlen, ein grösseres mit der Umschrift: SIEGEL DER STADT FESTENBERG . 1691, und ein kleines mit: DER STADT FESTENBERG KLEIN INSIG . zeigen das beschriebene Wappen im verzierten, oben mit einem Engelsköpfchen besteckten Schilde, dessen Farben nicht näher bekannt sind, wohl natürlich anzunehmen.

Frankenberg,

Kr. Frankenstein, Regbez. Breslau,

 Francberc, Antiquum Frankenberg, slaw. Prilanc, Prilunc, Priluc, ein Dorf an der Neisse, welches urkundlich bereits 1230 und 1250 erwähnt wird und im Jahre 1283 Stadtrecht

erhielt, aber nicht lange zu behaupten vermochte, da zu derselben Zeit die ganz nahe gelegene Stadt Frankenstein aufzublühen begann, deren wachsende Bedeutung jenen Ort wieder zum blossen Dorfe herabdrückte. Es ist nicht bekannt, ob und in welcher Weise es mit der bekannten schlesischen, adligen Familie von Frankenberg (Simon dictus Gallicus 1296 mit 5 (statt der jetzigen 3) Ziegeln im Wappen) in Verbindung gestanden hat. In Frankenberg selbst war ein Dominikaner-Kloster und während des dreizehnten Jahrhunderts eine herzoglich Breslauische Münzstätte, die 1268 dem Bischofe verpfändet wurde. Ein Theil des Orts, der schon 1288 wieder bloss Dorf genannt wird, gehörte dem Kreuzstifte zu St. Matthias in Breslau bis zu dessen Säcularisation 1810. Im Jahre 1369 wurden dem Nicolaus von Zeisberg (Cziegeberg) alle seine Rechte in dem Dorfe Frankenberg bestätigt, wie sie ihm Heinrich Schoff übergeben. Dieser andre Theil kam nachher an das Kloster Kamenz, dem es auch bis 1810 gehört hat.

Ein einstiges Siegel (oder Wappen) des Ortes ist niemals aufgetaucht.

Frankenstein,
Kreisstadt, im Regbez. Breslau.

Frankinstein, Frankensteyn, Frankenstenn, Franckenstein, lat. Francosteinium, am Einfluss des Zadelwassers in den Pausebach, wurde von Herzog Hein rich IV. nach 1266 angelegt und vor 1283 mit deutschem Stadtrecht versehen. Die Herzoge von Münsterberg, denen Frankenstein — über die Entstehung dieses Namens können nur Hypothesen aufgestellt werden — von Anfang an zugehörte, verpfändeten die Stadt zum ersten Male an die Krone Böhmen 1337, nach ihrer Auslösung zum zweiten Male bereits 1346 an Heinrich von Haugwitz, der sie seinerseits wiederum der Krone

Böhmen 1348 versetzte. Im Jahre 1351 erwarb Böhmen die Stadt käuflich von Münsterberg, aber bereits 1378 hatte sie das Schicksal, wieder an den Markgrafen Jobst von Mähren verpfändet zu werden, dem Markgrafen Procop von Mähren gehörte sie 1404. Im Laufe des funfzehnten Jahrhunderts, 1422 bis 1428 war Potho v. Czastalowicz, Herr von Opoczna Pfandherr von Fr., in letzterm Jahre eroberte es Hinko Kruszeina von Lichtenburg (Leuchtemberg), nach seinem Tode, 1454, verkaufte sein Sohn Wilhelm Fr. an Georg v. Podiebrad und Kunstadt, den nachherigen König von Böhmen (1458). Als dessen Söhne sich 1472 in seinen Nachlass theilten, erhielt Herzog Heinrich der Aeltere Frankenstein nebst Zubehör, jedoch hatte er fortwährend mit dem Könige Matthias um den Besitz der Stadt zu kämpfen, welcher letzterer sie 1476 sogar dem Grafen Johann von Würben schenkte, aber wohl ohne eigentlichen und längern Erfolg, da sie nachher unbestrittenes Eigenthum der Söhne Heinrich der Aeltern blieb. Der Jüngste von diesen, Carl hinterliess mehre Söhne, welche Münsterberg mit Frankenstein an die Herzoge von Liegnitz versetzten, diese traten ihr Pfandrecht 1550 bis 1554 dem Könige Ferdinand ab und Herzog Carl Christoph verkaufte schliesslich beide Lande 1569 völlig an die Krone Böhmen, der sie fortan unmittelbar fast hundert Jahre gehörten. Im Jahre 1654 verlieh Kaiser Ferdinand III. Münsterberg und Frankenstein an den im Jahre vorher in den Reichsfürstenstand erhobenen Johann Weichard von Auersberg. Die Fürsten von Auersberg, die sich seitdem Herzoge in Schlesien zu M. und Fr. nannten, blieben bis 1791 im Besitz, in welchem Jahre sie ihre Gerechtsame der Krone Preussen verkauften. Seitdem ist Fr. eine königliche Immediatstadt.

Das älteste, ziemlich grosse Siegel der Stadt Frankenstein (Abdruck vom Jahre 1339) zeigt das runde Siegelfeld quergetheilt. In der obern, grössern Hälfte erheben sich über niedriger Zinnenmauer drei Thürme, die äussern spitzbedacht, aus dem mittleren, niedrigeren wächst der schlesische Adler empor. In der untern, kleinern Hälfte sind sieben Steine übereinander gethürmt. Vier Punkte dienen zur Ausfüllung der leerer gebliebenen Stellen. Die Umschrift heisst: SIGILLVM . CIVIVM . DE . FRANKINSTEIN. Dieses Siegel scheint aufgegeben worden zu sein, als die Stadt 1351 an Böhmen verkauft wurde. Denn bereits von 1352 findet sich ein etwas grösseres Siegel, welches über fünf, nur andeutungsweise vorhandenen Steinen eine vollständige Burg mit einem Thor enthält. Die Ringmauer ist perspectivisch dargestellt, die äussern beiden Thürme sind auch spitzbedacht, der mittlere oben durch den gekehnten böhmischen Löwenschild halb verdeckt. Ranken füllen das Siegelfeld aus. Umschrift: SIGILLVM . CIFIVM . DE . FRANKIN-STEIN. Eine genaue, nur weit kleinere Nachbildung dieses Siegels findet sich vom Jahre 1399, mit der corrigirten Umschrift „CIVIVM . D'.“ Ein grosses Siegel von 1530 gleicht im Allgemeinen den beiden vorigen, ein kleineres von 1656 und die neueren unterscheiden sich hauptsächlich dadurch, dass alle drei Thürme spitze Dächer haben und das Löwenschild am mittleren bis auf die Zinnenmauer herabgerutscht ist. In Bezug auf die Farben wird angegeben, dass die Thürme weiss und das Feld blau sei — dagegen ist nichts einzuwenden. Dass weiter die Dächer roth sein sollen, ist blosse Geschmackssache, bedenklich ist es, dass die Mauer roth angemalt und die Steine grün sein sollen, jedenfalls falsch aber, wenn der kleine Wappenschild einen schwarzen Löwen im goldnen Felde enthalten soll, statt des silbernen im rothen.

Ein Sekret von 1568, mit der Umschrift SIGIL-LVM . CIVIVM . FRANKENSTEIN . hat nur einen einfachen Wappenschild mit einem Löwen, der ungekrönt und nicht doppelgeschwänzt ist, aber jedenfalls der böhmische sein soll.

Das alte, grosse Gerichtssiegel der Stadt von 1353 hat den richtigen, böhmischen Löwen im Felde und die Umschrift: SIGILLVM . CAPITA-NEATVS . FRANKENSTA)NENSIS . AD . HA-

RADIATAS . ET . CAVSAS . in zwei Reihen. Ein neueres Gerichtssiegel, für Frankenstein allein, enthält einen gespaltenen Wappenschild, rechts quer getheilt durch eine wellenförmige Binde, oben der böhmische Löwe, unten der schlesische Adler, links ein gothisches F in Minuskelschrift, ein anderes, für Münsterberg und Frankenstein gemeinschaftlich, hat im gespaltenen Schilde den münsterbergischen Adler, links die obige Zusammenstellung vom Löwen, Binde und Adler.

Fraustadt,
Kreisstadt im Regbez. Posen.

Frowenstadt, Stadt unserer lieben Frauen, Wszowa, alte Stadt, ursprünglich zu Schlesien und zum Fürstenthum Glogau, 1337 zu Steinau gehörig, die 1273 von Herzog Przemislaw das deutsche Stadtrecht erhielt und im Jahre 1345 von Schlesien abgetrennt und zuerst der Krone Böhmen verkauft, endlich dem Königreich Polen definitiv einverleibt wurde. Doch blieb die kleine Stadt im Besitz ihrer Privilegien, erhielt 1345 eignes Münzrecht und nahm gegenüber den übrigen polnischen Städten andauernd eine Stellung ein, die sich nur mit der ebenso exceptionellen der preussischen und lievländischen Hansestädte vergleichen lässt. Wie sehr sich die Einwohner als Deutsche und Schlesier fühlten, geht beispielsweise auch daraus hervor, dass noch im achtzehnten Jahrhundert die von dort Gebürtigen sich in den damals üblichen Stammbüchern stets als „Siles. Fraustad.“, oder als „eqvites Siles. Fraustadienses“ unterzeichneten, nie als Polen. In der zweiten Theilung Polens 1793 kam, mit Südpreussen, auch Fraustadt an Preussen. Von 1807 bis 1813 zum Grossherzogthum Warschau geschlagen, gehört die Stadt seitdem zur

Preussischen Provinz Posen, ist also nicht wieder mit Schlesien vereinigt worden.

Das älteste Siegel der Stadt ist ziemlich gross (Abdruck vom Jahre 1310) und zeigt im runden Siegelfelde die auf einer schräge gestellten Bank mit hoher Lehne sitzende Jungfrau, den Jesusknaben auf dem Schoosse. Die Umschrift lautet: S' . GIVIVOℛ . Dℰ . FROＷℰRSTℱT . Ein späteres Siegel hat die Vorstellung der „Krönung Mariä": Gottvater und die Jungfrau in halber Figur, ersterer der letztern die Krone auf das Haupt drückend. Nebenbei stehen zwei Thürme, unten steht ein Schild, darin (im rothen Felde) ein (silbernes) Patriarchen- oder Doppelkreuz, beiderseits von einem (gleichfarbigen) Ringel begleitet. Umschrift: ﬆ . civitatiﬆ . Fratvenﬆtat. Auf den Münzen der Stadt Fraustadt findet man nur dieses kleinere Wappen, darüber vor der polnischen stets die deutsche Namens - Initiale gestellt.

Freiburg,

Friburg, Freyburg, Freiberg, auch zum Unterschiede von andern Städten d. N. „Freiburg in Schlesien" genannt, am rechten Ufer der Pölsnitz, Mediatstadt, welche 1337 durch Herzog Bolko II. deutsches Stadtrecht erhielt, gehörte von jeher zum Fürstenthume Schweidnitz und kam mit diesem 1392, nach dem Aussterben der dort regierenden Herzoge, unmittelbar unter die Krone Böhmen. Dass Freiberg bereits 1278 denen von Hochberg zuständig gewesen, ist eine durch nichts erwiesene, offenbar von fabulirenden Chronisten in missverstandenem Familien-Interesse erfundene Sage. Schloss und Herrschaft Fürstenstein, zu der die unten liegende Stadt gehörte, war vom Könige Wladislaw den Herren von Schellenberg verpfändet, von diesen aber an Hans von Haugwitz, gegen Schloss

und Stadt Leobschütz, vertauscht worden. Letzterem kaufte 1509 Conrad I. von Hochberg den Fürstenstein und Freiburg ab und seit dieser Zeit allerdings ist die Stadt ununterbrochen im Besitz des Hauses Hochberg verblieben, das 1650 in den Freiherren-, 1666 in den Grafenstand erhoben wurde und in neuester Zeit, nach der Besitzergreifung von Pless 1847, im Jahre 1850 die Fürstenwürde erhielt.

Das älteste bekannte Siegel der Stadt ist ein kleines Sekret, wie es scheint, aus dem Anfange des siebenzehnten Jahrhunderts. Es hat einen unten breiter auslaufenden, spitzbedachten Thurm, auf dessen Zinnen nach jeder Seite hin ein Fähnchen steckt, mit einem kleinen Fenster oben, einem grössern unten. Neben dem Thurm rechts ein (gebildeter) Halbmond, links ein Stern. Rund herum die leicht deutbaren Buchstaben: S. C. F. B. Ein späteres, längliches Siegel mit ausgeschriebener lateinischer Umschrift hat dasselbe Wappenbild, nur dass das untere Fenster ein Thor geworden ist, ebenso sind die neuen Stadtsiegel und Stempel mit deutscher Umschrift. Bestimmte Farben des Wappens sind nicht bekannt.

Freihan,

Freyhan, Freihahn, slaw. Freyno, Marktflecken (Städtchen), seit 1841 keine Stadt mehr, der Hauptort der freien Minder-Standesherrschaft dieses Namens, erhielt erst 1489 Stadtrechte. Eine Burg daselbst wird schon 1280 urkundlich erwähnt. Freihan gehörte anfangs zum Fürstenthume Glogau (1280), kam 1328 an das Bisthum Breslau, 1337 an die Krone Böhmen, 1361 an Herzog Conrad von Oels und darauf wieder an Böhmen. Im Jahre 1489 wurde die Herrschaft dem Wilhelm von Mosch verliehen, dem sie noch 1500 zustand. Darauf wurde Freihan mit der freien Standesherrschaft Militsch verbunden, die im Besitze der souverainen Freiherren von Kurtzbach war. Nach dem Tode des Freiherrn Heinrich, 1590, fiel die Standesherrschaft an die Freiherren von Maltzan. Die drei Söhne des Erwerbers Joachim v. M. theilten sich 1628 in das Erbe, der jüngste, Wilhelm erhielt Freihan 1639 und seitdem wurde diese Herrschaft, die im Jahre 1660 den Titel einer freien Minder-Standesherrschaft bekam, von Militsch wieder getrennt. Wilhelm's Sohn, Wilhelm II. starb 1691 ohne Erben, seine Wittwe Renate Beate, geborne Freiin von Nowack († 1702), vermählte sich wieder mit Erasmus Ulrich Graf von Hagen genannt von Geist. Desselben zweite Gemahlin Hedwig Christiane verwittwete von Hochberg, geborne Gräfin von Almesloë Freiin von Tappe, heirathete nach dem Tode ihres Gatten zum dritten Male den Grafen Gerhard Wilhelm von Strättmann, welcher 1725 die Herrschaft Freihan dem Grafen Heinrich von Flemming verkaufte. Die verwittwete Gräfin von Flemming, Thekla, geborne Prinzessin Wisniowiecka (Wiesniçicka?), veräusserte die Herrschaft 1745 wieder an die Gräfin, spätere Fürstin Catharina Sapieha, regierende Frau zu Rawitsch. Die Fürstin starb 1779 und ihre Erben verkauften Freihan in den achtziger Jahren dem Grafen Hans Gottlieb Sandretzky von Sandraschütz und dieser 1789 dem Grafen Siegmund von Zedlitz. Im Jahre 1795 erstand der Freiherr Johann Sylvius von Teichmann die Herrschaft, die unter seinem Sohne Hans Moritz 1837 sequestirt wurde. Die letzten Besitzer derselben sind gewesen: 1839 die Gebrüder Schreiber, 1843 Leopold von Böhm, 1844 Graf Carl Alexander Wilhelm von Wartensleben, seit 1845 ist es der Graf von Wilamomitz-Möllendorff, freier Standesherr auf Freihan.

Das älteste Siegel des Städtchens Freihan vom Jahre 1591 (die Jahreszahl steht über dem Schilde) enthält einen Hahn, begleitet von drei Sternen, einer oben, zwei unten zur Seite. Die Umschrift heisst:

SIGILLVM . CIVITATIS . FREIHAHN. Ob neuere Siegel existiren ist unbekannt geblieben. Ebenso ist nichts über die eigentlichen Farben dieses redenden Wappens lautbar geworden.

Freistadt.

Kreisstadt im Regbez. Liegnitz.

Freystadt, Freistädtel, Freienstadt, Fryonstat, Vrienstat, Wriegenstat, auch „Freistadt in Nieder-Schlesien", slaw. Kozuchow, Casuchow (d. h. Pelzstadt), am Sieger, soll schon 1252 oder 1253 deutsches Stadtrecht erhalten haben, doch ist diese Nachricht nicht näher erwiesen. Wahrscheinlicher ist es, dass die Erhebung des slawischen Ortes Kasuchow zur deutschen Stadt erst unter dem 1309 gestorbenen Herzoge Heinrich III. erfolgt ist, 1310 wenigstens existirte Freistadt bereits sicher und hatte schon eine gewisse Bedeutung. Die Stadt gehörte anfangs und nachher zum Fürstenthum Glogau, bei den Landestheilungen 1380 und 1397 erhielt sie aber eigne Herzoge, die bis 1476 meist zu Freistadt residirten, sich auch oft nach dieser Stadt benannten. Auf den Tod des Herzogs Heinrich IX., 1476, folgte die unruhige Herrschaft des Herzogs Johann von Sagan bis 1488. Darauf stand die Stadt bis 1490 unmittelbar unter der Krone Ungarn, dann unter der von Böhmen. König Wladislaw verpfändete aber bald das Burglehn Freistadt, zuerst (1499) an den Herzog Bartholomäus von Münsterberg. Diesem folgten 1511 Hans von Rechenberg auf Schlawa, im Jahre 1537 Hieronymus von Bieberstein, 1540 der Herzog Friedrich von Liegnitz, 1554 Johann von Schönaich, † 1558, und darauf sein Bruder Fabian, † 1591. Im Jahre 1599 sass die verwittwete Anna von Rechenberg, geborne von Schkopp auf dem Pfandschilling Fr., 1609 verkaufte Johann Georg von Rechenberg († 1610) denselben an Joachim von Stentzsch. Unter dessen Sohn Johann Georg von St. († 1638) brach der Konkurs über das Burglehn aus und seine Söhne überliessen Schloss und Burglehn 1650 dem Adam Mockel von und zu Feldstein, der 1653 das erbliche Eigenthum daran erlangte. Trotzdem nahm 1668 der noch nicht geordnete von Stentzsch'sche Konkurs das Lehn wieder in Anspruch und verwickelte die verwittwete Eleonore Franziska Mockel v. u. z. F., geborne von Nostitz in längere Streitigkeiten, die endlich im Jahre 1675 mit dem Verkaufe des Burglehns an die Stadt endeten. Das Schloss wurde in ein Kloster umgewandelt.

 Das älteste, grosse Siegel der Stadt, das bereits im vierzehnten Jahrhundert im Gebrauche war, hatte eine dreithürmige Burg von sehr komplicirter Architectur im Felde, auf deren niedrigeren Seitenthürmen zwei blasende Wächter in halber Figur erscheinen. Umschrift: SIGILLVM . CIVIVM . DE . VRIENSTAT . Auf dem ziemlich gleichzeitigen Secret mit derselben Umschrift, fehlen die Wächter. Auf allen einander folgenden Siegelstempeln wechselt, wie gewöhnlich, die architectonische Darstellung der Burg, charakteristisch bleibend erscheint nur der horizontale Abschluss des Thors. Die Wächter kommen auf Siegeln nicht wieder vor, ebensowenig hat sich auf irgend einem der Buchstabe M. (der Anfangsbuchstabe der 1319 verstorbenen Herzogin Mechtbild, Gemahlin Heinrich's III.), welche Initiale allein die Type eines Freistädter Sekrets bilden soll (und als Wappen der Stadt beispielsweise auch in der „Silesia picta" vorkommt) erkennen lassen. Nur in der Thoröffnung des oben erwähnten alten Sekrets erscheint eine sehr undeutliche Figur, die möglicherweise jenes M sein mag. Möglich ist es aber auch, dass drei Gitterstäbe in dem breiten Fenster des vordern Thorthurms Veranlassung zu der spätern Deutung in den Buchstaben M gegeben haben, den man jetzt für ein wesentliches Stück des Freistädter Stadtwappens hält. Ein Siegel mit der Umschrift: SIGILL . CIVIVM .

CIVITATIS . FREINSTADT . 1571 . hat das Fallgatter ganz herabgelassen und die Stadtmauern schräg aufsteigend, ein Typus, der zuweilen selbst kahnförmig in die Höhe gebogen dargestellt, neuerdings nachgebildet worden ist. Ein Siegel des 17. Jahrhunderts hat drei runde, gleich hohe, spitzbedachte Zinnenthürme, alle drei mit Thoren, ohne recht sichtbare Mauer. Umschrift: SIGIL . CIVIT . FREVSTADIENSIS . INF . SILESIAE. Eine schauderhafte Ausgeburt unseres Jahrhunderts, die freilich, da eine nähere Bezeichnung fehlt, auch einem andern „Freystadt" angehören kann, hat im Siegelfelde eine Art Portal, oder Thorweg, auf dem oben zwischen zwei Vasen der unförmliche preussische Adler steht, hinter welchem noch ein Palmzweig steckt. Eine neue Stadtfahne, die auch die blasenden Wächter wieder zu Ehren bringt, aber nicht den Buchstaben M kennt, hat die Farben Weiss im rothen Felde.

Ein Schöppensiegel aus dem funfzehnten Jahrhundert zeigt nur einen, aus der gezinnten Stadtmauer sich erhebenden, spitzbedachten Zinnenthurm mit Thor, neben ihm im Siegelfelde zwei grosse Sterne. Umschrift: s. scabinorum . Frijenstat . (ensis) cibit.(atis.)

Freistadt,
Minderherrschaft Freistadt, Kreis Teschen.

 Freystadt, Freienstadt, Freistädtel, Freistädtle, Freistädtlein, auch „Freistadt in Oberschlesien", lat. Freystadium orientale, an der Elsa und Ostrawitz, die Hauptstadt der gleichnamigen freien Minder-Standesherrschaft, über deren Entstehung, Entwickelung zu deutschem Stadtrecht und frühere Geschichte nur bekannt ist, dass sie 1327 bereits als „Städtchen" existirte. Die Herrschaft Freistadt gehörte bis 1442 unmittelbar zum Herzogthume Teschen. Nach dem Tode des Her-

zogs Boleslaw I. fiel sie an einen seiner vier Söhne, Boleslaw II., der zn Freistadt residirte und 1447 der Stadt dieselben Freiheiten wie Teschen und Bielitz ertheilte. Unter seinen Nachfolgern, seit 1461, begannen die Verpfändungen dieser und der andern Herrschaften, welche im Laufe des sechszehnten Jahrhunderts mit ihrem gänzlichen Verkaufe und der Entstehung eigner, freier Minder-Standesherrschaften endigten. Freistadt, welches Prinz Friedrich Casimir von Teschen 1560, noch bei Lebzeiten seines Vaters abgetreten erhalten hatte, wurde von ihm im Jahre 1572, mit Roy und Orlau, an Wenzel Czygan von Slupska veräussert. Von den Söhnen desselben erhielt Johann Freistadt, Nicolaus Roy. Zdenko Schiampach von Pottenstein kaufte die Herrschaft Freistadt 1637, zu Ende dieses Jahrhunderts kam sie in den Besitz eines Grafen von Gaschin, von dem sie (nach 1712) der Freiherr Franz Wolfgang von Steehow erstand. Nach diesem besass Freistadt Martin von Wienzkowski, wahrscheinlich auch noch (kurz vor 1750) Friedrich von Bludowski. Im Jahre 1749 folgte als Standesherr Nicolaus Lord Taaffe von Carlingford, der Freistadt auf seinen Enkel Rudolf vererbte. Dieser verkaufte um das Jahr 1818 die Herrschaft an den Grafen Johann von Larisch und Männich.

Ein älteres Siegel der Stadt von 1529 hat einen gespaltenen Wappenschild, rechts den halben, oberschlesischen Adler, links die Hälfte eines bekannten heraldischen Bildes (drei Lindenblätter, in der Mitte mit den Stielen zusammenhängend), hier also nur ein und ein halbes Blatt, deren Stiele in der Mitte zusammenhängen. Die Umschrift lautet: sigillum . cibium . de . Freinstad. Bei Widimski ist aus dem Bilde der linken Schildeshälfte, ein charakterloses Bündel von drei grünen Blättern nebst einer gleichfalls grünen, nicht näher erkennbaren Frucht im rothen Felde geworden. Von schlesischen Familien würde das Wappen derer von Schreibersdorff vollständig

dem der linken Wappenhälfte der Stadt Freistadt entsprechen.

Freiwaldau,
Fürstenthum Neisse, Kreis Troppau,

Freywaldau, Freienwalde, Vrienwalde, lat. Freiwalda, Freywalda, Bergstadt an der Bila, die schon 1295 Stadtrecht erhalten haben soll. Der Ort gehörte von jeher zum bischöflichen Fürstenthume Neisse, sondern wurde durch den Bischof Balthasar von Promnitz (reg. 1539 bis 1562), unbekannt von wem, erkauft und dem Stifte vererbt. Nach andrer Nachricht wäre erst Bischof Martin Gerstmann (reg. 1574 bis 1585) der Erwerber gewesen. Beide Angaben stehen mit der, auch nicht näher begründeten, Behauptung Widimski's im Widerspruch, nach welchen bereits Bischof Johann von Thurzo (reg. 1506 — 1520) dem bischöflichen Orte das unten beschriebene Wappen verliehen haben soll.

Das einzige (ältere) Siegel der Stadt vom Jahre 1636 hat im runden Felde auf begrastem Dreihügel einen schreitenden Bären, über dessen Rücken der wachsende schlesische Adler, da Freiwaldau zu Neisse gehörte, natürlich der allgemein-schlesische, schwarze Adler mit silberner Binde im goldnen Felde. Umschrift: SIGILLVM . CIVITATIS . FREYWALDAW.

Freiwaldau,
Kreis Sagan, Regbez. Liegnitz,

Freywaldau, Freiwaldaw, Freiwalde, Freienwalde, Mediat - Marktflecken am Satzwasser, ein Ort, von dem im Mittelalter, wie von den übrigen umliegenden Ortschaften, es nicht ganz ausgemacht gewesen zu sein scheint, ob er zur Lausitz, oder, wie später, zu Schlesien gehörte. Die Geschichte von Freiwaldau beginnt mit dem Pfandbesitze der Herrschaft Priebus durch den Breslauer Bischof, Balthasar v. Promnitz (1539—1562). Einer seiner Erben, Freiherr Friedrich Anselm von Promnitz verkaufte bereits 1602 Freiwaldau an Christoph Georg von Berge und Herrendorff. Im Laufe desselben Jahrhunderts kam die Herrschaft in den Besitz der Freiherren von Rechenberg. Des 1668 gestorbenen Freiherrn Johann Wolfgang Sohn, Leopold Friedrich v. R. verkaufte sie 1684 an den Grafen Balthasar Erdmann von Promnitz auf Pless und Sobrau. Nach dem Tode des Grafen Balthasar Friedrich v. Pr. auf Halbau und Freiwaldau, 1743, kam das Erbe durch seine Wittwe Anna Christine Sophie, geborne Gräfin von Erbach, vermählt gewesene Gräfin Maltzan und zum dritten Male vermählt mit dem Grafen Friedrich August von Kospoth, an dieses Haus, welches (1857) noch im Besitze von Freywaldau ist, während die Herrschaft Halbau heutzutage (1869) den Freiherren von Rothkirch-Trach gehört.

Es ist ein Siegel des Fleckens bekannt: Wappen mit Helm und Helmdecken. Im Schilde und auf dem Helme steht ein Mann mit geschulterter Axt. Umschrift in zwei Reihen: FREIWALDAW : STÆDTLEINS : 1633 . INSIGEL. Vielleicht bezeichnet die obige Jahreszahl die Zeit der Erhebung des Ortes zum Marktflecken unter Berge von Herrendorffscher, oder Rechenbergscher Herrschaft.

Freudenthal,

Minderherrschaft Freudenthal, Kr. Troppau,

 Freudenthal, Freidenthal, Vreudenthal, Brunothal, slaw. Bruntal, Hauptstadt der freien Minder-Standesherrschaft dieses Namens, am Schwarzwasser und am Fusse des sogenannten Gesenke's, eines Theils des Mährischen Gebirges, ist ein alter Ort, da König Przemislaw von Böhmen seine Aussetzung zu deutschem Recht seinem Bruder Wladislaus von Mähren bereits im Jahre 1214 bestätigte, weshalb die Ableitung des Namens vom Bischof Bruno von Olmütz, der erst 1245 bis 1281 regierte, falsch ist. Im Jahre 1223 war die Stadt schon so bedeutend, dass ihr Recht (das Magdeburger) den Bürgern von Mährisch-Neustadt (Unisow) verliehen werden konnte und nach ihrer Verwüstung durch die Mongolen wurden ihr 1247 vom Markgrafen Przemislaw von Mähren neue Privilegien ertheilt, welche ihr schnelleres Wiederaufblühen zur Folge hatten. Im Jahre 1377 gehörte die Herrschaft Freudenthal nicht mehr zu Mähren, sondern zum Fürstenthum Troppau-Ratibor und wurde bei der Landestheilung der herzoglichen Brüder in diesem Jahre zum Lande Jägerndorf geschlagen, unter Herzog Johann I. Seine Nachfolger, die meist gar nicht im Besitze des eigentlichen Jägerndorf waren, trotzdem sie den Titel davon fortführten, theilten 1405 auch die Stadt Freudenthal in zwei Hälften, welcher Zustand bis 1414 dauerte. Dem Herzog Johann († 1483) wurde Jägerndorf nebst Freudenthal vom Könige Matthias weggenommen. Markgraf Georg von Brandenburg erwarb 1523 von Georg von Schellenberg, ausser dem Fürstenthum Jägerndorf, auch die Hoheit über die Herrschaft Freudenthal, welche im sechszehnten Jahrhundert dem Geschlechte von Zierotin gehörte, bis sie Benigna, Tochter Carl's v. Z. 1609 an ihren Gemahl Hynek jun. von Würben (Wrbna)

brachte. Die Würben's hatten davon den dauernden Beinamen von Freudenthal (slaw. Bruntalski) angenommen, das ihnen schon früher längere Zeit gehört, der jetzige Besitz nahm sehr bald ein Ende, nämlich schon 1621, zugleich mit der Aechtung ihres Lehnsherrn, des Markgrafen von Brandenburg-Jägerndorf.

Freudenthal gab der Kaiser seinem Bruder dem Erzherzoge Carl von Oestreich, Bischof von Breslau und Brixen und Deutschmeister, der 1624 starb und die Herrschaft dem deutschen Ritter-Orden vermachte. Im Jahre 1630 wurde daselbst eine Comthurei errichtet und als 1664 der Deutschmeister Johann Caspar von Ampringen das Ober-Amt im Herzogthum Schlesien erhielt, dessen Inhaber wirkliche Reichsfürsten sein mussten, so wurde zu diesem Zwecke der Herrschaft Freudenthal der Titel eines Reichsfürstenthums beigelegt, ein Titel, welcher mit dem Tode Johann Caspar's 1684 wieder erlosch. Die Herrschaft gehört aber dem Orden noch heutzutage.

Von ältern Siegeln sind drei verschiedene Stempel aus dem sechszehnten und siebenzehnten Jahrhundert bekannt. Der älteste mit der Umschrift: SIGILLVM . CIVITATIS . FREIDENTHAL . 1562 . zeigt im runden Siegelfelde einen stehenden Bergmann, mit der Rechten das Eisen geschultert haltend, mit der Linken die Seiffenkratze auf den Boden stützend. Er steht zwischen schlanken Bäumen und blühenden Gesträuchen, auf den Namen des Orts anspielend, der ein wirkliches lustiges „Freudenthal" ist. Dieselbe Vorstellung haben auch die beiden andern Siegelstempel von 1624 (SIGILLVM . DER . STAT . FREVDENTAL . VSW . (über'm Schwarz-Wasser?) und 1651 (SIGILLVM . CIVITATIS . FREIDENTALENSIS) beibehalten, Widimski aber hat die anmuthige, heraldische Namenssymbolisirung verworfen und bildet einen gewöhnlichen, modernen Bergmann im blauen Felde ab, möglich, dass neuere Siegel ihn dazu verleitet haben.

Friedeberg a. Qu.,

Kr Löwenberg, Regbez. Liegnitz,

„Friedeberg am Queis" genannt zum Unterschiede von Hohen-Friedeberg und Friedeberg in östreichisch Schlesien, Mediatstadt in der Herrschaft Greiffenstein, deren Gründung erst in das vierzehnte Jahrhundert fällt. An ihrer Stelle soll vordem ein Dorf Namens Eulendorf gestanden haben, was möglich ist, obschon die Versuche des Friedeberger Historiographen Bergemann, dieses Eulendorf schon in der Mitte des zwölften Jahrhunderts zu einer von Nostitzschen Vogtei zu machen, die ganze Sache nur zu sehr verdächtigen. Im Jahre 1329 soll Friedeberg zum ersten Male urkundlich erwähnt worden sein und zwar schon als Städtel (oppidum). Der Sage nach soll es um diese Zeit (1319 oder 1321) vom Herzoge Heinrich von Jauer, bei Gelegenheit von Friedensverhandlungen mit dem Könige Johann von Böhmen gegründet und benannt und mit Rücksicht auf einen Jagdvorfall bei diesen Friedensfestlichkeiten sein Wappen erhalten haben. Aber erst im Jahre 1393 erhielt es Marktrecht. Nach 1337 gehörte der Ort selbst zur Ober-Lausitz bis zur Zeit des Königs Wenzel, in Bezug auf die Herrschaft Greiffenstein, in welche er zugeschlagen war, aber zu Schlesien und zwar zum Fürstenthume Jauer. Die Burggrafen und Herren des Greiffensteins sind unter dem Artikel Greiffenberg nachzusehen, seit dem Jahre 1425 aber gehört Friedeberg mit dem Schlosse und der Herrschaft Greiffenstein dem jetzt gräflichen Hause Schaffgotsch, von dessen Gerichtsbarkeit die Stadt erst seit 1818 befreit ist.

Ein Siegel von 1611 zeigt im damaszirten (mit

Blumenranken angefüllten) runden Siegelfelde auf einem Dreihügel einen stehenden Falken, der einen andern Vogel (eine Gans) im Schnabel hält. Umschrift: SIGIL . DER . STATD . FRIEDEBERG AM QVEIS. Ein neueres Stadtsiegel vom Jahre 1664 hat die Arabesken zu natürlichen Blumen ausgebildet, eine Staude sieht ganz wie ein Kreuz aus, sonst ist das Wappen dasselbe und die Umschrift lautet: SIGILLVM . MAIVS . CIVITAT . FRIEDE-BERGENSIS . AD . QVEIS. Neuere Stempelschneider haben die Blumenzucht im Felde natürlich nach besten Kräften kultivirt, auch das angebliche Kreuz stets viel zu sehr hervorgehoben, im Uebrigen hat sich nichts geändert und die Farben können ohne Schwierigkeit als die natürlichen angenommen werden, das Feld silbern, vielleicht richtiger golden.

Friedeberg, Oestr.,

Fürstenthum Neisse, Kr. Troppau,

slaw. Frideperk, kleine, offne Stadt am Bache Schlippe, welche um die, im (dreizehnten und) vierzehnten Jahrhundert denen von Haugwitz gehörige, gleichnamige Burg entstanden war und 1358 als Flecken bezeichnet wurde. In eben diesem Jahre verkauften die von Haugwitz Schloss und Stadt an das Bisthum Breslau, dem seit 1201 das ganze Fürstenthum Neisse zugehörte. Erst im Jahre 1793 ist Friedeberg zur Stadt erhoben worden.

Nach Widimski ist das Stadtwappen eine Burgruine mit einer kleinen Tanne auf den Zinnen des Thurmes, alles in den natürlichen Farben: blauer Himmel, weissgraues Gemäuer, grüner Baum und grüner (sogar mit einem Fusspfade versehener, ganz landschaftlich behandelter) Erdboden.

Hohen-Friedeberg,

Kreis Bolkenhain, Regbez. Liegnitz,

auch nur schlechtweg Friedeberg, Friedeperk genannt, auch Friedeberg am Ziel (dem obern Lauf des Striegauer Wassers), im Volksmunde Friebrich und Strohfriebrich, kleine Mediatstadt, welche 1317 von einem von Schellendorff erbaut worden sein und 1409 Stadtrecht erhalten haben soll. Jedoch wird Friedeberg schon 1408 ein Städtlein genannt, da es nebst dem Schlosse Zeisberg Heinz von Zeisberg dem Zander von Grunau, genannt Bolze verkaufte. Im Jahre 1501 war die Stadt im Besitze des Nickel von Kottulinski, 1524 des Hans von Borschnitz, 1583 des Melchior von Schellendorff († 1605). Entgegen einigen Angaben, dass in der Zeit des dreissigjährigen Krieges ein Franz von Zedlitz, dann ein Nicolaus von Zeschhauss auf Zeisberg und auch (1626) einer von Schweinichen Hohenfriedberg besessen, oder mit diesen Angaben auch vielleicht vereinbar, da ja der Besitz vorübergehend gewechselt haben kann, steht fest, dass die von Schellendorff (jedenfalls von 1668 an) bis zu Anfang des achtzehnten Jahrhunderts Grundherren der Stadt geblieben sind. Von 1716 bis 1750 werden die, 1697 in den Grafenstand erhobenen, Freiherren von Nimptsch als Besitzer von Hohenfriedberg genannt, welches Johann Friedrich v. N. bereits 1675 von Hans von Schellendorff pfandweise inne gehabt hatte. Darauf gehörte die Stadt und Herrschaft (1772, 1773) dem Johann Georg von Kottulinski, dann den Grafen von Sternberg (1785, 88) und seit (1790) 1798 der freiherrlichen, jetzt gräflichen Familie von Seherr-Thoss.

Ein paar mit der Jahreszahl: 1643 über dem Schilde versehene Stadtsiegel, so wie ein drittes

kleineres haben übereinstimmend einen aufgerichteten, befiederten Bolzen, beiderseits begleitet von
einem W. Umschriften: SIGILLVM . CIVIVM . IN .
HOHFRIEDBERG (bei dem kleinen Siegel: SIGIL-
LVM . IN . HOHFRIEDBERG .). Die Farben sind
der Tradition nach: Gold im blauen Felde. Das
Stadtwappen scheint die obigen historischen Data
zu bestätigen: die beiden W bedeuten offenbar
Wenceslaw, den König von Böhmen, der 1409 das
Städtel zur Stadt erhoben und Grundherr war seit
1408 Zauder von Grunau, genannt Bolze, folglich
ist wohl der Bolzen des Stadtwappens des letztern
Familienwappens. Eine längst ausgestorbene, schlesische Familie von Boltz führte drei goldne Bolzen,
schräglinks gestellt, im rothen Felde, demgemäss
hätte man das Feld des Stadtwappens roth annehmen müssen.

Friedeck,
Minderherrsch. Friedeck, Kr. Teschen,

Frideck, slaw. Frydeck, lat. Fridecca,
an der Ostrawitz, (Ostrawitza), Hauptort der freien Minder-Standesherrschaft
dieses Namens, über deren Entstehung
und Stadtwerdung nichts bekannt ist.
Die Herzoge von Teschen, denen Stadt und Schloss
früher unmittelbar gehörte, begannen seit 1442 ihre
einzelnen Herrschaften zu veräussern, aus denen
dann später die freien Minder-Standesherrschaften,
die Status minores sich bildeten. Von Friedeck
speciell ist bekannt, dass es 1471 an Georg von
Logau verkauft wurde, der es dem Bischof von
Olmütz abtrat. Wieder an den Herzog Casimir
zurückgefallen, kaufte Labuth (Labenth) von Krzimia 1480 das Schloss Friedeck, überliess es dem
Herzoge aber wieder 1482. Im Jahre 1545 wurde
es an Johann von Bernstein vom Herzoge Wenzel Adam, seinem frühern Mündel, verpfändet, 1560
wurde es nebst Bielitz und Freistadt dem Prinzen

Friedrich Casimir von Teschen, noch bei Lebzeiten seines Vaters abgetreten. Um 1590 kam die
Herrschaft in den Besitz der Grafen von Würben
(Wrbna) (1590 Bartholomäus, 1603 Hans der ältere),
wurde 1621 denselben vom Kaiser konfiszirt und wahrscheinlich gleich den Grafen von Oppersdorff verliehen, denen sie wenigstens 1625 bereits gehörte. Des
Grafen Georg v. O. Tochter Ludovica, vermählt mit
Franz Wilhelm Grafen von Praschma († 1731),
brachte um 1699 Friedeck an dieses Haus, von
welchem die Herzogin von Sachsen-Teschen,
Marie Christine, geborne Erzherzogin von Oestreich,
die Herrschaft 1797 erstand.

Ein älteres Stadtsiegel von 1614, mit der Umschrift: SIGILLVM . CIVITATIS . FRIDEK . hat
im ziemlich grossen, runden Siegelfelde einen ausgeschweiften Wappenschild, der gespalten ist und
rechts einen halben Adler, links ein an die Theilungslinie sich anlehnendes grosses lateinisches F
enthält. Ein kleineres Siegel von 1740 mit der
Schreibweise Frydek in der Umschrift hat dieselbe
Vorstellung. Widimski giebt die Farben an der
linken Schildeshälfte silbern in blauem Felde, rechts
schwarz im goldnen Felde. Das letztere ist entschieden ein Irrthum: eine alte herzoglich Teschensche Stadt kann keinen andern Adler im Wappen
haben, als den Teschenschen, den oberschlesischen
goldnen auch im blauen Felde.

Friedland b. W.,
Kreisstadt im Regbez. Breslau,

„bei Waldenburg" genannt zum Unterschiede von Friedland bei Falkenberg
in Ober-Schlesien, Friedland in Böhmen und Friedland in Mähren, am linken Ufer der Steinau, Hauptort der
Herrschaft dieses Namens, die ihrerseits wieder zur
Herrschaft Fürstenstein gehört. Herzog Bolco I.

von Schweidnitz († 1302) soll um 1280 an der Stelle der heutigen Stadt eine Grenzburg gegen Böhmen erbaut haben, um die sich seit 1325 eine Ortschaft ansiedelte, welche 1350, 1351 dem Martin von Schwenkenfeld, 1355 den Gebrüdern von Schw., seinen Söhnen gehörte, aber 1427 in der Hussitenzeit nebst dem Schlosse bis auf den Grund zerstört wurde, so dass in den funfziger Jahren des funfzehnten Jahrhunderts mehre Urkunden, die alle Städte und Schlösser der Fürstenthümer Schweidnitz und Jauer aufführen, von Friedland nichts mehr wissen. Wann dann später die neue Stadt entstanden und Stadtrecht erhalten, ist unermittelt geblieben, 1497 existirte sie schon wieder und gehörte bereits zur Herrschaft Fürstenstein, die in diesem Jahre Johann von Schellenberg vom Könige Wladislaw in Pfandbesitz erhielt. Im Jahre 1503 vertauschte sie Georg von Sch. gegen die Herrschaft Leobschütz an Peter von Haugwitz, von dessen Sohne Hans sie Conrad von Hochberg 1509 erkaufte. Diese erste Besitzperiode (bis 1603 Pfandbesitz, seitdem erblicher) der Hochbergs dauerte bis 1624, in welchem Jahre Christoph v. H. Friedland an Dietrich von Peterswald veräusserte. Seit 1649 ist jetzt gehört die Herrschaft wieder gänzlich der, 1650 in den Freiherren- und 1666 in den Grafenstand erhobenen Familie von Hochberg zum Fürstenstein, deren Haupt seit 1850 Fürst von Pless ist.

Ein älteres Stadtsiegel, das aber nur in der Beschreibung vorliegt, von 1608, soll einen Thurm gezeigt haben, der auf einem Igel zu ruhen scheint, etwa ähnlich wie die Trachenberger Siegel mit dem Thurm auf dem Drachen. Der Igel soll die sonst vergessene Thatsache in der Erinnerung bewahren, dass die alte, erste Grenzfestung ursprünglich „Iglau" gehiessen. — Neuere Siegel von 1634 und 1641 scheinen in der Hauptsache mit dem vorliegenden Siegel von 1670 übereinzustimmen: Stadtmauer mit zwei, oben zierlich durchbrochenen Thürmen, in der Thoröffnung der Igel. Umschrift: SIGILLVM . MAIVS . CIVITATIS . FRIDLANDENSIS. Doch

finden sich auch Siegel, so eins von 1674 mit zwei einfachen, spitzbedachten Thürmen, zwischen denselben nur eine einzige Zinne auf der Mauer und innerhalb der Thoröffnung nicht das Allergeringste zu erblicken (MINVS . SIGILLVM . CIVIVM . DE . FRIEDLAND .). Ueber die Farben dieses Stadtwappens ist nichts weiter bekannt.

Friedland O.-S.,

Kreis Falkenberg, Regbez. Oppeln,

slaw. Fyrląd, Ferlond, an der Steinau, kleiner Mediatflecken, über dessen Entstehung und Marktrechts-Erlangung nichts Näheres lautbar geworden ist.

Im funfzehnten Jahrhundert gehörte die Herrschaft Friedland den Grafen von Beroschinski, später aber wieder, wie vorher, direct den Herzogen von Oppeln. Nach dem Aussterben derselben kam mit dem ganzen Fürstenthum 1533 auch Friedland in den Pfandbesitz der Markgrafen von Brandenburg-Jägerndorf. Oppeln wurde 1552 vom Kaiser eingelöst und vom Kaiser Ferdinand I. darauf die Herrschaft Friedland an die Freiherren von Rodern verkauft. Später kamen die Freiherren von Nowagk in den Besitz derselben, mit der Erbtochter Heinrich Wenzels v. N., der Freiin Eva Maria, erheirathete 1677 (? 1667) Nicolaus Conrad Freiherr von Burghauss auf Sulau Friedland. Er wurde 1691 in den Grafenstand erhoben und starb 1697. Seiner Familie gehört Friedland noch heutzutage. Nach einem Siegel des achtzehnten Jahrhunderts besteht das Wappen dieses Fleckens aus einer dreithürmigen Burg mit einem Thor, die sich besonders durch ihre hohen und schmalen Verhältnisse und die langspitzigen Thurmdächer auszeichnet. Die Farben dieses Wappens sind unbekannt.

kleineres haben übereinstimmend einen aufgerichteten, befiederten Bolzen, beiderseits begleitet von einem W. Umschriften: SIGILLVM . CIVIVM . IN . HOHFRIEDBERG (bei dem kleinen Siegel: SIGILLVM . IN . HOHFRIEDBERG .). Die Farben sind der Tradition nach: Gold im blauen Felde. Das Stadtwappen scheint die obigen historischen Data zu bestätigen: die beiden W bedeuten offenbar Wenceslaw, den König von Böhmen, der 1409 das Städtel zur Stadt erhoben und Grundherr war seit 1408 Zander von Grunau, genannt Bolze, folglich ist wohl der Bolzen des Stadtwappens des letztern Familienwappens. Eine längst ausgestorbene, schlesische Familie von Boltz führte drei goldne Bolzen, schräglinks gestellt, im rothen Felde, demgemäss hätte man das Feld des Stadtwappens roth annehmen müssen.

Friedeck,

Minderherrsch. Friedeck, Kr. Teschen,

Friedeck, slaw. Frydeck, lat. Fridecca, an der Ostrawitz, (Ostrawiza), Hauptort der freien Minder-Standesherrschaft dieses Namens, über deren Entstehung und Stadtwerdung nichts bekannt ist. Die Herzoge von Teschen, denen Stadt und Schloss früher unmittelbar gehörte, begannen seit 1442 ihre einzelnen Herrschaften zu veräussern, aus denen dann später die freien Minder-Standesherrschaften, die Status minores sich bildeten. Von Friedeck speciell ist bekannt, dass es 1471 an Georg von Logan verkauft wurde, es dem Bischof von Olmütz abtrat. Wieder an den Herzog Casimir zurückgefallen, kaufte Labuth (Labenth) von Krzimia 1480 das Schloss Friedeck, überliess es dem Herzoge aber wieder 1482. Im Jahre 1545 wurde es an Johann von Bernstein vom Herzoge Wenzel Adam, seinem frühern Mündel, verpfändet, 1560 wurde es nebst Bielitz und Freistadt dem Prinzen

Friedrich Casimir von Teschen, noch bei Lebzeiten seines Vaters abgetreten. Um 1590 kam die Herrschaft in den Besitz der Grafen von Würben (Wrbna) (1590 Bartholomäus, 1603 Hans der ältere), wurde 1621 denselben vom Kaiser konfiszirt und wahrscheinlich gleich den Grafen von Oppersdorff verliehen, denen sie wenigstens 1625 bereits gehörte. Des Grafen Georg v. O. Tochter Ludovica, vermählt mit Franz Wilhelm Grafen von Praschma († 1731), brachte um 1699 Friedeck an dieses Haus, von welchem die Herzogin von Sachsen-Teschen, Marie Christine, geborne Erzherzogin von Oestreich, die Herrschaft 1797 erstand.

Ein älteres Stadtsiegel von 1614, mit der Umschrift: SIGILLVM . CIVITATIS . FRIDEK . hat im ziemlich grossen, runden Siegelfelde einen ausgeschweiften Wappenschild, der gespalten ist und rechts einen halben Adler, links ein an die Theilungslinie sich anlehnendes grosses lateinisches F enthält. Ein kleineres Siegel von 1740 mit der Schreibweise Frydek in der Umschrift hat dieselbe Vorstellung. Widimski giebt die Farben an der linken Schildeshälfte silbern in blauem Felde, rechts schwarz im goldnen Felde. Das letztere ist entschieden ein Irrthum: eine alte herzoglich Teschensche Stadt kann keinen andern Adler im Wappen haben, als den Teschenschen, den oberschlesischen goldnen auch im blauen Felde.

Friedland b. W.,

Kreisstadt im Regbez. Breslau,

„bei Waldenburg“ genannt zum Unterschiede von Friedland bei Falkenberg in Ober-Schlesien, Friedland in Böhmen und Friedland in Mähren, am linken Ufer der Steinau, Hauptort der Herrschaft dieses Namens, die ihrerseits wieder zur Herrschaft Fürstenstein gehört. Herzog Bolco I.

von Schweidnitz († 1302) soll um 1280 an der Stelle der heutigen Stadt eine Grenzburg gegen Böhmen erbaut haben, um die sich seit 1325 eine Ortschaft ansiedelte, welche 1350, 1351 dem Martin von Schwenkenfeld, 1355 den Gebrüdern von Schw., seinen Söhnen gehörte, aber 1427 in der Hussitenzeit nebst dem Schlosse bis auf den Grund zerstört wurde, so dass in den funfziger Jahren des funfzehnten Jahrhunderts mehre Urkunden, die alle Städte und Schlösser der Fürstenthümer Schweidnitz und Jauer aufführen, von Friedland nichts mehr wissen. Wann dann später die neue Stadt entstanden und Stadtrecht erhalten, ist unermittelt geblieben, 1497 existirte sie schon wieder und gehörte bereits zur Herrschaft Fürstenstein, die in diesem Jahre Johann von Schellenberg vom Könige Wladislaw in Pfandbesitz erhielt. Im Jahre 1503 vertauschte sie Georg von Sch. gegen die Herrschaft Leobschütz an Peter von Haugwitz, von dessen Sohne Hans sie Conrad von Hochberg 1509 erkaufte. Diese erste Besitzperiode (bis 1603 Pfandbesitz, seitdem erblicher) der Hochbergs dauerte bis 1624, in welchem Jahre Christoph v. H. Friedland an Dietrich von Peterswald veräusserte. Seit 1649 bis jetzt gehört die Herrschaft wieder gänzlich der, 1650 in den Freiherren- und 1666 in den Grafenstand erhobenen Familie von Hochberg zum Fürstenstein, deren Haupt seit 1850 Fürst von Pless ist.

Ein älteres Stadtsiegel, das aber nur in der Beschreibung vorliegt, von 1608, soll einen Thurm gezeigt haben, unter einem Igel zu ruhen scheint, etwa ähnlich wie die Trachenberger Siegel mit dem Thurm auf dem Drachen. Der Igel soll die sonst vergessene Thatsache in der Erinnerung bewahren, dass die alte, erste Grenzfestung ursprünglich „Iglau" geheissen. — Neuere Siegel von 1634 und 1641 scheinen in der Hauptsache mit dem vorliegenden Siegel von 1670 übereinzustimmen: Stadtmauer mit zwei, oben zierlich durchbrochenen Thürmen, in der Thoröffnung der Igel. Umschrift: SIGILLVM . MAIVS . CIVITATIS . FRIDLANDENSIS. Doch

finden sich auch Siegel, so eins von 1674 mit zwei einfachen, spitzbedachten Thürmen, zwischen denselben nur eine einzige Zinne auf der Mauer und innerhalb der Thoröffnung nicht das Allergeringste zu erblicken (MINVS . SIGILLVM . CIVIVM . DE . FRIEDLAND .). Ueber die Farben dieses Stadtwappens ist nichts weiter bekannt.

Friedland O.-S.,
Kreis Falkenberg, Regbez. Oppeln,

 slaw. Fyrlad, Ferloud, an der Steinau, kleiner Mediatflecken, über dessen Entstehung und Marktrechts - Erlangung nichts Näheres lautbar geworden ist. Im funfzehnten Jahrhundert gehörte die Herrschaft Friedland den Grafen von Beroschinski, später aber wieder, wie vorher, direct den Herzogen von Oppeln. Nach dem Aussterben derselben kam mit dem ganzen Fürstenthum 1533 auch Friedland in den Pfandbesitz der Markgrafen von Brandenburg-Jägerndorf. Oppeln wurde 1552 vom Kaiser eingelöst und vom Kaiser Ferdinand I. darauf die Herrschaft Friedland an die Freiherren von Redern verkauft. Später kamen die Freiherren von Nowagk in den Besitz derselben, mit der Erbtochter Heinrich Wenzels v. N., der Freiin Eva Maria, erheirathete 1677 (? 1667) Nicolaus Conrad Freiherr von Burghauss auf Sulau Friedland. Er wurde 1691 in den Grafenstand erhoben und starb 1697. Seiner Familie gehört Friedland noch heutzutage. Nach einem Siegel des achtzehnten Jahrhunderts besteht das Wappen dieses Fleckens aus einer dreithürmigen Burg mit einem Thor, die sich besonders durch ihre hohen und schmalen Verhältnisse und die langspitzigen Thurmdächer auszeichnet. Die Farben dieses Wappens sind unbekannt.

Fürstenau,

Kr. Neumarkt, Regbez. Breslau,

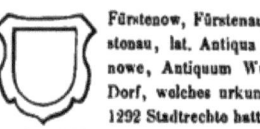

Fürstenow, Fürstenau, Altstadt Für-
stonau, lat. Antiqua civitas Fursti-
nowe, Antiquum Wurstenowe, ein
Dorf, welches urkundlich im Jahre
1292 Stadtrechte hatte — 1298 sass
auf dem Schlosse daselbst ein landesherrlicher Kastellan —, dieselben aber nur ganz kurze Zeit aufrecht zu erhalten im Stande war. Ursprünglich zum
Fürstenthume Breslau gehörig, kam der Ort, wohl
gleichzeitig mit Canth, dessen Vogtei alte Rechte in
F. besass, an die Herzoge von Schweidnitz und
von diesen an die von Münsterberg. Im Jahre
1326 verlieh Herzog Bolko von M. Fürstenau dem
Thommelin von Seidlitz, dessen Familie es noch
1580 gehörte. Im Anfange des siebenzehnten Jahrhunderts aber nur kurze Zeit, war es im Besitze
eines Albrecht von Sauerma. Seit 1748 ist Fürstenau (Schloss, Nieder-Fürstenau, Kaltvorwerk und
Simbschütz) ein königlich Preusisches Haus-Fidei-
commiss-Gut.

Ein Siegel der ehemaligen Stadt hat sich nicht
erhalten.

Georgenberg,

Kreis Beuthen, Regbez. Oppeln,

slaw. Miasteczko, lat. civitas mon-
tana Georgenbergae, mons Georgii,
Marktflecken, welcher wegen eines
daselbst entdeckten Bleiwerks 1561
vom Markgrafen Georg Friedrich
von Brandenburg-Jägerndorf, damaligem Herrn

auch von Beuthen, erbaut und mit Stadtgerechtigkeit beliehen wurde. Der Gründer des Orts starb
1603, sein Nachfolger, der Kurfürst von Brandenburg gab die oberschlesischen Herrschaften 1607
seinem Sohne Johann Georg, dieser verpfändete
Beuthen sofort an Lazarus Henkel und nach des
Markgrafen Aechtung fiel, wie unter Beuthen aus-
geführt ist, mit dieser Herrschaft auch das Städtel
Georgenberg an das nachher gräfliche Haus Henkel
von Donnersmark, dem es noch gehört.

Der Gründer des Orts gab demselben 1561 auch einen Wappenbrief,
nach welchem das Wappen von Georgenberg, sowohl dem Namen seines
Gründers, wie dem seines Schutzpatrons Rechnung tragend, bestehen sollte in dem
Bilde des geharnischten Ritters St. Georg zu Fuss
mit der Lanze den unten liegenden Lindwurm durch-
bohrend, im rothen Felde. Auf dem von schwarzen und silbernen Helmdecken umflatterten Helme:
im Gelenk aufgestützt der schwarze Schenkel eines
Adlers, mit den Krallen eine Berghaue haltend. Es
existiren diesem Diplom entsprechend zwei Siegel
des Städtchens, ein grösseres mit dem vollen Wappen
und der Umschrift auf einem Bande: SIGILLVM.
CIVITATIS. MONTANIS. (!) GEORGENBERGEN-
SIS. und ein kleines Secret, das als Gerichtssiegel
benutzt wird und in einem Schilde nur den Helmschmuck des grossen Wappens enthält, mit der Umschrift: SIGIL. CIVIM. (!) MONTIS. GEORGI.
Da die Adlerkralle nur dem schlesischen Adler angehören kann, so ist das Feld dieses kleinern Wappens golden angenommen worden.

Glatz,

Kreisstadt im Regbez. Breslau.

böhm. Kladcko, mähr. Klodcko auch Cladzco, Kladsko, Chladczcha, (vielleicht von dem slawischen Klucz, d. h. ein Schlüssel hergeleitet), am linken Ufer der Neisse, die Hauptstadt der gleichnamigen Grafschaft, ist ein sehr alter Ort und das Chronisten-Datum, nach dem er zu den Besitzungen des Slawnic, des Vaters des heiligen Adalbert gehört habe, welcher ersterer 981 starb, entbehrt nicht völlig der Wahrscheinlichkeit. Weitere Nachrichten über die älteste Geschichte von Glatz, und zwar zum Theil urkundlich verbürgte, sind, dass Wladislaw, der Sohn des Boleslaw 1097 das Gebiet als böhmisches Lehn erhielt, dass die Reihe der königlichen Kastellane mit dem Jahre 1169 beginnt und dass König Wenzel das Land Glatz 1248 an einen Herrn von Seeberg (eingelöst 1253), nach andern Angaben an einen von Wartenberg verpfändete. Wann die Stadt Glatz deutsches Stadtrecht erhalten, ist unbekannt, aller Wahrscheinlichkeit nach aber schon früh. Aus dem unmittelbaren Besitz der Könige von Böhmen kam Glatz 1278 an das Herzogthum Breslau, wurde vererbt an die fürstlichen Linien zu Schweidnitz und Münsterberg und fiel 1322 an Böhmen zurück. Bereits 1327 wurde es wieder dem Herzoge von Breslau, 1335 dem von Münsterberg verliehen, daneben aber auch an verschiedene Pfandherren des niedern Adels vergeben, so an Albrecht von Kranowitz 1350 bis 1353, an Potho von Czastalowicz, Herrn von Opoczna 1422 bis 1434 und Hinko Kruszina von Lichtenberg (Leuchtemberg, Leichtenburg) kaufte 1440 Glatz zusammen mit Münsterberg. Nach dem Tode Hinko's, 1454 verkaufte sein Sohn Wilhelm sofort das Glatzer Gebiet an Georg Podiebrad, Herrn von Knnstadt, den spätern König (1458),

welcher das Land 1462 zu einer Grafschaft erhob und dieselbe seinem Sohne Heinrich von Münsterberg überliess, der 1498 starb. Dessen Söhne verkauften Glatz 1501 an ihren Schwager, den Grafen Ulrich von Hardegg. Ulrich's Bruder, Graf Hans von Hardegg besass Glatz seit 1525, sein Sohn Christoph aber trat Gl. 1534 wieder der Krone Böhmen ab, sass aber noch bis 1537 auf dem Schlosse Gl. bis in diesem Jahre Johann von Bernstein und Helffenstein mit der Grafschaft beliehen wurde. Die Erben desselben verpfändeten die Grafschaft 1549 an den Erzbischof von Salzburg und Bischof von Passau, Herzog Ernst von Bayern. Nach seinem Tode, 1560 verblieb Glatz, mit kurzer Unterbrechung von 1622 bis 1624, da es dem Bruder des Kaisers, dem Bischof von Breslau und Brixen, Erzherzog Carl von Oestreich gehörte, unmittelbar bei der Krone Böhmen bis zum Jahre 1741, seit welcher Zeit, wieder mit der kurzen Unterbrechung von 1760 bis 1763, da sich die Oestreicher in der wichtigen Festung behaupteten, Stadt, Amt und die souveraine Grafschaft Glatz zu Preussen gehört.

Das Wappen der Stadt Glatz ist identisch mit dem des Königreichs Böhmen: ein silberner, gekrönter, doppeltgeschwänzter Löwe im rothen Felde. Es sind hauptsächlich drei ältere Siegel erwähnenswerth. Das älteste, sehr grosse, aus dem dreizehnten Jahrhundert stammende, enthält den Löwen im dreieckigen, zugespitzten Schilde, das Siegelfeld ist mit Blumenranken angefüllt, die Umschrift lautet: SIGILLVM . CIVIVM . GLACIENSIS . CIVITATIS . Die beiden andern kleineren haben den unten abgerundeten Wappenschild im Dreipass, die Umschriften einmal ausserhalb, das andre Mal innerhalb desselben heissen: sigillum . minus . civium . glaczensium . und S . MI . CIVITATIS . GLATZ.

Nicht zu übersehen ist aber auch das alte Gerichtssiegel der Stadt von 1550 mit einem besondern Wappenbilde. Der Schild desselben ist ge-

spalten und zeigt in der rechten Hälfte die beiden
goldnen Schrägbalken im rothen Felde, welche das
Wappen der Grafschaft Glatz bilden, in der linken
(goldnen) die (schwarze) Minuskel-Initiale des Stadtnamens. Ueber dem Schilde steht die oben bereits
erwähnte Jahreszahl (aus der Zeit der Bayrischen
Besitzperiode), die Umschrift lautet: DES . GE-
RICHTES . SIGL . GLOCZ.

Bemerkt mag noch werden, dass wenn schon die
Ableitung des Namens Glatz von dem slawischen
Klucz nicht ganz sicher ist, die aus dem deutschen,
von „Klotz“, weil ein solcher das Wahrzeichen der
Stadt bilden, oder lange Zeit gebildet haben soll,
noch verwerflicher erscheint.

Gleiwitz,

Gleibitz, Gliwitz, slaw. Gliwice, Hli-
wicz, lat. Gliwiza, Glivitinm, am Klodnitz und dem Klodnitz-Kanal, schon
im vorigen Jahrhundert, als es noch
zum Bezirk der Breslauer Kammer ge-
hörte, der Hauptort des Tost-Gleiwitzer Kreises, ist
eine alte Stadt, als solche urkundlich bereits 1286
erwähnt, wogegen die Behauptung, dass sie schon
im Jahre 1204 eine (1100 erbaute!) Pfarrkirche gehabt, auf schwachen Füssen steht. Sie gehörte ursprünglich zum Fürstenthum Oppeln, kam in der
Landestheilung 1282 an Herzog Casimir II. zu Co-
sel-Beuthen und war nur 1311 bis nach 1342
Hauptstadt eines eignen Fürstenthums unter Herzog
Ziemovit, der 1316 Benthen an seinen Bruder abgetreten hatte. Die Stadt inzwischen wieder mit Co-
sel-Beuthen vereinigt, gehörte 1355 zu der Nachlassmasse des Herzogs Bolko, deren Theilungs-Pro-
cess 1366 so weit gediehen war, dass Gleiwitz zum
Fürstenthum Teschen geschlagen wurde. Im Jahre
1370 wurde aber, so wie Beuthen, auch Stadt und

Land Gleiwitz in zwei Hälften getheilt, von denen
die eine bei Teschen blieb, die andre an Cosel
kam. Im Jahre 1414 fiel die Teschensche Hälfte an
Auschwitz, welche Johann, der letzte Fürst dieser Linie, auch bis zu seinem Tode behielt, nachdem er Auschwitz 1454 hatte an Polen abtreten
müssen. Der Coselsche Theil von Gleiwitz wurde
1472 an Münsterberg verkauft, 1475 und 1476
war die Stadt in der Gewalt des Königs Matthias,
1492 wurde ganz Gleiwitz Eigenthum der Krone
Böhmen, wurde in demselben Jahre an Wilhelm
von Bernstein und Helffenstein verpfändet und
noch in eben demselben Jahre von diesem wieder
den Herzogen von Oppeln verkauft. Nach dem
Tode des letzten Piasten von Oppeln, 1532, fiel mit
dem Lande auch Gleiwitz an den König von Böhmen, der das Kammergut Gleiwitz sofort an Friedrich
von Czettritz verpfändete, dessen Ungebührlich-
keiten aber die Bürger bestimmten, das Kammergut
selbst zu erwerben, anfangs, 1561, nur auf gewisse
Jahre, 1596 aber ganz und gar und für immer. Das
Rittergut und Dorf Alt-Gleiwitz ist ein alter Besitz
(schon in der ersten Hälfte des vorigen Jahrhunderts) der Freiherren von Welczek.

Das alte Wappen der Stadt, mit
dem sich aber nur ein einziges Siegel von 1596 erhalten hat (Umschrift:
SIGILLVM . CIVITATIS . GLEI-
VITZENSIS . 1596 .), ist gespalten
und hat rechts einen halben Adler, golden in Blau,
links einen weissen Thurm auch im blauen Felde.
Auf dem in Rede stehenden Siegel stossen beide
Figuren ohne sichtbare Theilungslinie unmittelbar
aneinander, der Schild ist zierlich ausgeschweift.

Als kaiserliche Belohnung für die von den Bürgern im dreissigjährigen Kriege, speziell 1625 einem
dänischen Korps unter Mannsfeld gegenüber, bewiesene Tapferkeit erhielt die Stadt d. d. 14. August
1629 durch k. Diplom ein überladen vermehrtes
Wappen: in der Mitte ein weisser Zinnenthurm
mit geöffnetem Thor, durch dessen Fallgatter zwei
Palmzweige gesteckt sind, über denselben zwischen

den Fenstern des Thurmes die kaiserliche Initiale
F. II. Auf dem Dache des Thurmes ruht ein goldner
Halbmond, über welchem halb sichtbar die Jungfrau Maria mit dem Kinde, Nimbus, Krone und
Zepter. Das Feld des Wappenschildes ist gespalten, rechts hat es den östreichischen silbernen Balken in Roth, links ist es blau. Hinter dem Thurm
hervor erstreckt sich in die rechte, roth-weisse
Schildeshälfte hinein ein halber schwarzer Adler mit
Nimbus, in die linke, blaue ein halber goldner Adler
auch mit Nimbus. Die seitdem geschnittenen, städtischen Siegelstempel halten sich natürlich so genau
als möglich an die detaillirte Beschreibung des kom-
plizirten Wappens, geringe Abweichungen in der
Architectur des Thurmes, in der Stellung der kaiserlichen Initiale, in der Fortlassung des östreichischen Balkens, im Nimbus, oder der vollen Glorie
der Jungfrau u. s. w. sind natürlich dennoch unver-
meidlich gewesen. Die Umschriften lauteten früher
meistens (ohne Abkürzung:) SIGILLVM . SENA-
TVS . POPVLVSQVE . CIVITATIS . GLEIWITZ .
Auch die Schöppen siegelten mit demselben Wappen
(SIGILLVM . SCAB . GLIVICENSIVM). Das ab-
weichendste Siegel ist ein kleines ovales aus dem
vorigen Jahrhundert, demselben fehlt die Jungfrau
völlig und die Initiale ist mitten in die Thoröffnung
gesetzt, auch hat es die weniger anspruchsvolle
Umschrift: SIGILLVM . CIVITATIS . GLEIWITZ.

Gross-Glogau,
Kreisstädt im Regierungsbez. Liegnitz.

Glogau, slaw. Glogow (d. h. Hagedorn), Glogua, Glogov, Glagov, lat.
Glogovia, zum Unterschiede von dem
oberschlesischen Glogau, mit dem
Vorwort „Gross" (Glogovia Major)

bezeichnet, am linken Ufer der Oder, Hauptstadt
des nach ihr benannten Fürstenthums, ist einer der
ältesten Orte Schlesiens. Jedoch handelt es sich bei
den ersten historisch sicheren Erwähnungen Glogau's, 1010, 1017 und 1109 wohl nur um die feste
Burg dieses Namens, deren Castellane zuerst 1202
urkundlich auftreten, wann eigentlich die, anfangs
von dem, vielleicht schon vor 1120 gestifteten Colle-
gialstift abhängige, 1253 von demselben losgekaufte,
Stadt als solche entstanden, ist dunkel geblieben.
Im Jahre 1263 aber erhielt sie deutsches Stadtrecht,
erkaufte 1331 die Erbvogtei und verleibte sich 1337
die Neustadt jenseits der Oder ein. Stadt und Land
Glogau waren bis 1173 unmittelbar mit Polen verbunden, seitdem regierte daselbst eine besondere
Linie der schlesischen Piasten, seit 1331 unter böhmischer Hoheit. In eben diesem Jahre wurde Glogau, auch die Stadt selbst, in zwei Hälften getheilt,
eine königliche und eine herzogliche. Der sogenannte königliche Antheil gehörte nicht ununterbrochen den Königen von Böhmen, sondern zeitweise auch andern Besitzern, z. B. dem Herzoge
Bolko von Schweidnitz († 1480). Im andern
Antheil regierten Herzoge von Glogau, sämmtlich
des Namens Heinrich (IV. bis XI.). Herzog Heinrich XI. starb 1476, seine Wittwe Barbara, geborne
Markgräfin von Brandenburg († 1481) konnte sich
nicht gegen die Herzog Johann II. von Sagan behaupten, dem es auch gelang, Margarethe von Cilly
aus der andern Hälfte zu vertreiben und somit
vorübergehend ganz Glogau in seinen Händen zu
vereinigen. Er starb 1504 ausser Landes. Im Jahre
1488 wurde König Matthias von Ungarn Herr von
Glogau, ihm folgte 1490 sein Sohn Johann Corvinus, der es in demselben Jahre dem Könige Wladislaw von Polen abtrat, der wiederum auch in
demselben Jahre das Fürstenthum seinem Bruder,
dem spätern Könige Johann Albert überliess. Die
Herrschaft der polnischen Könige endete 1526, von
da ab bis 1741 war Glogau östreichisch, seitdem
ist es preussisch.

Es ist sehr erklärlich, dass eine Stadt von der Bedeutung und dem Reichthume Glogaus und unter so vielfach wechselnden politischen Verhältnissen eine grosse Menge von Siegelstempeln produzirt hat, die hier übersichtlich zu ordnen, versucht werden soll. Von allen diesen Stempeln sind in der Sammlung des Herausgebers nicht Abdrücke oder genaue Zeichnungen vorhanden. Da die überaus schlechten Abbildungen in Minsberg's Geschichte der Stadt und Festung Gross-Glogau (1853) nicht vollen Anspruch auf Treue der Darstellung haben, so können die diesem Werk entnommenen Siegel nur kurz beschrieben werden.

1. Das älteste Siegel der noch ungetheilten Stadt, Abdruck vom Jahro 1326, der Stempel aber entschieden weit älter, sehr gross: Auf einem Mauerwerk sitzt die gekrönte Jungfrau mit dem Kinde, über ihr erhebt sich ein gothischer Spitzbogen mit Zinnen, der aber nur auf einem, dünnen Pfeiler ruht. Vor ihr kniet auf niedrigerem Mauerwerk St. Nicolaus im bischöflichen Habit, und auf ihn zeigt die Jungfrau mit der rechten Hand; das Siegelfeld ist ausgefüllt mit Sternen, auf der dem St. Nicolaus entgegenstehenden Seite mit zehn Köpfchen (ungeflügelten Engelsköpfchen?) und den durcheinander laufenden Buchstaben, rechts: S'. RICOLAVS., links: GLOGOVIA. Die Umschrift heisst: PRISVL . OR . ISTU . PATUR . UT . EGO . TIBI . SVOR . PIA . MATUR.

2. Kleineres Siegel vom Jahre 1342, also nach der Theilung, mit der sitzenden Jungfrau Maria und dem Kinde, allein.

3. Desgleichen von 1349, mit der, über dem Schilde mit dem schlesischen Adler nur halb sichtbaren Jungfrau Maria unter einem Baldachin.

4. Desgleichen, Abdruck von 1400, der Stempel soll aber von 1380 bis 1449 im Gebrauch gewesen sein: Auf einer Bank die sitzende Jungfrau mit dem Kinde, rechts neben ihr schwebt, oder steht auf der Ecke der Bank der schlesische Adlerschild, der übrige Raum des Siegelfeldes ist mit Ranken ausgefüllt. Umschrift: S . GORSVLVM . CIVITATIS . GLOGOVIAU . IR . PARTU . DVGIS . Es ist also deutlich als Sondersiegel der herzoglichen Stadthälfte bezeichnet.

5. Grösseres Siegel, welches, nach Minsberg von 1515 ab (bis 1758) im Gebrauch gewesen sein soll, von dem sich aber bereits ein Abdruck von 1485 im Breslauer Staats-Archiv findet: Innerhalb eines durch sehr reiche Architectur ausgezeichneten Portals steht in grosser Flammenglorie auf dem Halbmonde die gekrönte Jungfrau mit dem Kinde. Seitwärts auf bedachten Konsolen stehen zwei Wappenschilder, rechts der mit dem schlesischen Adler, links einer mit der Majuskel-Initiale G. (d. h. Glogovia). Die Umschrift lautet: ♦ . cibitatiƒ . glogobie . majoriƒ. Dieser Schild mit der blossen Initiale galt und gilt noch als sogenanntes kleines Wappen von Glogan.

6. Kleines Siegel nur mit dem Wappenschild der Corvinus (ein Rabe auf einem Baumast) vom Jahre 1490, wahrscheinlich auf Befehl des Johann Corvinus, des zeitigen Grundherrn von Glogau, beschafft.

7. Desgleichen aus derselben Zeit, aber nach 1500 im Gebrauch: Die auf einer Bank sitzende Jungfrau mit dem Kinde, beide mit sehr stark hervortretenden Heiligenscheinen, rechts neben ihr der Wappenschild der Corvinus. Auf dem Umschriftsbande steht: secretbm . cibitat . glogo.

8. Dasselbe Siegel, dem indessen ein neuer Wappenschild mit dem schlesischen Adler statt des Raben eingesetzt worden ist, welches sehr lange im Gebrauch gewesen zu sein scheint. Es liegen noch Abdrücke nach dem Jahre 1683 vor.

9. Neuere Siegelstempel von 1755 ab, mit der jetzt als grosses Stadtwappen anerkannten Vorstellung. Jedenfalls basirt dieselbe auf einem unter östreichischer Herrschaft ertheilten kaiserlichen Diplome, dessen Datum aber anzuführen nicht möglich ist. Zum ersten Male farbig gemalt fand es sich an einer Wand des alten, nicht mehr existirenden Rathhauses vor, mit dem Datum 1649. Das grosse Wappen von Glogau besteht aus einem quadrirten Schilde mit Mittelschild. Letzterer enthält im rothen Felde die goldne Initiale G. Das erste Feld des Rückschildes ist blau und zeigt die auf dem Halbmonde stehende, gekrönte, Kind und Zepter haltende Jungfrau in grosser Flammenglorie. Das zweite Feld ist golden mit dem schlesischen schwarzen Adler, den silbernen Halbmond auf der Brust. Das dritte Feld ist golden (nach andern roth) mit einem schwarzen Stierhaupt. (Ein Lackabdruck von 1755 hat dieses Stierhaupt deutlich in einer Schleife an einem Ringe hängend, was sich sonst nicht wieder dargestellt findet). Dieses Feld ist das Wappen eines k. Landeshauptmannes von Loss (von Losen, nach Siebmacher), wie es eigentlich in das Stadtwappen hineingerathen, ist nicht aufgeklärt. Auf städtischen Münzen kommt das Stierhaupt im quadrirten Schilde ohne Herzschild zuerst im Jahre 1622 vor. Das vierte Feld endlich ist mit dem schwarzen Raben der Corvinus auf goldnem Baumast. Der Wappenschild ist auch noch mit einem, rechts von blau-rothen, links von schwarz-goldnen Helmdecken umflatterten Helme bedeckt, aus dessen Krone über dem Halbmond die Jungfrau Maria des ersten Schildfeldes in halber Figur herauswächst. Neuerdings, seit 1802, hat man dafür den Corvinschen Raben zum Helmschmuck erwählt.

Es sind noch zu erwähnen die Schöppen- und Gerichtssiegel von Glogau:

1. Mittelgrosses Siegel vom Jahre 1375: der alte Schutzpatron der Stadt, St. Nicolaus, stehend, im bischöflichen Ornat, die Rechte segnend erhoben, in der Linken den Krummstab. Das Siegelfeld ausgefüllt mit Ranken und Blumen, die Um-

schrift heisst: S . SCRBIΛORVM . GLOGOVIR . CIVI.(tatis).

2. Kleineres Siegel aus der ungarischen Periode, Abdruck von 1492: Innerhalb eines dürftigen gothischen Portals der stehende St. Nicolaus wie oben, nur die untere Körperhälfte mit dem Wappenschilde der Corvinus (der Rabe steht hier auf einem Dreihügel) verdeckt. Nebenbei zwischen je zwei Röschen die Initiale G. wiederholt, Umschrift: ſ . (ca•binerſ . glogoviæ . majeſ.

3. Gerichtssiegel aus dem Anfang des sechszehnten Jahrhunderts, mit dem einfachen Adlerschild und der Umschrift: s . rubicn . glogovie . maioris.

4. Desgleichen mit dem geraden Adlerschild im Dreipass.

5. Desgleichen mit dem gelehnten Adlerschild im Dreipass.

6. Desgleichen von 1796: Schild im Roccocostyl mit der Initiale G. Ueber demselben die Jahreszahl, Umschrift: SIGILLVM . IVDI . CIVIT . MAIO . GLOGOV.

Anm. Beiläufig mag hier noch eines Glogauer Siegels aus dem Anfang des vorigen Jahrhunderts erwähnt werden, welches wohl wenig bekannt und in seiner Art ganz interessant ist. Es hat im runden Siegelfelde eine thurmartig aufgeführte Synagoge von abenteuerlicher Architectur, nebenbei hebräische Buchstaben und doppelte Umschrift, deren innere auch hebräisch ist. Die äussere aber lautet: SIEGEL . DER . SAMENTLICHE (?) . IUDENSCAFT . ZV . GROS . GLOGAV.

Ober-Glogau,

Kreis Neustadt, Regbez. Oppeln,

Obersten-Glogau, Klein-Glogau, slaw. Gorny-Głogow, Maly-Głogów, Głogówek, Glogov, lat. Glogovia superior, Glogovia minor, am rechten Ufer der Hotzenplotz, Stadt, deren Alter bis in das dreizehnte Jahrhundert hinaufreicht, wenngleich die aus den Jahren 1213 bis 1217 stammende Urkunde, die dem Kloster Leubus in dem damaligen Dorfe Zebnten anweist, unsicher scheint. Im Laufe desselben Jahrhunderts aber erwählte Herzog Boleslaw von Oppeln dieses Glogau zu seiner zweiten Residenz und 1272 erhielt sie deutsches Stadtrecht. Der Name des Orts wird ebenso, wie der von Gross-Glogau, von glog, d. h. Hagedorn, Dorn, Dornbecke abgeleitet. Glogau theilte die Geschicke des Fürstenthums Oppeln, zu dem es gehörte; 1532, nach dem Aussterben der eingebornen Piasten, succedirten die Markgrafen von Brandenburg-Jägerndorf, Vater und Sohn bis 1553, von da ab bis 1558 regierte die verwittwete Königin von Ungarn, Isabella als Vormünderin ihres Sohnes, des Prinzen Johann Siegmund Zapolya, endlich, um das Jahr (1561) 1570 wurde Johann von Oppersdorff, Freiherr zu Aych Pfandbesitzer der Herrschaft. Er starb 1584, (1582 in Bezug auf Cosel und Ober-Glogau gepflogene Kaufsverhandlungen mit Hans Saurma, Freiherrn von und zu der Jeltsch zerschlugen sich wieder) sein Sohn, der Freiherr Georg von O. kaufte dieselbe 1593 erb- und eigenthümlich und seitdem ist sie, 1642 in ein Majorat verwandelt, bis auf den heutigen Tag Eigenthum der Familie geblieben. Die Söhne des Freiherrn Georg wurden 1640 in den Grafenstand erhoben, diese, die sogenannte schlesische Linie starb 1714 mit Johann Georg aus. Ihm folgte die mährische Linie der Oppersdorff's mit dem Grafen Georg Friedrich, die aber auch schon mit dessen Sohne Heinrich Ferdinand 1781 erlosch, gegenwärtig ist die böhmische Linie im Besitz.

 Die alten Siegel von Ober-Glogau enthalten im Wappenschilde drei in der Mitte zusammenstossende, mit den krummen Schneiden nach den Schildesecken gekehrte Winzermesser. Umschrift: S'. CIVITATIS . GLOGOVIG . SVPERIORIS. Der älteste, noch 1312 im Gebrauch gewesene Stempel muss bald darauf abhanden gekommen sein, denn 1319 zeigt sich ein anderer benutzt, der nur darin von dem ersten abweicht, dass die Winzermesser schlanker gebildet sind, der Schildesrand stark und breit hervortritt und eine kreuzweise Schraffirung und Ranken das Siegelfeld bedecken. Dasselbe, oder mindestens ein sehr ähnliches Wappen führt auch der Vogt von Ober-Glogau 1319 im Siegel: drei ins Dreieck zusammengestellte Haken, auf dem Helme zwei Palmzweige, Umschrift: S'. ARNOLD . ADVOKATI . D . GLOG. Diese alten Siegel von 1312 und 1319 mit dem Titel „civitas" beweisen übrigens, dass die Angabe Schnurpfeil's in seiner Geschichte der Stadt Ober-Glogau (1860), dieselbe hätte erst 1372 deutsches Stadtrecht erhalten, entweder ein Irrthum, oder ein blosser Druckfehler ist. Es ist daher auch oben die Jahreszahl 1272 dafür gesetzt worden. Das jetzige Wappen der Stadt findet sich nicht vor dem siebenzehnten Jahrhundert auf Siegeln. Es besteht aus den drei Winzermessern und drei Weintrauben, abwechselnd mit den Stielen in der Mitte sternförmig zusammengestellt. Die Figuren sind naturfarben, das Feld ist roth. Die Umschrift des ältesten dieser neuern Siegel, von 1640, ist noch gleich den früheren, die eines neueren mit reich verziertem Roccococschilde lautet: SENATVS . POPVLVSQVE . SVP GLOGOVIÆ. Die Trauben mögen wohl ebenso wie schon von Alters her die Winzermesser, angenommen worden sein, um die Erinnerung an den früher bei Ober-Glogau mit Erfolg betriebenen Weinbau aufrecht zu erhalten: Strassen und Orte in der nächsten Umgegend der Stadt heissen noch heute: Winary d. h. Weingasse, Winica d. h. Weinberg, ferner Weingarten, Weinmühle, Weinteiche. Bemerkenswerth, weil sonst in Schlesien fast gar nicht üblich, ist die Sitte der Grafen von Oppersdorff, als Grundherren von Ober-Glogau, dass sie ihrem sonst nur quadrirten und mit einem Mittelschilde versehenen Wappenschilde unten noch zwei neue Felder hinzuzufügen, welche die Herrschaft repräsentiren. Im rechten dieser Felder zeigt sich ein schrägrechts gestelltes Winzermesser in Roth, im linken eine schräglinks gelegte Weintraube mit Stiel und Blättern gleichfalls in Roth.

Goldberg,

Kreis Goldberg-Hainau, Regbez. Liegnitz,

Goldberg, lat. Aurum, Aureomons, Goldberga, am rechten Ufer der Katzbach und am Fusse des Wolfsberges, eine alte Stadt, aber nicht so alt, wie eine Reihe von Dichtungen über die Anfänge des Bergbaus hierselbst glaublich zu machen suchen. Im Jahre 1163 standen am Orte höchstens ein paar Häuser und die Goldwäschen waren noch nicht entdeckt. Dass im Jahre 1208 die Herzogin Hedwig hier ein Franziskanerkloster gestiftet, ist zwar nicht erwiesen, aber auch nicht unmöglich. Sicher scheint zu sein, dass Herzog Heinrich, der Gemahl der später kanonisirten Hedwig, 1211 dem Orte deutsches (Magdeburger) Stadtrecht verlieh, dagegen ist die Sage von der Theilnahme jener sechshundert Goldberger Bergknappen an der grossen Tartarenschlacht bei Wahlstatt 1241 durch Grünhagen wohl für immer beseitigt. Die ursprünglich herzoglich Breslauische Stadt gehörte seit dem Anfange des vierzehnten Jahrhunderts den Herzogen von Liegnitz — von 1320 bis 1329 war sie an einige Breslauer Bürger verpfändet und soll es auch 1333 eine Zeit lang an einen Juden gewesen sein —, seit 1414 denen von Brieg und verblieb auch im Besitze dieser am längsten blühenden Piastenlinie bis zu ihrem endlichen Aussterben 1675. Die Goldberger Gruben waren übrigens schon 1364 verlassen und spätere Versuche, sie wieder in lohnenden Betrieb zu setzen, sind stets gescheitert.

Von den in Betracht kommenden sechs ältern Siegeln liegen fünf in Abdrücken oder genauen Zeichnungen vor. Das älteste, grosse, runde Siegel noch aus dem dreizehnten Jahrhundert (Abdruck von 1348) zeigt im Siegelfelde dreifach gegliederte Felsmassen, oben mit Stauden und Blumen bewachsen, innerlich auch gleichsam von blumigen Goldadern durchzogen. Die Umschrift lautet: S'. VNIVERSITATIS . DE . AVREOMONTE . Das nächste Siegel (von 1362 und 1442 im Liegnitzer-) von 1393 im Goldberger Stadtarchive scheint sich von den folgenden mit der noch jetzt gebräuchlichen Wappendarstellung nur dadurch zu unterscheiden, dass dieselbe in einen spitzen Schild eingeschlossen ist, der von einem Blätterkranz umgeben ist. Dieses neue Wappen zeigt sich bereits auf einem ziemlich grossen Secret von 1447: im runden Siegelfelde die dreifach gegliederten Felsmassen, auf der mittleren Spitze steht der schlesische Adler, die Seitenspitzen sind mit Stauden bewachsen, alles vortrefflich stylisirt. Die Umschrift heisst: secretum . ciuitatis . de . aureomonte.

Ein viertes Siegel aus derselben Zeit mit derselben Umschrift hat den Adler fast die ganze Fläche einnehmend, den Fels sehr zusammengeschrumpft. Desgleichen mit überwiegendem Adler sind die kleineren Siegel aus dem sechzehnten und siebenzehnten Jahrhundert, die das Wappen im Schilde führen und von denen das eine die Umschrift auf einem sich um den Schild schlingenden Bande hat. Das Schöppensiegel von 1425 (sigillum . scabinorū . goltberg .) hat dasselbe Wappen. Die Farben desselben sollen sein: goldner Berg im blauen Felde, der Adler der schlesische schwarze mit der silbernen Binde, doch findet man auch (Wernher's handschriftliche Topographie) das Feld golden angegeben, die Berge dann natürlich grün. Auch wird zuweilen ein Helm dazu geführt, auf dem der Adler steht.

Goldentraum,

Kreis Lauban, Regbez. Liegnitz,

eigentlich Neustädtel, Marktflecken am Queis, auf dem Territorium der Herrschaft Tzschocha 1666 (oder wohl schon 1662) angelegt und 1677 vom Kurfürsten Johann Georg II. von Sachsen mit Stadtrecht beliehen. Bis zum Jahre 1815 gehörte er zum Queiskreise des königlich-sächsischen Oberamts Bautzen. Die Herrschaft Tzschocha ist eins der Stammgüter des Geschlechts von Nostitz und aus der nach ihr benannten Linie sind die spätern Reichsgrafen von Nostitz und Rhineck hervorgegangen, heutzutage gehört sie den Herren von Uechtritz-Steinkirch. Christoph von Nostitz, damaliger Herr von Tzschocha hatte 1656 einen Traum, der ihm ein reiches Bergwerk auf seinem Grund und Boden verhiess, die ersten Nachforschungen schienen seine Hoffnungen zu bestätigen und eine Colonie von, ihrer Religion wegen vertriebenen, Schlesiern und Böhmen begünstigte die erste Anlage des neuen Orts. Ohne diese wäre übrigens, da die Ausbeute an edlem Metall aus den angelegten Bergwerken sich später doch nur eben als ein Traum herausstellte, die einstige Stadt längst zum blossen Dorfe herabgesunken.

Ein Siegel des Marktfleckens, oder Städtels ist hierorts nicht bekannt, das Wappen desselben besteht aber in einem aufrecht stehenden Bergmann mit seinem Werkzeug. Die Farben des Wappens sind wohl die natürlichen.

Görlitz,

Kreisstadt im Regbez. Liegnitz,

Gorliz, Gorelitz, Gorlitez, slaw. Yzorelik, Zgorzelica, (d. h. Brandstätte), wend. Solerz, an der Neisse (Niza) und Luniza, war 1071 noch ein Dorf. Zu Anfang des zwölften Jahrhunderts entstand neben demselben eine Burg Drebnow, von slawischen Herzogen erbaut, die seit 1126 auch mit jenem Dorfnamen bezeichnet wurde. Deutsches (Magdeburger) Stadtrecht hat Görlitz wohl erst 1304 erhalten. In der Mitte des dreizehnten Jahrhunderts wurde bereits die Neustadt Görlitz angelegt, im Jahre 1346 bildete sich der mächtige Bund der „Sechsstädte", unter denen Görlitz den zweiten Rang einnahm (Bautzen, Görlitz, Zittau, Löban, Lauban, Kamenz), 1377 erwarb Görlitz die Stadt Neuhause, 1440 die Burg Landskrone, welche beide, wenn auch in verschiedener Weise ihren Handel beeinträchtigten und schleifte beide. Die Landesherren von Görlitz waren die der ganzen Oberlausitz. Seit 963 datiren sich die Besitzansprüche des Markgrafen Gero auf diesen Landstrich, bis 1032 wechselt der Besitz aber fortwährend zwischen den Polenherzogen und den deutschen Königen. Von diesem Jahre an bis 1076 gehörte die Oberlausitz den Markgrafen von Meissen, dann bis um das Jahr 1244 den Herzogen und Königen von Böhmen. Von 1250 bis 1319 gehörte dieselbe den Markgrafen von Brandenburg, als böhmisches, aber vom deutschen Reiche abhängiges Lehn. Nach vorübergehendem Besitze des Herzogs Heinrich von Jauer, fiel die Oberlausitz an Böhmen und gehörte zu diesem Reiche von 1329 bis 1635. In diese Zeit fällt die kurze Periode, da die Stadt und das Gebiet von Görlitz ein eigenes Fürstenthum bildeten, von 1377 bis 1396, unter Johann Herzog von Görlitz, dem Sohne des Kaisers Carl IV. Im

Jahre 1621, definitiv 1635 kam die Oberlausitz an Kursachsen, erst 1815 wurde ein Theil von ihr nebst Görlitz abgetrennt und zu Preussen geschlagen.

 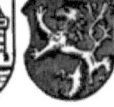

Aus der Brandenburgischen Epoche, oder gar aus noch früherer Zeit ist kein Siegel der Stadt bekannt geworden. Aus der böhmischen Zeit, und zwar entschieden gleich zu Anfang gefertigt (Abdruck von 1332), existirt noch der grosse Stempel, der im runden Siegelfelde eine Stadtmauer mit zwei spitzbedachten Zinnenthürmen zeigt, in der Mitte ein mit

rundem Bogen geschlossenes Thor, vor welchem der gelehnte Schild mit dem böhmischen, gekrönten und doppeltgeschwänzten Löwen, über ihm, die Umschrift durchbrechend, der Helm mit den Adlerflüge. Die Umschrift heisst: SIGILLVOL . CIVITATIS . GORLIS. Etwa zwei Jahrhunderte später kam ein neues Stadtsiegel auf, wahrscheinlich durch kaiserliches Wappendiplom, der erste vorliegende Abdruck ist freilich erst von 1499, der Stempel des Siegels ist aber jedenfalls älter. Er enthält im mit Blumen bestreuten Siegelfelde einen gespaltenen Schild: rechts der doppelte kaiserliche Adler, links der böhmische Löwe, in den bekannten Farben, oben zwischen den beiden Wappenthieren aber auf dem Theilungsstrich schwebt eine herzogliche Bügelkrone. Der silberne Schildesfuss in der linken Schildes-Hälfte, den man auf Abbildungen zuweilen antrifft und den unter andern auch Hefner wiedergiebt, scheint nur dadurch entstanden zu sein, dass die Zeichner den langgestreckten Raum nicht völlig auszufüllen wussten. Umschrift: Sigillum . civitatis . gorlitz. Es ist höchst wahrscheinlich, dass dieses Wappen zur Zeit des Herzogs Johann von Görlitz entstanden ist. Zu demselben gehörte schon der von, mit goldnen Lindenblättern bestreuten, roth-weissen Helmdecken umflatterte Helm mit einem geschlossenen, rothen, mit goldnen Linden-

blättern bestreuten Adlerfluge und auf diesem der böhmische Löwe. Dieser Helm, gekrönt, wird auch zu dem jetzigen Wappen geführt. Das neue, augenscheinliche Diplomwappen besteht in einem quadrirten Schilde mit Mittelschild. Im letztern die Krone auf dem östreichischen silbernen Querbalken im rothen Felde, das erste und vierte Feld des Rückschildes hat den kaiserlichen Doppeladler im goldnen, das zweite und dritte Feld den silbernen böhmischen Löwen im rothen Felde. Umschrift neuerer Siegel mit dieser Vorstellung: SIGILLUM . SENATUS . GORLICENSIS. Nebenher führte und führt noch heutzutage die Stadt in ihrem Secret einen Schild bloss mit dem böhmischen Löwen. Umschrift auf dem Schriftbande eines älteren Stempels aus dem sechszehnten Jahrhundert: s . nimbo . civitatis . gorlic ., auf neuesten Siegeln: RATH . ZU . GŒRLITZ.

Goschütz,

Kr. P. Wartenberg, Regbez. Breslau,

slaw. Gosź, Goszcz, Goszyza, Hauptort der nach ihm benannten freien Standesherrschaft, Dorf und Marktflecken nebeneinander, letzterer aber seit den zwanziger Jahren dieses Jahrhunderts ohne Ausübung seines Marktrechts. Ueber den Ursprung des Fleckens und die Zeit des ihm ertheilten Stadtrechts ist nichts bekannt. Die Herrschaft gehörte ursprünglich zu Polnisch-Wartenberg und somit zum Fürstenthum Oels bis zum Jahre 1490. Die nachfolgenden Besitzer der Gesammtherrschaft aus den Familien Haugwitz, Rosenthal, Maltzan, Zedlitz, Kurtzbach, wieder Maltzan, Braun und endlich Dohna sind unter Polnisch - Wartenberg nachzusehen. Nach dem Tode des Burggrafen Otto Abraham zu Dohna, 1645, und dem seiner Wittwe,

verwalteten seit 1654 das Erbe des minorennen
Burggrafen Carl Hannibal die Vormünder Hans
Christoph von Saurma, Freiherr von und zu der
Jeltsch, Balthasar von Borwitz, Joachim Friedrich
von Prittwitz und Georg von Sternberg. Diese ver-
kauften im Jahre 1656 die abgetrennte Herrschaft
Goschütz, welche in der kaiserlichen Bestätigungs-
urkunde ein Status minor (Minder-Standesherrschaft)
genannt wird, der Gräfin Anna Elisabeth von
Scharffenberg(Scharffeneck?), gebornen Freiin von
Sachs. Ihre Töchter Eusebia, vermählte Gräfin von
Wagensberg und Cäcilie Renate, vermählte Gräfin
von Trautmannsdorff verkauften dieselbe dem
Freiherrn Gottfried von Heister, der sie auf seinen Sohn vererbte. Im Jahre 1693 erstand die
Herrschaft die verwittwete Herzogin Anna Sophia
von Würtemberg-Oels für ihren unmündigen
Sohn, den Prinzen Carl, unter der Bedingung, dass
sie nie wieder mit dem Fürstenthume Oels vereinigt werden, sondern eine freie Minder-Standesherrschaft bleiben sollte. Herzog Carl von Würtem-
berg-Bernstadt veräusserte Goschütz 1717 an
Melchior Abraham von Langenau, nach dessen
Tode die Herrschaft 1727 von seinen Vormündern
für den noch minorennen Freiherrn, 1730 in den
Grafenstand erhobenen, Heinrich Leopold von Reichenbach angekauft wurde. Unter preussischer
Herrschaft wurde Goschütz 1741 zur freien Standesherrschaft erhoben, mit deren Besitz die Würde
eines General-Erb-Land-Postmeisters durch das Herzogthum Schlesien verbunden, diese seit 1752 erblich,
mit Goschütz die 1742 erkaufte Stadt und Herrschaft Festenberg vereinigt und der ganze Besitz
1748 in ein Majorat verwandelt. Goschütz ist noch
heutzutage die Hauptbesitzung der älteren, nach
dem Aussterben der jüngern zu Neuschloss, 1819,
einzigen Linie der Grafen von Reichenbach.

Ein Siegel des Fleckens ist bisher nicht bekannt
geworden. Nach Wernher's handschriftlicher Topographie Schlesiens aber, die bei der Ansicht von
Goschütz auch das Wappen abgebildet bringt, besteht dasselbe aus einer symbolisch-landschaftlichen

Darstellung: Ein Baum auf grünem Erdboden, rechts
neben ihm ein ländliches Häuschen, links ein Busch,
obenher bestrahlt von dem Auge Gottes. Wernher's
Anführungen haben zwar keinen Anspruch auf un-
bedingte Richtigkeit der Darstellung, allein ebenso
wenig scheint er fähig gewesen zu sein, etwas
geradezu zu erfinden und somit mag man sich vor
der Hand mit diesem Wappen begnügen.

Gottesberg,

Kreis Waldenburg. Regbez. Breslau.

Gotesberg, Godsberg, Gudsberg, angeblich früher eigentlich Kuxberg,
am Abhange des Plauzenberges, die
höchst gelegene Stadt Schlesiens,
welche zur Herrschaft Fürstenstein
gehört. Der schon früher daselbst schwunghaft betriebene Bergbau soll dem Orte bereits 1499 Stadtrecht verschafft haben. Glaublicher ist es, dass dieselbe überhaupt erst um 1532 angelegt worden, im
Jahre 1603 Marktrecht erhalten und 1606 vom Kaiser Rudolph II. zu einer freien Bergstadt ernannt
worden ist. Die Herrschaft Fürstenstein war vom
Könige Wladislaw denen von Schellenberg verpfändet, von diesen dem Hans von Hungwitz abgetreten
worden und letzterem kaufte sie Conrad I. von
Hochberg im Jahre 1509 ab. Ein Antheil an
Gottesberge, die Niederseite, mit dem Rittergute
Adelsbach und anderweiten Pertinenzien gehörte
schon im Anfange des funfzehnten Jahrhunderts der
Familie von Czettritz. Im Jahre 1536 wird aber
Justus Ludwig als Besitzer von S. genannt, der,
von einem von Schlegel gefangen, erst nach andert-
halb Jahren sich hätte lösen können — vielleicht
eine Verwechslung mit Jodocus Ludwig (Decius
oder Deiso) 1539 Erbherrn auf Kupferberg. Hans
Georg von Czettritz verkaufte diese Güter im
Jahre 1655 an die verwittwete Freifrau Susanna

von Saurma-Jeltsch, geborne von Gellhorn. Sie war 1672 schon verstorben und ihr zweiter Sohn Freiherr Leuthold, der Adelsbach mit Zubehör erhielt, starb 1667. Nach Weltzel (Geschichte der Saurma, 1869) hat der Besitz dieser Güter in Saurmaschen Händen nur vierzehn Jahre gedauert. 1669 verkaufte die Freifrau Susanna dieselben an Hans Carl von Schorr-Thoss auf Thannhausen. Im Jahre 1830 verkaufte sie der Freiherr Carl Ernst Friedrich von Richthofen an die Geschwister Grafen von Zieten, gegenwärtig gehören sie einem Freiherrn von Rabenau. Diese Nachrichten beziehen sich aber nur auf das Rittergut Adelsbach, die Niederseite Gottesberg verblieb bis 1716 im Besitz der freiherrlichen Familie von Saurma (zu dieser Zeit des Freiherrn Hans Leuthold, dem directen Stammvater des Hauses Jeltsch). Nach Zimmermann, Knie und Melcher u. a. haben bis dahin die Grafen von Hochberg nur die Hälfte von Gottesberg inne gehabt und erst in diesem Jahre 1716 die „untere Hälfte", also die Niederseite von der Familie „von Sauermann" erkauft. Den Grafen von Hochberg, Freiherren zum Fürstenstein, seit 1846 Fürsten von Pless, gehört Gottesberg noch heute.

 Das älteste Wappen der Stadt Gottesberg, welches früher ganz unbekannt und erst kürzlich vom Professor Grünhagen in einem alten Siegel seines Archivs entdeckt worden ist, besteht aus einem Dreiberge, aus welchem sich eine schwebende rechte Hand erhebt, hinter derselben Schlegel und Eisen gekreuzt. Das in Rede stehende Siegel vom Jahre 1638 zeigt diese Vorstellung, die sich nun übrigens auch in der katholischen Kirche zu G. mit der beigefügten Jahreszahl: 1535 vorgefunden hat, in einem etwas missgestalteten Schilde mit der Umschrift oben: S . AVF . D . GOTSBERG . Beschreibungen und mangelhafte Abbildungen zeigten vordem nur die Bergwerks-Embleme Hammer und Eisen gekreuzt über einem Dreiberge. Das neuere, wahrscheinlich nach 1716, nachdem Gottesberg ganz in Hochberg'schen Besitz übergegangen

war, komponirte Wappen findet sich auf zwei neuern Siegeln. Dieselben zeigen einen einmal quer und oben einmal senkrecht getheilten Schild, im ersten Felde das roth-weisse Schach, im dritten, untern Felde die drei blauen Berge in Roth des alten Hochbergschen Wappens, das zweite Feld enthält in Weiss ein gestürztes grünes Weinblatt. Auf dem ältern, kleineren dieser beiden Siegel ist das Weinblatt nicht zu erkennen, statt dessen erblickt man eine Art Arabeske, unten breiter, oben spitz auslaufend — es ist nicht unmöglich, dass aus Missverständniss diese Arabeske aus der schwörenden Hand eines ältern, jetzt unbekannten Stempels und sehr wahrscheinlich, dass das heutige Weinblatt wieder aus Missverständniss aus der schwer zu deutenden Arabeske entstanden ist. Die Umschrift dieses kleinen Siegels lautet: GERICHT . SIGIL . ZVM . GOTESBERG ., die des grössern neueren: SIEGEL . D . MAGISTRATS . D . STADT . GOTTESBERG.

Grätz,

Fürstenthum Troppau, Kreis Troppau.

 slaw. Gradez, Grodez, Gradice, Gradee, Gradech, Hradec, Hradecz, lat. Gradecium, Hradecium, Stadt an der Mora, eine der ältesten in ganz Schlesien, die, wenn auch eine Urkunde vom Jahre 1059, welche eines Kastellans von Grätz erwähnt, sehr verdächtig ist, doch jedenfalls schon 1078 (die Burg 1061) existirte, natürlich noch zu polnischem Rechte. Die Kastellanei wird ferner 1155 erwähnt und die namentliche Reihe der Kastellane beginnt mit dem Jahre 1214. Wann die Stadt zu deutschem Rechte ausgesetzt worden, ist unbekannt, jedenfalls aber scheint die Angabe, dass das erst unter dem Herzog Victorin Podiebrad von Troppau durch Ertheilung des Marktrechts und eines eignen Wappens und Siegels geschehen,

entgegen dem sonstigen Usus solcher Behauptungen, viel zu spät gegriffen. Ob der 1233 genannte Albrecht (vir nobilis) auf Grätz nur herzoglicher Kastellan, oder ob er bereits Erbherr der Stadt gewesen, ist gleichfalls zweifelhaft. Von den spätern Grundherren ist zuerst bekannt der Freiherr Johann Christoph Proskowski von Proskau, der 1625 starb. Die Söhne seines Enkels, des Grafen Georg Christoph II. theilten sich 1701 in das väterliche Erbe und Grätz erhielt Graf Erdmann Christoph. Im Laufe des vorigen Jahrhunderts hat Grätz eine Zeit lang den Grafen von Mettich, Freiherren von Tschetschau gehört, wahrscheinlich durch die Vermählung des Grafen Carl Joachim von M. auf Wiese mit der Freiin Anna Maria von Proskau. Das Geschlecht der alten Herren, der Grafen von Proskau erlosch übrigens 1769 gänzlich mit der Linie zu Proskau. Heutzutage gehört die Herrschaft dem fürstlichen Hause Liechtenstein, und zu dessen Mediatfürstenthum Troppau.

Ein Siegel der Stadt ist nicht bekannt. Das Wappen derselben besteht, nach Widimski, in einem weissen Kastell mit offnem Thor und zwei rothbedachten Thürmen im blauen Felde, auch grünem Erdreich.

Greiffenberg,

 lat Gryphisberga, Gryphenberga, am rechten Ufer des Queis und an der Mündung des Oelshaches, unweit unterhalb des Greiffensteins, zur Herrschaft dieses Namens gehörig, alte Stadt, deren Namen natürlich zu allerhand wunderbaren Fabeln Veranlassung gegeben hat, von denen das dort oben gefundene Nest mit jungen „Greifen", der nachher nach Franken ausgewandert und dort als Ahnherr der „Marschälle von Greiff" gestorbene

Erbauer der Stadt, Herr Wilhelm Greiff (um 1163!) und die sehr gelehrt klingende, aber eben auch nur klingende Ableitung von „Angreifen, Angriff" u. s. w. die bemerkenswerthesten sind. Es ist ebenso unverbürgt, dass die Stadt 1242 durch Herzog Boleslaw gegründet und mit deutschem Recht versehen, wie dass der Greiffenstein 1198 erbaut worden sei. Der Greiffenstein gehörte anfänglich zu Liegnitz. wurde 1252 an Herzog Conrad II. von Glogau abgetreten, bildete 1273 mit das Leihgedinge seiner Wittwe Brigitta, wurde bald darauf von deren Vater, dem Markgrafen Dietrich von Landsberg dem Erzbischof von Magdeburg verpfändet und 1276 durch Herzog Heinrich IV. von Breslau wieder eingelöst. Im folgenden Jahre, nebst dem seither geschichtlich auftretenden Greiffenberg, an Liegnitz wieder abgetreten, kam Schloss und Stadt 1278 an die Herzoge zu Löwenberg, 1302 an die von Jauer und 1392, nach dem Tode der Herzogin-Wittwe Agnes an die Krone Böhmen. Gleich in demselben Jahre verpfändete König Wenzel Stadt und Herrschaft an Benisch von Chusnik, der sie 1395 als Eigenthum erwarb. Im Jahre 1400 verpfändete dieser sie an Gotthard Schaffgotsch (Gotsche Schoff), in dessen Familie darauf die Herrschaft Greiffenstein mit der Stadt Greiffenberg — mit kurzer Unterbrechung 1418 bis 1419, da sie, wohl mehr zwangsweise, dem Janko von Chotiemitz auf Fürstenstein käuflich überlassen war, und der kaiserlichen Administration der Güter des 1635 in Regensburg enthaupteten, ersten Semperfreyen Hans Ulrich — bis heutigen Tages geblieben ist. Die directen Nachkommen des Erwerbers starben 1485 aus und es succedirte die Linie Kynast, dieser 1589 die Linie Kemnitz. Im Jahre 1592 wurden die Schaffgotsche bei der Erwerbung von Trachenberg in den Freiherren-, 1708 in den Reichsgrafenstand erhoben.

Aeltere Siegel der Stadt sind nicht bekannt. Die neueren zeigen im Siegelfelde das Wappenbild der Stadt: einen goldnen Greif, der in den Vorderkrallen einen geharnischten Ritter gepackt hält, im blauen Felde. Umschriften: SIGILLVM . MAIVS . CIVITATIS . GRYPHENBERGENSIS . 1678 . und SIGILLVM . CIVITATIS . GRYPHIBERGENSIS . 1725.

Das Wappen der Herrschaft Greiffenstein im freiherrlich und gräflich Schaffgotsch'schen Wappen ist: ein goldner, gekrönter Greif auf grünem Dreiberge im blauen Felde, der einen weissen Stein in den Vorderkrallen hält. Wenn irgendwo, so sind diese beiden Wappen geeignet, Deutungen herauszufordern, von denen die Geschichte nichts weiss. Der Greif ist heraldischer Vertreter des Schlosses, wie der Stadt, die nach ihm benannt sind. Der Schlosses hat das Felsstück gepackt, bereit es auf Jeden zu schleudern, der ihm zu nahe tritt, der der Stadt hat aber den Ritter, ihren wohl oft recht bösen Herrn gepackt und schüttelt ihn — das ist echt mittelalterlich-heraldischer Humor! Allerdings ist es aber auch möglich, dass das Stadtwappen jenem, einst steif und fest geglaubten Mährchen seinen Ursprung verdankt, demzufolge ein gewisser Gottsche (Gotthard), der Urahn der Schaffgotsche sich in Schaaffelle einnähen, von dem, auf dem Berge oben hausenden Greifen hinaufholen liess und dann, seiner Hülle sich entledigend, den alten Greifen und die Jungen im Neste massakrirte, von welchem Abenteuer er dann den Beinamen „der Schaafgottsche" bekam.

thum Lebus (damals war Heinrich 1233 bis 1244 Bischof von L. und residirte zu Göritz) geschenkt, wahrscheinlicher nur eine frühere Schenkung bestätigt hat, da aus einer Urkunde von 1232 sich schon der bischöfliche Besitz (Bischof Lorenz † 1233) von Grossburg folgern lässt. Das Bisthum, welches von 1555 an die Kurprinz Joachim Friedrich von Brandenburg administrirt hatte, wurde 1598, als er Kurfürst wurde, säcularisirt. Der Grossburger Halt muss aber schon vorher käuflich aus dem Besitze der Bischöfe von Lebus in den directen der Markgrafen (und Kurfürsten) von Brandenburg übergegangen sein, da mit ihm schon im Jahre 1553 der Markgraf Johann der Neumark-Brandenburg Friedrich von Canitz belehnte. Die, 1664 in den Freiherrenstand erhobene, Familie der von Canitz auf Grossburg theilte sich im vorigen Jahrhundert in zwei Linien, derjenigen, welcher Grossburg zugefallen, ging ihr Besitzstand schnell verloren. Schon bald nach 1752 gehörte Gr. einem Herrn von Tenczin, heutzutage (1845) ist das Gut Eigenthum der Herren von Bomsdorff. Der Halt Grossburg wurde erst im Jahre 1801 der kurmärkischen Gerichtsbarkeit entzogen und der von Breslau untergeordnet, 1818 aber vom Kreise Breslau zu dem von Wohlau geschlagen.

Ein eignes Siegel, oder ein Wappen des früheren Marktfleckens ist bisher nicht aufgefunden worden.

Grossburg,

slaw. Borec, (von Bor d. i. Wald), Borek, Bork, Borkum, ein früher mit städtischen Rechten begabter, jetzt zum Dorf herabgesunkener, Marktflecken im sogenannten „Grossburger Halt", welchen District Herzog Heinrich I. von Breslau zwischen 1234 und 1238 dem Bis-

Grottkau,

Grodcov, Grotgau, Grotkow, Grotkaw, Grothkowo, Grodchow, Grodcovichi, lat. Grotkovia, zwischen zwei kleinen Bächen gelegen, tritt geschichtlich zuerst 1234 auf, da es, im Besitz zweier Brüder, des Grafen Mrocco (Mrozcho, Mrotsek) und des Lebusischen, spätern Breslauischen Dompropstes

7

Gorlach, als Dorf zu deutschem Rechte ausgesetzt
wurde. Aber erst 1268 erhielt der Ort das Neumarkter Stadtrecht. Mroczo lebte noch 1270 und
hatte einen Sohn Preczlaw, der Mitbesitzer von
Grottkau war. Diese ersten Grundherren der Stadt
siegelten mit einem Wappen, das später die Familie von Pogrell führte: eine unten schmälere (rothe)
Burg mit Thoröffnung, auf deren sich breiter aus-
legenden Zinnen zwei Zinnenthürme stehen (im silbernen Felde). Gegen Ende des dreizehnten Jahrhunderts war die Stadt bereits im Besitz der Herzoge von Breslau und Liegnitz-Brieg. Im Jahre
1343 verpfändete und bald darauf (1351) verkaufte
Herzog Boleslaw die Stadt mit ihrem Gebiete dem
Bisthum Breslau, dem sie fortan, (seit 1345?)
unter dem Titel eines Herzogthums, bis zur Säcularisation 1810 gehört hat, seitdem ist sie eine königliche Immediatstadt. Das unweit der Stadt gelegene Dorf Alt-Grottkau ist der Stammsitz der
Herren und Freiherren Hundt von Alten-Grottkau.

Es ist nur ein älteres, mittelgrosses Siegel der
Stadt, von 1343 und 1493, bekannt, welches das
oben beschriebene Wappenbild der gräflichen Brüder (von Pogrell) zeigt, das demgemäss in diesem
Falle nicht das gewöhnliche, tausendmal vorkommende Symbol ummauerter Städte, sondern ein adliges Sonderwappen ist. Die Umschrift lautet: SI-
GILLVOR . CIVIVOR . IR . GROTKOWCI. Ein
sehr kleines Sekret mit demselben Wappenbilde ist
ganz ohne Umschrift. Uebrigens darf nicht uner-
wähnt bleiben, dass der Erwerber der Stadt, Bischof
Preczislaw (1341 bis 1376) selbst dem Geschlechte
von Pogrell angehörte, zu der Fixirung des städtischen Wappens also ein doppelter Grund vorlag.
Ein neueres Siegel mit der Umschrift: SIGILLVM .
CIVITATIS . GROTCOVIENSIS, hat das Wappenbild insofern verstümmelt, als die Burg sich unten
breit ausbaucht und einen gewöhnlichen, plumpen
Eindruck macht.

Grünberg,

Kreisstadt im Regbez. Liegnitz.

 Grunenberg, Gruninberg, slaw. Zie-
lony góra, böhm. Zellená hora, (d. h.
grüner Berg), nach dem heutzutage
„Ziegelberg“ genannten Berge bei der
Stadt (eine Bezeichnung, die unter den
polnisch redenden Schlesiern noch in der Mitte des
siebenzehnten Jahrhunderts üblich war), Immediatstadt an der goldnen Lunze, soll 1222 gegründet
worden sein, wofür indessen gar keine stichhaltigen
Beweise vorzubringen sind. Wahrscheinlicher ist
es, wenn man die Anlage der Stadt in die Jahre
1265 bis 1270 setzt, 1312 wird sie schon als Weichbildstadt (cum districtu) bezeichnet, womit freilich
die Angabe, dass sie erst 1315 deutsches Stadtrecht
erhalten, auch nicht recht in Einklang zu bringen
ist. Die Stadt gehörte zum Fürstenthume Glogau
und hatte stets mit Freistadt zusammen dieselben
Herren. Nach dem Tode Herzog Heinrich IX. bildete sie bis 1422 das Leibgedinge seiner Wittwe
Catharina, einer gebornen Herzogin von Ratibor.
In dem nach dem Tode Herzogs Heinrich XI. († 1476)
ausgebrochenen Erbfolgestreite musste Grünberg
dem Herzoge Johann II. von Sagan († 1505) sich
unterworfen 1482, oder vielmehr schon 1477. Seit
dem Jahre 1488 gehörte Grünberg unmittelbar der
Krone Böhmen, wurde von derselben noch einige Male versetzt, unter Andern an Ulrich von
Kittlitz, erhielt aber 1561 die Erlaubniss, sich
selbst aus diesem Pfandbesitz lösen zu dürfen, und
wurde endlich 1596 eine völlig freie Immediatstadt.

In Bezug auf den Namen der Stadt mag noch
erwähnt werden, dass ein Zusammenhang desselben
mit der adligen Familie von Grünberg ganz unstich-
haltig ist und dass die Stadt durch die schlesischen
Dichter des sechszehnten und siebenzehnten Jahrhunderts den poetisch-schwülstigen Beinamen „Thal-
loris“ (die „blühende, grünende“) erhielt.

Das älteste Siegel Grünbergs (vom Jahre 1421) hat im Siegelfelde eine niedrige Zinnenmauer mit zwei hohen spitzbedachten Zinnenthürmen, zwischen denen der gelehnte Adlerschild schwebt mit Helm, Helmdecken und einem geschlossenen Fluge als Helmschmuck. Die Umschrift des im Abdruck vorliegenden, leider sehr defecten Siegels lautete wohl: SIGIL(LVM . CIVIVM . DE . GRV-RURRA)RC.

Aus den nächsten zwei Jahrhunderten fehlen die Siegel. Gegen Ende des siebenzehnten Jahrhundert finden sich wieder welche vor, die zwischen den Thürmen der mit offenem Thor versehenen Stadtmauer auf den Zinnen derselben nur einen offnen Helm stehen haben, über welchem ein gebildeter, mit den Spitzen nach unten gekehrter Halbmond quer schwebt. Vielleicht ist der Halbmond aus dem missverstandenen, fächerartig sich ausbreitenden Federbusch, der an Stelle des alten Fluges trat, entstanden. Die Umschriften dieser Siegel, denen die neuern lediglich nachgebildet sind, heissen: SIGIL-LVM . M(ajus) . CIVITATIS . GRINBERGENSIS. (Abdruck von 1695) und SIGILLVM . MIN . CI-VITATIS . GRVNBERG . (Abdruck von 1683). Stadtwappen-Farben sind nicht bekannt.

Guhrau,

Kreisstadt im Regbez. Breslau,

Gurau, slaw. Gora, Gor, (d. h. Berg), Gouri, lat. Gorena und Gorena in Lancka, Slauka, Lankaw, welches Beiwort die Lage des Orts an der Lanka, einem Nebenarme der Bartsch bezeichnet, gehörte von alten Zeiten her zum Fürstenthume Glogau (1252) und war 1310 gewiss schon eine Stadt. Eine Fabel ist die Stiftung der Gubrauer

Kirche 1067, unerwiesen die Erbauung eines Jagdschlosses an der Stelle von Guhrau 1010 und die Begnadigung des Orts mit deutschem Stadtrecht 1214 durch Herzog Heinrich I. Im Jahre 1319 fiel Guhrau an die Linie zu Steinau, wurde 1337 an die Krone Böhmen verkauft, von dieser 1342 einem Berthold von Lippa verpfändet, aber schon 1345 von den Steinauer Erben, den Herzogen von Oels und Glogau-Sagan eingelöst. Mit diesem Jahre beginnt die Theilung der Stadt und ihres Gebietes in zwei Hälften, die Glogauische und die Oels'sche. Die letztere wurde noch in demselben Jahre wieder an Böhmen veräussert und hiess fortan die „königliche". Dieselbe wurde 1349 dem Herzog Johann von Steinau überlassen, fiel nach dessen Tode, 1365 an Glogau zurück, kam 1380 wieder an Böhmen und 1384 an Teschen. Der Besitzer der herzoglichen Hälfte, Herzog Heinrich XI. von Glogau starb 1476, die Besitzerin der königlichen war zur Zeit die verwittwete Herzogin Margarethe von Teschen, geborne Gräfin von Cilly († 1480). In dem Glogauischen Erbfolgestreite setzte sich Johann II. Herzog von Sagan vorübergehend in den Besitz auch von ganz Guhrau, musste aber 1480 weichen und seitdem war die Stadt mit ihrem Gebiete ein k. k. Kammergut. Im Jahre 1675 kommt als Besitzer des Burglehns Guhrau ein Friedrich von Kreckwitz vor, dasselbe ist nachher wohl Eigenthum der Stadt geworden.

Das älteste Siegel der Stadt vom Jahre 1326, ziemlich gross, hat im Siegelfelde, welches gegittert und punktirt erscheint, stehend die heilige Katharina, gekrönt, mit dem Rade in der Rechten, dem erhobenen Schwert in der Linken, neben ihr stehen zwei spitzbedachte Zinnenthürme. Umschrift: S . CIVITATIS . GORA .IR . LAZKA . Ein kleineres Siegel (Secret) aus derselben Zeit, von 1310, hat zwischen den schlanken Thürmen anstatt der Heiligen den gelehnten und behelmten schlesischen Wappenschild. Umschrift: S . CIVIVM . DE . GORA . SLANUA . Von den beiden näch-

7*

sten Siegeln existiren noch die Stempel. Das eine grössere aus dem funfzehnten Jahrhundert hat im langgezogenen Vierpass die Schutzheilige auf einer Konsole stehend, zwischen den Thürmen im gegitterten Felde, das Rad in der Linken, mit der Rechten die Spitze des auf dem Boden lehnenden Schwertes gefasst. Umschrift: ☩ . cibitatiſ . gercui . lanttaſu. Das andere kleine Siegel kommt 1683 vor, hat dieselbe Vorstellung, nur das Schwert mit der Spitze nach unten gekehrt und die Umschrift: SE-CRET . SENAT . REIP . GOREN. Verschiedene andere, noch in ihren Stempeln vorhandene, Stadtsiegel sind mehr oder weniger verstümmelte und schlechte Nachbildungen dieser älteren Typen. Auf einer derselben ist die Konsole, auf der die Heilige steht, sehr krumm gerathen und daraus ist der jetzt für höchst wesentlich gehaltene Halbmond entstanden, ähnlich demjenigen, auf dem die Jungfrau Maria oft dargestellt wird. Stadtwappen - Farben sind unbekannt.

Was die Gerichtssiegel der Stadt betrifft, so ist das älteste Schöppensiegel von 1451 eine genaue, nur sehr verkleinerte Nachbildung des zuerst beschriebenen, alten Stadtsiegels von 1326, die Umschrift lautet: S' . SURBIRORV . CIVITAT' . GORH. Ein gleichzeitiges Siegel des Erbrichters (S' . HDVODHTI . hERHDITHRH . GORH .), auch von 1451, hat im Siegelfelde das Emblem des Martyriums der Schutzheiligen, das Rad allein. Das Rad allein und zwar als Bruchstück, wird auch als kleineres Wappen der Stadt bezeichnet, so in der „Silesia picta". Ein Landschöppensiegel aus dem funfzehnten Jahrhundert, dessen Stempel sich gleichfalls noch bis heute erhalten hat, zeigt die Heilige Catharina in halber Figur, mit Krone, Nimbus, das Rad in der Rechten, mit der Linken auf dasselbe hinweisend und das aufgerichtete Schwert links neben ihr in der Luft schwebend. Umschrift: ☩ . ſchabinorum . pro . bintie . gerene.

Guttentag,

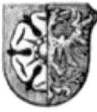

Guttentag, slaw. Dobrodzień, Dobrisin, kleine Mediatstadt am Hochofengraben, gehörte anfangs den Herzogen von Oppeln, von denen Wladislaw dem Orte 1384 das deutsche Stadtrecht (von Oppeln und Wieloń) verlieh und ihn damit in die Geschichte einführte. Der polnische Namo ist gleichbedeutend mit dem deutschen, er kommt auch als weiblicher Vornamen vor. Mit dem Jahre 1452 beginnt die Reihe der Mediatherren, indem Herzog Boleslaw Stadt und Herrschaft Guttentag dem Heinrich von Landskron verlieh. Sie waren wohl nachher an das herzogliche Haus zurückgefallen, da nach dem Aussterben der Oppelner Piasten, 1532, Guttentag ein kaiserliches Kammergut war, welches 1547 dem Johann von Posadowski verpfändet wurde. Aus den Händen von seines Bruders Wittwe, Magdalene, einer gebornen Freiin von Kurtzbach, kam das Gut 1585 in den Besitz des Georg von Jarocki (Sarotzki) († 1603), die Gattin seines zweiten Sohnes, Anna, geborne von Gaschin, verkaufte es 1643 an Friedrich von Blacha-Koschentin. Um 1680 verkaufte Boguslaw Bl. die Stadt und Herrschaft an Johann von Blankowski, Freiherrn von Demblitz. Fernere Besitzer von Guttentag waren darauf ein Herr von Rosenberg, wieder ein von Blankowski, Boguslaw Ernst Anton, von dessen Söhnen es an Bernhard Heinrich von Bornstedt, der 1752 starb, veräussert wurde, dann der Fürst Johann Carl von Schönaich-Carolath, um 1768 Ludwig von Dalwigk, um 1774 der Graf Nicolaus August Wilhelm von Burghauss, 1777 ein Graf von Schlabrendorff, darauf ein Carl Heinrich von Sobeck und endlich 1783 ein Herr von Stürmer. Von diesem kaufte im Jahre 1789 die Allodial-Herrschaft Gutten-

tag der Herzog Friedrich August von Braunschweig-Wolffenbüttel, der nachherige Fürst
von Oels, dessen Hause sie noch gehört.

Es sind nur zwei neuere Siegel der Stadt bekannt. Beide zeigen den Wappenschild resp. das
Siegelfeld senkrecht getheilt: rechts eine halbe Rose,
links ein halber Adler. Die Umschriften heissen:
SENATVS . POPVLVSQVE . DOBRODIENSIS .
(dieses Siegel hat im Felde rechts noch die Jahreszahl 1781) und: SIGIL . CIVIT . DOBRODEN. Der
halbe Adler ist offenbar der oberschlesische, goldne
im blauen Felde. Ueber den Ursprung der halben Rose
weiss man nichts, sie kann aus dem Wappen eines
der älteren Grundherren herstammen, kann möglicherweise auch den ganz kurzen Besitzstand jenes
Herrn von Rosenberg verewigen, der etwa um
1700 die Herrschaft besessen haben muss und vielleicht der Stadtbehörde einen neuen Siegelstempel
anfertigen liess. Unter dieser Voraussetzung sind
die Farben dieser Schildeshälfte vorläufig denen des
Rosenberg'schen Wappens (weiss in Roth) nachgebildet worden.

Habelschwerdt,

Kreisstadt im Regierungsbezirk Breslau,

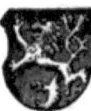 Habelsworde, Havilsworde, slaw. Bi-
strice, zwischen der Neisse und der
Habelschwerdter Weistritz oder dem
Kressenwasser, keine sehr alte Stadt,
da sie als solche zuerst 1319 urkundlich vorkommt. Bis dahin hatte der Ort zum
Amte Glatz gehört. Dass derselbe schon 1219
Mauern gehabt, ist eine plumpe Fabel. Der
deutsche Name kann aus „Habels Warte" entstanden sein, obschon man durchaus nicht sicher
weiss, wer dieser Herr Habel eigentlich gewesen,
besser ist es schon, anzunehmen, dass deutsche Kolonisten die häufige deutsche Ortsnamens - Endung

„werda", die ja auch in der Lausitz (Hoyerswerda)
und selbst in dem heutigen Galizien (Liebenwerda,
Kenty) vorkommt, mitgebracht haben. Der böhmische Name hängt offenbar mit dem Flusse, der
Weistritz zusammen. Im Jahre 1378 versetzte Kaiser Carl IV. mit andern Städten auch Habelschwerdt
an den Markgrafen Jobst von Mähren. Dieser
Pfandbesitz dauerte aber nicht lange. Im Jahre
1577 wollte Kaiser Rudolph II. die Stadt und das
dazu gehörige Gebiet dem David von Tschirnhauss
verkaufen, dieselbe löste sich aber mit Geld von
der ihr drohenden Gefahr los und erhielt dafür die
Zusicherung, dass sie nie von der Krone Böhmen
getrennt werden sollte. Das ist denn auch gehalten
worden, bis die schlesischen Kriege die ganze Grafschaft Glatz definitiv an Preussen brachten. Im
Jahre 1817 wurde diese in zwei Kreise getheilt und
Habelschwerdt die zweite Kreisstadt, später kam noch
der Neuroder Kreis hinzu.

Das Wappen der Stadt ist das des Königreichs
Böhmen: ein silberner, gekrönter, doppeltgeschwänzter Löwe im rothen Felde. Das älteste bekannte
Siegel hat den Löwen im spitzen Schilde mit der
Umschrift: sigillum : cibium . in . habitswerb. Es
stammt aus dem funfzehnten Jahrhundert. Zwei
zierlich geschnittene Siegel aus dem sechszehnten
und siebenzehnten Jahrhundert haben dieselbe Vorstellung. Das grössere (übrigens mit links gewandtem Löwen) hat über dem Schilde die Jahreszahl
1540 und die Umschrift: SIGILLVM . CIVITATIS .
HABELSCHWERDE. Das kleinere, jüngere hat
eine doppelte Umschrift: SIGILLVM . SENATVS .
POPVLIQVE . — HABELSCHWERDENSIS.

Halbau,

Halbe, „das Halbe Dorf", am linken Ufer der Tschirne, dem frühern Grenzfluss zwischen Schlesien und der Ober-Lausitz, hat erst im Jahre 1679 durch den Kurfürsten Johann Georg II. von Sachsen, dem damals die Oberlausitz gehörte, Stadtrecht erhalten. Das Gut Halbau war von jeher, auch unter böhmischer Oberherrschaft, in adligen Händen. Als erste Besitzer sind bekannt die Herren von Kotwitz, die 1356 von Kaiser Carl IV. mit dem halben Dorfe belehnt wurden und es bis in das sechszehnte Jahrhundert hinein behaupteten. In der Mitte desselben Jahrhunderts kam Halbau an die Freiherren von Schellendorff und verblieb ihnen bis 1670, in welchem Jahre Maria Margarethe Freifrau von Friesen, geborne von Lützelburg, die Herrschaft kaufte. Unter ihr wurde der Ort zur Stadt erhoben, wozu die nächste Veranlassung die Schliessung des lutherischen Gottesdienstes in dem benachbarten Kuhnau, der Bau einer lutherischen Kirche in Halbau mit Genehmigung des katholischen Grundherrn, des Freiherrn von Schellendorff, 1668, und die dadurch vermehrte Bedeutung des nunmehrigen Kirchdorfes gewesen war. Im Jahre 1682 kaufte Graf Balthasar Erdmann von Promnitz-Sobran die Herrschaft. Sein Enkel, Graf Balthasar Friedrich starb 1744 und seine Wittwe Anna Christine Sophie, geborne Gräfin von Erbach-Fürstenau, bereits verwittwet gewesene Gräfin von Maltzan, brachte Halbau ihrem dritten Gemahl, dem Grafen Friedrich August von Kospoth 1751 zu, in dessen Familie die Herrschaft bis auf die neueste Zeit (noch 1857) verblieb, heutzutage aber gehört sie dem Freiherrn Friedrich Leopold von Rothkirch-Trach. Die Stadt Halbau gehörte bis 1816 zum Kreise Görlitz der Oberlausitz, erst seither zum Kreise Sagan.

Ob in den ersten drei Jahren ihres Bestehens die Stadt kein, oder ein andres Siegel und Wappen gehabt hat, ist nicht ermittelt worden. Das gegenwärtige stammt aus der Promnitz'schen Besitzperiode und besteht aus dem Promnitz'schen Stammwappen, einem goldnen, weissbefiederten, schräg aufrecht gestellten Pfeil, begleitet von zwei goldnen Sternen im rothen Felde, aber: dieser Pfeil wird gehalten von einem silbernen, sitzenden Löwen. Die Umschrift eines grössern, aber nicht alten Siegels mit dieser Darstellung lautet: HALBAUER . STADT . SIEGEL. Ein kleines, noch jüngeres Siegel des Magistrats hat den Löwen stehend.

Haynau,

Hainau, Hayn, Hain, Haynow, Hayna, lat. Haynovia, Heinovia, am linken Ufer der schnellen Deichsa, ist keine der ältesten Städte Schlesiens, da sich bis zum Jahre 1250 nicht die geringste urkundliche Spur von ihr findet. Was den Namen des Ortes betrifft, so ist die Ableitung von „Hain" um so weniger unwahrscheinlich, als auch im Slawischen Haj einen Hain bedeutet. Zu Ende des dreizehnten Jahrhunderts existirte der Ort bestimmt schon und muss, ehe er im Jahre 1333 deutsches (Liegnitzer) Stadtrecht erhielt, eine gewisse Bedeutung gehabt haben, die sonst den nur nach polnischem Rechte ausgesetzten Städten mangelte. Haynau gehörte von Alters her (1272) zum Fürstenthum Liegnitz, 1291 bis 1296 zu Glogan, 1345 eine Zeit lang der Linie zu Goldberg und seit 1359 zu Brieg. Verschiedene Male wurde die Stadt verpfändet, 1320 an einen Juden, 1339 an drei Breslauer Bürger (den Namen nach wohl auch meist Juden) und 1345 wieder auf drei Jahre an Breslauer Bürger. Im Jahre 1424 befand sich II. nebst Lüben im Besitz des Herzogs Ruprecht, des Johanniter-Ordensmeisters durch Böhmen und Polen. Auf der Burg sassen seit 1292 herzogliche Kastellane, 1368 war Burggraf ein Hans von Logau. Nach dem Aussterben der Piasten von Liegnitz-Brieg, 1675, war II. bis zur preussischen Besitzergreifung ein k. k. Kammergut.

Das alte, grosse Stadtsiegel von Haynau, dessen Stempel sicher noch dem dreizehnten Jahrhundert angehört, hat im punktirten Siegelfelde zwei spitzbedachte Zinnenthürme, zwischen denen der Schild mit dem schlesischen Adler steht, über ihm zu beiden Seiten eines dritten, nur angedeuteten Zinnenthurmes und unter drei spitzen Giebeln die Zeichen der Sonne und des Mondes. Umschrift: S . CIVITATIS . HA\ )ROW(I . Im Jahre 1428 raubten die Hussiten alle Stadtsiegel, nur die kleineren wurden später wiederhergestellt. Die spätern Siegel der Stadt haben alle eine vollständige Burg mit drei Thürmen. Meist aber nicht immer, sieht man oben zu beiden Seiten des mittleren die Sonne und den Mond. Ein Siegel aus dem funfzehnten Jahrhundert (sigillum . ciuitatis . haynau .) hat weder diese, noch ein Thor in der Mauer, sondern an dessen Stelle quer gelegt den schlesischen Adlerschild. Ein späteres (SIGIL . CIVITATIS . HAYNOVIE . ANNO . 1651 .) hat Sonne und Mond und den Adler frei im Thor, ein noch jüngeres, kleines den Adler in einer runden Oeffnung statt des Thores und, nicht die Beizeichen (SIGILVM . CIVITATIS . HEINOVIENSIS .).

Ein zweites gewissermassen redendes Wappen der Stadt findet man auf ihren Schöppensiegeln, nämlich einen Baumstamm mit abgeschlagenen Aesten und mit seinen Wurzeln. Das ältere, grössere (von 1421), auch von den Hussiten verschleppte, hat das Siegelfeld mit Eichenzweigen belegt und die Umschrift: S . SCABINOR' . CIVITATIS . HA\RAV . Das jüngere, kleiner erneuerte (von 1421), hat das Feld bloss damaszirt und die Umschrift: sigillum . scabinorum . in . haynau. Interessant ist es, diese Siegel von Haynau (Hayn) mit denen der an-

dern Stadt Hayn (Haynau), die nachher Bolkenhain genannt wurde, zu vergleichen, auf beiden finden sich die hier nicht unwesentlichen Beizeichen der Sonne und des Mondes neben dem Hauptthurm des eigentlichen Stadtwappens und der Eichbaum oder Stamm auf den Schöppensiegeln. —

Die Farben des Hauptwappens sollen Roth in blau sein mit goldnen Beizeichen, der schlesische Adler ist nur aus Unkenntniss neuerdings zuweilen als preussischer, mit Krone, Zepter und Reichsapfel dargestellt worden.

Heinzendorf,

Kreis Lüben, Regbez. Liegnitz.

Gross-Heinzendorf, Heynczendorff, an der Sprotta, Schloss und Herrschaft, zum Fürstenthume Glogau gehörig, die zum ersten Male im Jahre 1319 geschichtlich auftreten, da bei der Theilung des Landes Heinzendorf an die Linie zu Steinau fiel. Im Jahre 1361 kam das Schloss wieder in den Besitz der Hauptlinie zu Glogau-Sagan und wurde 1419, vorbehaltlich der ober-landeshorrlichen Rechte der Herzoge, dem Heinrich von Probin verkauft, unter der Bedingung, dass die Herrschaft nach dem erblosen Abgange des Besitzers an die von Zedlitz fallen sollte. In der darüber sprechenden Urkunde und auch noch später wird Heinzendorf ausdrücklich als „Städtchen" bezeichnet, es kam aber im Laufe der Zeiten immer mehr herunter, gab die Ausübung des Marktrechtes auf und 1783 waren nur noch dürftige Spuren einstiger städtischer Einrichtungen zu erkennen. Im Jahre 1447 war wirklich ein von Zedlitz, Otto Herr von Heinzendorf. Im Jahre 1642 wurde von den Schweden das Schloss gesprengt. Von spätern Besitzern sind noch bekannt geworden ein Graf von Breda (aus der böhmischen Neben-

linie der märkischen Herren von Bredow) zu Anfang des vorigen Jahrhunderts, ferner Christian von
Busse, der 1744 die Herrschaft kaufte, im Jahre
1814 ein Herr von Massow und 1845 ein gewisser
Prausnitzer. Vielleicht ist H. darauf dismem-
brirt worden, da es in der neuesten Matrikel der
Rittergüter nicht mehr vorkommt.

Ein Siegel des früheren Städtchens ist bisher
nicht entdeckt worden, auch keine Nachricht über
ein etwaiges Wappen vorhanden.

Herrnstadt,

 Hernstadt, Herrenstadt, slaw. Wężiorz,
Węziorz, Wąsosze, Wansose, Wan-
schosch, d. h. Schlangenstadt, lat. civitas dominorum, Chrysopolis, zwischen dem rechten Ufer der Bartsch
und dem linken der Horle, die sich unweit des
Ortes vereinigen, jetzt königliche Immediatstadt,
die bis 1818 zum Kreise Wohlau gerechnet wurde.
Der Name Herrenstadt erklärt sich von selbst, ohne
dass man auf die Tempelherren und auf blosse Sagen zurückzugreifen braucht, desgleichen der polnische Name Schlangenstadt aus der sumpfigen Gegend, in der sie liegt, die lateinische Bezeichnung
Goldstadt mag wohl der Phantasie eines Mitgliedes
der schlesischen Dichterschule entsprungen sein.
Herzog Heinrich III. von Glogau liess 1290 die
Stadt durch seinen Vogt Otto Halbesalcz anlegen
und ertheilte ihr deutsches (das Sprottau-Saganer)
Stadtrecht. Seit 1294, sicher seit 1323 gab es herzogliche Kastellane auf dem Schlosse zu Herrnstadt.
Seit 1312 gehörte die Stadt zum Fürstenthume
Oels, 1345 kam sie in den Pfandbesitz des Her-
zogs Johann von Steinau. Im Jahre 1418 war
Siegmond von Haugwitz Hauptmann zu Trachen-
berg und auf Herrnstadt, 1432 war die Stadt be-

reits im Besitze der Herren von Dohna, denen sie
bis 1489 gehörte. Im nächsten Jahre wurde sie
den Gebrüdern Albrecht und Balthasar Sobke
(Sobki, Sopki) von Sawl verliehen, 1502 verglichen
sie sich mit Hedwig von Wyclynska wegen ihres
Leibgedings-Rechtes auf Herrnstadt, Albrecht S. besass H. noch 1507. (Nach ihm soll die Stadt vorübergehend dem Bischofe von Breslau, Johann Thurzo
von Bethlem-Falva († 1520) gehört haben) Im
Jahre 1512 verkaufte der Herzog von Münsterberg und Oels die Stadt an den Freiherrn Siegmund von Kurtzbach auf Trachenberg und Militsch, dessen Söhne sie 1524 (1525) dem Herzog
Friedrich von Liegnitz und Brieg käuflich überliessen. Die auf Herrnstadt vorkommenden Hans
von Schellendorf, 1532, Hans von Zedlitz, 1536,
Hans von Rechenberg, 1590, Hans von Dąbrowski,
1616, Christoph Georg von Nostitz, 1670, waren nur
Amtshauptleute der Herzoge. (1611 verkaufte der
Vormund von Herzog Christophs hinterlassener Tochter, Friedrich von Niesemäuschel an Bernhard von
Nostitz das Stadtvorwerk. Dasselbe verkaufte
Georg von N. 1629 dem Sebastian Schwarz, 1665
erkaufte es wieder Christoph von Nostitz von Carl
Daneg von Sdanitz) Das eigentliche Amt Herrnstadt blieb seitdem eine landesherrliche Domaine,
nach dem Aussterben der Piasten, 1675, eine östreichische, 1741 eine preussische, die Stadt wurde
immediat.

Das Wappen von Herrnstadt besteht in drei
(weissen) Thürmen (im rothen Felde), die auf einem mit den Spitzen nach oben gekehrten (weissen)
Halbmond stehen, die Spitzen desselben und die
des mittelsten Thurmes sind mit Sternen besteckt.
Der Halbmond wird neuerdings auch öfters als Kahn
gebildet. Wahrscheinlich ist das Wappen entstanden aus dem herb (Korab, odor Lodzia II) eines
frühern polnischen Besitzers. Aeltere Siegel sind
leider unbekannt, von neuern ist eins aus dem siebenzehnten Jahrhundert zu erwähnen, welches einen
von Zweigen umgebenen, oben in eigenthümlicher
Weise in eine ganze und zwei halbe Lilien auslau-

fenden Wappenschild zeigt (die Lilien sind wohl
aus der missverstandenen herrschaftlichen Krone ei-
nes ältern Siegels entstanden) und die Umschrift
führt: VNSER . STADT . SYGEL . ZVR . HERRN-
STADT. Ferner ein andres, kleines aus derselben
Zeit mit dem Wappen im Siegelfelde und der ge-
wöhnlichen Umschrift: SIGILLVM . CIVITATIS .
HERRNSTAT ., endlich ein jüngeres mit zierlichem
Schilde und dem Kahne statt des Halbmondes
(„HERRNSTAD" in der sonst gleichen Umschrift).
Die Herrnstädter Zaude erhielt 1604, auf Bitten der
Ritterschaft, von der Herzogin Anna Maria von
Brieg ein besonderes Wappen: einen schwarzen
Adler auf einem weiss und schwarz geschachten
Boden stehend, das Siegel führte die Umschrift:
SIEGELL . DER . ZAVDEN-GERICHTE . ZVR .
HERRNSTADT.

Hirschberg,

Kreisstadt im Regbez. Liegnitz.

Hirsberg, Hirsbergk, zwischen dem
linken Ufer des Bober und dem rechten des Zacken, ist jedenfalls nicht,
wie behauptet wird, 1108 gegründet
und daher auch nicht 1241 erweitert
worden, doch mag der Ort in der zweiten Hälfte
des dreizehnten Jahrhunderts (1281) wohl schon gestanden haben. Im Jahre 1320 war Hirschberg
schon eine Weichbildstadt und zu ihrem Districte
gehörten später die Städte Kupferberg, Schönau
und Neukirch. Nach dem Aussterben der Landesherren, Herzogs Bolko II. von Jauer, 1368, und
seiner Wittwe Agnes, 1392, kam die Stadt an die
Krone Böhmen. Auf dem Burglehn Hirschberg
auf dem Hausberge sassen 1312 eine Praxedis von
Haugbald, (Haubold?), dann nach Gotsche Schoff
(Schaffgotsch) 1368 bis 1380, die Herren von
Nimptsch. Heinrich von N. überliess 1433 die

Burg der Stadt, mit Ausnahme des Vorwerks, welches er bis 1449 inne hatte. Den Rest des Burglehns trat Nicolaus von Wiese 1481 der Stadt ab,
aber noch 1497 liess sich dieselbe spezielle Verzichts-
Urkunden auf alle noch etwa existirenden Anrechte
von der Wittwe und ihrem Sohne Hans von Wiese
ausstellen.

Das älteste Siegel von Hirschberg von 1455, von mässiger Grösse,
zeigt im Siegelfelde einen Hirsch,
auf einem Felsen stehend. Die Umschrift lautet: S . BVRICRSIVOL .
DCI . HIRSBARG. Ein folgendes, etwas kleineres
Siegel von 1483 hat den Hirsch auf niedrigem, mit
Buschwerk bewachsenen Boden stehend und die Umschrift: sigillum . ciuitatis . hirtbergh. Kaiser Rudolph II. ertheilte 1599 der Stadt durch Diplom ein
„gebessertes" Wappen. Danach steht der naturfar-
bene Hirsch, ein grünes Kleeblatt im Maule, auf
Erdreich in einem schräglinks silbern und blau getheilten Felde. Der Schild hat einen gekrönten,
von blauweissen Helmdecken umflatterten Helm, auf
ihm den wachsenden Hirsch mit dem Kleeblatt,
zwischen zwei wechselnd weiss und blau quer getheilten Adlerflügeln. Das Diplom ist, aber muth-
willig beschädigt, noch vorhanden. Eine Spielerei
ist es, wenn der Magistrat und die Stadtverordne-
ten-Versammlung in ihren Siegeln sich dadurch von
einander zu unterscheiden suchen, dass im Siegel
des erstern der Hirsch nach rechts sich kehrt
und das Kleeblatt nach oben hält, in dem der anderen der Hirsch sich links wendet und das Kleeblatt nach unten richtet. Der erste Siegelabdruck
mit dem neuen Wappen findet sich von 1560.
Umschrift: SIGILVM . CIVITATIS . HIRSCH-
BERGENSIS.

Die Stadtschöppen von Hirschberg führten im
Siegel (1486) ein Hirschgeweih mit der Umschrift:
S . SChABIROR . CIVITAT . hIRSBG ., die
Hofschöppen dagegen (1437) einen links gewende-
ten Hirschkopf mit Hals im damaszirten Siegelfelde,
mit der Umschrift: S . SChABIR(ORV . QV)RIG .

IR . hIR(SBG). Ebenso ein neuerer Stempel mit rechts gewendetem Hirschkopf, unter dem ein ganz kleines Kreuzchen. Umschrift: SIGILL . CVRLÆ . PROVINC . HIRSBERGENSIS.

Anm. Ein für eine Bergstadt auffallendes Siegel mag noch erwähnt werden. Es führt im ovalen Felde einen Dreimaster mit vollen Segeln auf Meereswogen. Auf dem Bugspriet steht die Fortuna mit ihrem Segel, am Steuerrade Merkur. Die Umschrift beginnt mit einem kleinen, laufenden Hirsch: SIG . CIV . HONOR . ET . MERCATORVM . HIRSCHBERG . 1669. (Siegel der Ehrenbürger und Handelsherren zu Hirschberg.)

Hotzenplotz,

Minderherrsch. Hotzenplotz, Kr. Troppau,

mähr. Usablasa, Uzablaze, Ozobloga, Osobloga, Ossublaha, Osoblov, Hotzenplago, lat. Ossoblavia, an der Ossa (? daher der Name: od Ossi obložena d. h. „von der Ossa umlagert"), oder Hotzenplotz, Hauptstadt der Grafschaft Hennersdorf. Das angebliche hohe Alter der Stadt ist bedeutend herabzusetzen, urkundlich ist von einer solchen bis zum Jahre 1250 nicht die Rede, nur der kleine Fluss, an dem sie liegt, wird allerdings in verschiedenen, die Sprengel des Klosters Leubus und der Marienkirche in Kasimir betroffenen Urkunden, mit Fortlassung der entschieden unechten, nicht allein schon 1223, sondern sogar schon 1107 mit seinem mährischen Namen erwähnt. Der Ort dieses Namens hat wohl von Anfang an dem, wahrscheinlich um 973 gestifteten, mährischen Bisthume Olmütz zugehört, angeblich hat Bischof Bruno (Graf von Schaumburg), der von 1245 bis 1281 regierte, denselben ummauert und das Schloss daselbst erbaut. Das Bisthum wurde 1777 zu einem Erzbisthume erhoben und die Stadt und Minderherrschaft Hotzenplotz gehören noch heute unter dem Titel eines Herzogthums demselben. Bischof Wenceslaw Kralik (1413 bis 1416) soll im Jahre 1415 der Stadt

ihr Wappen, das Hauptfeld des Bischöflichen Wappens, verliehen haben, vielleicht hing die Verleihung mit der Ertheilung deutschen Stadtrechts zusammen.

Das Wappen der Stadt Hotzenplotz (das Bisthum führt im quadrirten Schilde ausserdem noch ein Feld mit einem schwarzen Adler in Gold, einen silbernen Stern auf der Brust) besteht in zwei Reihen silberner aufsteigender Spitzen im rothen Felde. Die Zahl derselben wechselt, je nach der Form des Schildes, gewöhnlich sind oben deren vier, unten eine weniger, der Quertheilungsstrich ist oft breit wie ein Balken gestaltet. Alte Siegel der Stadt kennt man nicht. Die neuern enthalten nichts auffallend abweichendes. Ein vorliegendes Siegel mit dem beschriebenen Wappen führt die Umschrift: SIGILL . CIVITA . OSSOBLAV . 1602.

Hoyerswerda,

Kreisstadt im Regbez. Liegnitz,

Hoierswerde, Hoyerschwerda, wend. Pojerojce, Wojrez, Wojjyrezy, Wojrježy, Worceza, we Rjezy, d. h. „Wasserstadt, „im Flusse", zwischen Armen der schwarzen Elster, Hauptort der jetzt königlichen Standesherrschaft gleichen Namens, soll ein hohes Alter haben, doch mag es dahingestellt bleiben, ob die Burg wirklich schon im zwölften Jahrhundert gestanden hat. Wann Hoyerswerda Stadtrechte erhalten, steht auch nicht fest, 1272 aber hatte es dieselben bereits. Die ersten Besitzer der Stadt und Herrschaft waren die Herren von der Duba aus dem Hause Havora 1360, 1371 bis 1382 die von Kolditz als Pfandherren, dann wieder die Freiherren von der Duba, denen sie 1448 der Kurfürst Friedrich von Sachsen (1456 Siegmund von Schönfelss kurf. Hauptmann auf H.)

ab-, aber 1461 wieder an Friedrich von Schön-
burg (Schomburg, Schönberg) verkaufte. Im Jahre
1467 (nach Andern erst 1471) folgte diesem im Besitze Jaroslaw von Sternberg und diesem 1486
bis 1492 Georg von Stain. Hierauf, 1492 kam
Hoyerswerda wieder an die Gebrüder von Schön-
burg, welche 1532 ohne Erben verstarben. Ueber
ihren Nachlass brach Konkurs aus, während dessen
Verlauf einmal, 1566, Fabian von Schönaich
Pfandherr des grössten Theils der Herrschaft war,
und welcher 1571 dadurch beendet wurde, dass
Heinrich von Maltitz die Herrschaft übernahm.
Seit dem Jahre 1582 wechselten in rascher Folge
die Besitzer, zuerst die Freiherren von Promnitz
1582 bis 1615, Siegfried Freiherr von Kittlitz
1615 bis 1620, Rudolph von Ponickau 1621, wieder die Freiherren von Promnitz 1623 bis in die
vierziger Jahre, Georg Rudolph von Ponickau 1648.
Seinen Erben kaufte die Herrschaft 1651 das Kurhaus Sachsen ab, verpfändete sie von 1662 bis
1669 an Leopold Wilhelm Markgrafen von Baden
und veräusserte sie 1700 an Wolff Dietrich Grafen
von Beichlingen (Beuchlingen). Dieser wurde
1703 gefangen gesetzt († 1725) und der grösste Theil
seiner Güter, auch Hoyerswerda eingezogen. Ganz
vorübergehend an Kur-Braunschweig versetzt,
wurde die Herrschaft 1704 der Fürstin von Teschen,
Ursula Catharina gebornen von Buquoi (Bukom),
nach andern einer gebornen von Radziejowska, geschiedenen Fürstin Lubomirska, 1722 wieder vermählten Prinzessin von Würtemberg († 1743) als
Pfandbesitz und im nächsten Jahre 1705 als Eigenthum überlassen, welches sie bis 1736 behielt, da
das Kurhaus Sachsen die Herrschaft zurückerwarb.
Die kurfürstliche Domaine Hoyerswerda wurde nun
in einzelnen Parzellen vererbpachtet und ging 1815
in den Besitz der Krone Preussen über.

Das Wappen der Stadt, entnommen ihrer land-
schaftlichen Lage an den dichtbewachsenen Ufern
der Elsterarme, besteht aus drei grünen Bäumen
(Erlen) nebeneinander auf gras- und schilfbewach-
senem Boden in weissem Felde. Ein älteres Siegel

ist hierorts nicht bekannt, ein neueres, Abdruck aus
dem vorigen Jahrhundert zeigt die drei Erlen im
runden Siegelfelde und hat die Umschrift: IN-
SIGNIA . CIVIVM . HOIERSCHWERDA.

Hrabin,

Kreis Troppau, Oestr. Schlesien,

Hrabin, lat. Hrabinum, kleiner Mediat-
Marktflecken an der Mora, einem Nebenflüsschen der Oppa, zum Fürstenthum Troppau und dem Fürsten von
Liechtenstein gehörig. Weiteres
ist über den Ort nicht bekannt, der angeblich bereits zu Anfang des vierzehnten Jahrhunderts bestanden und später Marktrecht bekommen haben
soll. Noch (oder schon wieder) 1803 wird derselbe
aber ausdrücklich „Dorf" genannt. Es ist nicht unwahrscheinlich, dass Hrabin identisch ist mit einem
Flecken Burg (Brug) in dieser Gegend, der auf ältern Karten verzeichnet ist, auf denen Hrabin fehlt.
Der Stamm des mährischen Namens bedeutet dasselbe, wie das deutsche Wort und das letztere hat
sich eben nur nicht dauernd behaupten können.

Widimski scheint ein Siegel desselben gekannt
zu haben, er bezeichnet es als Marktsiegel (die Umschrift also wahrscheinlich: SIGILLVM . FORI .
HRABIN .) und beschreibt danach das Wappen
des Fleckens: die Jungfrau Maria mit dem Jesus-
kinde in halber Figur im rothen Felde. Das Buch,
welches sie noch in der Hand haben soll, beruht
wohl, da die Jungfrau kaum jemals mit einem solchen abgebildet wird, auf einem Irrthum.

Hultschin,

Hulcin, Hildschin, Heltzen, am linken Ufer der Oppa, Mediatstadt, über deren Ursprung und Erhebung zur deutschen Stadt nichts bekannt ist, wenn man nicht in Bezug auf ersteren die 1288 vorkommende Kastellanei Czevelin im Troppauischen mit diesem Orte für identisch halten will. Ursprünglich zu Mähren gehörig, kam Hultschin bald unter die Herzoge von Troppau, um 1459 in den Pfandbesitz der Herzoge von Oels(-Cosel-Beuthen), endlich stand es von 1519 bis zu ihrem Aussterben (1532) unter den Herzogen von Ratibor. Mit dem Jahre 1439 beginnt die Reihe der adligen Erbherren der Stadt und Herrschaft Hultschin. In diesem Jahre kaufte sie Heinrich von Würben (Wrbna), auch sein Sohn, der Graf Joseph von W. und Freudenthal (Bruntalski), nannte sich noch Freiherr von Hultschin. Er starb 1477, aber schon 1471 war H. im directen Besitz des Herzogs Heinrich sen. von Münsterberg und 1473 im Pfandbesitz des Botschek von Kunstadt. Im Jahre 1486 gehörte H. dem Johann Bielék von Kornic, 1492 den Gebrüdern Melchior und Balthasar von Welczek, Freiherren von Gutenland, 1495 dem Johann Trnka von Raciborzan und 1509 wieder den Freiherren von Welczek. Bernhard von Zwole (Zwolski) kaufte Schloss und Stadt 1517 von Herzog Kasimir von Teschen, nach dem Tode seines Sohnes Christoph, 1542, kamen sie wieder in den Besitz der Grafen von Würben und Freudenthal, von denen sie 1629 die, 1633 in den Grafenstand erhobenen, Freiherren von Gaschin (Gaschinski von Rosenberg) erkauften. Nach andern Nachrichten wären die Würben's länger im Besitze geblieben, bis 1657, in welchem Jahre Graf Albrecht Eusebius des Lehns für verlustig erklärt und dasselbe dem Grafen Melchior Ferdinand von Gaschin ertheilt wor-

den sein soll. Der Familie des letztern gehörte Hultschin bis 1727, da es an Carl Anton von Gianini verkauft wurde, dessen Sohn Franz Gregor, Domherr von Olmütz, 1758 starb. Im Jahre 1772 war Johann Adam Freiherr von Gruttschreiber Besitzer der Herrschaft, sein Sohn Freiherr Joseph Adam von Gr. verkaufte sie 1805 an den Freiherrn Emanuel Spens von Boden, dieser an Frau Antonio von Miketta, geborne von Porębska 1810, erkaufte sie aber 1815 zurück. Nach seinem Tode, 1828, wollte seine Familie die Erbschaft nicht antreten und die Landschaft des Ratiborer Kreises übernahm die Herrschaft, bis sie sich derselben 1832 an den Freiherrn Hubert von Stücker entäusserte. Im Jahre 1836 kaufte sie Johann von Sczaderski, 1841 ein Dr. Wichura, 1844 wieder der Freiherr von Stücker, der sie im nächsten Jahre dem Freiherrn von Rothschild verkaufte, dessen Familie sie noch gehört.

Bei den Friedensschlüssen nach den schlesischen Kriegen verblieb übrigens ein Theil der Herrschaft Hultschin beim Oestreichischen Kreise Teschen.

Das Wappen der Stadt Hultschin, wie es heutzutage geführt wird, ist schwer zu beschreiben, weil es eigentlich völlig sinnlos ist. In der Mitte ein (schwarzes) Monogramm, gebildet aus fünf geraden und einem Bogenstrich, aus denen man zur Noth die Buchstaben H . P . T . herauslesen kann. An dem einen Balken des Monogramms hängt ein (goldner) Halbmond, über dem ganzen schwebt eine goldne Lilie und im (grünen) Felde vertheilt stehen noch fünf (goldne) Sterne. Alte Siegel sind leider nicht vorhanden, aber schon der Anblick des relativ ältesten kleinen Siegels, welches über dem Wappenschilde die Buchstaben I(nsignia) . C(ivitatis) . H . und neben demselben die Jahreszahl 1647 zeigt, führt auf die wahrscheinlich richtige Spur. Die rechte Hälfte des Monogramms ist offenbar nichts anders als die eine Hälfte des Wappens Kornie, das halbe Schächerkreuz auf Stufen, der eine Arm oben in einer Halbkugel (Brod) auslaufend, aus der nachher der Mond geworden ist. Die Lilie oben (die Beschreibung eines Siegels vom Jahre 1730 nennt sie eine „Doppel-Lilie") stammt eben so offenbar aus dem Wappen der Grafen von Würben, die Sterne sind wohl weiter nichts, als dem Halbmonde zur Gesellschaft angebrachte Verzierungen, zur Ausfüllung des Raumes, auf dem eben erwähnten Siegel sind es auch nur ein paar blosse Punkte, auf dem von 1647 fehlen sie ganz — somit bliebe nur noch die linke Seite des Monogramms, die so ziemlich wie ein P gebildet wird, zu deuten. Wer aber polnische Wappenbilder kennt, wer da weiss, wie entsetzlicher Entstellungen rohe Stempelschneider fähig sind, zumal von an und für sich schon so wundersamen Figuren, wie sie die slawische Heraldik liebt, der wird nicht zweifeln, dass auch das jetzige P mit dem langen Fuss nur aus einem missverstandenen herb entstanden ist, am wahrscheinlichsten aus einem halben Hufeisen. Es ist wohl annehmbar, dass das so konstruirte, oben abgebildete, Wappen von Hultschin, in seiner monogrammatischen Zusammenziehung der Symbole dreier grundherrlicher Familien die Geschichte der Stadt illustrirend, durch die Ermittelung neuer historischer Data und der Wappen der ältesten Besitzer dereinst seine Bestätigung finden wird. Die neuern Siegel mit den Umschriften: SIGILLVM (SIGILLVM MAIVS und SIGILLVM MINVS) . CIVITATIS . HVLTSCHINENSIS, die getreu die räthselhaften Figuren nachgebildet, haben weiter kein Interesse.

Hundsfeld,
Kreis Oels, Regbez. Breslau,

 slaw. Psepole, Psepole, im vorigen Jahrhundert (1743) auch, zu Ehren Königs Friedrich II., der dort seine erste schlesische Revue abhielt, Friedrichsfeld genannt, am rechten Weida-

ufer, existirte, wenn auch noch nicht als deutsche Stadt, schon 1206, in welchem Jahre der Herzog Heinrich I. es gegen Ohlau, dem St. Vincenz-Stifte in Breslau verlieh. Es sind entweder, wie noch heutzutage, zwei Güter Hundsfeld zu unterscheiden, oder die Aebte von St. Vincenz vergaben ihr Besitzthum an adlige Vasallen zu Lehn. Schon 1251 kommt ein Nicolaus als Erbherr von H. vor. Im Jahre 1281 verkaufte Otto von Bieberstein — mit Bewilligung des Abtes — sein Allod H. an die Gebrüder Gablo, Bürger von Breslau. Zu Anfang des sechszehnten Jahrhunderts gehörte Hundsfeld dem Nicolaus von Gruttschreiber, 1569 gehörte es den Herzogen von Münsterberg-Oels, welche ihr Besitzthum, und zwar die Stadt, in diesem Jahre an das St. Vincenzstift versetzten, 1571 war sie wieder in den Händen der Herzoge, welche einen Theil nun dem Christoph von Schweinitz verkauften. Nach seinem Tode, 1579 und erblossen seines Sohnes, kamen die Güter 1588 an die von Waldow, deren letzter 1657 ohne Erben starb. Um 1670 war Besitzer Adam Heinrich von Reisewitz-Kadrzin, desgleichen Besitzerin noch 1689 seine Wittwe, wiedervermählte Freifrau von Blumenthal. Bis 1692 gehörte dann H. den Herren von Kaltenborn und Stachau, denen ihren Antheil das St. Vincenz-Stift abkaufte. Fortan gehörte die ganze Herrschaft dem Kloster. Nach der Säcularisation desselben, 1810, vertauschte der Fiskus dieselbe, gegen Nimkau, 1812 an den Grafen Heinrich Christian Kurt von Haugwitz, der einen Theil derselben aber bereits im nächsten Jahre und später auch an die Stadt der Familie Mens verkaufte, die (1826) noch 1846 im Besitze war. Heutzutage ist das Rittergut Hundsfeld aus den Händen eines Herrn Tuch, der es seit 1845 (und noch 1857) besass, in die eines Herrn Eichborn übergegangen, die Stadt aber ist eine Mediatstadt des Fürstenthums Oels geworden, welches als Thronlehn dem regierenden Herzoge von Braunschweig gehört.

Das redende Wappen der Stadt ist ein sitzender

Hund. Ein Siegel mit der Jahreszahl 1667 über dem Schilde und der Umschrift: SIGILLVM . OPPI-DI . HVNDSFELDENSIS . MAIVS . hat unten im Schilde noch die Jahreszahl 1109, mit Bezug auf eine ganz unbegründete Sage von einer damals hier stattgefundenen, mörderischen Schlacht, nach welcher zahllose Hunde sich eingefunden und die Leichen der Gefallenen gefressen — daher der Name. Es wäre freilich weit rathsamer, anzunehmen, dass das Stadtwappen mit dem Geschlechtswappen der Gruttschreiber (auch einem Hunde), denen die Stadt eine Zeit lang gehört, in Verbindung stehe, wenn nicht das angeführte, tendenziöse Mährchen polnischer Chronisten schon ält wäre, anknüpfend an den zufälligen Namen des Orts, in Zeiten harmloserer Geschichtsanschauung guten Glauben gefunden und somit demselben aller Wahrscheinlichkeit nach das redende Wappen verschafft hätte. Zu erwähnen ist noch ein kleines Ringsiegel mit demselben Wappen und der Umschrift: STADL . HUNDSFELDT.

Jablunka,

Jabelunka, Jablunkau, Jablunca, Gablunkow, an der Oelsse (Elsa), ein offner Flecken, der heutzutage auch Stadt genannt wird. Seine erste sichere Erwähnung als „Städtel" datirt vom Jahre 1327, dasselbe erhielt vom Herzoge Adam Wenzel († 1617) die ihm 1560 gegebenen Privilegien bestätigt. Jablunka scheint stets eine Immediatbesitzung der Herzoge von Teschen und ihrer Rechtsnachfolger gewesen zu sein. Die Bewohner des Städtchens und der nächsten Umgegend heissen im Volksmunde Jaczkowie, welchen Namen gewisse Sprachgelehrte mit dem der alten Jazyger für identisch erklären. Am bekanntesten ist Jablunka durch den Pass, der bei der Stadt aus Schlesien nach

Ungarn führt und die festen Schanzen, welche zur Behauptung desselben 1578 angelegt wurden. In Folge dessen war der Ort aber auch stets der Haupttummelplatz in allen Kriegen, besonders in denen des geächteten Markgrafen von Brandenburg-Jägerndorf, der aufständischen Ungarn, der Schweden und endlich der Preussen mit dem Kaiserhause.

Widimski kennt ein älteres Gerichtssiegel des Ortes mit der Umschrift: SIGILLVM . JABLONKOWIC . SVPREM . SILESIæ*) . und beschreibt nach dem Siegelbilde das Stadtwappen folgendermassen: Das silberne Lamm Gottes mit dem Nimbus um den Kopf, die Siegesfahne, weiss mit rothem Kreuze, an goldner Stange tragend, im blauen Felde, auf grünem Erdreich.

Jägerndorf,

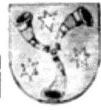

Jegerndorff, slaw. (böhm.) Krnow, Kirnow, Kyrnow, Karnowo, lat. Carnovia, an der Oppa, Hauptstadt des Fürstenthums dieses Namens, welches aber zu einem Theile preussisch ist. Dieser gehört dem fürstlichen Hause Liechtenstein. Der slawische Name kommt urkundlich zuerst 1240 vor, da ein so benanntes Gebiet „in districtu Hollascensi" dem Kloster Tischnowitz geschenkt wurde, 1247 kommt der Ort selbst als Zollstätte vor. Wann derselbe, wahrscheinlich durch deutsche Kolonisten zu grösserer Bedeutung gebracht und deutsch benannt, deutsches Stadtrecht bekommen, ist nicht ermittelt worden. Erst im Jahre 1520 kaufte die Stadt die Erbvogtei. Stadt und Land Jägerndorf gehörten ursprünglich den Herzogen von Troppau (und Ratibor). In der Erbtheilung 1367 entstand das eigne Fürstenthum Jägerndorf, zu welchem auch Stadt und Herrschaft Freudenthal gehörten. Die Stadt Jägerndorf selbst

und ihr nächstes Gebiet wurde 1386 dem Herzoge
von Oppeln überlassen, kam von diesem 1390 an
den Markgrafen von Mähren und 1411 an die Krone
Böhmen. Trotzdem nannten sich die in Freudenthal regierenden Fürsten Herzoge von Jägerndorf
und nach dem schnell vorübergehenden Lehns-Besitz
des Herzogs Ludwig II. von Liegnitz und Brieg
1421, wurde 1422 die Hauptstadt den Herzogen von
Jägerndorf aus dem Troppauer Hause wieder zurückgegeben. Denselben entriss ungefähr 1474 König Matthias das Fürstenthum und nach seinem Tode
(1490) gab König Wladislaw von Böhmen dasselbe
1493 dem Johann von Schellenberg und Kosti,
dessen Sohn Georg 1506 wirklicher Fürst von J.
wurde, (das Schloss Schellenberg liegt dicht bei der
Stadt J.) Von diesem kaufte J. nebst der Hoheit über
Freudenthal Markgraf Georg der Fromme von Brandenburg (fränkischer Linie), welcher Vormund des
Königs Ludwig I. von Böhmen († 1526) war, im
Jahre 1523. Markgraf Georg erwarb ausserdem die
Herrschaften Beuthen und Oderberg und den vorübergehenden Pfandbesitz von Oppeln und Ratibor. Er
starb 1543, sein Sohn und Erbe Georg Friedrich
1603. Als Fürst von Jägerndorf und Herr von Beuthen und Oderberg succedirte nun der Kurfürst
Joachim Friedrich von Brandenburg, er überliess
die schlesischen Besitzungen 1607 seinem Sohne Johann Georg, der von 1592 bis 1604 Gegenbischof
von Strassburg wider den Cardinal, Herzog Carl
von Lothringen (auch Bischof von Metz, † 1607)
gewesen war, 1616 Johanniter - Herrenmeister von
Sonneburg wurde und 1624 in der Reichsacht starb.
Derselbe verlor durch kaiserlichen Machtspruch bereits 1617 Beuthen und 1618 Oderberg und 1621
wurde ihm auch das Fürstenthum Jägerndorf genommen. Damit endete die erste Besitzperiode
hohenzollernscher Regenten in Ober-Schlesien. Der
Kaiser verlieh von den seinem Gegner entrissenen
Landen das Fürstenthum Jägerndorf 1623 dem dabei in den Fürstenstand erhobenen Hause Liechtenstein, welchem der grösste Theil von J. als Mediatfürstenthum unter kaiserlicher Hoheit noch gehört.

Das Wappen der Stadt Jägerndorf ist gewissermassen ein redendes, das heisst anknüpfend an den
Namen hat die Bürgerschaft das Nächstliegende zu
ihrem Symbol erwählt, nämlich Jagdhörner. Das
älteste bekannte Siegel von 1311, von mittlerer
Grösse, rund, hat drei Jagdhörner frei im Siegel-
felde, mit den Mundstücken um den etwas gross ge-
rathenen Zirkelpunkt zusammengestellt und zum
raumausfüllenden Zierath begleitet von drei Sternen.
Umschrift: S . CIVIVOL . DE . GEGERDORF .
Dieselbe Vorstellung im ausgeschweiften Schilde
zeigt ein späteres Gerichtssiegel (1641) mit der
Umschrift: S . DES . STADGERICHT . 3V . IE-
GERNDORF. Gleichzeitig findet sich das städtische
Wappen mit einem Helme vermehrt, über dessen
Krone ein Jagdhorn quer ruht, auf ihm ein Stern.
Die Umschriften der grössern und kleinern, seitdem
geschnittenen Siegel lauten: SIGILLVM . MAIVS .
(MINVS) CIVITATIS . LEGERNDORFF. Die Farben werden angegeben (auch von Widimski): rothe,
goldbeschlagene Hörner im blauen Felde, goldne
Sterne und schwarz - weisse Helmdecken. Die Farben der letztern könnten schliessen lassen, dass die
Wappen - „Besserung" mit dem Helme aus der Zeit
der hohenzollernschen Herrschaft stammt, bekannt
ist darüber aber nichts. Ob die Sterne sechs-,
acht-, oder gar, wie es auch vorkommt, zwölfstrah-
lig sind, ob der Zirkelpunkt kugel- oder ringförmig
gestaltet ist, oder ganz fehlt, darauf kommt es natürlich nicht weiter an.

Es ist immerhin beachtenswerth, dass es kein
Stadtsiegel mit dem slawischen und danach latini-
sirten Stadtnamen giebt. Als Kuriosum mag erwähnt werden, dass sich in Bezug auf den slawischen Namen König Friedrich der Grosse mit einer
Erklärung versucht hat, indem er ihn mit der, von
römischen Autoren genannten, Stadt Carnutum in
Verbindung bringen zu können glaubte.

Die „panie Krnowski" aus dem Troppauer Hause,
die alten Fürsten von Jägerndorf führten dasselbe
Wappen, wie ihre Stammesvettern und um so weniger ein dem Wappen der Hauptstadt entnommenes

Sonderbild, als die letztere längere Zeit gar nicht in ihrem Besitze war. Die Brandenburgischen Markgrafen hatten wegen Jägerndorf auch nur ein Feld mit dem schlesischen Adler in ihren Schild aufgenommen (Markgraf Johann Georg als Mittelschild), seit dem Verluste des Fürstenthums stellte sich nun das Bedürfniss eines Prätensionswappens heraus und da im kurfürstlichen Wappen der schlesische Adler inzwischen schon wegen Krossen angenommen war und der herzoglich Troppauische Wappenschild zu viel bedeutet hätte, so wurde — gewiss ohne Sanction des Wiener Wappenhofes! — ein neues Wappen geschaffen, dem Stadtwappen entnommen: drei Jagdhörner, aber schwarz im silbernen Felde und mit den Rücken in der Mitte aneinander gestellt. Seit dem westphälischen Frieden wurde dieses Bild mit einem andern vertauscht, einem schwarzen Adler, die Brust mit einem silbernen Jagdhorn belegt, im silbernen Felde und verblieb dieses Feld bis 1744 im kurfürstlichen und königlich preussischen Wappenschilde. Natürlich durften unter diesen Umständen die factischen Besitzer des Fürstenthums, die Liechtensteine nicht zurückbleiben, auch für sie wurde ein gleichfalls dem Stadtwappen entnommenes Wappenbild durch kaiserliches Diplom geschaffen, aber: nur ein Jagdhorn, golden an goldner Schleife hängend im blauen Felde.

Jauer,

Kreisstadt im Regierungsbez. Liegnitz,

 Javr, Javor, Jawor, Javar, lat. Javoria, Jauravia, an der wüthenden Neisse (dem hier sogen. Jauerschen Wasser), Hauptstadt des Fürstenthums dieses Namens, ist ein alter Ort. Wenn auch die Nachricht, dass die Stadt 1203 abgebrannt, also vorher doch schon existirt, nicht über jeden Zweifel erhaben ist, so steht doch fest, dass sie gegen die Mitte desselben Jahrhunderts be-

reits stand und eine Pfarrkirche gewiss schon 1242 besass. Ungefähr um diese Zeit muss sie von dem Bürger Gottfried Hermann zu deutschem Rechte ausgesetzt worden sein, seine Wittwe lebte noch 1275 und erhielt damals eine herzogliche Urkunde über die ihrem Ehemanne ertheilte erbliche Schenkung. Jauer gehörte Anfangs zum Fürstenthume Breslau, seit 1278 aber nannten sich eigne Fürsten nach der Stadt Jauer. Im Jahre 1292 fiel J. an Herzog Bolko von Schweidnitz, als dieser 1302 starb, wurde bis 1308 Vormund seiner Kinder Markgraf Hermann von Brandenburg, dann gab es wieder einen eignen Fürsten, Heinrich von Jauer („zum Jauer") bis 1346. Darauf abermals mit Schweidnitz vereinigt, fiel nach dem Tode des Herzogs Bolko III. (1368), oder vielmehr nach dem Tode seiner Wittwe Agnes (1392) Stadt und Land Jauer völlig an die Krone Böhmen, von der es erst die preussische Eroberung 1741 getrennt hat.

Von den Herren des Burglehns Jauer (auf dem Schlosse daselbst soll schon 1224 ein herzoglicher Kastellan gesessen haben) sind bekannt geworden: die Gebrüder von Seidlitz 1354, Heinrich von Lasan genannt Lefl, auch Hauptmann zu Schweidnitz 1419, 1420, Alexander von Cottenberg (?) 1443, Hans von Pentzig 1498, Hans von Nimptsch 1511, 1513, Hans von Seidlitz 1528, 1536, Matthias von Logau 1553, 1577, Caspar von Warnsdorff 1616, 1617, Heinrich Freiherr von Bibran 1629, 1630. —

Der Name der Stadt Jauer (Javar, Jawor) soll auf deutsch entweder eine Fichte, oder nach andern einen Ahornbaum bedeuten, die städtische Sphragistik und Heraldik hat das aber nicht in Berücksichtigung gezogen, sondern von Anfang an das Bild ihres Schutzpatrons, des St. Martin zum Symbol erwählt. Das älteste Siegel der Stadt, noch aus dem dreizehnten Jahrhundert stammend, von mittlerer Grösse und rund, hat im Siegelfelde den Heiligen zu Pferde, mit Heiligenschein, aber blossem Haupt, wie er mit der Linken den Mantel hebt und mit der Rechten zerschneidet, den der hinter dem

Pferde stehende Bettler in Empfang nimmt. Die Umschrift heisst: SIGILVM . BVRIHRSIVM . GU . IMWOR. Ein späteres, sehr lange im Gebrauche gewesenes, kleineres Siegel hat dieselbe Vorstellung im Siegelfelde, nur ist hier der Heilige mit dem Fürstenhute bedeckt und der Krüppel sitzt zwischen den Beinen des Rosses. Die Umschrift steht auf einem mehrfach verschlungenen Bande: secretvm . tibicatiſ . iaturenſiſ. Darauf und zwar schwerlich viel vor der Mitte des siebenzehnten Jahrhunderts taucht eine neue Siegeltype und ein vermehrtes Stadtwappen auf, welches ganz den Eindruck einer kaiserlichen „Besserung" macht, obschon über das Datum eines solchen Diploms nichts bekannt ist. Das neue Wappen besteht aus zwei Schildern nebeneinander, rechts das rothe und silberne Schach der Piasten, links der Schutzpatron im blauen Felde (der Mantel roth, der Gaul ein Granschimmel und wie die andern kleinlichen heraldischen Details sonst heissen mögen), über den beiden Schildern ruht der von roth-weissen Helmdecken umflatterte Helm mit dem roth-weissen, sogenannten Schachzagel der Piasten besteckt. Die Umschriften der grössern und kleinern, neuern Siegel mit diesem Wappen wechseln zwischen: SIGILLVM . CIVITATIS . IAVRAVIENSIS . und: SIGILVM . REIP . IAVRAVI. Wie unzuverlässig gewisse ältere Werke in heraldischer Beziehung sind, geht aus einer Abbildung der „Silesia picta" hervor, die neben dem Schach im andern Schilde das Lamm Gottes mit der Siegesfahne zeigt. Offenbar hatte der Kupferstecher aus dem ihm zu Gebote stehenden schlechten Siegelabdruck nicht klug werden können und frischweg das verewigt, was ihm das wahrscheinlichere war.

Jauernig,

Fürstenthum Neisse, Kr. Troppau.

Jauernig, Jauernik, Ganernjk, Jauerau, Jauorovo, Javorovo (die Widimskische Ableitung des Namens von Georgeneck klingt mehr, als nur fabelhaft) ist die Hauptstadt des östreichisch gebliebenen Antheils am Fürstenthum Neisse und liegt auf der östlichen Abdachung des Silberberger Sudetenkamms, am Krautenwalder Wasser. Als Dorf existirte der Ort bereits 1200 und im Jahre 1250 war dasselbe Eigenthum des Sandstiftes zu Breslau. Im Jahre 1342 soll Jauernig bereits ein Marktflecken gewesen sein, eigentliches Stadtrecht und zwar das Neisser ertheilte ihm Bischof Balthasar von Promnitz, der von 1539 bis 1562 regierte. In der Mitte des vierzehnten Jahrhunderts gehörte der Ort zum Fürstenthum Schweidnitz. Entweder durch Kauf 1342, oder durch Schenkung Herzogs Bolko II. 1348 ging dasselbe in den Besitz des Bisthums Breslau über, dem er noch gehört. (Damals regierte Przezislaw von Pogrell, erster Herzog von Grottkau, 1341 bis 1376). Bei dem Mangel an allen speziellen Nachrichten über J. möge die kleine Notiz hier ihren Platz finden, dass ein gewisser Peter Ruuge 1372 seiner Frau die Vogtei in Jauernig übergab. Das feste Schloss neben dem Orte, der Kaltenstein wurde 1440 vom Bischof Conrad, Herzog von Oels, (1417 bis 1447) mit Gewalt genommen, Bischof Johann V. Thurzo, der von 1506 bis 1520 regierte, liess das alte Schloss ganz niederreissen und erbaute an seiner Stelle das nach ihm benannte Schloss Johannisberg, seitdem die Hauptresidenz der Bischöfe von Breslau.

Alte Siegel der kleinen Stadt sind nicht bekannt. Das relativ älteste von 1610 (die Jahreszahl steht mit im Wappenschilde) zeigt als Wappen drei „Spickel", die aufgerichtet oben mit den Spitzen zusammen-tossen und einen Stern tragen. Umschrift: SIGIL . CIVITA . IAVRNIG. Ein kleines, sehr zierliches Siegelchen (Abdruck von 1717) zeigt deutlich drei kurze Schwerter, oder Dolche, die Umschrift von einem Kranze eingefasst, ist dieselbe. Neuere Siegel und Abbildungen haben die Spickel als Nägel aufgefasst. Nach Widimski sind die Farben silbern (goldner Stern) im blauen Felde. Derselbe ist aber in seiner Beschreibung einem geschmacklosen Siegel von 1842 gefolgt, welches breit-oval in Kursivlettern die Umschrift: *Jauerniger . Magistrat .* und das freischwebende Wappenbild verkehrt hat, den Stern unten, die Nägel oben. Das Wappen rührt vermuthlich von einem der frühern Herren auf dem Kaltenstein her.

Johannisthal,

Minderherrsch. Hotzenplotz, Kreis Troppau.

slaw. Jautal, Janow, an der Prudnika (Brudnitz, Brudnjk, der heutigen Braune), eine kleine Bergstadt, über deren ältere Geschichte nichts Gewisses bekannt ist. Widimski sagt, dass dieselbe 1272 vom Bischof Bruno von Olmütz (einem Grafen von Schaumburg, 1245—1281) zu deutschem Stadtrecht gegründet worden sei. Wenn sie vorher, wie er auch angibt, wirklich Janestorph gehiessen, so könnte man glauben, in ihr jenes Johnsdorf (Janussovici) gefunden zu haben, das bereits um 1217 der Marienkirche zu Oyas gehört hat. Johannisthal war und ist ein altes Besitzthum der Bischöfe und Erzbischöfe von Olmütz in der mähri-

schen Enklave, der Grafschaft Hennersdorf, jetzt Herzogthum Hotzenplotz genannt, doch wurde es wohl von jeher an adlige Vasallen zu Lehn gegeben. So findet man 1535 einen Wenzel Pawlowski von Pawlowic auf Johannisthal (aus seiner Familie gab es zwei Bischöfe von O., einen Stanislaw Gegenbischof des oben genannten Bruno um 1252 und einem andern Stanislaw von 1579 bis 1598) und von der Mitte des siebenzehnten Jahrhunderts an bis in die zweite Hälfte des vorigen die Grafen von Hoditz, auch auf Rosswald und Weisswasser gesessen. Das Wappen ist das einer Bergstadt: Hammer und Eisen gekreuzt im (golden damaszirten) Felde. Der Schild ist nach Widimski auch mit einem geflügelten Engelsköpfchen oben geschmückt, das an und für sich eben so bedeutungslos ist, wie bei dem Wappen der nächstfolgenden Stadt. Ein Siegel des Orts ist hier nicht bekannt geworden.

Juliusburg,

Kreis Oels, Regbez. Breslau.

Stadt unweit des Juliusburger Wassers, welches unter dem Namen Dobra bereits 1206 urkundlich erwähnt wird. Der Ort, welcher jetzt den Namen Stadt (und Dorf) Juliusburg führt, hiess früher Dresky, Dreske, Neu-Dreske, einst der Stammsitz der von Czirn, und gehörte im sechzehnten und siebenzehnten Jahrhundert denen von Hengel. Von ihnen kaufte Dresky Herzog Sylvius Nimrod von Würtemberg-Oels 1655, der dem Orte 1663 Stadtrecht verlieh. Nach seinem Tode, ein Jahr darauf gab sein Sohn Julius Siegmund der neuen Stadt den Namen Juliusburg. Nach dem Anfall von Bernstadt an die Juliusburger Seitenlinie, 1704, hörte die Stadt wieder auf, Residenz zu sein und wurde 1745 mit Oels vereinigt.

Ein Siegel der Stadt, Umschrift: SIGILLVM . MVNICIPII . IVLIVSBVRG . 1676 ., hat im ovalen Siegelfelde zwei Zinnenthürme, zwischen denen eine mit schrägem Balken geschlossene Pforte, darüber schwebt als (bedeutungslose) Verzierung ein geflügeltes Engelsköpfchen, welches einmal fälschlich als fliegender Adler aufgefasst worden ist. Die Wappenfarben der ehemaligen, kleinen Residenz sind längst vergessen, wenn sie überhaupt jemals präzisirt gewesen sein sollten. Die Abbildung in Weruher's handschriftlicher Topographie hat die Pforte offen und in derselben schwebend einen schrägrechts gestellten Baumast oben mit zwei, unten mit einem grünen Blatt. Es ist gar nicht unwahrscheinlich, dass diese Vorstellung die eigentlich richtigere ist und das Wappen früherer, unbekannt gebliebener Besitzer festhalten soll, vielleicht der Herren von Rees.

Kasimir,
Kr. Leobschütz (früher Kr. Ober-Glogau), Regbez. Oppeln.

Casimir, Kazimir, ehemalige Stadt, jedenfalls von einem oberschlesischen Herzoge Kasimir gegründet und nach ihm benannt, die 1393 ihren eigenen Schöppenstuhl hatte, aber in den Hussitenkriegen im Laufe des funfzehnten Jahrhunderts zerstört und völlig verschwunden ist. Eine alte Legende erwähnt im Jahre (1003 oder) 1004 als Schauplatzes eines Martyriums einer Stadt Kasimiria, die Manche für dieses Kasimir zu halten geneigt sind. 1223 wird urkundlich die Marienkirche in K. genannt und 1226 dem Kloster Leubus geschenkt. Die 1201 durch Herzog Boleslaw neben dem Orte K. gegründete Propstei Kasimir erhielt sich und bestand bis zu ihrer Säcularisation im Jahre 1810. Gegenwärtig existiren zwei Rittergüter dieses Namens: Gräflich Kasimir seit 1642 zu dem Majorat

Ober-Glogau im Neustädter Kreise und den Grafen von Oppersdorff gehörig und Propstei-Kasimir, 1810 säcularisirt und seitdem im Besitze der Herren von Prittwitz. Letzteres Gut wird gewöhnlich unter dem Namen Damasko, zu dem es gehört, mitbegriffen.

Das Schöppensiegel der Stadt Kasimir vom Jahre 1393, im Wappenbilde jedenfalls identisch mit dem der Stadt selbst, hat sich in einem Abdrucke erhalten. Im zierlich gegitterten und mit Kreuzchen bestreuten Siegelfelde steht ein grosses K (die Initiale des herzoglichen Gründers) unter einer breiten, Krone und auf jeder Seite begleitet von einem, gleichfalls gekrönten Menschenhaupte, das wohl auch den Herzog Casimir vorstellen soll. Die Umschrift lautet: S . SCABINO(RVOL . KASI) . MIRIU . CIVITATIS.

Katscher,
Kreis Leobschütz, Regbez. Oppeln.

Katzer, Kätscher, Katschor, Keczer, slaw. Kettre, Ketrz, Kietrza, Katschura, offne Mediat-stadt, am rechten Ufer der Droy (Troja), die eigentlich mit ihrem ganzen Gebiete, dem Bezirk Katscher, zu Mähren gehörte, aber seit der preussischen Erwerbung 1742 zu Schlesien gerechnet wird. Der Ort wird bereits 1275 urkundlich erwähnt und war 1321 gewiss eine Stadt, obwohl sie später noch öfters nur ein Flecken genannt wird. Dieselbe gehörte wohl von Alters her dem Bisthume Olmütz, welches sie anderweitig zu Lehn vergab. So scheint sich im dreizehnten und vierzehnten Jahrhundert ein eignes Geschlecht nach ihr genannt zu haben (1267 Johann, 1352 Walther de Kazer), später war sie im Besitz der Herzoge von Teschen und kam 1554 wieder unter die unmittelbare Herrschaft des Bisthums, dem, 1777 zu einem Erzbisthum erhoben, auch noch jetzt die Oberherrlichkeit über Katscher zusteht. Das Lehn Katscher, mit dem Schlosse dicht neben der Stadt gehörte schon 1333 einem Walter von Fulmen, 1532 einem Caspar von Rottenberg, der in diesem Jahre die Burg seinem Sohne Franz übergab. Durch Magdalene v. R. kam 1557, die Hälfte von K. an ihren Gatten Nicolaus Gaschin und seit 1579 gehört das ganze Lehn der, 1633 in den Grafenstand erhobenen, Familie von Gaschin (Gaschinski von Rosenberg).

Das Wappen der Stadt ist das herb Pielgrzym: ein aus einer Zinnenmauer aufwachsender goldner Löwe im blauen Felde. Vielleicht wäre es möglich, nachzuweisen, dass die alten Herren de Kazer (Kaczerowski) das Wappen Pielgrzym geführt haben. Ein älteres Siegel der Stadt mit der Umschrift: SIGILLVM . OPPIDI . KATZER. vom Jahre 1651, hat ebenso den beschriebenen Wappenschild, wie ein neueres mit der Umschrift: SIGILLVM . CIVITATIS . KATSCHERIENSIS . 1669 . und ein kleines, oben nur mit den Buchstaben K . C . bezeichnetes Sekret der Stadt.

den Kamienski's gehörte, wurde 1736 von ihr abgezweigt und hatte seitdem mehrfach wechselnde Besitzer, bis das Rittergut neuerdings wieder mit Myslowitz vereinigt wurde. Im Jahre 1839 nämlich kaufte beide Herrschaften das, 1841 geadelte, Winkler'sche Ehepaar, dessen Erbtochter Valeska, 1851 mit dem Herrn Hubert von Tiele-Winkler vermählt, seit 1853 Besitzerin ist. Unter der Verwaltung des Herrn v. T.-W. hatte sich der Ertrag der Gruben in Kattowitz in einer Weise vermehrt und gehoben, dass durch den Betrieb derselben in kurzer Zeit ein grosser, stark bevölkerter Ort an Stelle des frühern Dorfes entstand, der durch seinen Verkehr und seine Handelsbeziehungen bedeutend genug geworden ist, um ihm 1867 Stadtrechte zu verleihen.

Der Stadt Kattowitz ist gleichzeitig ein Wappen zugelegt worden, welches nach einem vorliegenden Siegelabdrucke aus der Abbildung eines Eisenhammers besteht, alles von natürlicher Farbe, auf einem Balken-Fundamente mit der Jahreszahl 1867 versehen, im goldnen Felde. Die Umschrift des Siegels heisst: MAGISTRAT . DER . STADT . KATTOWITZ .

Kattowitz,

slaw. Katowice, nächst Königshütte die jüngste Stadt der Provinz Schlesien. Sie liegt in der Herrschaft Myslowitz und war noch vor wenigen Jahren ein ganz unbedeutendes Dorf, eigentlich Bogutschützer Hammer genannt, das früher zum Kreise Pless gehört hatte. Von frühern Besitzern ist nur bekannt Johann von Beess auf Cöln und K., der 1574 die Herrschaft Tworkau kaufte, 1609 sass noch Johann von Bees auf Cöln und Kattowitz. Später, um 1652 fiel K. direct an die Herrschaft Myslowitz, und zwar an den Theil, welcher

Kieferstädtel,

vor 1785 und slaw. Sosniechowitz, (Sassinkowitz), Sosnicowicz, Sosnicowcza, Sośniczowice, Schosniechova, nach sosna d. h. die Kiefer, oder die Fichte so genannt, ein mediater Marktflecken, von dem, in Ermangelung genauerer historischer Thatsachen, die Tradition berichtet, dass er im Laufe des sechszehnten Jahrhunderts, als ganz Oberschlesien an das Haus Oestreich beigefallen war, von einem jagdlustigen Kaiser, entweder Ferdinand I. oder Maximilian II., nach Andern schon 1526, also von Carl V., mitten im Kieferwalde angelegt und

ganz mit städtischen Einrichtungen versehen worden sei. Der dreissigjährige Krieg soll darauf die
neue Stadt vollständig zu Grunde gerichtet haben,
so dass sie nach demselben nur ein kaiserliches
Marktprivilegium (d. d. 1677) erhalten konnte, sich
einem Grund- und Erbherrn unterwerfen musste,
aber nie mehr recht in die Höhe zu kommen im
Stande gewesen wäre. Dagegen steht fest, dass es
schon von 1497 bis 1501 einen adligen Besitzer
von Sosuischowitz, Friedrich von Herborth und
Fulstein gab. Im Jahre 1525 gehörte S. dem
Lorenz von Seidlitz, dessen Erben die Herrschaft
1555 an Johann Trach von Brzezy († 1571) verkauften. Diese Familie besass S. noch das ganze
fünfzehnte Jahrhundert hindurch. Demnach sind
die Fabeln von einstiger immediater Stadtherrlichkeit auf das gewöhnliche Maass solcher Historien
zurückzuführen. Im Anfang des vorigen Jahrhunderts, 1707 verkaufte Johann Bernhard v. Praschma
S. an den Grafen Gabriel Wihowski von Wihow
(† 1720). Im Jahre 1730 erstand Carl Joseph Graf
von Hoditz und Wolfframitz die Herrschaft, der
sie 1739 seinen Söhnen übergab. Durch Anna Barbara v. H. kam S. um 1783 an ihren Gemahl, den
Grafen Ignaz Dominik von Chorinski, Freiherren
von Ledske. Durch Vermählung einer Comtesse aus
diesem Hause mit einem Grafen von Sprinzenstein kam Kieferstädtel vorübergehend an denselben, der es aber 1796 an den Grafen Heinrich Leopold von Seherr und Thoss verkaufte.
Von seinen Erben kam die jetzige Fidei-Commissherrschaft Kieferstädtel 1830 an den Landgrafen
Victor Amadeus von Hessen und 1834 in den Besitz des Herzogs Victor von Ratibor etc., dem sie
zur Zeit gehört.

Nach einer, aber keineswegs unbedingt glaub-
würdigen Angabe hat das ältere Wappen der Stadt
in dem kaiserlichen Doppeladler bestanden, der in
einer Kralle eine Kiefer hält. — Ein neueres Stadtsiegel hat allein eine Kiefer mit ausgerissenen Wurzeln im Felde (auf dem die Jahreszahl 1666) und
die Umschrift lautet: SIGILLVM . CIVITATIS .

SCHOSNISCHOVICENSIS. Die Farben des redenden
Wappens sind aller Wahrscheinlichkeit nach einfach
die natürlichen des Baumes im weissen Felde.

Köben,

Kreis Steinau, Regbez. Breslau,

Kaben, Koben, Kobin, Gobena (von
Guba, Gubin, d. h. die Mündung), am
linken Oderufer, offene Mediatstadt,
welche bereits von Herzog Heinrich
dem Bärtigen († 1238) Stadtrecht erhalten haben soll, was aber entschieden zu bezweifeln ist. Im Jahre 1303 war sie wohl schon Stadt,
da sie und die zu ihr gehörige Herrschaft von dem
Breslauer Dompropst, Herzog Conrad III. von Steinau einem (Burggrafen) von Dohna geschenkt wurde.
Die Richtigkeit dieser Angabe vorausgesetzt, so
dauerte der Dohna'sche Besitz wohl schwerlich lange,
denn 1337 gehörte Köben wieder zum Herzogthum
Steinau und scheint 1342 dem Heinrich von Gorin
(Guhrau) und dem Friedrich Schoff verpfändet gewesen zu sein (noch auf zwei Jahre). Im Jahre
1345 gehörte die Stadt den Herzogen zu Oels und
Sagan gemeinschaftlich, ersterer verkaufte in diesem Jahre seine Hälfte an die Krone Böhmens,
letzterer die seinige 1358 an den Herzog zu Glogau. Die Theilung der Stadt in eine königliche
und eine herzogliche Hälfte, die sich übrigens auch
über Glogau und Steinau erstreckte, bestand noch
1368. Nach dieser Zeit treten wieder adlige Besitzer auf, so bis 1399 Arnold von Zedlitz, nachher seine Erben nur noch in kleineren Antheilen,
1399 aber die Burggrafen zu Dohna in der königlichen Hälfte, nebenher auf andern Theilen die von
Rechenberg und von Sack, von Galinski (1490),
von Falkenhayn (1546) und das Dom-Kapitel
zu Glogau (1542). Die Dohna blieben im Besitz
von bald grössern, bald kleinern Antheilen bis 1504,
da auch der letzte Rest an Siegmund von Kott-

witz fiel, der einen Theil bereits seit 1477 besessen hatte. Die von Kottwitz sassen auf Köben bis nach 1630. Von des in diesem Jahre verstorbenen Leonhard v. K. Kindern, starb Friedrich bald darauf, Barbara († 1645) aber brachte Köben an ihren Gemahl Hans Georg von Seidlitz. Dessen gleichnamiger Sohn starb 1706, hatte aber bereits 1692 die Herrschaft K. an den Grafen Johann Carl von Nostitz und Rhineck verkauft. Derselbe starb 1740 und wahrscheinlich wurde Köben gleich nach seinem Tode verkauft an den Grafen Georg Ludwig Conrad von Gessler, der 1741 schon im Besitze war. Widersprechende Angaben sind, dass der Vater des Grafen, der General-Feldmarschall Graf Gessler erst 1751 die Herrschaft kaufte und sie im nächsten Jahre seinem Sohne abtrat, ferner dass dessen Familie noch 1788 im Besitze gewesen, während Köben bereits 1766 an einen Herrn von Gellhorn, von diesem 1780 an eine verwittwete Baronin von Kottwitz veräussert wurde. Die letztere verkaufte Stadt und Herrschaft (1803 oder) 1804 an einen Hofrath Cramer, dieser 1812 an einen Ober-Amtmann Liborius. Seit 1842 gehört Köben den Freiherren von Köller.

Das älteste, nur kleine Siegel der Stadt von 1446 hat im Felde eine Zinnenmauer mit Thoröffnung, über welche drei spitzbedachte Thürme hervorragen. Die Umschrift lautet: sigillum . cibitatiẹ . Itabeṇ. Ein anderes Siegel etwa aus dem vorigen Jahrhundert mit der Umschrift: SIGILLVM . CIVITATIS . KOEBENSIS . hat dieselbe Vorstellung, nur natürlich die Mauer und die Thürme architectonisch anders gebildet. Auf diesen beiden ältern Siegeln ist keine Spur von den beiden Sternen zu erblicken, die zu beiden Seiten des mittleren, höheren Thurmes auf einem ganz neuen Siegel erscheinen und heutzutage für wesentlich gehalten worden. Es sind eben Zuthaten, Ausfüllungen des leeren obern Raumes, die nichts schaden, die man sich aber hüten muss, für einen nothwendigen Theil eines Wappens zu betrachten. Doch wäre es in diesem Falle immerhin möglich, wenngleich nichts

darüber bekannt geworden ist, dass diese Sterne an die im gräflich Gessler'schen Wappen vorkommenden und an jene kurze Besitzperiode erinnern sollen. Die Farben des Köbener Stadtwappens sind nicht weiter jemals fixirt worden.

Königsberg,
Kreis und Herzogthum Troppau,

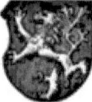

Künsberg, Kingsberg, slaw. Klinkow, Klinkowice, an der Polanzicza, offner Marktflecken (Städtel) im Fürstenthum Troppau, angeblich sehr hohen Alters, über dessen Geschichte aber wenig bekannt geworden ist. Im Jahre 1570 gehörte K. dem Hynek von Würben-Bruntalski, 1589 dem Andreas Brzenec von Markwartowic, 1592 einem Peter von Skrbenski und um das Jahr 1670 dem Freiherrn Heinrich von Wilczek.

Das Wappen ist, nach Widimski, der gekrönte, doppeltgeschwänzte, weisse Löwe von Böhmen im rothen Felde. Ein Siegel des Ortes ist nicht bekannt.

Königshütte,
Kreis Beuthen, Regbes. Oppeln,

slaw. Krolewska Hutha, Heiduk, lat. Regia Ustrina, die jüngste Stadt der Provinz Schlesien, im Jahre 1869 als solche etablirt. Sowohl die dortigen Hüttenwerke, wie das bisherige Dorf dieses Namens bestehen erst seit dem Jahre 1797 und sind Anlagen des Ministers Grafen von Redern, der dieselben mit der Schwientochlowitzer Bergfreiheit verband. Neuerdings ist aber die Bedeutung des Orts in jeder Beziehung so gestiegen, dass die Regierung sich veranlasst fühlte, denselben zur Stadt zu erheben. Ende 1869 ist die Königshütte an den Grafen Hugo Henckel von Donnersmark auf Naklo verkauft worden.

Ueber das Wappen der neuen Stadt ist höchsten Orts noch nicht entschieden. In Vorschlag gebracht ist: ein gespaltener Schild, rechts enthaltend den halben, goldnen Adler von Oberschlesien im blauen Felde, links im rothen Felde gekreuzt Schlegel und Eisen, darüber die mit der Königskrone bedeckte Initiale W.(ilhelm), unten ein grüner Dreihügel, Schildhalter zwei Bergleute.

Kontop,
Kreis Grünberg, Regbez. Liegnitz.

Kontopp, Contop, Kumtup, slaw. Kontopie, auf deutsch: die Pferdeschwemme, am linken Ufer der faulen Ober, Mediat-Marktflecken, welcher seine Stadtgerechtigkeit im Jahre 1706 vom Kaiser Joseph I. erhielt, dieselbe aber bereits 1750 unter preussischer Herrschaft nicht mehr geltend machen wollte und heutzutage wenig mehr, als ein Dorf ist. Von den adligen Besitzern des Gutes Kontop sind bekannt: Drei Gebrüder von Zabeltitz 1482 (in diesem Jahre vom Herzog Johann von Sagan hingerichtet), ein Conrad von Löben 1506, Balthasar von Löbell 1513, zwischen beiden wird auch ein von Dyhrn 1510 genannt. Ferner Johann von Dyhrn um 1550, dessen Enkelin Anna, vermählt mit Sigismund Freiherrn von Kottwitz, 1569 oder 1570 Kontop an diese Familie gebracht hat, welche ununterbrochen bis 1788 im Besitze blieb. (1752 ein Freiherr von Haslingen auf Kontop?) Es folgten ihr darin 1788 ein Herr von Luck, 1791 eine Gräfin von Bethusy, 1796 der Fürst von Carolath-Beuthen, gleich darauf wieder ein Freiherr von Birckhahn, 1801 Prinz Georg von Hessen-Darmstadt und dann ein Herr von Trie-

benfeld. Im Jahre 1825 erstanden Kontop die von Wulffenschen Erben, vor 1846 gehörte die Herrschaft einem Freiherrn von Falkenhayn, als Erben seiner Gemahlin, einer gebornen von der Marwitz, in diesem letztern Jahre kauften es die Herren Gräff und Förster, die noch 1857 als gemeinschaftliche Besitzer bezeichnet wurden, während neuerdings nur noch der letztere Name allein in der Matrikel vorkommt.

Zugleich mit der Stadtgerechtigkeit erhielt Kontop 1706, d. d. 28. Mai, einen kaiserlichen Wappenbrief, nach welchem das städtische Wappen ein redendes sein sollte: Ein im Wasser schwimmendes, halb sichtbares, schwarzes Pferd, über ihm ein offnes Thor mit Fallgatter und geöffneten, doppelten Schleusenflügeln in einer weissen, gezinnten Mauer, im blauen Felde. Das Diplom bezeichnet das Pferd im Wasser als altes, schon vorher geführtes Wappen, so dass also nur die Mauerschleuse als städtisches Symbol hinzugekommen wäre. Ein älteres Ortssiegel ist unentdeckt geblieben, ein neueres hat das Diplomwappen mit der Umschrift: SIGILLVM . OPPIDI . KONTOPPENSIS.

Kostenbluth,
Kreis Neumarkt, Regbez. Breslau.

Costialot, Costemlot, Costomloth, Costomblot, Cozemlot, Coczemplocz, Kostimplotz, Kostemplotz, Kotzplotz, Kostenbloth, Marktflecken, heutzutage eigentlich wenig mehr, als ein Dorf, aber einer der ältesten Orte ganz Schlesiens. Er gehörte wohl von der Zeit seiner Stiftung an dem Kloster St. Vincenz in Breslau bis zu seiner Aufhebung im Jahre 1810. Ob freilich die älteste darüber sprechende und bereits den Markt in K. erwähnende Urkunde von 1148 (oder 1149) echt ist, wird mit Grund bezweifelt. Spätere Urkunden von

1201 ab, welche die Rechte des Klosters an der St. Godehardkirche und auf die Zehnten in K. zum Gegenstande haben, sind nicht anzufechten. Im Jahre 1214 ertheilte Herzog Heinrich I. von Breslau den Kolonisten in Kostenbluth deutsches Recht und 1254 hiess der Flecken sogar Stadt (civitas), aber erst 1595 erhielt er eigentliche Stadtrechte. Die Obergerichte in Kostenbluth waren anfangs in adligen Händen, 1361 gingen sie von denen von Stercza in den Besitz derer von Borschnitz über und erst im Jahre 1388 erwarb das St. Vincenzstift auch diesen Theil der grundherrlichen Rechte. Später ist Kostenbluth ein paar Mal verpfändet worden, so 1555 auf kaiserlichen Befehl, unbekannt an wen, und wiederum 1559 aus gleicher Veranlassung an Georg Fürst, Herrn von Kupferberg.

Es ist ein Siegel des Fleckens bekannt. Im Siegelfelde steht eine Figur im bischöflichen Ornate mit Krummstab (entweder der Abt von St. Vincenz, oder vielleicht, mit irrthümlicher Weglassung des Heiligenscheins, St. Vincentius selbst), die Umschrift lautet: SIGILLUM . OPPIDI . KOSTENBLW. Im Abschnitte steht: NEUMARCKER CREIS. 1783. Die Farben des bischöflichen Ornats ergeben sich von selbst, das Feld ist entweder weiss, oder, wenn der Heilige dargestellt sein soll, golden anzunehmen.

Kotzenau,

Kreis Lüben, Regbez. Liegnitz.

Kotzen, Choczenau, Cozonowia, Cuzena, Marktflecken neben einem gleichnamigen Dorfe, welches letztere zum Unterschiede von dem eine Meile entfernt liegenden Dorfe Gross-Kotzenau, Klein - Kotzenau genannt wird. Das herzogliche Schloss dieses Namens, dessen Bau 1296 oder 1297 begonnen und 1342 beendet wurde, gehörte den Herzogen von Liegnitz direct bis in die Mitte

des fünfzehnten Jahrhunderts. Ein paar Edelleute, die vorher als Besitzer genannt wurden, so 1348 ein Peter Busewoy (Busold) und 1390 die Gebrüder von Braun (Bronau) waren wohl nur herzogliche Hauptleute. Erst im Jahre 1444 verlieh die verwittwete Herzogin von Liegnitz, Elisabeth Schloss und Herrschaft Kotzenau den Brüdern Christoph und Nicolaus von Dornheim, deren Erben bis 1507 im Besitze blieben. In diesem Jahre kaufte Kotzenau Georg von Schellendorff und verkaufte es 1518 an Christoph (Bronau) von Schkopp. Denen von Schkopp gehörte die Herrschaft bis 1580. Die Erbansprüche des Hans von Braun, vermählt mit Eva geborenen von Schkopp, mussten der auf der Herrschaft lastenden Schulden wegen aufgegeben werden und noch in demselben Jahre erstand Hans von Soran dieselbe, 1585 gehörte sie dem Jacob von Schönaich. Im Jahre 1587 ging sie in den Besitz der Herren von Nostitz über, von Siegmund v. N. erkaufte sie 1613 Alexander von Stosch. Die Linie des Erwerbers starb 1688 aus, es succedirte eine andre Linie des Geschlechts und 1703 gründete Catharina Freiin von Stosch das Städtel Kotzenau, dessen Markt- und Stadtrechte 1713 die kaiserliche Bestätigung fanden. Balthasar Friedrich v. St. verkaufte Kotzenau 1722 an den Grafen Heinrich Gottlob von Redern, Freiherrn von Krappitz, seit 1739 auch auf Primkenau. Von 1776 bis jetzt sind die Burggrafen und Grafen zu Dohna, aus dem Hause Vianen, Besitzer der Herrschaft mit Gross- und Klein-Kotzenau.

Es sind zwei Siegel von Kotzenau bekannt aus den Besitzperioden der Herren von Stosch und der Grafen von Redern. Beide führen im Siegelfelde eine Zinnenmauer mit offnem Thor und zwei Thürmen, die verschieden gebildet den Schloss- und den (evangelischen) Kirchthurm vorstellen sollen. Zwischen den Thürmen schweben ohne Schildeinfassung die Wappenbilder der herrschaftlichen Besitzer, einmal die gekreuzten weissen Blätter derer von Stosch, das andre Mal das silberne Rad derer von Redern. Da das Wappenbild der Stosch im rothen, das der

Redern im blauen Felde erscheint, so muss —
Mauer und Thürme sind jedenfalls auch immer weiss
dargestellt worden — die Farbe des Feldes des
Stadtwappens sich den Wappenfarben der Herrschaft
gemäss verändert haben. Die Umschriften der erwähnten beiden Siegel lauten: SIEGEL . DER .
GERICHTE . ZV . KLEIN . KOTZNAW . und
SIEGEL . DER . STADT . GERICHTE . ZV .
KLEIN . KOZENAV. Da der Stosch'sche Besitzstand gerade noch einmal so lange gedauert hat,
als der Redern'sche, ausserdem unter jenem der
Marktflecken gegründet worden, so ist vorstehend
dem ersten Wappen der Vorzug gegeben worden.

Kranowitz,

Kreis Ratibor, Regbez. Oppeln,

Cranowitz, slaw. Krenowic, Krzenowice, lat. Kranowieium, offner Marktflecken neben einem gleichnamigen
Dorfe, an der Bilawoda, einem kleinen bei Odersch entspringenden Nebenflüsschen der Zinna, ursprünglich im Troppau-
schen gelegen, wurde 1265 vom Könige Ottocar II.
als Stadt zu deutschem (Leobschützer) Recht ausgesetzt und zu diesem Zwecke dem Truchsess Herborth von Fulstein verliehen. König Johann
bestätigte das Stadtrecht 1313, ohne dass jedoch der
Ort auf die Dauer den Rang einer wirklichen Stadt
behaupten konnte. Die Nachkommen des ersten
Besitzers von Kr., jener Truchsess H. v. T. nannten
sich nach ihrem Gute später Herren von Kranowitz,
Crenowitz, Krzenowic, sie sind erst nach 1497 ausgestorben. Im Jahre 1403 gehörte Kr. aber schon zum
Fürstenthum Cosel. Herzog Heinrich der Aeltere von
Münsterberg verpfändete Kranowitz nebst Hultschin 1473 dem Boezek Kun von Kunstadt, später kam es in den Besitz der Herren von Wilczek
und von ihnen kaufte es 1517 Bernhard von Zwole

und Goltstein, dessen Familie es noch 1555 gehörte. Im Jahre 1630 war die Herrschaft schon im
Besitze der Freiherren von Reisewitz und war es
auch noch 1792. In den zwanziger Jahren dieses
Jahrhunderts gehörte sie einem Herrn Benecke
und seit 1828 bis heute der Familie Kuh-Woinowitz.

Es ist nur ein älteres Siegel (Ab-

druck vom Jahre 1651) des Ortes
bekannt, dasselbe hat im zierlich ausgeschweiften Schilde ein kurzes, mit
der Spitze nach unten gekehrtes
Schwert, und die Umschrift: S . CIVITA . CRA-
NOWITZ. Ein neueres Siegel hat dieselbe Vorstellung in einem gekrönten Schilde mit der Umschrift: KRANOWITZER . MAGISTRAT . SIEGL .
1814. Es ist kaum zweifelhaft, dass das Stadtwappen mit dem der alten Herren von Kr. in Verbindung steht. Diese nämlich führten im Schilde
eine Kugel (Apfel), in welcher drei Dolche (kurze
Schwerter) steckten. Einer derselben bildete nun
das Wappen der Stadt mit Weglassung der goldnen
Kugel, die Farbe des Feldes ist demnach, wie dort
auch hier, roth anzunehmen, das Schwert stahlfarben mit goldnem Griff.

Krappitz,

Kreis und Regbez. Oppeln,

Crapicz, Crapkowicz, slaw: Krapkowice, lat: Crappicium, am linken
Ufer der Oder und am Einfluss der
Hotzenplotz in dieselbe, heute eine
Mediatstadt, die nach einer Urkunde
des Herzogs Boleslaw von Oppeln schon 1284 mit
städtischen Rechten versehen war. Die Stadt gehörte zum Fürstenthum Oppeln, bei den Landestheilungen der Herzoge abwechselnd den zu Strelitz und zu Falkenberg residirenden Linien, kam,
nach dem Aussterben des Oppeln'schen Regenten-
hauses, 1532, im nächsten Jahre mit unter die Herr-

schaft der Markgrafen von Brandenburg-Jägern-
dorff, Vater und Sohn, 1552 bis 1556 unter die
der Königin Isabella von Ungarn, als Vormünderin
ihres Sohnes, des Prinzen Johann Siegmund Zapolya und in diesem letztern Jahre direct an die
Krone. Unmittelbar darauf, 1557, trat aber auch
für Krappitz, wie für die meisten oberschlesischen
Kammergüter, die Periode der Verpfändungen ein,
die fast immer, früher oder später mit Umwande-
lung des Pfandbesitzes in Eigenthum der Pfandes-
herren endete. Der erste Pfandherr von Krappitz
war seit 1557 Joachim Buchta von Buchtitz,
dessen Besitz 1561 auf weitere vier Jahre ausge-
dehnt wurde. Es ist unbekannt, ob diesem ersten
Pfandbesitzer noch andre gefolgt sind, im Jahre
1582 aber verkaufte der Kaiser Rudolph II. Schloss,
Stadt und Herrschaft Krappitz erb- und eigenthümlich dem Haus von Redern, dessen Nachkommen
1613 in den Freiherren-, 1669 in den Grafenstand
erhoben wurden und bis zum Jahre 1766 im Besitz
verblieben. Des letzten Grafen von Redern-Krap-
pitz, Heinrich Adolph Erbtochter, Henriette Jeanette
Julie starb 1765 unverehelicht und ihre Mutter und
Erbin, die verwittwete Gräfin Helene Renate, geborne
Gräfin von Hoym verkaufte nunmehr 1766 die
Herrschaft an den Freiherrn Christian Heinrich Carl
von Haugwitz, der 1786 in den Grafenstand erhoben wurde und bei dessen Familie die jetzige
Fidei-Commissherrschaft Krappitz noch heutigen
Tages sich befindet.

Es existirt ein altes Siegel der Stadt vom Jahre
1396. Dasselbe ist rund, von mässiger Grösse und
hat im Siegelfelde nebeneinander ein halbes Rad
und einen halben Adler. Die Umschrift lautet:
S'. CIVIVM . D'. CRRPICZ. Die neuern Siegel (Abdrücke von 1654 und schlecht geschnittene
Stempel aus diesem Jahrhundert) haben die Stellung
der beiden halben Figuren vertauscht. Die Umschrift jenes Siegels von 1654 lautet: SIGILLVM .
CIVITATIS . CRAPPICIENSIS. Dass das halbe Rad
nicht dem Wappen der 184 Jahre auf Krappitz ge-
sessenen Herren und Grafen von Redern entnommen

ist, beweist das alte Siegel von 1396 evident, vielleicht steht das Wappen der Stadt Krappitz mit
dem der Stadt Ratibor in irgend einem, heutzutage
wohl schwerlich aufzuklärenden, Zusammenhange.
Was die Farben des Krappitzer Wappens betrifft,
so ist der halbe Adler offenbar der oberschlesische
goldne im blauen Felde (ein neues Stadtsiegel hat
diese rechte Schilderhälfte roth schraffirt, als wenn
der Adler der weisse, polnische wäre), das halbe
Rad wird silbern auch im blauen Felde gemalt,
gleich als ob es das Redernsche wäre.

Krossen,

Kreisstadt, Regbez. Frankfurt a. O.,

Crossen, Crosni, Crosten, Croszten,
lat. Crosna, Crozna, am Einfluss des
Bober in die Oder, ein sehr alter Ort,
dessen Existenz schon in den ersten
Jahren des eilften Jahrhunderts unverdächtig ist. Dagegen hat sich nicht feststellen lassen,
wann Krossen eine wirkliche Stadt nach deutschem
Rechte wurde, doch werden schon 1225 seine Einwohner ausdrücklich Bürger genannt. Seit dem Jahre
1227 kennt man Kastellane auf der herzoglichen
Burg daselbst. Als nach dem Tode Herzogs Heinrich II., 1252, Niederschlesien in die drei Fürstenthümer Breslau, Liegnitz und Glogau getheilt wurde,
gehörte Krossen zu letzterem und blieb später
ein Bestandtheil des Fürstenthums Glogau oder
der Seitenlinie zu Sagan. Unterbrechungen dieses
Zustandes waren verschiedene Perioden, in denen
Krossen verpfändet war, so 1273 bis 1276 an den
Erzbischof von Magdeburg (Conrad Graf von Sternberg), 1277 bis 1281 an den Markgrafen Otto von
Brandenburg, 1312 bis zum Aussterben der Askanier in der Mark, wieder an diese Fürsten, worauf
die unruhigen und wechselvollen Zeiten folgten,
welche nach dem Tode Waldemars über seine Länder hereinbrachen. Eine Zeit lang, 1417 bis 1431

war Krossen auch die Hauptstadt eines selbstständigen Fürstenthums.

Durch die Vermählung der Markgräfin Barbara von Brandenburg mit dem Herzoge Heinrich II. von Glogau, 1474, wurde die Verbindung Krossens mit der Mark Brandenburg begründet. Herzog Heinrich II. starb bereits 1476 und nach seiner Bestimmung sollte sein ganzes Erbe als Leibgedinge seiner Wittwe zufallen, jene Bestimmung wurde indessen von verschiedenen Seiten angefochten und so brach der Glogauische Erbschaftskrieg zwischen dem Kurfürsten von Brandenburg, den nächstbetheiligten Herzogen von Schlesien, dem Könige von Ungarn und dem Könige von Böhmen aus, welcher erst 1482 durch den Frieden von Kamenz beendet wurde. Letzterer sicherte dem Hause Brandenburg die Städte und Landschaften Krossen, Züllichau, Sommerfeld (und Bobersberg), das später so genannte Herzogthum Krossen, anfangs zwar nur pfandweise, später aber erb- und eigenthümlich, wenn auch unter der Lehnshoheit Böhmens, die erst 1742 im Breslauer Frieden für immer aufgehoben wurde. Die Zeit der Landestheilung, 1535 bis 1571, abgerechnet, da Markgraf Johann, der Bruder des Kurfürsten Joachim II., nebst der Neumark auch den Pfandbesitz von Krossen erhielt und selbstständig regierte, gewöhnlich Markgraf von Küstrin genannt, ist Krossen nicht mehr vom brandenburgisch-preussischen Königshause getrennt worden. Wenn die Kurfürsten auch gerade wegen Krossen den schlesischen Adler in ihr Wappen aufnahmen, so wurde doch die Verbindung des Landes mit Schlesien allmählig ganz gelockert und das erstere vollständig zur Neumark gezogen. Stadt und Amt Krossen bildeten später meistentheils den Wittwensitz der kurfürstlichen Gemahlinnen.

 Das älteste Siegel der Stadt Krossen, Abdruck vom Jahre 1380, hat im zierlich grossen, runden Siegelfelde über einer niedrigen Zinnenmauer drei Thürme, zwei schlankere, spitzbedachte zu den Seiten, einen höhern, breitbedachten in der Mitte, letztern aber fast ganz verdeckt durch den grossen spitzen Schild mit dem schlesischen Adler. Oben zwischen den Thürmen zwei Sterne. Die Umschrift lautet: SIGILLVM . BVRGENSIVM . DE . CROZEN. Ein kleines Siegel von 1415, mit der Umschrift: SEGRETVM . CIVITATIS . CROSUE . hat dieselbe Vorstellung, im Siegelfelde aber drei Sternchen und eine kleine Lilie. Spätere Siegel, so schon eins aus der Mitte des siebenzehnten Jahrhunderts (SIGILLVM . CIVITATIS . CROSNENSIS .) zeigen eine wesentliche Veränderung des Wappens, das übrigens in dieser Gestalt bis heute beibehalten worden ist. Zwischen zwei spitzbedachten Zinnenthürmen steht der kleinere Schild mit dem schlesischen Adler, die Zinnen der beiden Thürme sind mit einander durch ein breites Dach verbunden und in dem unter diesem frei bleibenden, viereckigen Raume schwebt eine heraldische Lilie. Es ist nichts Näheres bekannt, woher diese Lilie stammt und weshalb sie neuerdings als das wesentliche Wappenbild der Stadt angesehen wird. Wahrscheinlich ist sie doch nur aus jener kleinen Verzierung des Sekrets von 1415 entstanden. Die Farben des Stadtwappens scheinen nicht ganz sicher festzustehen.

Kuhna,

Kreis Görlitz, Regbez. Liegnitz,

 Neu-Kuhna, zum Unterschiede von dem Dorfe Alt-Kuhna, gehörte bis 1820 zum Kreise Lauban. Im Jahre 1660 erhielt der Marktflecken zwei Märkte. Von Besitzern derselben sind bekannt: Chsistoph von Gersdorff um 1449, die Herren von Kottwitz um 1549, welche darauf K. an Christoph von Schellendorff verkauften. Zu Ende des sechszehnten Jahrhunderts, 1577, 1599, gehörte der Ort dem Georg von Warnsdorff, aus

dem siebenzehnten Jahrhundert fehlen nähere Nachrichten, um 1750 war eine Frau von Knoch, geborne von Schönberg Besitzerin. Im Jahre 1845 war ein Herr Meusel Grundherr von Alt- und Neu-Kuhna, sowie der dazu gehörigen Herrschaft Thielitz, heutzutage gehören die Güter der Familie von Magnus.

Ob der Marktflecken ein eignes Siegel und Wappen besessen hat, oder noch führt, ist nicht bekannt.

Kupferberg,
Kreis Schönau, Regier. Liegnitz.

 Koperberg, lat: Cupri Fodina, Mediatstadt am Bober und auf dem Nord-Abhange des Ochsenkopfs, deren Bergwerke angeblich bereits im Jahre 1156 durch einen gewissen Lorenz Angel in Angriff genommen worden sein sollen, ist der Hauptort der gleichnamigen Herrschaft. Sie gehörte ursprünglich zu den reichen Besitzungen der Herren von Liebenthal, deren letzter, Ulrich, bei seinem Tode 1491 dieselben auf seinen Schwager Conrad von Hochberg vererbte. Im Jahre 1512 kaufte Kupferberg mit dem Bolzenstein und andern Pertinenzien Johann Theobald (Diepold) Edler von Burghauss, dessen Vorfahren angeblich in der Mitte des vierzehnten Jahrhunderts K. schon einmal besessen. Der neue Besitzer machte sich durch die Wiederaufnahme des meist in Verfall gerathenen Bergbaus um die Stadt verdient und verschaffte ihr 1519 einen königlichen Brief, kraft dessen sie dieselben Rechte, wie alle anderen Bergstädte geniessen sollte. Er starb 1530 und bald darauf veräusserte sein Sohn Nicolaus die Herrschaft. Im Jahre 1539 erscheint Jodocus Ludwig Decius (Deiso, polnischer Staatssekretär) als Grundherr von Kupferberg, als solcher wird im selben Jahre aber auch ein Herr von Nimptsch genannt, möglich,

dass in diesem Jahre der Besitz der Herrschaft von dem einen auf den andern überging und so sich der scheinbare Widerspruch löst. Zu Ende dieses sechszehnten Jahrhunderts war Kupferberg im Besitz der Schaffgotsche. Von Wolfgang Schaffgotsch kaufte es 1596 (1598) Georg von Fürst, dessen Enkel, der Freiherr Johann Georg 1679 die Herrschaft an einen Grafen von Promnitz veräusserte. Im Jahre 1737 besass sie der Graf Christoph Ferdinand von Nimptsch, dessen Sohn Hans Heinrich verkaufte sie 1768 an Hans Heinrich von Churschwandt. Die verwittwete Maria Theresia von Ch., geborne Gräfin von Nimptsch, seit 1770 Frau auf Kupferberg, brachte die Herrschaft 1774 ihrem zweiten Gemahl, dem Grafen Friedrich Wilhelm von Schlabrendorff zu, beide verkauften sie aber 1780 wieder an einen Herrn Ernst Hermann von Kölichen und Rustern und dieser 1802 an die Gräfin Ernestine von Matuschka geborne von Struchwitz. Ihren Erben, den Grafen M. gehörte Kupferberg noch in den dreissiger Jahren, heutzutage (schon 1845) gehört es dem Grafen Wilhelm zu Stolberg-Wernigerode.

Ein älteres Stadtsiegel hat im Wappenschilde Schlegel und Eisen gekreuzt, unter ihnen ein Stern. In den Schild hinein schlingt sich das Schriftband mit der Aufschrift: SIGILUM. KOPERBERGENSIS IN. SILESIA. Oben steht: 1577. Neuere Siegel haben statt des Sterns drei Rosetten unten in den Winkeln der Bergwerksattribute, zuweilen das Band mit dem Namen, zuweilen auch nicht.

In Cunradi handschriftlicher Silesi-Polygraphia wird das Wappen beschrieben: „zwei Berghämmer und ein Werkzeug zum Heben des Kupfererzes", danach würde das Wappen aussehen müssen, wie das von Nicolstadt. Die Wappenfarben sind nicht näher bekannt, wahrscheinlich doch die natürlichen der Werkzeuge in weissem, oder goldnem Felde.

Lähn,

Kreis Löwenberg, Regbez. Liegnitz.

Lähn, Leben, alt-slaw Valan, Wlen, Wlan, Yulan, Vulan, Vleam, Ulean, am Bober und am Fusse des Berg-schlosses Lähnhaus, ist ein alter Ort, da die Kastellanei „Valan“ schon 1155 urkundlich als zum Sprengel des schlesischen Bis-thums gehörig, aufgeführt wird, 1227 unter dem Schlosse eine Ortschaft existirte und 1228 dieselbe als durch Herzog Heinrich zu deutschem Rechte ausgethan bezeichnet wird. Die immerhin mögliche, aber nicht bewiesene Tradition, dass Herzog Hein-rich der Bärtige schon 1214 die Stadt auf einem vorher mit Birken bestandenen Platze gegründet und „Birkenau“ genannt, dass 1215 die Nicolai-kirche erbaut und 1217 geweiht sei, möge vorläufig auf sich beruhen bleiben, gewiss dagegen ist, dass die nach dem Schlosse benannte Ortschaft Lähn 1261 das deutsche Stadtrecht erhielt. Schloss und Stadt gehörten den Herzogen zu Schweidnitz und Jauer, nach dem Tode der Herzogin Agnes, 1392, Wittwe des letzten, 1368 verstorbenen Her-zogs Bolko, unmittelbar der Krone Böhmen. In der ferneren Geschichte der kleinen Stadt konzen-trirt sich das Hauptinteresse um die Schicksale des einst sehr wichtigen, festen Bergschlosses Lähnhaus und seiner wechselnden Pfandherren und Herren.

Schon 1362 waren Pfandherren und Burggrafen von L. die Gebrüder Bernhard und Nicolaus von Zedlitz, auch noch zur Zeit der Herzogin Agnes. Nach sehr kurzem Pfandbesitz derer von Czister-berg, folgten ihnen darin 1377 Thymon von Kol-ditz und 1391 die Herren von Redern, welchen noch 1428 die Städte Lähn und Schönau unterthan waren. Nach 1452 war Besitzer Waçlaw von Warnsdorff bis 1465. In diesem Jahre erwarb Hans von Zedlitz-Röchlitz Schloss und Herrschaft,

er war einer der allerberüchtigsten Raubritter sei-ner Zeit. Sein Sohn Caspar v. Z. verkaufte das Burglehn 1512 an Heinrich von Reichenbach. Diesem folgten 1527 Hans Diepold von Burg-hauss-Kupferberg und 1530 fünf Gebrüder von Hochberg. Zwei derselben Melchior und Caspar v. H., welche im Besitze verblieben, verkauften Lähn (spätestens) 1536 an Christoph von Redern, dem es noch 1558 zugehörte. Um 1564 war Bal-thasar Schaffgotsch Herr des Burglehns, nach seinem Tode, 1567, überliess es die Wittwe ihrem Schwiegersohn, Sebastian von Zedlitz-Neukirch, der es bis 1581 behielt. In diesem Jahre folgte ihm sein Schwager Balthasar Schaffgotsch und darauf des letztern Bruder Caspar Sch. bis 1598. Dann gehörte Lähn wieder einem von Zedlitz, Conrad auf Wiesenthal, der sich zuerst (1605) „Erb-herr auf Stadt Lähn“ schrieb und 1632 starb. Fa-bian von Zedlitz war ungefähr bis 1646 im Besitz. Der nächstfolgende Erbherr, Heinrich von Reichen-bach verkaufte Lähn im Jahre 1653 an Adam von Koulhas, den Erbauer des neuen Schlosses. Ihm folgten 1663 seine Wittwe Anna Ursula, geborne von Debschütz und 1685 sein Sohn Leopold Ru-dolph, der 1690 die Stadt Lähn von der Erbunter-thänigkeit entband. Um das Jahr 1730 erscheint eine neue grundherrliche Familie, die der Frei-herren von Grünfeld und Guttenstetten, Edlen von Waltmann. Der letzte seines Geschlechts, Frei-herr Friedrich Gotthard Ehrenreich starb 1804. Seine Wittwe, eine geborne von Richthofen, ver-mählte sich wieder an einen Herrn von Tempski. Heutzutage, seit 1842 gehört die Herrschaft Lähn-haus der Familie von Haugwitz.

Das einzige alte Siegel von Lähn (im kath. Pfarr-Archive zu Hirsch-berg) von 1485, leider sehr defect, zeigt im mittelgrossen, runden Sie-gelfelde einen heraldisch stylisirten Baum, der mehr wie ein Zweig aussieht und nur wenige, deutlich markirte Blätter hat, die weit eher einer Linde, als einer Birke anzugehören scheinen.

Die Umschrift heisst: S(igillum . ci)VITATIS . LEH.

Auch ein späteres Siegel von 1640 hat im Siegelfelde einen Baum, dem man „die Birke" nicht ansieht. Umschrift: SIGILVM . CIVITATIS . LEHN . ANNO . 1640 . Ein neueres zeigt sonderbarer Weise den Baum, ohne irgend eine Schildeinfassung, inmitten eines Wappenmantels (nach Art der Fürstenmäntel), die Umschrift heisst: SIG . CIV . LÆH-NENS . 1747 . Neuerdings bildet man das Wappen der Stadt gemäss jener alten Tradition ab: eine deutlich als solche erkennbare Birke, grün im weissen Felde, meist auf Erdreich.

Landeck,

Kreis Habelschwerdt, Regbez. Breslau.

Landecke, am linken Ufer der Glatzer Biela, neben den „Landecker Bädern in den Dörfern Ober- und Nieder-Thalheim, unweit der alten Veste Karpenstein, welche die Bürger 1500 von den Herzogen von Münsterberg und Grafen von Glatz ankauften und, um jeden Missbrauch der Burg durch Wegelagerer unmöglich zu machen, 1513 ganz zerstörten. [Die Namen einiger Burggrafen auf dem Karpenstein, denen die Erbvogtei in Landeck zustand, mögen hier einen Platz finden: 1346 die Gebrüder von Glaubitz (Glubos, Glubz), 1352 Marsian von Parchwitz, 1393 Wolfart von Reichenau, 1404 Conrad von Niemitz (Niemancz)]. Ueber die älteste Geschichte der Stadt ist nichts bekannt, aller Wahrscheinlichkeit nach verdankte sie ihre Entstehung der Entdeckung der erwähnten heilkräftigen Bäder, im Jahre 1336 wird Landeck bereits unter den Städten des Landes Glatz mitaufgeführt. Die Bäder waren aber im Laufe der Zeit wieder in Vergessenheit gerathen und so blieb Landeck bis in den Anfang des siebenzehnten Jahrhunderts hinein ein

äusserst kleiner Ort. Erst seit 1622, in welchem Jahre ein neuer Quell in Ober-Thalheim entdeckt wurde, gewann die Stadt an Leben und Bedeutung. Der neue Quell und die sogenannte neue Herrschaft war 1637 in den Besitz Johann Siegmunds Hoffmann übergegangen, welcher alles that, um den Kurort zu heben. Er wurde 1676 unter dem Namen Hoffmann Ritter von Leuchtenstern nobilitirt, 1693 Freiherr und starb 1699. Sein Sohn Leopold Graf von Hoffmann verkaufte 1735 die Bäder der Stadt Landeck. Einen neuen Aufschwung gewann der Badeort seit 1784 durch den Staatsminister Grafen von Hoym.

Das Wappen der Stadt besteht aus dem böhmischen, weissen, gekrönten und doppeltgeschwänzten Löwen im rothen Felde. Es ist wohl nur ein Druckfehler, wenn Knie und Melcher den Löwen roth im weissen Felde angeben. Die Umschriften aller (neuern) Siegel mit dieser interesselosen Vorstellung lauten: SIGILLVM . CIVITATIS . LANDECENSIS . und S . C . LANDECE . Aller Wahrscheinlichkeit nach hat sich aber der böhmische Löwe nur missbräuchlich aus den Amtssiegeln der königlichen Behörden in das Stadtwappen eingeschlichen. Wenn auch keine bestimmten Siegel vorliegen, so ist doch kein Grund vorhanden, eine sehr genau gefasste Ueberlieferung in Zweifel zu ziehen, wonach — ähnlich, wie auf den alten Glatzer Gerichtssiegeln — das alte Wappen der Stadt bestanden hat in einem quer getheilten Schilde, oben roth mit den beiden goldnen Glatzer Binden, unten golden mit der schwarzen Majuskel-Initiale der Stadt: L. In dieser Weise soll der Magistrat noch in der zweiten Hälfte des sechszehnten Jahrhunderts gesiegelt haben und noch hat sich ein Gerichtssiegel erhalten mit diesem Wappenbilde. Dasselbe ist verhältnissmässig klein und hat die Umschrift: D(es) . G(erichts) . S(igil) . N(u) . LANDEK . G(rafschaft) . G(latz) . Es ist möglich, dass dasselbe auch nicht das älteste Wappen der Stadt darstellt, das es vielleicht auch erst aufgekommen, da die Krone Böhmen 1353 den Karpenstein mit der Erbvogtei über Landeck zeitweise an sich brachte, immerhin wäre es aber ganz ungemessen, wenn die Stadt das alte Wappen wieder in Gebrauch nähme, zumal bereits mehre Städte denselben böhmischen Löwen im Schilde führen.

Landeshut,

Kreisstadt im Regbez. Liegnitz.

 Landshut, die Landeshuthe, Landishuth, lat. Landishuthia, zwischen dem rechten Ufer des Bober und dem linken des Zieder, kommt urkundlich zum ersten Male im Jahre 1241 vor. Im Jahre 1249 gestattete Herzog Boleslaw der Aeltere, im Verein mit seinem Bruder Conrad, erwähltem Bischof von Passau, dem Kloster Grüssau, seinen „Marktflecken" Landshut zu deutschem Rechte auszusetzen. Nachdem des genannten Herzogs Sohn, Herzog Bolko I. die Grüssauer Klostergüter in dieser Gegend 1289 an sich gebracht, scheint er um 1290 dem Orte das volle Stadtrecht ertheilt zu haben, doch datirt das Hauptprivilegium von Landeshut als Weichbildstadt erst vom Jahre 1334, unter Herzog Bolko II. († 1368). Nach dem Tode seiner Wittwe Agnes fiel mit dem ganzen Fürstenthume Schweidnitz-Jauer auch L. unmittelbar an die Krone Böhmen und blieb, unter den königlichen Landeshauptleuten des Fürstenthoms, stets eine Immediat- und Weichbildstadt, neben welcher einst eine nur sehr unbedeutende landesherrliche Burg gestanden hat. Nach der preussischen Besitznahme, 1741, gehörte L. zum Kreise Bolkenhain-Landeshut und ist erst seit 1816 Hauptstadt eines eignen Kreises.

Es gab drei alte Siegel der Stadt. Das grössere, wohl noch aus den letzten Jahren des dreizehnten Jahrhunderts, spätestens aber in dem für die Stadt

so wichtigen Jahre 1334 geschnitten, hat ein senkrecht getheiltes Siegelfeld. In der rechten Hälfte steht eine senkrecht mitten durch geschnittene Burg mit Zinnenmauer, zwei spitzbedachten Zinnenthürmen und halbem Thor, in der linken Hälfte ein gewappneter Ritter mit geschlossenem, federgeschmückten Helm, Schild und blankem Schwert in der Rechten. Umschrift: SIGILLVI . CIVIVO . DU . LAUDISKVT. Das jüngere Siegel der Stadt (Abdruck von 1409) zeigt dieselbe Vorstellung, doch fehlt der Theilungsstrich und das Charakteristische des halben Thors ist durch einen kleinen Mauer- und Thurmanbau unten verloren gegangen. Umschrift: SUCRUTEOL . CONSULUOR . IR . LAUDISHUT. Das der Grösse nach in der Mitte stehende Schöppensiegel (S . SUABIUORVI-I . IR . LAUDISHVTh .), von dem ein Abdruck von 1405 vorliegt, hat im mit Sternen bestreuten Siegelfelde einen einzelnen spitzbedachten Zinnenthurm, ohne Thür und Fenster, rechts und links begleitet von einer Sonne und einem, halbausgefüllten Halbmonde. Diese drei Siegelstempel gingen in den Zeiten des dreissigjährigen Krieges verloren und wurden der Sicherheit wegen 1649 verrufen. Die neuen Stempel (SIGILLVM . MAIVS . (MINVS .) CIVITATIS . LANDTSHUT . (IENSIS .)) erreichen nicht im Entferntesten ihre alten Vorbilder, namentlich ist die echt-heraldische Halbirung der Burg für das Verständniss moderner Graveure eine Unmöglichkeit geblieben. Eine unbegründete Tradition deutet den Ritter als einen „Polacken", wozu der auf dem ältesten Siegel etwas lange Waffenrock und der stets den abenteuerlichsten Auffassungen ausgesetzt gewesene Stechhelm verleitet haben. Wahrscheinlich soll der Ritter übrigens auch nicht den Herzog Bolko darstellen, sondern nur den Namen der Stadt als Grenzveste, Landeshut symbolisiren. Die „Silesia picta" hat der Sicherheit wegen den Ritter ganz weggelassen. Die Farben des Wappens sind rechts weiss in Blau, links weiss (stahlfarben) in Roth.

Landsberg,

Kreis Rosenberg, Regbez. Oppeln,

Lansberk, slaw. Gortow, Gorzowa, Gorzoba, unweit der Prosna, kleine Stadt, früher nur ein Städtel, um das Schloss dieses Namens entstanden, welches eine der ältesten Hauptburgen Schlesiens war, wenn auch das Jahr seiner angeblichen Erbauung, 1241, jedenfalls ein ganz willkürlich erfundenes ist. Der erste sichre Kastellan auf Landsberg erscheint erst 1270. Im Jahre 1294 trat Herzog Heinrich V. von Breslau u. a. auch Stadt und Haus Landsberg an den Herzog Heinrich III. von Glogau ab. Bei der Landestheilung der Glogauischen Herzoge fiel L. 1312 an Oels, wurde 1323 dem Herzoge von Liegnitz abgetreten und nicht lange darauf 1368 kam es an die Herzoge von Oppeln. Um 1394 war Landsberg von den Polen erobert worden und in den Besitz des Palatins von Krakau, Spitek von Melstyn gekommen, der es indess bereits 1397 dem Herzog von Teschen verpfändete. Im nächsten Jahrhundert waren die Herzoge von Oppeln wieder im Besitz und verkauften, wenn man nämlich einen schon 1437 vorkommenden Hinz Swantopelk „von Gorzow" nicht als vorübergehenden Eigenthümer des Schlosses, sondern nur als herzoglichen Hauptmann ansehen will, 1499 die Herrschaft Landsberg an Hans von Frankenberg. Die Herren von Frankenberg aus dem Hause Proschlitz blieben weit über zweihundert Jahre im Besitz der Herrschaft. Im Jahre 1717 verkauften die Söhne des 1715 verstorbenen Adam von Fr., Franz Leopold und Sylvius Dietrich Landsberg an Adam von Ozorowski. Ihm folgten im Besitz seine Söhne, zuerst Adam Wenzel 1729, darauf 1740 Franz Leopold v. O. Im Jahre 1765 gehörte L. der Eleonore Sophie von Reichenstein, geb. von Engelhard, 1783 dem Joseph von Paczynski, 1789 wieder einem (Leopold) von Ozorowski, † 1805. Die Wittwe desselben verkaufte die Herrschaft darauf an Christiane Charlotte Sophie, verwittwete Fürstin von der Osten-Sacken, früher schon verwittwete Gräfin von Hoym-Droyssig, geborne von Dieskau, † 1811. Die in diesem Jahre zum Fidei-Commiss gemachte Herrschaft Landsberg erbte ihre Tochter erster Ehe, Amalie Marianne vermählte Gräfin von der Osten-Sacken, vorher vermählt gewesene Fürstin von Hohenlohe-Ingelfingen, geborne Gräfin von Hoym, † 1840. Ihr zweiter Sohn erster Ehe, der Prinz Adolf von Hohenlohe-Ingelfingen ist der gegenwärtige Besitzer von Landsberg.

Das Wappen der Mediatstadt besteht aus einem Hirsch, der über einen Berg springt, die Farben sind wohl die natürlichen im weissen Felde. Es ist wahrscheinlich, dass es das herb Brochwic, das Familienwappen eines frühern, unbekannt gebliebenen Grundherrn von L. ist, welches man später mit dem Stadtnamen Lands-„berg" in eine redende Verbindung gebracht hat.

Zwei Siegel der Stadt sind bekannt, beide haben die beschriebene Vorstellung, ohne Schild, das ältere hat die Umschrift: S . CIVI . GORZOVIENSIS . 1662 ., das neuere, kläglich geschnittene: LANSBERG . 1724 .

Langendorf,

Regbez. Oppeln, Kr. Tost-Gleiwitz.

slaw. Wielo-Wieś, Wielowies, ein Marktflecken (1793 zu drei, jetzt zu sechs Märkten), dessen Nebenorte Bapom und Neuhof heissen. Langendorf bestand früher aus mehren Antheilsgütern, die erst neuerdings in einer Hand vereinigt sind. Im Jahre 1496 gehörte ein

Theil einer Margarethe von Ganissicks, in der
Mitte des sechszehnten Jahrhunderts findet man ne-
ben- und nacheinander dort angesessen die Familien von Blacha, Morf, von Ohm, von Woiski,
von Wrochem. 1698 kaufte zwei Antheile von L.
der Graf Franz Julian von Verdugo, nach dem
Tode seines Sohnes Franz Wilhelm, 1757 übernahm
die Mutter desselben, Marie Anna, geborne Zatzen-
hofen das Gut und brachte es 1761 ihrem zweiten
Gemahl zu, dem Grafen Lodwig Magnus von Sobeck. Dieser verkaufte es 1779 an Johann Bernhard von Gröling, 1780 erstand es ein Graf Po-
tocki, 1782 Heinrich Franz von Holy, 1782 Anton von Garnier. In diesem Jahrhundert haben
Langendorf besessen nach den Garnier's, ein Herr
von Jarotzki (1830, 1831), Amtmann Stürtz (1845),
darauf ein Herr von Wallhofen, dann (1856, 1857)
ein Herr du Port auf Czarkow und Otmachow,
jetziger Besitzer ist ein Herr Kuschel.

Ein eignes Siegel des Marktfleckens hat sich hier
nicht auftreiben lassen.

Lauban,
Kreisstadt im Regierungsbezirk Liegnitz.

Luban, Luvan, lat. Lubannm, am linken Ufer des Queis, in den hier der
Bach Alt-Lauban mündet, die vierte
in der Rangordnung der oberlausitzischen Sechsstädte, mag wohl schon
frühzeitig der Sitz eines wendischen Szupans gewesen sein, ist aber schwerlich vor dem Jahre 1180
erbaut worden. Wann der wachsende Ort deutsches
Stadtrecht erhalten, ist unbekannt, im Jahre 1273
gehörte er bereits urkundlich dem Bunde der Sechsstädte an. Die Landesherren von Lauban waren
anfangs die böhmischen Herzoge und Könige, vielleicht mit kurzer Unterbrechung zu Ende des zwölften Jahrhunderts, da Herzog Boleslaw Altus von
Schlesien Herr von L. gewesen sein soll. In der

ersten Hälfte des dreizehnten Jahrhunderts erwarben die (1220 bis 1266/67) gemeinschaftlich regierenden Markgrafen Johann I. und Otto III. von Brandenburg, durch Eheverträge, mit der übrigen Oberlausitz auch Lauban. Nach dem Aussterben der
Askanier, 1319, erhielt L. Herzog Heinrich I. von
Jauer, nach seinem Tode 1346 aber kam die Stadt
wieder an die Krone Böhmen, der sie bis 1620
unmittelbar zustand. In diesem Jahre erhielt Kur-
Sachsen anfangs den Pfandbesitz, später den völligen Besitz der Oberlausitz und damit auch Lauban's, welcher Zustand bis 1814 dauerte. Seitdem
ist Lauban preussisch.

Nach der gewöhnlichen Erzählung
erhielt die Stadt Lauban 1344 vom
Herzog Heinrich von Jauer, zur Belohnung für ihre tapfre Vertheidi-
gung gegen den falschen Waldemar
die beiden gekreuzten Schlüssel im quergetheilten
Felde in's Wappen. Abgesehen davon, dass die
Bürgerschaft erst im Jahre 1348, also zwei Jahre
nach dem Tode des Herzogs, Gelegenheit hatte,
ihre Tapferkeit gegen den brandenburgischen Prätendenten zu bewähren, erscheint an und für sich
die ganze Historie dieser herzoglich Jauerschen
Wappenverleihung seltsam und bedenklich und wird
auch in keiner Weise durch die alten Siegel unterstützt. Das älteste, mässig grosse Siegel von Lauban
gehört der Zeit der anhaltinischen Markgrafen an:
im runden Siegelfelde steht der gelehnte märkische
Adlerschild, bedeckt mit dem Helm mit dem Adlerfluge, links nebenbei schwebt schräge ein Schlüssel.
Umschrift: S . CIVITATIS . LVBENI. Leider
liegt dieses interessante Siegel nur in einer sehr
schlechten Abbildung vor, deren Zeichner keine alten Buchstaben gekannt und einen Adler hergestellt
hat, welcher einem modernen Graveur alle Ehre
machen würde, doch ist die Anlehnung an wirklich
Vorhandenes unverkennbar. Das nächstälteste Siegel,
für ein Sekret von ziemlicher Grösse, war noch 1446,
also hundert Jahr nach jenem angeblichen Wappenbriefe, im Gebrauch und zeigt im Felde eine bei-

derseits schräg ansteigende Zinnenmauer mit zwei spitzbedachten Zinnenthürmen, zwischen denen über dem horizontal geschlossenen Portal der gelehnte Schild von Böhmen mit Helm und Helmschmuck steht. Umschrift: ſecretum . cibitatis . lvban . Alle Siegel mit dem jetzigen Wappen sind neuern Ursprungs und ist dasselbe offenbar erst im Jahre 1541 (nach der gewöhnlichen Tradition Datum einer blossen „Besserung" jenes fingirten Wappens von 1344) durch königliches Diplom geschaffen worden. Dieses jetzige Stadtwappen hat im Felde eine Zinnenmauer mit Bogenthor und zwei spitzbedachten Zinnenthürmen, zwischen denen ein vollständiges Wappen schwebt: der Schild roth und schwarz quer getheilt, darin gekreuzt zwei silberne Schlüssel, der Helm gekrönt, auf ihm ein offner, rechts rother, links schwarzer Flug, zwischen dem der gekrönte, doppeltgeschwänzte, silberne Löwe von Böhmen, Helmdecken roth und weiss und schwarz und weiss. Das grosse älteste Siegel mit dieser Vorstellung, vom Jahre 1692, hat die Umschrift: SIGILLVM . MAIVS . CIVITATIS . LVBAN ., im Felde neben den Thürmen steht: 68, die Jahreszahl der Ingebrauchnahme: 1568 bezeichnend. Andre Siegel haben die Umschrift: S . MINVS . etc., oder bloss: LAUBAN . 18 11 ., ein neuestes hat nur den Schild mit den Schlüsseln und die Umschrift: DER . MAGISTRAT . ZU . LAUBAN .

Woher der Schlüssel im ältesten Stadtsiegel aus dem dreizehnten Jahrhundert stammt, ist vor der Hand schwer zu sagen, mögen der wendischen Sprache Kundige entscheiden, ob ein Zusammenhang mit der Bedeutung des Namens „Lavan" besteht! Bei dem modernen Diplomwappen ist äusserst auffallend die grosse Aehnlichkeit des Schlüsselschildes mit dem Familienwappen des alten oberlausitzischen Geschlechtes derer von Uechtritz, aus welchem in der Zeit der Hussitenkriege der tapfre Stadthauptmann Bernhard von Uechtritz-Steinkirch eine für die Stadt sehr wichtige Rolle spielte, die wohl einer heraldischen Verewigung für werth gehalten worden sein mag.

Leobschütz,
Kreisstadt im Regbez. Oppeln,

Lübschütz, Liebschütz, Lubschitz, Lischwitz, slaw. Lubczyce, Hlubczyce, Holubczyce, Hwopezyce, Glubcicib, lat. Leobschutium, ein Name, der möglicherweise mit Holub, die Taube zusammenhängt, wahrscheinlicher aber „tannenreiche Gegend" (Lubczyce) bedeutet, wie denn schon frühe (auch 1107) der ganze Slawengau zwischen der Straduna und Psczyna (Zinna) so genannt wurde. Die Stadt dieses Namens, nahe dem linken Ufer der Zinna, soll eine der ersten gewesen sein, die deutsches Stadtrecht erlangte, 1183 wird der Ort urkundlich erwähnt, 1224 als Zollstätte. Sie gehörte von Anfang an zum Fürstenthume Troppau, unter böhmischer Hoheit. 1370 erweiterte König Ottocar die Stadtrechte von L. Um diese Zeit, schon vor 1269, besass Leobschütz ein natürlicher Sohn des Königs Ottocar (und einer Freiin von Kunring), Nicolaus Nothus, der sich davon Herzog in Schlesien nannte. Seine Herrschaft endete 1318, in diesem Jahre folgte ihm Nicolaus II. Herzog von Troppau und Ratibor, seine Söhne theilten 1377 das Erbe und Nicolaus III. erhielt L. nebst Neukirch und Zuckmantel. Diesem folgten hintereinander die Herzoge Przemko, Wenzel II., Ernst und Johann der Fromme, welcher 1482, ohne Erben zu hinterlassen starb. Zuerst erhielt darauf Peter von Haugwitz L. zu Lehn, bald löste es aber von ihm die verwittwete Herzogin Barbara von Teschen, eine geborne Prinzessin von Troppau-Jägerndorf ein, verpfändete es aber wieder 1513 an Hans von Planknar, Freiherrn von Kinsberg, später auch Herrn von Loslau. Dieser verkaufte 1524 L. an den Markgrafen Georg von Brandenburg-Jägerndorf, welcher die Stadt zeitweise dem Herzoge von Münsterberg verpfändete. Bei dem

Tode des Markgrafen Georg, 1545, wurde zwar auch in Leobschütz noch seinem Sohne und die eventuelle Huldigung dem Markgrafen Albrecht Alcibiades geleistet, allein schon 1546 trat eine kaiserliche Sequestration ein und erst 1557 erhielt Markgraf Georg Friedrich L. zurück. Es ist bekannt, wie die brandenburgische Herrschaft in Jägerndorf, und damit auch in L., 1621 mit der Reichsacht des Markgrafen Johann Georg endete und 1623 das fürstliche Haus Liechtenstein, welches bereits seit 1614 das Fürstenthum Troppau besass, nun auch mit dem Fürstenthume Jägerndorf belehnt wurde. Die eigentliche Herrschaft Leobschütz ist jetzt Eigenthum der Stadt, im Kreise Leobschütz gehört und bildet, zusammen mit der Herrschaft Klein-Hoschütz im Ratiborer Kreise, das Fideicommiss Bleischwitz den preussischen Antheil an dem Liechtensteinschen Mediat-Fürstenthume Jägerndorf-Troppau.

Das älteste Siegel von L. von 1283 hat, nach Kleibers Beschreibung den nach links gekehrten böhmischen Löwen, über ihm den Stern, die Umschrift: SIGILLVⓂ . BVRⒼⒺRSIVⓂ . IⓈ . LVPSⒼHITⓏ . und ist von dreieckiger Form. Dasselbe Siegel kommt noch 1352 vor, 1445 aber erscheint ein neuer Stempel, auch von dreieckiger Form, aber mit nach rechts gekehrtem Löwen und der Umschrift: SIGILLVⓄ . ⒼIVITⒶTIS . LVPSⒼHITS . Ein sehr schön geschnittenes, zuerst 1564 vorkommendes Siegel zeigt einen stehenden Engel mit ausgebreiteten Flügeln, der beide Hände auf zwei vor ihm stehende Schilder stützt. Im rechten Schilde befindet sich der gekrönte, doppeltgeschwänzte Löwe, vor dem oben ein Stern schwebt, im linken sind drei Lauzen-, Hellebardeneisen, oder Bootshaken in das Dreieck gestellt. Umschrift: SIGILLVM . MAIVS . CIVITATIS . LEOBSCICZ . Ein kleineres Gerichts-Siegel mit der Umschrift: SIGILLVM . PRAETORIS . LEOB . 1635 . hat nur den landesherrlichen Löwen, ungekrönt und ohne den Stern im zierlichen Schilde, ein noch kleineres (Abdruck von 1657) hat den gekrönten Löwen mit dem Stern, frei und die Umschrift: SIGILLVM . MINVS . CIVITAT .

LEOBSCHVTS . Aehnliche Stempel haben die Lesart: LEOBSCHYTZ., ein ganz neues zeigt wieder beide Wappenschilder neben einander, aber ohne den Engel und spricht in seiner saubern Durchführung für den guten Geschmack des Leobschützer Magistrats, was man bekanntlich nur zu selten heutzutage denen andrer Städte nachzurühmen im Stande ist. Nach Zimmermann soll es auch ein grosses Stadtwappen geben, in dem der Engel mit seinen beiden Schildern zwischen den Thürmen der gewöhnlichen Stadtburg steht. Der Magistrat von L. bezeichnet den schildhaltenden Engel als den Erzengel Michael und giebt die Farben der Schilder an rechts: silbern in Roth, goldner Stern, links: silbern in Blau. Die Bootshaken sind das alte Siegelbild und Wappen der Leobschützer Vogtei und kommen bereits 1272 auf einem dreieckigen Siegel derselben vor. Nachdem die Stadt die Vogtei erworben, fügte sie das Wappen derselben dem ihrigen zu.

Leschnitz,

Kr. Gross-Strehlitz, Regbez. Oppeln,

 slaw. Leśnica, Lesnica, Lyczmicza, Lesnicia, am Stockauer Bach und am Fusse des St. Annaberges, kleine, zur Herrschaft Gross-Strehlitz gehörige Mediatstadt, über deren Entstehung und Erhebung zur Stadt nichts bekannt geworden ist. Zweifelhaft ist es, ob das Dorf Lesnicia, welches Herzog Kasimir von Oppeln 1217 dem Grafen Gregor zu deutschem Recht auszusetzen erlaubte, die spätere Stadt L., oder das Dorf bei Wiese gewesen. Leschnitz gehörte ursprünglich stets zum Fürstenthum Oppeln, die späteren Erbherren der Stadt sind bei Gross-Strehlitz aufgeführt, von derselben zu unterscheiden ist aber die Freivogtei Leschnitz, dicht bei der Stadt, poln. Woitowstwo, auch Ligota genannt, die ein gesonderter Rittersitz war und ist und deren Besitzer die folgenden ge-

wesen sind. Um 1386 die Pakosch von Bierawa, das ganze fünfzehnte und sechszehnte Jahrhundert hindurch die von Strzela, darauf bis in die ersten Jahre des achtzehnten Jahrhunderts hinein die von Slewitz. Nach diesen besassen die Freivogtei L. die von Strachwitz, Graf Erdmann von Burghauss (1749), die Grafen von Pückler (1754), die Grafen von Reichenbach (1772), die Grafen von Gessler (1777, 1783), die von Birkhahn (1788), die von Schimonski (1790), die von Schmidthalss (1805), die Freiherren von Guttschreiber (1806), die von Müller (1813), die von Ivernois (1823, 1831), die Freiherren von Richthofen (1834, 1857), jetzt (1861, 1867) die Familie Himml.

Das Wappen der Stadt ist der goldne, oberschlesische Adler im blauen Felde. Drei Siegel mit demselben im Siegelfelde, alle aus neuerer Zeit, sind bekannt. Das grössere hat die Umschrift: SIGILVM . CIVITATIS . LESNITZ ., ein kleineres: SIGILVM . CIVITATIS . LESNICENSIS ., ein andres: SIGILLUM . CIVITATIS . LESCHNICENSIS . und neben dem Adler die Jahreszahl: 1817.

Leubus,

Lubes, lat. Lubens, slaw. Łubiąż, Łubiąż, am rechten Oderufer, kleines Städtel, welches als Ort bereits 1175, als Markt 1212 urkundlich erwähnt wird und 1249 das (Neumarkter) deutsche Stadtrecht erhielt. Das Cistercienser-Kloster Leubus, dem der Ort bis zu seiner Säkularisation 1810 gehört hat, wurde in dem bereits erwähnten Jahre 1175 durch Herzog Boleslaw auf der Stelle eines alten Schlosses gestiftet und mit Mönchen aus Pforta besetzt. 52 Aebte haben dem

Stifte, das bald zu Reichthum und hohem Ansehen gelangte, vorgestanden, sie erhielten später fürstlichen Rang und gehörten zu den ersten Landständen Schlesiens. Die prachtvollen, ehemaligen Klostergebäude und das Dorf Leubus liegen eine kleine Viertelmeile von dem Städtchen entfernt, welches indessen im Laufe der Zeiten aufgehört hat, sein Markt- und Stadtrecht auszuüben und jetzt auch wenig mehr, als ein Dorf ist.

Es giebt ein Siegel des Orts, noch im Gebrauch. Dasselbe hat das Lamm Gottes mit der Kreuzesfahne, in gewöhnlicher Weise dargestellt, im runden Siegelfelde und die Umschrift: STÆDTEL . LECBUS . GERICHTS . SIG . Der Ursprung dieses Siegelbildes bedarf bei einer, im Besitz eines Klosters befindlichen Stadt keiner weitern Erklärung, als Wappen aufgefasst, sind die Farben weiss in Roth, goldner Nimbus, grüner Boden, weisse Fahne mit rothem Kreuz.

Lewin,

Lewien, Levinici, Levenice, Lewinice, lat. Leovina, kleine offne Stadt an der Lewiner Mota und am Ratschenberge, unweit des Hummelberges, welche den Namen nach schon im Jahre 1197 urkundlich vorkommt. In diesem Jahre nämlich vertauschte der Königliche Untertruchsess Sobekird sein ihm in L. verliehenes Gut an das Benedictinerkloster St. Margareth in Brzewnow bei Prag, gegen eine Insel daselbst. Im Jahre 1238 war das Kloster nicht allein noch im Besitze dieses Gutes, sondern erwarb auch noch ein andres daselbst, das Erbgut des Zulislaw, Burggrafen von Elbogen. In der Gegend war das Kloster sicher noch 1253 begütert, wann aber dieser sein Besitzstand schliess-

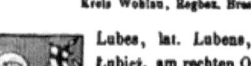

lich aufhörte, unter welchen Verhältnissen und auf
wen er direct überging, darüber ist so wenig etwas
bekannt geworden, wie über die Zeit, in welcher
der Ort Lewinici zu deutschem Stadtrecht erhoben
worden. Ob Lewin schon im dreizehnten Jahrhundert zur Herrschaft Hummel gehört hat, ist zweifelhaft, später war es aber der Fall. Das feste Schloss
Hummel, slaw. Homole, deutsch auch „Landfried"
genannt, der Hauptort eines weitreichenden Bezirks,
war ursprünglich böhmisch und wurde erst seit 1477
zum Lande Glatz gerechnet. Die ersten bekannten
Herren von H. waren die von Pannwitz ungefähr
bis 1388. Im Jahre 1390 gehörte H. und zugleich
auch das „Dorf" Levin einem Sminko von Sternberg, der sich auch von Chlumetz nannte. Im
Anfang des funfzehnten Jahrhunderts, 1403, 1406
war Dietrich von Janowitz († 1412) Herr von H.,
der auf dem Schlosse einen Burggrafen Rziwin von
Woykow eingesetzt zu haben scheint, 1412 soll ein
Graf Hans von Pogrell auf H. gesessen haben.
Im Jahre 1424 gehörte H. dem Heinz von Lazan,
genannt Leß, 1427 kaufte es Nicolaus von Trczka,
aber schon im nächsten Jahre erstürmten die Hussiten das Schloss und setzten Peter Pollak von
Wolfina ein, dem später (um 1444) Hinko Kru-
czina von Lichtenberg (Leuchtemburg) folgte,
welcher 1454 starb und dessen Sohn Wilhelm das
ganze Erbe sofort an Georg von Podiebrad und
Kunstadt, den spätern König, verkaufte. Seinen
Erben gehörte Lewin bestimmt noch 1472.

Das Wappen des Städtchens ist eins der schwer
zu erklärenden. Am besten lässt es sich blasonni-
ren: ein in vier Reihen zinnenweise quer getheilter
Schild, der Art, dass die Zahl der Zinnen von unten nach oben zu steigt. Diesen Eindruck macht
wenigstens das relativ älteste Siegel aus dem siebenzehnten Jahrhundert mit der Umschrift: SIGIL .
MINVS . CIVITATIS . LEOVINENSIS . Neuerdings aber hat man es vorgezogen, nur drei Reihen
perspectivisch hintereinander ansteigender Zinnen
darzustellen, ein für einen von jeher offenen und
ganz unbefestigt gewesenen Ort sonderbares heral-

disches Symbol, auch ist es beliebt worden, den
etwas stark gerathenen und im weichen Wachs wahrscheinlich breit gedrückten Zirkelpunkt irgend eines
alten Siegels als etwas Wesentliches anzusehen und
ihn gross und kugelförmig in der Mitte der dreifachen Zinnenmauer abzubilden. Farben sind unbekannt, denn grau in Grau, wie es jetzt geschieht, das Wappen zu tingiren, ist unheraldisch.
Vielleicht gelingt es noch einmal, im Wappen eines
der alten Herren auf dem Landfried den Ursprung
des Lewiner Stadtwappens zu entdecken.

Liebau,

Kreis Landeshut, Regbez. Liegnitz.

Lübau, Lieb-Aue, die liebe Aue, lat.
Lubavia, an der Aue, oder dem
Schwarzbach, in einem Thale zwischen
dem Steiner- und dem Heldmühlberge,
offne Bergstadt, welche um die alte,
angeblich schon im dreizehnten Jahrhundert als
Wallfahrtsort in Ruf gestandene Pfarrkirche durch
Herzog Bolko I. von Schweidnitz um 1290 gegründet und 1293 dem neu fundirten und mit Ci-
sterziensern aus Heinrichau besetzten Kloster
Grüssau geschenkt sein soll. Thatsache ist, dass
Liebau stets zu den Besitzungen des Klosters gehört hat und erst bei der Säcularisation desselben
1810 eine königliche Immediatstadt wurde.

Ein mittelgrosses Siegel von
Liebau mit der Umschrift: SIGIL .
CIVITATIS . LVBAVIA . 1 . 6 . 2 . 6 .
wahrscheinlich soll die verkehrte
5 eine 3 sein, denn der Abdruck
ist vom Jahre 1655) hat den Wappenschild
durch einen damaszirten Querbalken getheilt,
in der obern, punktirten Hälfte steht auf demselben ein einzelner Zinnenthurm, in der un-

tern, wellenartig schraffirten schwimmt schrägrechts
ein Fisch. Neuere Siegel (SIGIL . CIVITATIS .
LVBA'IAE . S . B . (am Schwarzbach?) lassen
den (spitzbedachten) Thurm nnmittelbar aus dem
Wasser aufsteigen und den Fisch horizontal schwim-
men. Die Farben werden angegeben weiss in Blau,
des Balkens, wenn er vorkommt, als Ufersanm
grün. In jenem älteren Siegel ist das Siegelfeld
mit Pünktchen, Rosetten und ähnlichen Figuren bestreut, aus denen die beiden Lilien entstanden sein
mögen, die man auch wohl als neben dem Thurm
befindlich angegeben findet.

Liebenau,

Kr. Züllichau-Schwiebus, Regbez. Frankfurt,

Libenow, Marktflecken am Pschlitz-
See, welcher der Sage nach älter
als die Stadt Schwiebus sein soll,
im sechzehnten Jahrhundert Stadtrecht erhielt, dasselbe aber nicht
behauptete. Der Ort gehörte schon
von jeher zum Lande Schwiebus, wurde mit demselben gegen Cosel 1333 von der Krone Polen an
Böhmen abgetreten und ist seit 1686 Branden-
burgisch. Nähere Nachrichten über die Geschichte
von Liebenau fehlen fast ganz. Es ist zweifelhaft,
ob Wolfhart von Rabenau (1426) und Friedrich
von Kottwitz (1580) eigentliche Grundherren des
Ortes, oder nur Amt-hauptleute gewesen und ob
Liebenau schon damals, wie im ganzen siebenzehnten und achtzehnten, bis in das neunzehnte Jahrhundert hinein dem Kloster Paradies gehört habe.
Das Cisterzienser-Kloster Paradies im jetzigen Kreise
Meseritz wurde 1240 von Bronisch von Wirnaw
(? Wrbna-)Zoskowic gestiftet, 1241 schenkte Graf
Janusz, Sohn des Grafen Sezana demselben das Dorf
Lubnipitzko — sollte unter diesem Namen vielleicht

das spätere Liebenau zu verstehen sein? — Heutzutage (1857) gehört das sogenannte Richtergut-
Liebenau der Familie Kosan.

Es ist nur ein älteres Siegel von Liebenau vorhanden, der Abdruck ist von 1705, der Stempel
wohl noch mindestens aus dem Anfang des sechzehnten Jahrhunderts und macht auch den alten
Besitzstand des Klosters wahrscheinlich. Im Siegelfelde erhebt sich nämlich über einer Zinnenmauer
mit Thor ein einzelner, breitbedachter Zinnenthurm,
neben welchem rechts auf der Mauer ein Krummstab, als Zeichen der geistlichen Herrschaft steckt.

Liebenthal,

Kreis Löwenberg, Regbez. Liegnitz,

Lübenthal (Löwenthal), lat. Lubethala,
(Leowalla), am Untoter, ummauert gewesene Stadt, welche möglicherweise
schon 1291, bestimmt 1307 als Dorf
existirte und jedenfalls vor dem Jahre
1349 eine Stadt zu deutschem Rechte geworden ist.
Die bisherige Annahme, dass das Kloster Liebenthal 1221 gestiftet worden, ist neuerdings mit Recht
in das Gebiet der Sage zurückgewiesen worden.
Dagegen steht fest, dass Jutta von Liebenthal, aus
dem reichen Geschlechte, dem die ganze umliegende
Gegend gehörte, 1278 den Herzog Heinrich von
Jauer bat, hieselbst ein Kloster (für Benedictinerin-
nen) zu stiften, dass die erste Dotation desselben
durch die Gebrüder von Liebenthal und von Pusch
erfolgte und 1307 auch das damalige Dorf L. dem
Kloster von denen von L. geschenkt wurde. Das
Kloster Liebenthal blieb im Besitze der gleichnamigen Stadt bis zu seiner Säcularisation 1810,
seitdem ist letztere eine königliche Immediatstadt
und jetzt gehören ihr auch die früheren Klostergüter, das Rittergut Liebenthal.

Das relativ älteste Siegel ist ein Gerichtssiegel, im vorliegenden Abdrucke von 1619 fast ganz verdorben, so dass sich nur die halbe Figur eines Heiligen erkennen lässt, der auch jetzt noch das Wappen der Stadt bildet. Es ist dies der Patron des Jungfrauen-Klosters L., der St. Maternus. Ein kleines, aber S . MAIVS . CIVITATIS . LIEBENTHAL . bezeichnetes Siegel von 1636 (Jahreszahl im Felde) hat die naförmliche halbe (oder ganze?) Figur des Patrons im bischöflichen Ornate, in der Rechten ein Buch, in der Linken schräge vorgestreckt den Krummstab. Neuerdings bildet man den Heiligen ab in der Rechten die Klosterkirche haltend. Die Farben des Wappens mögen wohl nie näher fixirt worden sein, doch wohl das conventionelle blau-rothe Kostüm auf Gold- oder Silbergrund.

Liebenwerda,
Kreis Wadowitz, Königr. Galizien.

slaw. Kenty, Canti, Stadt im ehemaligen Fürstenthum Auschwitz, die, gleich der Hauptstadt selbst, auch offiziell ihren deutschen Namen eingebüsst hat. Polnische Chronisten berichten, dass im Jahre 1200 daselbst die Pfarrkirche und eine Kapelle zum Heiligen Geist gestiftet worden seien durch einen Herzog Maslaw von Auschwitz, dessen historische Existenz freilich angefochten wird. Im Jahre 1243 gehörte „Canti“ urkundlich dem Kloster Staniotek. Als Stadt wird der Ort dabei noch nicht bezeichnet, weshalb daher die von Temple gebrachte Notiz, dass Liebenwerda (Kenty) 1245 von Deutschen gegründet soll wohl heissen, zur deutschen Stadt gemacht sei, nur deswegen unglaubwürdig sein soll, weil der Name schon zwei Jahre früher erwähnt ist, ist nicht recht einzusehen. Im Jahre 1327 wird Kenty mit unter

den Städten des Fürstenthums Auschwitz aufgeführt, mit denen Herzog Johann I. sich zum Vasallen der Krone Böhmen erklärt. Die Stadt verfiel mit dem ganzen Lande seit 1457 der Polonisirung, woran es auch nichts ändern wird, dass 1772 die erste Theilung Polen's das Land und diese Stadt der Herrschaft Oestreich's unterwarf. Weiteres über ihre Schicksale ist nicht bekannt, ebenso wenig ein Siegel oder Wappen von ihr.

Liegnitz,
Kreis- und Regierungs-Hauptstadt.

Ligentze, Legnic, Legenitz, Ligenitz, Lygenitz, (unter dem im Jahre 1000 vorkommenden Ligbinici ist nicht Liegnitz zu verstehen) lat. Legnicium, Lignicium, zwischen dem linken Ufer der Katzbach und dem rechten des Schwarzwassers, Hauptstadt des frühern Fürstenthums dieses Namens, ist ein alter Ort, dessen Burg 1217, der selbst zuerst 1243 urkundlich erwähnt wird, 1264 deutsches Stadtrecht und 1293 speziell das Magdeburger Recht erhielt. Am bekanntesten in diesem Jahrhundert hat Liegnitz die am 9. April 1241 bei dem nahen Wahlstatt vorgefallene grosse Tartarenschlacht gemacht. Im Jahre 1247 theilte Herzog Boleslaw, dem väterlichen Testamente gemäss, mit seinem Bruder Heinrich (III.) sich derart, dass ersterer Breslau, letzterer Liegnitz mit Glogau bekam. Das Fürstenthum Liegnitz, seit 1329 unter böhmischer Lehnshoheit, später meist mit Brieg vereinigt, bestand unter eignen Regenten bis zum Tode des letzten Piasten, des Herzogs Georg Wilhelm, welcher am 21. November 1675 starb. Der 1537 zwischen Kur-Brandenburg und Liegnitz-Brieg abgeschlossenen Erbverbrüderung ungeachtet, wurden beide Fürstenthümer vom Kaiser eingezogen und fortan als östreichische Erbfürstenthümer verwaltet, bis zur Besitznahme durch den König von Preussen im Jahre 1741.

Die Stadt Liegnitz, deren Namen äusserst hartnäckig mit dem alten Volksstamm der Lygier (Lygii vicus, Ligivice!) in Verbindung zu bringen versucht worden ist, obschon es auch eine andre, noch schönere Ableitung von dem slawischen „Legnic d. h. ich faullenze" giebt, hatte auch einige Male das Schicksal, verpfändet zu werden, so im Jahre 1333 an mehre Breslauer Bürger, die 1339 noch im Pfandbesitze waren und kraft dieser Eigenschaft die Rechte der Stadt bestätigten. Im Jahre 1452 rebellirte die Bürgerschaft, welche sich direct der Krone Böhmen anschliessen wollte, der Aufruhr endete 1454 mit der Hinrichtung des Bürgermeisters Ambrosius Pitschen. Den Titel von Liegnitz haben geführt die Kinder des Herzogs Johann Christoph († 1639) aus seiner morganatischen Verbindung mit Anna Hedwig Freiin von Sitsch, als Grafen, Freiherren und Freiinnen von L. Der letzte derselben, Graf August von Liegnitz starb aber bereits 1677 ohne Erben. Im Jahre 1824 ist die in diesem Jahre mit dem Könige Friedrich Wilhelm III. von Preussen vermählte und seit 1840 verwittwete Gräfin Auguste von Harrach, zur Fürstin von L. (und Gräfin von Hohenzollern) erhoben worden.

Das älteste, grosse Siegel der Stadt (Abdruck vom Jahre 1339, aber noch aus dem dreizehnten Jahrhundert stammend) zeigt zwei spitzbedachte, ungleiche Thürme umschlossen von einer rund-perspectivisch dargestellten Zinnenmauer, über deren Thor auf einer mit einer Decke behängten Bank St. Petrus sitzt, den Schlüssel in der Rechten, das Buch in der Linken. Die Umschrift lautet: SIGILLVM . CIVITATIS . (LEGNICE)NSIS . Das nächste, fast eben so grosse, auch nur bis 1396 im Gebrauch gewesene Siegel hat zwischen zwei spitzbedachten Zinnenthürmen, innerhalb eines gothischen Portalbogens den stehenden St. Petrus, sonst ebenso mit Schlüssel und (sehr kleinem) Buch.

Umschrift: SIGILLVM . CIVITACIS . LEGNIZHII(SIS) . Zu beiden Seiten der Thürme und unten im Abschnitt Ranken und Zweige. Ein kleineres Sekret von 1324 hat ziemlich dieselbe Vorstellung, nur schreitet hier St. Petrus, segnet mit der Rechten und trägt den Schlüssel schräge vor sich. Die defecte Umschrift heisst: S . CIVI(TA) TIS . LIG . . . . . Ein jüngeres Sekret von 1380 ist schön, in mancher Beziehung merkwürdig geschnitten: in der Mitte steht St. Petrus, das Haupt mit einer spitzen Mütze bedeckt und vom Nimbus umgeben, mit der Rechten den Schlüssel in die Höhe haltend, mit der Linken den Mantel zusammenfassend auf einer kleinen Konsole, zu seinen beiden Seiten zwei kleine zierliche Thürme, auf deren Zinnen je ein Krieger mit Schild und Fahne, den Hintergrund schliesst eine niedrige Zinnenmauer ab. Umschrift: SECRETVM . CIVITACIS . LEGNICENSIS .

Es folgt ein grosses Stadtsiegel, dessen Type 1396 vom Rath beschlossen worden sein soll und während des nächsten Jahrhunderts im Gebrauche war. Auf demselben sitzen auf einer zwiefach überwölbten Bank, gewissermassen einem doppelten Chorstuhl von sehr zierlicher Arbeit, nebeneinander die beiden Apostel St. Petrus und St. Paulus mit den gewöhnlichen Attributen des Schlüssels und Schwertes, unten die Umschrift durchbrechend ein kleiner Schild mit dem schlesischen Adler. Die Umschrift heisst: SIGILLVM . CIVITAVIS . LEGNICENSIS . Der Stempel ist noch erhalten, doch scheint die Echtheit seines Ursprungs nicht ganz unverdächtig.

König Wladislaw machte d. d. 1453 der Herrschaft dieser alten Siegel ein Ende, indem er der Stadt ein neues Diplomwappen verlieh: zwei gekreuzte silberne Schlüssel, daneben (für gewöhnlich sie haltend dargestellt) ein goldner Löwe mit doppeltem Schweif im blauen Felde. Aus der den Schild deckenden Krone wächst derselbe Löwe, die Schlüssel in den Pranken, hervor. Sonderbarer Weise sind alte Stempel mit diesem vollständigen Wappen nicht vorhanden, vielleicht fand die Erfindung des königlichen Heroldsamtes keinen Anklang bei der Bürgerschaft. Bis in die neueste Zeit hinein siegelt die Stadt nur mit den beiden gekreuzten Schlüsseln im Wappenschilde, wovon verschiedene Stempel nachgewiesen werden können. Das älteste der Art noch aus dem funfzehnten Jahrhundert hat den einfachen Schild von einem Bande umschlungen, dessen gothische Minuskelaufschrift nach dem vorliegenden, schlecht erhaltenen Papierabdruck nicht genau wiedergegeben werden kann, aber wohl schwerlich von dem Gewöhnlichen abweichend ist. Ein andres Siegel hat die Schlüssel im sehr zierlich ausgeschnitzten Schilde und die Umschrift: S . SENATVS . POPVLIQ . LIGNICENSIS . 1627 . Auch giebt es ein sehr kleines Sekret mit den beiden Schlüsseln frei im Felde, ohne alle und jede Umschrift. Die „Silesia picta" hat mit gewöhnlicher Ungenauigkeit einen quer getheilten Schild, oben den schlesischen Adler, unten die Schlüssel. Die neuern Siegel mit dem vollen Diplomwappen, zuweilen freilich auch ohne den Löwen über der Krone, aber immer mit dem, wie es scheint, für sehr wichtig gehaltenen, fürstlichen Wappenmantel haben theils die oben gegebene lateinische, theils moderne deutsche Umschrift.

Das alte, kleine Schöppensiegel (1306) hat nur den schlesischen Helm mit dem Pfauenzagel, Umschrift: S . SCABINOR . IN . LIGNIZ . Das jetzige Stadtgerichtssiegel hat auch das Stadtwappen.

Lissa,

Kreis Neumarkt, Regbez. Breslau,

Lesna, Lesnicia, Lesnic, Lesnyc, Lesniz, Lesniez, Lesnich, an der Pölsnitz, Schloss und Königliches Burglehn, um welches sich ein oft auch „Städtel" genannter Marktflecken gebildet hatte, dessen Marktgerechtigkeit jetzt erloschen ist. Unerwiesen ist die

Nachricht, dass das alte Schloss bereits 1132 erbaut worden sei, ebenso unsicher sind die ersten urkundlichen Erwähnungen desselben 1201, 1208 und 1224. Seit dem Jahre 1226 aber tritt Lissa sicher in die Geschichte ein und 1261 erhielt der Ort deutsches (Stadt-) Recht. Mit Heinrich von Hörnig beginnt die Reihe der bekannten Herren des Burglehns Lissa 1611, 1622. Von seinen Erben kaufte dasselbe 1653 Horaz von Forno (Fornau), dessen Sohn der Freiherr Carl Franz v. F. auch noch im Besitze war. Im Jahre 1702 gehörte es dem Freiherrn Raymund von Stillfried-Nenrode († 1720). Sein Sohn, Freiherr Johann Joseph von St. starb 1739, mit Hinterlassung von fünf unmündigen Söhnen: während der Zeit ihrer Vormundschaft scheint Lissa an das Matthiasstift in Breslau gekommen zu sein, doch nur vorübergehend, da es bald darauf (1751) dem, 1758 verstorbenen, Freiherrn Ferdinand Ernst von Mudrach gehörte. Ihm folgte im Besitz seine Tochter Christiane Charlotte, 1761 vermählt mit dem Grafen Joachim Carl von Maltzan, dessen Familie das Burglehn noch in den zwanziger Jahren dieses Jahrhunderts gehörte. 1837 kaufte es Graf Friedrich von Wylich und Lottum und stiftete in demselben Jahre, unter Vereinigung mit Muckerau und Rathen das Majorat Lissa, welches jetzt, seit 1842 seinem Sohne, dem Grafen Hermann Friedrich von W. und L. zugehört.

Das nur in einem neuern, schlecht geschnittenen Siegel erhaltene Wappen des Marktfleckens Lissa ist gespalten, hat rechts einen halben Adler, offenbar den schlesischen, links einen aus dem äussern Schildesrande hervorgehenden, geharnischten Arm. Der Schild ist mit drei Blättern besteckt, die Umschrift heisst: SIGILLUM . CIVIUM . OLLESDA . F(reien) . K(öniglichen) . B(urglehns) . LISSA . NEUM(arkter) . CR(eis). Der vorgestellte slawische Name Ollesda mag wohl verstümmelt sein, da keine der oben angeführten ältern Bezeichnungen des Orts sich mit ihm in sprachliche Verbindung bringen lassen. Ebenso unbekannt ist es, ob der gewaffnete Arm nur die frühere Festigkeit der Burg symboli-

12

siren soll, oder dem Wappen eines frühern Burg-
lehn-Inhabers seinen Ursprung verdankt.

Mark-Lissa,

Marglissa, so aber erst genannt, seit
die Oberlausitz von Böhmen an
Kursachsen und M. an die Grenze
kam, früher Lissa, Lisse, Lissaw,
Leisna genannt, am Queis, wo die
Schwerta in denselben fällt, Mediatstadt, die wendischen Ursprungs und natürlich sehr alt sein soll,
wenngleich keine Urkunde des Mittelalters ihrer
Erwähnung thut. Dagegen steht fest, dass der Ort
erst 1515 vom Könige Wladislaw (nach Andern erst
1524) Marktrecht erhalten hat, also auch erst noch
später sich zur eigentlichen Stadt entwickelt haben
kann. Als Erbherren werden zur Hussitenzeit die
von Uechtritz, darauf die von Kottwitz genannt.
Mindestens seit der Mitte des sechszehnten Jahrhunderts gehörte Marklissa den Herren von Debschütz und wohl, da der Besitz eines Freiherrn
von Nostitz 1644 sehr zweifelhaft erscheint, ununterbrochen bis zum Ende des achtzehnten Jahrhunderts (noch 1770). In den zwanziger Jahren
dieses Jahrhunderts und anfangs der dreissiger war
Christiane Friederike Giersberg, geborne von
Mudrach Besitzerin der Stadt, 1845 gehörte sie
einem Herrn Jung, 1857 einem Freiherrn von Badenfeld, der jedoch damals im Konkurse stand,
heutzutage Herrn Alfred von Zastrow.

Das Wappen der Stadt wird beschrieben und
abgebildet: ein gestürzter, goldner Halbmond und
unter ihm ein goldner Stern im blauen Felde. Leider sind keine Siegel von Marklissa bekannt, die,
und zwar die ältern, aller Wahrscheinlichkeit nach
beweisen würden, dass das Wappen jetzt unrichtig
geführt wird, nämlich gerade verkehrt. Das slawische herb Leliwa hat den Mond mit den Spitzen
in die Höhe gekehrt und den Stern über sich in
denselben Farben und viele schlesische und selbst
sächsische Familien (von Warnsdorff) lassen sich
nachweisen, die zu diesem herb zählen und denen
vor den Debschütz's und Kottwitz's der Ort Lissa
gehört haben könnte.

Loslau,

Losslow, slaw. Wodzisław, Wladislaw,
lat. Wladislawia, ein Name, der mit
dem (1102 †) Könige Wladislaw genannt Hermann von Polen, als Gründer des Orts in Verbindung gebracht
wird, an einem Mühlgraben, ist der Hauptort der
vormaligen freien Minder-Standesherrschaft Loslau
und war einst befestigt. Wann der Mediatflecken
eigentlich entstanden, ist nicht mit Sicherheit nachzuweisen, vom polnischen Rechte ist er erst im Jahre
1666 befreit worden. Loslau gehörte ursprünglich meist derjenigen Linie der oberschlesischen Piasten, welche zu Ratibor regierte. Die Herzoge
Johann und Wenzel wurden 1474 vom Könige Matthias gefangen, ersterer erhielt 1479 L. nebst Rybnik
zurück, starb aber schon 1483 und nun war L. mit
der Krone vereinigt, bis König Wladislaw die Herrschaft 1502 seinem Kanzler, dem Freiherrn Johann
von Schellenberg und Kosti verlieh. Nach dem
Rücktritt seines Vaters 1506 folgte Freiherr Georg
von Sch., mit vollen fürstlichen Rechten, bis 1515,
in welchem Jahre er L. dem Freiherrn Balthasar
von Welezek verkaufte. Dieser und seine Neffen
Nicolaus und Melchior, als Mitbesitzer veräusserten
die Herrschaft 1527 an Hans Planknar Freiherrn
von Kinsberg, in dessen Familie sie bis zum Jahre
1602 verblieb, da Georg Charwat von Plawecki,
Freiherr von Plawecz Loslau kaufte. Seine Nach-

kommen herrschten bis 1668 und ihnen folgte Georg von Schelepcheny, seit 1666 Erzbischof von Gran, † 1685. Darauf war L. zehn Jahre lang eine kaiserliche Domaine und wurde 1696 dem Fürsten Ferdinand von Dietrichstein-Nicolsburg verkauft, dessen zweiter Sohn Graf Jacob Anton 1698 in L. succedirte. Des Grafen Leopold Wittwe, Marie Josephine, geborne Gräfin von Schrattenbach, wieder vermählte Gräfin von Khevenhüller-Metsch, verkaufte 1774 die Herrschaft an die verwittwete Gräfin von Dyhrn, Sophie Caroline, geborne Freiin von Crausse. Seitdem wechselte der Besitz sehr schnell und zwar folgten einander: 1780 Graf Heinrich Leopold von Reichenbach, 1794 Graf August Ponin von Poninski, 1797 Graf Ernst von Strachwitz, 1807 Friedrich von Forcade, 1812 in der Subhastation wieder Graf Ernst von Strachwitz, 1832 sein Sohn, Graf Hyacinth, 1841 dessen Schwiegersohn, Graf Alexander von Oppersdorff, 1851 die Herrnhuther-Gemeinde zu Gnadenfeld, 1854 Carl Emil Georg von l'Estocq, endlich 1860 bis jetzt Eduard Brauns.

Das älteste Siegel von Loslau, nach vorliegender Abbildung mit der Umschrift: CIVITATIS . WLADISLAVENSIS . 1597., nur klein, enthält im Siegelfelde nebeneinander einen halben Adler und eine halbe Rose. Dieselbe Vorstellung hat ein neueres, noch kleineres von etwas länglicher Rundung, mit der Umschrift: SIGIL . CIVTAT . (?) LOSLENSIS . 1736 . Die Farben des Stadtwappens werden angegeben rechts weiss in Roth, links golden in Roth. Der weisse polnische Adler soll die Gründung der Stadt durch den König Wladislaw im Andenken bewahren, die halbe goldne Rose stammt vielleicht aus dem Wappen der Planknar Freiherren von Kinsberg (drei goldne Rosen und ein weisser Sparren im rothen Felde).

Löwen,

Kreis Brieg, Regbez Breslau,

Löben (Lewin), Leben, am linken Ufer der Neisse, kleine Stadt, die ursprünglich den Herzogen von Oppeln gehörte und gegen das Ende des dreizehnten Jahrhunderts entstanden sein mag, wenigstens existirte sie schon 1310 und sicher 1333 mit städtischen Rechten. Mit dem Jahre 1434 beginnt die Reihe der Pfandbesitzer und späteren Erbherren von L. Die ersten derselben waren die von Schweinichen. Im Jahre 1480 war Löwen ein dem herzoglichen Hause heimgefallenes Lehn und die Söhne des damals regierenden Herzogs Nicolaus I., Johann und Nicolaus II. gaben die Herrschaft einer Barbara Hoff zu Lehn, Tochter des Hans H., welche noch 1501 als Pfandbesitzerin genannt wird. Im Jahre 1504 war Hans Proskowski von Proskau Herr von Löwen († 1508). Die Freiherren von Bees auf Cöln und Ketzendorf tauschten 1530, gegen Antheile an letzterem Gut, welche später erweitert wurden und auf denen dann der Marktflecken Carlsmarkt entstand, von dem regierenden Hause die Herrschaft L. ein, doch scheint der anfängliche Pfandbesitz erst hundert Jahre später in freies Eigenthum verwandelt worden zu sein. Caspar von Panowitz, der Gemahl (1583) einer Freiin Maria von Bees, wurde dadurch Mitbesitzer von L. und erwarb, nach dem Tode seiner Gemahlin 1601 ganz die Herrschaft. Die Freiherren und spätere Grafen von Bees, welche nachher Löwen zurück erhielten und in der zweiten Hälfte des siebenzehnten Jahrhunderts in lange andauernde Streitigkeiten mit ihren Unterthanen verwickelt waren, behielten die Herrschaft, seit 1615 Majorat, bis zu ihrem Aussterben im Mannsstamme, 1796. Die einzige Erbin Johanna († 1821), Tochter des Grafen Johann Gottlieb Otto v. B., vermählt mit

dem Grafen Joseph von Nostitz-Rokitnitz, verkaufte
noch im selben Jahre L. an den, 1798 in den Grafenstand erhobenen, Freiherrn Hans Gottlieb von
Stosch, dessen Erben die Herrschaft 1843 den
Freiherren von Eckardtstein verkauften, denen
sie noch gehört.

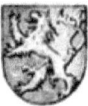

Nach Knie und Melchor ist ein altes Siegel von 1333 bekannt, mit der
für jene Zeit auffallenden Umschrift:
INSIGRIA . CIVITATIS . LOVI-
ERSIS . Es ist aber nicht gesagt,
ob das Siegelbild mit dem später gebräuchlichen
Wappen übereinstimmt. Dasselbe bildet ein silberner, aus grünem Dreihügel wachsender, doppeltgeschwänzter Löwe im rothen Felde. Abweichungen
sind, wenn der Löwe noch irgend Etwas (auf der
Abbildung in Wernher's handschriftl. Topographie
aber unerkennbares) in den Pranken hält, oder
wenn der Löwe einfach geschwänzt ist und bereits
mit drei Beinen aus dem ganz zusammengeschrumpften, fast nur drei schräge gestellten Rosen ähnlichen
Dreiberge herausklettert. Diese Darstellung hat ein
Siegel des vorigen Jahrhunderts, mit der Umschrift:
S . CON . CIVI . IN . LÖWEN . und der Jahreszahl 1333 über dem Schilde, welche entweder eine
Nachahmung des ältesten Siegeltypus beweist, oder
nur auf die Tradition anspielt, dass L. in diesem
Jahre Stadt geworden. Ist der Löwe der böhmische,
so müsste er gekrönt sein, ist es aber der freiherrlich Bees'sche, so hätten die Farben roth in Silber
sein müssen. In diesem Falle könnte der Löwe
wohl den Baumast der andern und Haupthälfte
des Bees'schen Wappens in den Pranken halten.
Neuerdings scheint die Stadt als redendes Wappen
einen ganz vollständigen und beliebigen Löwen für
ihr angemessenes Symbol zu betrachten, auf der
schlesischen Industrieausstellung war als ihr Wappen
offiziell ein solcher, goldner (doppeltgeschwänzter)
Löwe im blauen Felde angegeben.

Löwenberg,
Kreisstadt im Regbex. Liegnitz.

Lowenberc, Lewinberg, Lewnberg,
Lemberg, Lempergk, Lâmberg, Leben-
berg, Leupere, lat. Leoberga, Leorinum, Leoris, Leopolis, am linken Ufer
des Bober und zwischen dem Moyser
und Görisseiffer Wasser, eine der ältesten Städte
Schlesiens, deren noch höheres Alter zu erweisen
aber auch fabulirende Chronisten nicht müssig gewesen sind. Dass die Stadt 1158 schon gross und
neu befestigt worden, dass sie 1205 bereits eine
Pfarrkirche gehabt, dass 1227 das Minoritenkloster
gestiftet, dass 1231 die Bergleute freiwillig die
Strassen mit Granit-Trottoirs belegt und im nächsten Jahre sich zu einem Klubb „zur silbernen
Hacke" zusammengethan — sind alles Nachrichten,
deren Unglaubwürdigkeit theilweise offen zu Tage
liegt, deren theilweise Möglichkeit eben nicht hin-
reichend erscheint, um sie immer wieder wieder-
holen zu lassen. Es steht aber urkundlich fest, dass
Herzog Heinrich im Jahre 1217 Löwenberg durch
seine Vögte Thomas und Hartlieb zu deutschem
Stadtrechte aussetzen liess, vielleicht dasselbe nur
bestätigte und dass seit 1241 die Nachrichten über
die wachsende und an Bedeutung gewinnende Stadt
in stetem Zunehmen begriffen sind. Ein Beleg für
ihre Wichtigkeit ist der Umstand, dass die Herzoge
von Schweidnitz und Jauer, zu deren Gebiet
die Stadt gehörte, wiederholentlich den Titel als
Herren von Löwenberg dem ihrigen hinzuzufügen
für vortheilhaft erachteten. Im Jahre 1327 erkaufte
die Stadt das Münzrecht, welches später oft bestätigt und erweitert wurde, 1377 erwarb sie die Erbvogtei, war freilich zehn Jahre später noch einmal
genöthigt, dieselbe an die von Rodern zu verpfän-
den. Seit 1392, nach dem Tode der Herzogin-
Wittwe Agnes gehörte übrigens L. unmittelbar der
Krone Böhmen.

Die Inhaber des Burglehns Löwenberg, soweit sie bekannt geworden, sind folgende gewesen: 1389 Siegfried von Raussendorff, seine Erbtochter Euphemia zuerst vermählt mit Hans von Küchmeister († nach 1411), darauf mit Heinrich von Czirn († vor 1424) brachte das Burglehn an diese beiden. 1424 kaufte es Conrad von Nimptsch und vererbte es (nach 1435) auf seine Tochter, die Nonne im Kloster Liebenthal war. Von der Aebtissin und dem Propste von L. kaufte die Stadt selbst das Burglehn 1444, den nominellen Rest desselben schenkte ihr König Matthias 1475 und 1482 wurden die letzten Rechtsansprüche einiger Verwandten der Vorbesitzer (einer Caroline Sunny und des Georg Sauer) niedergeschlagen.

Die Erbvogtei hatte inzwischen die Stadt bereits 1422 wieder an sich zu bringen gesucht, aber vergeblich: 1434 gehörte sie dem Conrad von Nimptsch, der sie im Jahre darauf an die Gebrüder von Czirn verkaufte. Später kam sie an Gotsche Schoff auf Greiffenstein und 1442 erwarb sie endlich die Stadt von dem damaligen letzten Besitzer Lorenz von Windisch. Im Jahre 1479 wurde der Talkenstein erobert und geschleift und die ehemalige Burg vom Könige Matthias der Stadt Löwenberg geschenkt.

 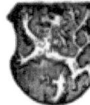 Auch mit dem Löwenberger Stadtwappen hat die fabulirende Tradition sich beschäftigt; nach derselben hätten eingewanderte Bergleute das Wappen der Stadt Meissen mitgebracht, was dann den Löwenbergern so gut gefallen, dass sie es adoptirt (!). — Das alte, recht grosse Siegel der Stadt hat im Siegelfelde die gewöhnliche Stadt-Burg mit zwei runden, spitzbedachten Zinnenthürmen, zwischen denen unter einem höheren, breitbedachten Mittelthurm, in einer dreigetheilten Bogenöffnung ein Löwe auf den Mauerzinnen einherschreitet. Das Siegel, welches die Umschrift führt: SIGILLVM . VNIVERSITATIS . CIVIVM . DH . LEWEHBVRG . ist mindestens bis zum Anfall der Stadt an die Krone Böhmen im Gebrauch gewesen. Ein jüngeres, noch mässig grosses Siegel hat denselben Löwen auf pflanzenbewachsenen Steinen schreitend. Umschrift: Sigillum . ciuitatis . de . leuenberce . Dasselbe war noch in der böhmischen Zeit (1449) im Gebrauch, der Löwe ist aber entschieden nicht der böhmische, sondern ein allgemeiner, das redende Wappensymbol der Stadt. Denselben, nicht böhmischen, Löwen führte die Erbvogtei und das Hofgericht im Siegel. Erstere (1458) hat einen stehenden, nach links gewendeten Löwen und die Umschrift: Sigillum . aduocatie . hereditariorum . de . lewenb(erc) ., letzteres denselben Löwen aber unter einer Bogenstellung und die Umschrift: s . curia . et . scabinorum . lewenbergens(ium) . Ein späteres Gerichtssiegel hat im zierlichen Wappenschilde den ungekrönten, aber doppeltgeschweiften, böhmischen Löwen. Umschrift: SIGILLVM . PRAETORIS . LEOB . 1635.

Im Jahre 1498, d. d. 14. Febr. ertheilte der König Wladislaw durch ein erst d. d. 16. Febr. 1501 vom Kaiser bestätigtes, Diplom der Stadt Löwenberg ein neues, ganz abweichendes Wappen: der Schild ist gespalten, rechts steht auf blauem Dreiberge ein rother, gekrönter, einfach geschwänzter Löwe im silbernen Felde, links befindet sich ein roth, weiss und schwarz geschachter Adler im goldnen Felde. Auf dem von roth-weissen Helmdecken umflatterten Helme ein offner, rechts schwarzer, links weisser Adlerflug, mit goldnen Seeblättern bestreut. Wer das Wappen erfunden, ist unbekannt geblieben, die Helmzier erinnert wenigstens zur Hälfte an die des böhmischen Wappens, der Löwe gehört ihm nicht an, seine Tincturen mögen die des alten Löwenberger Stadtwappens sein, aber wo der bunte Adler hergekommen, ist vollständig räthselhaft. Bei den ungefärbten Siegelabdrücken möchte man zuerst an den Adler von Mähren denken, wenn auch die Verbindung dieses böhmischen Nebenlandes mit der niederschlesischen Stadt L. wunderbar genug wäre, allein die Farben des mährischen Wappens sind ganz andre (nur weiss und roth geschacht in Blau). Das erste Siegel mit diesem neuen Wappen ist von ziemlicher Grösse, hat dasselbe vollständig und auf einem Bande herum die Umschrift: S . CIVITATIS . LEOPOLIS. — Die andre Hälfte derselben ist auf dem einzigen im Originale vorliegenden Abdruck leider verdruckt und nicht zu deuten.

Die neueren Siegel haben alle dasselbe Wappenbild, früher hiessen die Umschriften: SIGILLVM . (auch: MAIVS .) (auch: REGLE .) CIVITATIS . LEOBERGENSIS ., seit Einführung der Städteordnung, 1809 ist sie stets deutsch: MAGISTRAT . ZU . LOEWENBERG.

Löwenstein,
Kr. Frankenstein, Regbez. Breslau,

Levenstein, Lewnstein, Lebynsteyn, jetzt ein unbedeutendes Dorf und Rittergut, war zu Ende des dreizehnten Jahrhunderts eine wirkliche Stadt, in welcher urkundlich von 1266 bis 1283 ein Vogt sich befand. Noch 1282 wird L. ausdrücklich „civitas" genannt, durch welche speziellen Umstände aber dieselbe zum blossen Dorfe herabsank und wann, ist vollständig unbekannt. Gerechtes Bedenken erregt in den Angaben über den Ort ein 1249 als Besitzer desselben bezeichneter Peter Stosso (? Stosch), wenngleich anderweitig schon 1244 ein gewisser Stosso, Sohn des Leonhard vorkommt. Um die Zeit, da die städtischen Rechte von L. bereits im Erlöschen begriffen gewesen sein mögen, 1287 soll das St. Matthias-Stift in Breslau die eine Hälfte des Ortes erworben und mag sie wohl auch in seinem Besitz erhalten haben. Die andre Hälfte soll schon damals und später, 1348, denen von Reichenbach „von Alters her" gehört haben. Im Jahre 1396 nannte sich ein Peter „von Löwenstein" und verkaufte

in diesem Jahre sein Gut daselbst an die Gebrüder Eberlein. Später wurden wieder die von Reichenbach als alte Herren von L. genannt, die nach 1546 ihren Antheil an Nicolaus von Burghauss verkauften, dessen Familie L. noch 1615 gehörte. In der zweiten Hälfte des siebenzehnten Jahrhunderts war Franz Johann von Sweerts Besitzer von Löwenstein, ihm folgte 1700 sein Sohn Caspar Ignaz und 1710 sein Enkel Ernst Maximilian Ignaz (wahrscheinlich Freiherr von Sw.) noch 1747. Im Jahre 1784 gehörte das Rittergut einem Carl Ignaz Saliz, 1845 einem Herrn Geier, seit 1855 einem Herrn Zwinger (noch 1857).

Ein Siegel der einstigen Stadt ist leider nicht entdeckt worden.

Lüben,
Kreisstadt im Regbez. Liegnitz,

Lubyn, Lobyn, Liuba, Luba, Lubie, (desselben slawischen Wortstammes, wie Lübben und Laubau), am Kalten Bache, Immediatstadt, welche im Jahre 1245 zuerst urkundlich erwähnt wird. Zu Ende des dreizehnten Jahrhunderts, 1295 war Lüben schon gewiss eine Stadt mit deutschem Recht und Sitz eines herzoglichen Kastellans. Die Stadt gehörte zum Fürstenthum Liegnitz, zeitweise durch Erbtheilungen, oder Verpfändungen verschiedenen Nebenlinien des herzoglichen Hauses, auch (1345, 1400) einer eignen Linie, die sich nach Lüben benannte. Im Jahre 1348 wurde die Stadt vorübergehend auch an einen des niedern Adels, einen von Trogau versetzt. Nach dem Aussterben der Piasten, 1675, unter kaiserlicher Verwaltung, wurde Lüben mit ganz Niederschlesien 1741 preussisch.

Das alte, eigentliche Wappen von Lüben ist ein sehr interessantes heraldisches Gebilde: eine Zu-

sammenziehung der Jungfrau Maria und des schlesischen Adlers. Das alte, grosse Stadtsiegel ist nicht mehr vorhanden, aber wohl ein mittelgrosses Sekret aus dem vierzehnten Jahrhundert. Es zeigt den gut stylisirten Adler, d. h. den Rumpf mit Flügeln und Fängen, unmittelbar über dem Leibe desselben, zwischen den Saxen der Flügel wächst in halber Figur die Jungfrau, mit Nimbus und dem Jesusknaben auf dem rechten Arme, hervor. Umschrift: SACRATVM . CIVITATIS . LVBINENSIS. Dieselbe Vorstellung hat ein Gerichtssiegel von 1492 (der Jesusknabe auf dem linken Arm, deutlich sichtbarer Halbmond) mit der Umschrift: ṗ . jubitiṣ . cibitatiṣ . lcobuentiṣ ., dergleichen ein kleines Stadtsiegel von 1510, mit: ṡ' . (ber ſtat?) lobin ., während die Schöppen (1492) die heilige Hedwig, die Klosterkirche von Trebnitz in der Rechten, stehend im Siegelfelde führen, Umschrift: S . SCABIRORV . LVBYRGRSIVO? . Ein Siegel mit dem Jungfrauen-Adler von 1492 und der Umschrift: S . PROVICIALG . LVBYR . . . ., gehört den Landschöppen an.

Während der östreichischen Zeit wurde das alte und charakteristische Stadtwappen zuerst dadurch verändert, dass man dem Adler noch einen ovalen Schild auf die Brust legte mit dem östreichisch-burgundischen Wappen. Ein Siegel der Art mit: SIGILLUM . CIVITATIS . LUBENSIS . wurde sonderbarer Weise noch 1787 von der Stadt-Kämmerei neu nachgeahmt. Wohl erst eine Schöpfung der modernen Zeit ist das jetzt meistentheils geführte grosse und überladen komplizirte Wappen, wenngleich das Datum des etwaigen, betreffenden Diploms nicht bekannt ist: Stadtmauer mit Thor und zwei spitzbedachten Zinnenthürmen, im Thor der gelehnte schlesische Adlerschild, neben demselben an der Mauer stehen zwei weibliche Figuren mit je einem Becher in der einen Hand, es sollen die St. Barbara und St. Anna sein. Ueber dem Thor und den Zinnen der Mauer, zwischen den Thürmen sitzt auf einer, durch ihre in zwei hohe Kreuzstäbe aus-

laufende Lehne auffallenden Bank die Jungfrau in ganzer Figur mit Nimbus, Krone, Zepter und dem Kinde. Ausserhalb der beiden Thürme schweben noch zwei kleine Adler in der Luft, ob schlesische oder preussische mag dahingestellt bleiben. Das älteste Siegel dieser Art, dem Typus nach nur noch knapp in das siebenzehnte Jahrhundert hineinpassend, aber mit verdächtig altmodisch geformten Buchstaben, hat die Umschrift: SIGILLAM . MBYVS . CIVITATIS . LVBYR . doch haben einzelne Branchen der städtischen Verwaltung auch noch in neuester Zeit den alten, schönen Jungfrauen-Adler in Ehren behalten, wenngleich es unseren heutigen Stempelschneidern nicht möglich war, dieses von ihnen wohl ganz unverstandene, heraldische Gebilde auch nur einigermassen erträglich darzustellen.

Lublinitz,

Kreisstadt im Regierungsbez. Oppeln.

Lubliniec, Lubenski, Lubin, Loblin, offne Mediatstadt, deren Burg 1241 erbaut worden sein soll, was aber jedenfalls rein erfunden ist. Gegen Ende desselben Jahrhunderts, um 1272 mag aber dort ein Schloss und eine Kapelle bereits gestanden haben, um welche dann Herzog Bolko I. von Oppeln (reg. 1288 bis 1313) die spätere Stadt erbaute. Im Jahre 1350 wurde ein Theil der Herrschaft von L. verpfändet und ist erst nach mehr als vierhundert Jahren mit dem andern, dem sogenannten Lublinitzer Halt wieder vereinigt worden. Diesen letztern verloren die Herzoge von Oppeln 1394 im Kriege mit Polen. Die Herrschaft fiel an den Palatin von Krakau, Spitek von Melstyn, der sie aber bereits 1397 dem Herzog Przemislaw von Teschen verpfändete. Im ganzen nächsten Jahrhundert und bis zu ihrem Aussterben 1532 war L. darauf wieder im Besitz der Herzoge

Oppelnschen Stammes. Bald nachdem nunmehr die oberschlesischen Herrschaften kaiserliche Kammergüter geworden, begann auch für Lublinitz die Periode wechselnden Pfandbesitzes. Die ersten Pfandherren waren 1562 Nicolaus Lassota von Steblau, 1568 Jacob von Sparwein bis 1576, 1578 Hans Kochtitzki, Freiherr von Kochtitz, der 1585 das erbliche Eigenthum an der Herrschaft erwarb. Seinen Nachkommen gehörte L. bis zum Jahre 1629, da es vom Kaiser konfiszirt und dem Andreas von Celari verliehen wurde. Die in den Grafenstand erhobene Familie von Celari blieb bis 1727 im Besitz, die Wittwe des Grafen Peter Jarozlaw v. C., Marie Elisabeth, geborne von Osterberg verkaufte in diesem Jahre die Herrschaft an Peter Freiherrn von Garnier. Sein Sohn Freiherr Andreas von G. überliess dieselbe 1763 seiner Schwester Anna Barbara, vermählten Gräfin von Gaschin, die sie aber auch im selben Jahre an Carl Ludwig von Zimiecki veräusserte. Darauf folgten im schnellen Wechsel 1777 die verwittwete Gräfin von Dyhrn, Sophie Caroline, geborne von Crausse, darauf der Graf Ludwig Friedrich Wilhelm von Schlabrendorff, (1779 ein Herr von Stürmer?) 1781 Dionys von Jeanneret und 1784 Carl Franz von Grotowski, welcher seit 1780 den vor mehr als vierhundert Jahren abgetrennten Theil der Herrschaft Lublinitz bereits besessen. – [Pfandherren und Besitzer dieses Theiles waren gewesen: 1350 Jesko Zutka, 1360 Tamthyn von Bowzegnow, 1374 Agerboth von Droniowicz, noch in demselben Jahre Heinz Czambor, dann Ankil von Logau, 1405 Janko von Kottulinski, 1510 Haus Proskowski von Proskau, gleich darauf Johann von Kunowitz, 1511 Heinrich von Würben (Wrbua, Wrbski), die Erbtochter dieser Linie zu Ende des Jahrhunderts vermählt mit dem Freiherrn Georg Ludwig von Gotschalkowski, 1729 Peter Freiherr von Garnier und sein zweiter Sohn Ignaz Freiherr von G. 1757 Graf Anton von Schlegenberg. Ein dritter Theil der Herrschaft war an die Freiherren von Rauthen verkauft worden und gehörte 1646 einem

Grafen von Sobeck.] — Der Herr von Grotowski starb 1814 und hatte testirt, dass seine Gemahlin Maria Anna, geborne von Blacha († 1826) nur den lebenslänglichen Niessbrauch seiner Hinterlassenschaft erhalten, nach ihrem Tode aber drei Viertel derselben zur Stiftung einer Wohlthätigkeits-Anstalt verwendet werden sollten. Seit 1832 gehörte das Schloss Lublinitz dem Grafen Andreas von Rénard auf Gross-Strehlitz (noch 1857), jetzt ist es Eigenthum eines Herrn Kielmann.

Ein Siegel der Stadt ist hierorts nicht ermittelt worden. Nach Knie und Melcher und anderweiten Nachrichten besteht das Wappen von Lublinitz in einem gespaltenen Schilde, rechts der halbe schlesische Adler, aber — wie das wohl öfters vorkommt — im rothen, links fünf goldne Sterne im blauen Felde. Es ist nicht unmöglich, dass die Freiherren von Garnier, denen die Herrschaft von 1727 bis 1763 gehörte, in dieser Zeit die Stadt mit einem neuen Petschaft beschenkt hätten, welches ihr Familienwappen mit verewigen sollte. Dasselbe ist quadrirt, im ersten und vierten Felde drei goldne Sterne in Blau, im zweiten und dritten der schwarze Reichsdoppeladler in Gold. Doch muss diese Erklärung vorläufig eben nur blosse Hypothese bleiben.

Medzibor,

Kr. P.-Wartenberg, Regbez. Breslau,

Miedzybor, Międziborz, Mesebohr, auch wohl verdeutscht in Mittelwald, offne Mediatstadt, über deren ältere Geschichte und die Zeit ihrer Erhebung zur Stadt nach deutschem Recht nichts bekannt geworden ist, als dass sie wahrscheinlich ursprünglich zur Herrschaft Poln. Wartenberg gehört und erst später von derselben abgetrennt worden ist. Als erste Erbherren auf Medzibor werden im funfzehnten Jahrhundert genannt die Herren von Rohr (Roraa), 1487 Melchior von R. Im Laufe des sechzehnten Jahrhunderts gehörte die Herrschaft der polnischen Familie der Leszczynski von Leśno (Raphael L. 1565), aus welcher Graf Andreas L. auf Lissa und Baranowo, Wolwode von Braszcz dieselbe 1599 an das herzogliche Haus Oels verkaufte. Andreas L. und Freiherr Heinrich von Kurtzbach auf Militsch und Trachenberg nebst seiner Ehefrau müssen noch Hypotheken-Anrechte auf Medzibor behalten haben, da sie in den nächsten Jahren besondere Verzichte darüber anstellten. Die Herzoge von Oels liessen die Herrschaft durch Hauptleute verwalten, von denen bekannt geworden sind Wolf von Röder 1634 und Balthasar von Prittwitz 1664.

Den Piasten und Podiebrads in Oels succedirten bekanntlich 1648 Herzoge von Würtemberg, welche hier eine besondere Linie stifteten, die 1792 ausstarb und die schlesischen Lehne dem herzoglichen Hause Braunschweig vererbte. Der regierende Herzog von Br. ist jetzt als Herzog in Schlesien und Fürst zu Oels auch Herr von Medzibor.

Das Wappen der Stadt Medzibor ist ein ausgerissener, grüner Baum (gewöhnlich eine Fichte), belegt mit einem grossen, rothen Andreaskreuz im silbernen Felde. Nur ein paar neuere Siegel haben sich ermitteln lassen. Ein Abdruck von 1708 mit der Umschrift: SIGILLVM . CIVITATIS . MEDZIBORENSIS . fällt dadurch auf, dass das Andreaskreuz sehr breit ist und durchgehend, ein kleineres, schon 1717 vorkommendes Siegel (SIGIL . CIVITA . MEDZYBORENSIS .) hat das Kreuz schmäler und fast schwebend.

Michelau,

Michalowo, einer durch nichts beglaubigten Sage nach früher Resina oder Rosina gehiessen, unweit der Neisse, an einem Mühlgraben und dem Krassebach, ist ein alter Ort, welcher urkundlich bereits 1210 in der Stiftungs-Urkunde des Klosters Kamenz, das hier Zehnten - Hebungen erhielt, genannt wird, aber erst im Jahre 1615 durch Herzog Christian von Brieg, den Landesherrn Stadt- und Marktrecht erhielt, welches freilich in den Drangsalen des dreissigjährigen Krieges unterging und 1670 durch zwei Brüder von Gruttschreiber erneuert werden musste. Uebrigens ist M. nur ein Marktflecken geblieben. Die ersten Herren des Orts scheinen sich nach demselben genannt zu haben: zwei Gebrüder „von Michlowe" kommen 1250 als Zeugen der Urkunde vor, durch welche Brieg zur deutschen Stadt ausgesetzt wurde. Im Jahre 1521 war M. im Besitz des Johann von Pogrell, 1550 dreier Gebrüder von Kittlitz. Dieselben verkauften 1557 die Stadt an Hans von Gruttschreiber, wie es scheint sehr gegen den Willen der Einwohner, da einer jener Brüder, Erasmus, noch immer genannt „von Kittlitz und Michelau", 1562 den neuen Herrn „Gruttschreiber von Michelau" mit seinen Unterthanen vertragen musste. Die Herren und Freiherren von Gruttschreiber blieben mehr als anderthalb Jahrhunderte im Besitz des Orts, erst im Jahre 1721 verkauften sie dem Kloster Kamenz (unter dem Abt Gerhard 1702 bis 1722), das wohl von Anfang an nebenher alte Gerechtsame dort besessen hatte, Stadt und Herrschaft. Die Auslegung des Vertrages durch die Verkäufer, welche das Haus zu M. nicht mit verkauft haben wollten, führte zu einem weitläufigen Prozesse. Nach der Säcularisation des Klosters 1810, kaufte die Ortsgemeinde vom königlichen Fiscus die zur frühern Herrschaft gehörigen Ländereien an sich.

Das Wappen des Marktfleckens, wie es über dem Thore des Kirchhofes in Stein gemeisselt ist und wie es auch das Gerichtssiegel desselben zeigt, ist genau übereinstimmend mit dem Familienwappen seiner früheren Grundherren, derer von Gruttschreiber und ihm wohl bei seiner Erhebung zu städtischen Rechten vom Herzoge ertheilt worden: im von Blau und Gold gespaltenen Felde ein weisser, aufgerichteter Hund mit Halsband. Jenes Steinrelief hat die Umschrift: INSIGNIA . CIVITATIS . MICHELAVIENSIS . 1615 . und zwei Engel halten den Wappenschild. Das erwähnte Gerichtssiegel ist das einzige bekannte des Orts, es hat über dem Schilde auch die Jahreszahl: 1615 . und die Umschrift: GERICHTS . INSIGEL . DER . STADT . MICHELAW.

Militsch,
Kreisstadt im Regbez. Breslau.

 Mielicz, Milich, Demiliche, Milice, Melicz, Milith, lat. Milicium, Militium, zwischen dem linken Ufer der Bartsch und der in sie mündenden Brande, einer der ältesten Orte Schlesiens, dessen Burg urkundlich schon 1136 und 1154 erwähnt wird, im ersteren Jahre dem Erzbischofe von Gnesen, im letzteren dem Bischofe von Breslau zustand. Aus den Urkunden der ersten Hälfte des dreizehnten Jahrhunderts geht hervor, dass um diese Zeit sowohl die Herzoge, wie die Bischöfe Rechte an der Burg zu Militsch hatten und sowohl von Seiten des geistlichen, wie des weltlichen Machthabers je ein Burggraf daselbst residirte. Im Jahre 1249 wird M. ausdrücklich ein Flecken genannt, wann derselbe eine wirkliche Stadt geworden, ist nicht ermittelt worden. Die

herzoglichen Rechte an M. gingen 1290 von der Linie zu Breslau auf die zu Glogau, 1312 auf die zu Oels über, 1358 verkaufte auch der Bischof von Breslau seinen Antheil an die Herzoge von Oels und nach dem Aussterben derselben, 1492, fiel Militsch an die Krone Böhmen.

Zur Herrschaft Militsch gehörten damals Trachenberg, Freihan, Sulau, Winzig, Prausnitz, (Herrnstadt und Rützen). Im Jahre 1494 wurde Freiherr Sigismund von Kurtzbach, der Trachenberg pfandweise schon 1488, gewiss aber 1492 besessen, mit diesen Gütern belehnt. Er starb 1513 und ihm succedirten, anfangs gemeinschaftlich, seine beiden Söhne Johann und Heinrich, die 1514 die königliche Belehnung mit allen Regalien erhielten und als vollständige Souveraine regierten, aber bereits 1521 eine Theilung unter sich vornahmen, die den Anfang der ferneren Zersplitterung ihres Besitzes machte und mit den Grund zu dem jähen Sturze des Hauses Kurtzbach legte. Freiherr Johann nahm zu seinem Antheil Militsch nebst Sulau, Winzig, Rützen und Herrnstadt, die letzten drei Herrschaften veräusserte er aber bereits 1525. Er starb 1549 und sein einziger Sohn Siegmund 1579 ohne Erben. Militsch fiel nun an den Kurtzbachschen Vetter zu Trachenberg, Heinrich, den Oheim und Vormund seines gleichnamigen Neffen, welcher 1592 Trachenberg verkaufte und 1618 in absoluter Dürftigkeit, als letzter seines Hauses starb. Freiherr Heinrich, der Oheim zu Militsch starb 1590 mit Hinterlassung nur einer Tochter Anna, vermählten Freifrau von Lobkowitz. Deren Tochter Eva Freiin von Lobkowitz, 1586 vermählt mit Joachim III. Freiherrn von Maltzan aus dem Hause Wartenberg-Penzlin, wurde durch Testament ihres Grossvaters Erbin von Militsch. Seit dieser Zeit gehört die „freie Standesherrschaft", die als Majorat vererbt und mit der seit 1776 die Würde eines Ober-Erb-Land-Kämmerers in Schlesien verbunden ist, dem, 1694 in den Grafenstand erhobenen, Hause Maltzan, zur Zeit dem Grafen August Mortimer Joachim v. M.

Das Wappen der Stadt Militsch ist der St. Georg

zu Pferde, den Drachen tödtend. Farben sind unbekannt. Die Siegel der Stadt stellen den St. Georg mit sonst seltener Uebereinstimmung alle nach links hinreitend dar, übrigens sind sie sämmtlich von äusserst mittelmässiger Arbeit. Es genügt daher wohl, nur anzuführen, dass das älteste aus dem funfzehnten (?) Jahrhundert die Umschrift führt: sigillum. ber . ciat . mittel . Das wahrscheinlich jüngste und noch im Gebrauch befindliche hat oben nur den Stadtnamen auf einem bandartigen Zettel.

Mittelwalde,

Kreis Habelschwerdt, Regbez Breslau.

(Metwald, Meczylesse), an der Neisse, offne Mediatstadt und Hauptort der nach ihr benannten Herrschaft, wird zuerst genannt im Jahre 1294, da König Wenzel von Böhmen „seine Stadt M." dem Kloster Kamenz schenkte. In den Hussitenkriegen verfiel die Stadt gänzlich, so dass sie sich nur sehr langsam wieder erholen konnte, beispielsweise erst 1579 das alte Marktrecht vom Kaiser rehabilitirt erhielt und 1584 dasselbe wieder auszuüben begann. Es ist unklar, ob das Kloster Kamenz seine Rechte auf Mittelwalde im Laufe der Zeit aufgegeben hatte, oder ob die ersten, geschichtlich auftretenden Herren der Stadt nur als erbliche Stiftshauptleute zu betrachten sind. Nach der Hussitenzeit ist jedenfalls von Rechtsansprüchen des Klosters nicht mehr die Rede. Als Herren auf Mittelwalde erscheinen gegen Ende des vierzehnten Jahrhunderts die von Glaubitz (Gloubos, Glubz), wahrscheinlich auch Besitzer der Burg Schnallenstein, so (? 1470) 1481 Otto der Aeltere, 1403, noch 1424 Otto der Jüngere, genannt Schramm und sein Sohn Wolfhard. Die Hussiten und die wachsende Macht der Podiebrad's scheint der Herrschaft der Glaubitz's ein Ende gemacht zu haben. Bis 1492 schweigen alle Nachrichten über Mittelwalde, in diesem Jahre aber erhielt Balthasar von Tscheschwits die Herrschaft zu Lehn. Nach Stillfried (Glatzer Adel) hat derselbe M. dem Johann Bartoschowski (von Laban) verkauft, der sonst angeführte Zwischenbesitzer Georg von Bischofsheim genannt Lattuska wäre also zu streichen. Im Jahre 1495 verkaufte Johann Bartoschowski M. wieder an Johann von Schiampach und Pottenstein und dieser verpfändete die Herrschaft 1638 an Johann von Tschirnhauss. Unter seinen Söhnen ging die Pfandschaft 1564 in erblichen Besitz über und 1611 wurden die Herren von Tsch. in den Freiherrenstand erhoben. Allein 1622 wurden dem Freiherrn David Heinrich († 1642), als Rebellen seine Güter konfiszirt und eine Reihe von Jahren durch kaiserliche Hauptleute verwaltet, von denen bekannt sind: Philipp Rudolph Graf von Liechtenstein 1624 bis 1626, ein Freiherr von Zedlitz 1629, Martin Millanger 1633 und Georg von Gernenborg noch 1638. In diesem Jahre aber gab der Kaiser die Herrschaft Mittelwalde den drei Schwestern des Geächteten zurück, der verwittweten Helene von Kedorn, die seitdem das Haus M bewohnte, der Marie vermählten von Ratschin und der Susanna vermählten von Wienitz. Die drei Schwestern, nach Stillfried (Glatzer Adel) aber die Wittwe ihres Bruders, Hedwig, geborne Gräfin zu Dohna, verkauften, oder verkaufte im Jahre 1652 die Herrschaft an den Grafen Michael Ferdinand von Althan. Die Söhne des Erwerbers stifteten 1677 das Majorat M., welches der Familie verblieben ist. Der heutige Majoratsherr ist Graf Michael Carl von A., Freiherr auf der Goldburg zu Murstetten, Grand von Spanien.

Das Wappen der Stadt Mittelwalde ist in gewisser Beziehung ein redendes: „mitten im Walde" ein laufender Wolf. Der Wolf ist roth, das Feld silbern, der Wald natürlich grün. Das älteste bekannte Siegel von Mittelwalde aus dem siebenzehnten Jahrhundert (Abdruck von 1738) hat das beschriebene Wappen im Schilde, ebenso ein nur wenig jüngeres; die neueren Stempel haben die Wappendarstellung ganz landschaftlich, ohne Schildeseinfassung im Siegelfelde. Die Umschriften jener heissen: MITTELWALDER . GERICHT . SIGILL . und GERICHTS . S . Z . MITLWALD . Die der neuern: SIEGEL . der . STADT . MITTELWALDE . 1809 . und SIEGEL : DER : STADT : , im Abschnitt: MITTELWALD : A . 1815.

Mühlbach,

Kr. Züllichau-Schwiebus, Regbez. Frankfurt,

Mühlbock, Melbok, Melbog, Olobok, Olbog, Holobohe, an der faulen Obra und einem See, Marktflecken, dessen Namen wohl, ebenso wie der des gleichnamigen Ortes im Kreise Görlitz, mit dem des slawischen (wendischen) Todtengottes maɫa poca zusammenhängt, obschon die Verdeutschung desselben sich bis in den Anfang des dreizehnten Jahrhunderts zurück verfolgen lässt. Der Ort war um diese Zeit bereits ein Städtchen (oppidum) und gehörte dem Kloster Trebnitz durch Schenkung Herzogs Heinrich I., wenn auch nicht vom Jahre 1207 an — die dieses Jahr anzeigende Urkunde ist nicht echt —, jedenfalls aber schon 1224. Das Kloster Trebnitz blieb bis zu seiner Säcularisation 1810 im Besitz des Marktfleckens. Landesherren des Schwiebuser Kreises, zu dem M. stets gehörte, waren die Könige von Polen bis 1333, die von Böhmen bis 1686, seitdem die Kurfürsten von Brandenburg und Könige von Preussen.

Leider hat sich kein Siegel des alten Orts ermitteln lassen, selbst kein neueres und ebensowenig ist ein Wappen desselben bekannt.

Münsterberg,

Kreisstadt im Regbez. Breslau.

Münsterberg, Munsterberch, Monsterberc, slaw. Sambice, Zambice, am rechten Ufer der Ohle, Hauptstadt des Fürstenthums dieses Namens, welche entschieden vor dem Jahre 1250 noch nicht existirt hat, aber bald nachher, vielleicht um 1266 zu deutschem Rechte ausgesetzt sein mag und (1281) 1282 bereits ein Ort von Bedeutung war. Anfangs zu den Besitzungen der Herzoge von Breslau gehörig, kam Münsterberg 1290 an den Herzog Bolko von Fürstenberg. Derselbe starb 1293 und, nach der vormundschaftlichen Verwaltung des Markgrafen Hermann von Brandenburg, theilten sich seine Söhne in das Erbe und Bolko I. gründete die besondere Linie zu Münsterberg. Im Jahre 1336 wurde er Vasall der Krone Böhmen und starb 1341. Von seinen Nachfolgern fiel der letzte Herzog seines Stammes, Johann 1429 gegen die Hussiten. Etwa zehn Jahre blieb das Land darauf noch im Besitz seiner Schwester Euphemia, (einer verwittweten Gräfin von Oettingen) einige Jahre nach ihrer Entfernung, 1443 wählten die Stände Herzog Wilhelm von Troppau zum Fürsten, dem 1452 kurze Zeit auch noch sein Sohn Ernst succedirte. Von diesen eigentlichen Landesherren des Fürstenthums während dieser unruhigen Periode sind die von Böhmen allein anerkannten Pfandherren von Münsterberg zu unterscheiden. Es waren dies von 1429 bis 1453 Potho von Czastalowitz, Herr von Opoczna, darauf seine Erben, nämlich seine Mutter Anna, verwittwete Herzogin von Auschwitz, seine Wittwe Anna, geborne von Kolditz und seine Töchter, die 1440 M. an Hinko Kruszcina von Lichtemburg (Leuchtenberg) verkauften. Hinko's Sohn und Erbe (1454) Wilhelm verkaufte M. im selben Jahre an Georg von Podiebrad und Kunstadt, den spätern König von Böhmen, welcher darauf seine schlesischen Besitzungen seinen Söhnen Victorin und Heinrich abtrat, die, 1464 als wirkliche Fürsten, eine neue Reihe Münsterbergischer Herzoge eröffneten. Gegen die Mitte des sechszehnten Jahrhunderts verpfändeten ihre Nachfolger M. an den Herzog von Liegnitz, von diesem löste das Fürstenthum 1551 König Ferdinand ein und vergab es an die verwittwete Königin Isabella von Ungarn. Im Jahre 1554 erhielten die Herzoge aus dem Hause Podiebrad zwar Münsterberg zurück, vermochten es aber nicht, sich lange im Besitz zu behaupten, sondern traten denselben 1569 den Ständen des Fürstenthums ab, welche sich freiwillig der Oberhoheit der Krone Böhmen unterwarfen. Trotz der bei dieser Gelegenheit gemachten Versprechungen und Verheissungen ewiger, unmittelbarer Vereinigung mit der Krone, wurde Münsterberg kaum hundert Jahre später, 1654 dem fürstlichen Hause Auersperg verliehen. Die Fürsten von A., welche sich seitdem Herzoge in Schlesien zu Münsterberg nannten, traten 1791 alle ihre Gerechtsame käuflich der Krone Preussen ab. Seitdem ist M. eine königliche Immediatstadt, jedoch wurde aus einem Theile der übrigen, früher Auerspergschen Besitzungen bereits 1795 eine neue, „freie Minder-Standesherrschaft" Münsterberg-Frankenstein gebildet und dem gräflichen Hause Schlabrendorff überlassen, dem sie noch gehört.

Die Stadt Münsterberg zeichnet sich durch eine grosse Reihe vortrefflich geschnittener, alter Siegel aus. Die beiden ältesten finden sich bereits an Urkunden vom Jahre 1282, das erste ist gross und, was bei Stadtsiegeln nur selten vorkommt, dreieckig, das andre ist kleiner und rund. Das erste hat die Umschrift: S . CI(VI)VSR . DE . MVRSTERBVRCh . und zeigt im Felde über einer dreifachen Reihe von Felsstücken oder Steinen die für das Stadtwappen später stets beibehaltenen drei Thürme, alle ohne Thor, von denen die beiden äussern flach mit Zinnen schliessen, der mittlere in

einen spitzen Giebel endet, in dem eine grosse Kirchenfenster-Rosette und auf dem oben ein Kreuz. Es ist deutlich ein „Münster" auf dem Berge, also ein redendes Wappen. Das andre runde Siegel ist das der (Erb)-Richters, welches, dem sonstigen Gebrauche entgegen, gleichfalls das Stadtwappen, ein münsterartiges Gebäude, nur von andern architectonischen Verhältnissen, wie das vorhergehende, auf bergigem Boden enthält und die Umschrift: S . CONRADI . IVDICIS . D' . FVRSTERBhC.

Es ist dieses Siegel besonders deswegen interessant, weil seine Darstellung augenscheinlich ein wirklich damals in M. existirendes Gebäude in allen seinen Details zeigt, während die später stereotyp gewordenen drei Einzelthürme des ersten Siegels wohl mehr den allgemeinen Charakter eines Münsters wiedergeben sollen. Auffallend ist auch die grosse Aehnlichkeit dieses Siegelbildes mit einer zwar schlechten, aber jedenfalls möglichst treuen Abbildung des Ruinenrestes der alten Burgkapelle in M. aus dem vorigen Jahrhundert, in Wernher's handschr. Topographie Schlesiens (auf dem Fürstenstein). An einer Urkunde von 1292, aber wohl gleichzeitig mit dem ersten Siegel von 1282 gefertigt, hängt ein zweites Siegel von dreieckiger Form, allein mit dem Adler im Felde und der Umschrift: S . OLVRSTVRBVRGVRSS . Der Text der Urkunde nennt es ein: Sigillum nostrum buriensium, also ein Analogon zu Breslau, wo auch die Bürgerschaft von Alters her, neben dem grossen Stadtwappen des Magistrats ein Sondersiegel nur mit dem schlesischen Adler führte. Das vierte und fünfte der in Betracht kommenden Siegel sind gross und rund, mit gleicher Darstellung, aber von verschiedenem Stempel. Das eine erscheint 1309, das andre 1344 zuerst, beide haben die drei Thürme über den drei blumenbewachsenen Bergen, das eine hat am Giebel eine runde Rosette und ein Kreuz auf ihm, an den Seitenthürmen zwei Reihen Fenster, das andre hat hohe Kirchenfenster, eine eckige Rosette und kein Kreuz. Die gleichlautende Umschrift heisst: S . CIVIVOL . DE . MVRSTERBVRCH . Auf diesen beiden Siegeln erscheinen zuerst über den Thürmen die Beizeichen des Halbmondes und eines Sternes, die jetzt für so wesentlich gehalten werden. Man erkennt aber leicht ihre Entstehung. Auf dem ältesten dreieckigen Siegel schloss der Schildesrand horizontal dicht über den Thürmen ab, bei diesen runden Siegeln blieb oben ein Kreissegment übrig, das der Stempelschneider für gut erachtete, nicht leer stehen zu lassen und zur Ausfüllung des Raumes das Nächstliegende für ein kirchliches Gebäude, die himmlischen Gestirne erwählte. Aus einer solchen privaten Geschmacksrichtung eines Graveurs sind unzählige ähnliche Figuren entstanden, über die sich später manch einer den Kopf zerbrochen, als gälte es die allerwichtigsten historischen Probleme. Von Interesse ist ferner das Schöppensiegel von 1366, rund und klein, mit nur einem gothischen Kirchenthurm, neben ihm die Beizeichen, Umschrift: S . SCHBIRORVO . SRUR(STUR)-BERGY. Im siebenzehnten Jahrhundert finden sich darauf zwei Siegel mit einem neuen Wappenbilde, der Initiale des Stadtnamens, einem gothischen M., nach Analogie vieler andrer Städte. Das eine hat Buchstaben, über ihm Mond und Stern im Schilde und die Umschrift: S . STAT . MVNSTERBERG ., das andre (von 1640) hat den Wappenschild quer getheilt, in der obern, wieder senkrecht getheilten Hälfte den schlesischen Adler und den böhmischen Löwen, in der untern die Initiale, nebenbei die Beizeichen, Umschrift: STAT . MVNSTERBERG . GERICHTS . SIGEL. Das spätere Münsterberg-Frankensteinsche Gerichtssiegel ist bereits bei letzterm Ort beschrieben. Die neuern Stadtsiegel erreichen lange nicht ihre alten, schönen Vorbilder, im Allgemeinen ist die Architectur der drei Thürme nachgeahmt, auch natürlich Mond und Stern nie vergossen, dazugekommen ist die Initiale M., die meist in die Fenster-Rosette des Giebelthurms gesetzt wird, ein Thor in demselben und dann jetzt gewöhnlich der preussische Adler, laut einer vom Könige 1854 der Stadt verliehenen Fahne, und endlich statt des Dreiberges ein gemauerter Unterbau. Sonst haben

sie weiter kein Interesse. Die Farben des Wappens werden übereinstimmend angegeben: weisse Thürme im blauen Felde, goldne Gestirne und goldne (oder silberne) Initiale. Das von Zimmermann in wirklich abschreckender Weise blasonnirte, angebliche Stadtwappen ist das fürstlich Auerspergsche.

Muskau,

Kreis Rothenburg, Regbez. Liegnitz.

Moska, Moskau, wend. Mužakow (d. h. Männerstadt), am linken Ufer der Lausitzer Neisse, Stadt und Burglehn in der freien Standesherrschaft dieses Namens, wahrscheinlicher Weise ein alter Ort wendischen Ursprungs, über dessen ältere Schicksale und seinen Uebergang zur deutschen Stadt nichts Genaueres bekannt ist. Muskau scheint ein alter Besitz der Herren und Freiherren von Bieberstein gewesen zu sein, obgleich der erste dieses Geschlechts, der sicher die Herrschaft besessen, Wenzel v. B. erst mit dem Jahre 1452 nachweisbar ist. Nach ihm sind noch bekannt Ulrich um 1499, Siegmund 1520 und die Gebrüder Johann und Christoph v. B. 1550. In diesem Jahre kam Muskau unmittelbar an die Krone Böhmens, wurde aber gleich wieder einem (Tam) von Pflugk verliehen, der die Herrschaft ein Jahr, bis 1551 behielt. Im nächsten Jahre, 1552 wurde M., nebst den Herrschaften Sohrau, Triebel und Friedland und dem Fürstenthum Sagan, an Stelle der Fürstenthümer Oppeln und Ratibor, pfandweise dem Markgrafen Georg Friedrich von Brandenburg-Jägerndorf vom Kaiser eingeräumt, 1558 aber wieder eingelöst, worauf 1561 Fabian von Schönaich aus dem Hause Sprottau M. erhielt. Derselbe, welcher auch Parchwitz und Beuthen a. O. erwarb und in den Freiherrenstand erhoben wurde († 1591) verlor Muskau wieder 1580, welches darauf bis 1595 ein k. k.

Kammergut blieb. In letzterem Jahre kaufte die
Herrschaft der Burggraf Wilhelm zu Dohna, aus
dem Hause Straupitz, ihm folgte sein Sohn Carl
Christoph, 1606 bis 1613 unter Vormundschaft des
Hiob von Salza, und diesem darauf seine Tochter
Ursula Catharina von Dohna, 1625 bis 1641 unter
Vormundschaft der Gebrüder von Kittlitz, worauf
sie sich mit dem Freiherrn Curt Reinicke I. von
Callenberg vermählte und dadurch Muskau an
dieses, anfangs des achtzehnten Jahrhunderts, in
der Person Curt Reinicke's II. in den Grafenstand
erhobene, Haus brachte. Des letzten Grafen Hermann v. C. Tochter Clementine brachte 1798 die
Herrschaft ihrem Gemahl, dem Grafen Ludwig von
Pückler († 1811) zu. Dessen Sohn Hermann, seit
1822 Fürst von Pückler-Muskau, verkaufte die Herrschaft 1846 dem Prinzen Friedrich der Niederlande, dem sie noch gehört.

Wenn die Uebersetzung des wendischen Namens
mit „Männerstadt" richtig, so ist das Wappen der
Stadt gewissermassen ein redendes, nämlich: ein
Mann. Derselbe wird nackt, mit einem Blätterkranz um den Kopf und einem Blätterschurz um
die Hüften dargestellt, mit der Rechten stützt er
sich, zum Zeichen seiner Wehrhaftigkeit auf ein
blankes Schwert, in der Linken hält er, zum Zeichen seiner Botmässigkeit ein rothes Hirschhorn,
das Wappenbild der alten Herren von Muskau,
der Bieberstein. Das Feld des Wappens soll,
nach Ausweis einer Fahne, grün sein. Diese
in der Heraldik sonst so seltene Farbe, welche
aber gerade bei Städtewappen wiederholt angegeben
wird, erscheint mit der Zeit etwas verdächtig, es
ist nicht unmöglich, dass sie immer nur den für gewöhnlich grünen Fahnen der Schützengilden miss-
bräuchlicherweise entlehnt ist. Es sind zwei Siegel der Stadt bekannt, ein altes, grösseres, mindestens aus dem Anfang des siebenzehnten Jahrhunderts, mit der Umschrift: SECRETVM . CIVITATIS .
MVSCAVIENSIS . und ein kleines mit: STADT .
MVSKAV . ANNO . 1680., beide mit dem oben
beschriebenen Wappenbilde im runden Siegelfelde.

Uebrigens haben das Stadtwappen auch die Pückler
in ein Feld ihres fürstlichen Wappens aufgenommen,
nur ist das Hirschhorn aus Missverständniss in einen
Baumast verändert worden.

Myslowitz,

Kreis Beuthen, Regbez. Oppeln.

Meislowitz, Mislowitz, Mysłowice, Mys-
lovowice, Missovice, an der Przemsa,
dem Grenzfluss gegen das Gebiet der
frühern Republik Krakau, ist ein alter Ort, obschon die erste Erwähnung
desselben im Jahre 1105 gewiss nicht über jedes
Bedenken erhaben ist. Im Jahre 1229 gehörte das
Dorf dieses Namens dem Benedictinerkloster Tyniec in Galizien, 150 Jahre später, 1379 wird dasselbe bereits „oppidum" genannt, ebenso 1436 ein
„Städtel". Vom Jahre 1678 findet man die Bezeichnung „Stadt", doch bereits 1709 und weiter bis auf
die neueste Zeit heisst Myslowitz immer nur ein
„Städtel", ein „Marktflecken", erst 1858 wurde der
Ort als wirkliche Stadt von der Regierung anerkannt. Wann der Besitz des Klosters Tyniec geen-
det, ist unermittelt geblieben, 1414 gehörte Myslowitz zweien Brüdern Adam und Johann, die sich
nach ihm: von Myslowitz schrieben, 1455 nennt
sich Johann Wirslinski-Czupka: von M. Vom
Ende dieses Jahrhunderts ab, seit 1474, (doch soll
noch 1495 M. der Benedictiner-Abtei Orlau gehört
haben) stand die Herrschaft unmittelbar den Herren
von Pless zu, aus den wechselnden Häusern Troppau-
Ratibor, Münsterberg, Auschwitz, Teschen. Im
Jahre 1517 wurde Alexander Thurzo von Bethlemfalva Herr von Pless und damit auch von Myslowitz, ihm folgte sein Sohn Johann Th. bis 1536,
seitdem ist Myslowitz eine besondere Herrschaft.
Die ersten Besitzer derselben waren: Wenzel Salomon von Benedictowicz 1536, Nicolaus S. von
Korzkewicz 1558, Catharina S., geborne von Koz-

łowska, des vorigen Wittwe, 1576. Sie starb wahrscheinlich 1614 und darauf wurde die Herrschaft getheilt. Im Laufe der folgenden Zeiten wurden die Theilungen und Zersplitterungen immer fortgesetzt derart, dass es vollständig unmöglich ist, alle Antheilsbesitzer aufzuführen, oder oft auch nur annähernd zu bestimmen, welcher Antheil gerade dieser oder jener Familie zugehörte. Die bekannt gewordenen Besitzer sind die folgenden gewesen: Andreas Lipski von Lipie, Enkel der oben erwähnten Catharina Salomon, schon 1613 ihr Stellvertreter, kaufte 1624 den auf die Erben der verstorbenen Barbara von Korzkuska gefallenen Antheil von M. Ein andrer Enkel der Katharina S., Wenzel Kamienski von Schwientochlowitz, der schon 1596 in den Acten erscheint, war 1629 Herr eines Theils, 1638 des halben Städtchens M. und lebte noch 1641 hochbetagt. Im Jahre 1637 kommt ein Schwiegersohn des Andreas Lipski auf M. vor, Andreas von Morsko-Morski, 1643 wieder ein Peter Lipski von Lipie. Von diesem Jahre ab scheint aber Johann von Mieroszowski und nach ihm seine Familie den Hauptantheil besessen und auch auf dem Schlosse zu Myslowitz residirt zu haben. Neben den Herren von Mieroszowski finden sich als anderweite Antheilsbesitzer erwähnt: Johann Kamienski von Kattowitz, vorübergehend auch auf dem Schlosse M. gesessen, 1652, 1655, ferner Johann „sędzia Pszczyński" d. h. Richter von Pless, der 1675 bereits verstorben war, dann Rudolph Kamienski von Schwientochlowitz, 1683, † 1687, in letzterem Jahre die beiden Wittwen des Johann und Rudolph K., letztere: Susanne, geb. von Krzyszkowitz. Mit dem nächsten Jahre 1688 traten neue Namen auf, so Maximilian Orlik von Łasisk, als Erbe der Kamienski's, 1690 dessen Wittwe, im selben Jahre Maximilian Edebus, Freiherr von Kozisko, 1692 ein Herr von Sobeck, 1696 Wilhelm Gottlieb von Sobeck, Freiherr von Kornie und endlich, schon gleichzeitig mit den Letztgenannten und während des ganzen achtzehnten Jahrhunderts die Familie von Pinocy.

Die Herren Mieroszowski von Mieroszowic hatten 1678 aus ihrem Hauptantheile an der Herrschaft Myslowitz ein Fideicommiss gebildet, welches 1679 die k. Bestätigung erhielt, einer derselben Johann Christoph, der auch wohl „Graf M." genannt wird, († 1755), vereinigte bis auf das im Besitze der Pinocy gebliebene Gut Dziedzkowitz, ganz Myslowitz in den Händen seiner Familie, welche erst im Jahre 1839 das alte Stammgut aufgab, indem Alexander v. M. dasselbe an Frau Marie Winckler verkaufte. Marie W., geborne Domes, verehelicht gewesene Aressin, wurde mit ihrem Gemahl († 1851) 1841 geadelt und starb 1853. Ihre einzige Tochter Valeska von Winckler, Erbin von Myslowitz, Miechowitz, Kattowitz, Dombrowska, Gwosdzian, Palowitz, Woschczzitz und Orzesche, ehelichte 1854 Hubert von Tiele, der in demselben Jahre den Beinamen von Tiele-Winckler annahm und den reichen Besitz mit den Gütern Rokitnitz, Lagiewnik und Kujau vermehrte.

Die Siegel der jetzigen Stadt Myslowitz haben im Wappenschilde einen bärtigen Kopf, wahrscheinlich noch aus den Zeiten der Herrschaft der Aebte von Tyniec her, den Kopf St. Johannis Baptistae, dem nur in der langen Zwischenzeit die silberne Schüssel verloren gegangen. Ein Siegel von 1643 hat die Umschrift: SIGILLVM . CIVITATIS . MISLOVIENSIS., ein neueres: STADT MISLOWITZ . BEUTHEN : KREIS.

Namslau,
Kreisstadt im Regbez. Breslau,

Nampslau, Namslow, Namezlow, slaw. Namieslavia (ein Name, der überflüssiger Weise von einer Redensart: na moi slowo, d. h. „auf mein Wort" abgeleitet wird), am linken Ufer der Weida, wird namentlich bereits 1233 und 1249 in

Urkunden genannt und hat deutsches Stadtrecht
wohl vor 1270 bekommen, wenigstens in diesem
Jahre war Namslau sicher schon eine „civitas" mit
einem Vogt. Ursprünglich gehörte N. zu dem Gebiete des Fürstenthums Breslau, kam aber 1294
an Glogau und seit 1312 nannte sich einer der
Söhne des Herzogs Heinrich III. von Gl., Conrad
öfters auch Herzog von Namslau. Im Jahre 1323
wurde die Stadt an den Herzog von Liegnitz abgetreten, kam aber 1348 unmittelbar an die Krone
Böhmen und wurde wieder mit dem Fürstenthum
Breslau vereinigt. Die Verpfändung der Stadt und
des Weichbildes N. 1397 an die herzoglichen Brüder von Oppeln, der sich die Bürgerschaft wider-
setzte, ist jedenfalls, wenn sie überhaupt in Kraft
trat, von keiner langen Dauer gewesen. Die landesherrliche Burg zu Namslau bestand schon, mit
einem Burggrafen auf ihr, 1323; 1350 erhielt das
Burglehn ein von Strzelitz, nachdem sie 1360
neu aufgeführt worden war 1393 Hans von Mühl-
heim, 1396 Stephan von Opoczna. Im Laufe des
fünfzehnten Jahrhunderts kommen nur Hauptleute
auf derselben vor Glieder der Familie von Sti-
bitz, mit Ausnahme des Hans von Prittwitz genannt Hoyer 1472. Später wurde die Burg der
Stadt Breslau verpfändet und kam aus ihren Händen in den Besitz des Deutschen Ritter-Ordens um 1560. Die Komthurei Namslau wurde
1810 aufgehoben und das Schloss wurde Eigenthum
eines Herrn von Ohlen auf Altstadt (noch 1830).

 Das einzige bekannte, ältere Siegel
von Namslau liegt in zwei Abdrücken
von 1468 und 1505 vor, beide sind
leider nicht vollkommen deutlich erhalten geblieben. Das Siegel ist nur
klein, hat die Umschrift: SIGRAT . CIVIV .
RAMSLVIA . und im Siegelfelde einen kleinen,
schwebenden, schlesischen Adler, unter welchem
allerdings schon der sechseckige Stern sehr gut erkennbar ist, aber nicht allein dem Adler beigefügt
zu sein scheint, sondern in Verbindung entweder mit
mindestens noch einem Sterne auf der Brust des

Adlers, oder mit dem verkehrt den Leib des Adlers
bedeckenden herb Odrowąz. Weitere Hypothesen
über dieses interessante Wappenbild sind, bis ein
gut erhaltenes Siegel der Stadt gefunden sein wird,
müssig, die neuern Siegel haben alle den Wappenschild mit dem (schlesischen) Adler, dessen Schweif
in einen Stern endet, die Umschrift lautet: S . CI-
VITATIS . NAMPSLAVIENSIS ., über dem Schilde
des einen steht: 1646. Das Namslauer Weichbilds-
Wappen bestand in dem weissen, böhmischen Löwen
im rothen Felde, der den (goldnen) Stern in einer
Pranke hält.

Sehr räthselhaft ist das sogenannte kleine Wappen der Stadt mit den drei Rosen, dessen Existenz
in ältern Chroniken wiederholt behauptet wird und
mit welchem die Stadt sogar offiziell auf der letzten grossen schlesischen Industrieausstellung auftrat,
hier freilich noch vermehrt durch einen weissen
Adler im rothen Felde, auf dessen Brust ein goldner
Schild mit drei rothen Rosen. Uebrigens giebt es
auch ein hierher gehöriges Siegel, welches innerhalb eines Kranzes wenigstens eine Rose zeigt und
die Umschrift führt: SIEGEL . DER . „CUMMUNI-
TAET" (!) . ZU . NAMSLAU . 1801. Eine Rose
giebt als Wappen von N. auch die „Silesia picta" an.

Naumburg a. B.,

Kreis Sagan, Regbez. Liegnitz,

 Nuwenburg, Numburch, lat. Novum
castrum, am rechten Ufer des Bober,
wird als Burg mit einem herzoglichen
Kastellan schon 1202 erwähnt. Seit
1221 erscheint wiederholt in Urkun-
den das, wahrscheinlich 1217 gestiftete, Kloster
Naumburg Augustiner-Ordens, dem St. Bartholomäus
geweiht; 1261 wurde es zu einer Abtei erhoben,
diese aber 1284 nach Sagan verlegt, so dass nur
ein Propst in N. zurückblieb, der einen Theil der

Herrschaft besass. Im Allgemeinen hat die — unbekannt, wann zu deutschem Recht entstandene —
Stadt die Schicksale des Fürstenthums Sagan getheilt, nach dem Brandenburgischen Pfandbesitz
von 1301 bis 1319 kam in diesem Jahre auch N.
wieder unter die Herrschaft der Herzoge von Glogau. Ungefähr um 1329 wurde mit Naumburg Ulrich von Pack auf Sohrau belehnt, er starb 1355
und darauf gehörte Stadt und Herrschaft wieder zu
Sagan, bis 1472 das ganze Fürstenthum an die
Herzoge von Sachsen verkauft wurde. Im Jahre
1549 löste die Krone Böhmen Sagan ein, verpfändete es 1552 an den Markgrafen von Brandenburg-Jägerndorf bis 1558, in welchem Jahre
Bischof Balthasar von Promnitz den Pfandbesitz
von Naumburg erhielt und ihn bei seinem Tode
1562 auf seinen Neffen, Freiherrn Siegfried von Pr.
vererbte, der ihn auch behielt, als 1568 der Kaiser
die Pfandsumme entrichtet hatte. Sein Sohn Heinrich Anselm übernahm 1602 die Herrschaft erb- und
eigenthümlich, sie blieb im Besitz des Hauses Promnitz bis zu dessen Erlöschen. Der letzte Graf von
Pr., Johann Erdmann vermachte die bereits 1749
allodifizirte Herrschaft Naumburg 1765 dem Erb-
prinzen Erdmann Heinrich Carl von Schönaich-
Carolath, den Enkel seiner Schwester, vermählten
Fürstin von Anhalt-Cöthen, der sie indessen 1770
seiner Schwester, der Prinzessin Sophie Wilhelmine,
vermählten Gräfin von Schönburg-Rochsburg
abtrat, die sie 1794 einem Herrn von Plötz verkaufte. Im Jahre 1802 erwarb Naumburg ein Graf
von Mellin, 1808 die Freifrau von Blixen, geborne von Plessen, 1815 ein Herr Sturm, der noch
Anfangs der dreissiger Jahre im Besitze war, 1815
gehörte die Herrschaft einem Herrn von Uechtritz,
gegenwärtig aber der Familie von Wedell-Parlow.

Das Wappen der Stadt Naumburg, dessen Farben nicht näher fixirt sind, ist ein dreithürmiges
Burg-, oder vielleicht auch Klostergebäude, umschlossen von einer stets perspectivisch dargestellten, unten rundlich abschliessenden und seitwärts
in die Höhe steigenden Zinnenmauer. Das Älteste,

bekannte, nur kleine, Siegel mit dieser Darstellung,
von 1442, hat die Umschrift: sigillum . cibum . be .
nbwenborg. Die neuern Siegel haben deutsche Umschriften mit dem Zusatz A . B . oder AM . BOBER.

Naumburg a. Qu.,
Kreis Bunzlau, Regbez. Liegnitz,

Neuenburg, Nuwenburc, Nuenburc,
am Queiss, alte Stadt, zwar nicht,
wie gefabelt wird, 1202, aber im
Jahre 1233 zu deutschem Rechte
vom Herzog Heinrich durch einen
gewissen Themo ausgesetzt. Schon
vor dieser Zeit scheint der Ort Eigenthum der
Herren von Landskron gewesen zu sein, denen
auch die nunmehrige Stadt bis zum Jahre 1408 gehörte, in welchem Jahre sie dieselbe an die von
Rechenborg verkauften. Die Rechenberg's blieben über achtzig Jahre im Besitz, 1491 erwarb Fabian von Warnsdorff genannt Hayn die Herrschaft von Caspar von R., überliess sie aber bereits
1495 käuflich dem Nonnenkloster St. Mariae-
Magdalenae zu Naumburg, welches bis zu seiner Säcularisation 1810 im Besitze verblieb. Das
Kloster findet sich urkundlich zuerst 1247 erwähnt.

Das älteste, mittelgrosse Siegel von
Naumburg vom Jahre 1470, also aus
der Zeit der Rechenbergschen Herrschaft, hat im runden Felde einen
schlanken, spitzbedachten Zinnenthurm mit Thor, neben welchem links an einem
aus dem Siegelrande hervorstehenden Haken schräge
der Wappenschild der von Rechenberg hängt (ein
silberner Widderkopf im rothen Felde), rechts
schwebt der mit dem Helmtuche behängte Helm
mit der Rechenbergschen Helmzier (wachsender
silberner Widderkopf mit Hals). Die Umschrift
lautet: sigillum . vniuersitatis . op(pidi . noui ...).
Ein jüngeres Siegel vom Jahre 1658, mit der Um-

schrift: SIGILLVM . CIVITATIS . NAVNBVR(GEN :
AD . Q)VAT . 1658, hat dieselbe Vorstellung, nur
in schlechterem Stempelschnitt. Der Widderkopf
sieht wie ein Ochsenkopf aus, der Thurm ist dicker,
massiver (mit zierlichem Portal im Renaissancestyl)
und der Stechhelm kaum mehr kenntlich. Die
Priorin, welche die Stadt 1495 gekauft, war Magda-
lena, eine geborne von Haugwitz, deren Geschlecht
fast ganz dasselbe Wappen, wie die von Rechenberg führt (die Widderköpfe sind meist gekrönt und
der des Helmes oben noch mit einem Federbusch
versehen), es lag also um so weniger ein Grund
vor, das überkommene Stadtwappen zu verändern.
Die neuern Stempelschneider haben aber dasselbe
recht gründlich entstellt. Dass aus dem alten
Thurm ein breites Giebelgebäude mit einem seitli-
chen Erkerthürmchen (wahrscheinlich eine Abbildung des zeitigen Rathshauses) entstanden, würde
nichts schaden, statt der heraldischen Beizeichen
bilden sie aber schon seit geraumer Zeit links einen
völligen Ochsenkopf frei schwebend, rechts einen
am Schildesrande emporkletternden Ziegenbock ab
und Haken, Schleife, Stechhelm und Helmdecken
sind unter ihren Händen zu unverständlichen Arabesken und Schilfpflanzen geworden, die den Raum
erfüllen. Es giebt zwei Siegel der Art, von 1756
mit lateinischer und von 1813 mit deutscher Umschrift (AD . QVEISVM . und AM . QVEIS .).
Die Farben dieses entstellten Wappens sollen sein:
weisses Gebäude mit blauem Dach (?) im rothen
Felde, die Ranken und Blumen grün und golden.

Neisse,

Kreisstadt im Regbez. Oppeln,

Nisa, Nissa, Niza, Nyza, Nisza, („die"
Neisse), an dem gleichnamigen Fluss,
der von Chronisten bereits bei den
Jahren 981 und 1096 erwähnt wird,
und hier die Biela aufnimmt, ist eine

alte Stadt, die im ersten Viertel des dreizehnten
Jahrhunderts zu „flämischem" Rechte angelegt wurde,
in den Jahren 1226 und 1237 zwar noch einen
„Schulzen" an ihrer Spitze hatte, 1245 aber gewiss
schon eine Stadt nach dem gewöhnlichen Begriffe
war, damals einen Markt erhielt und deren Recht
bereits 1250 auf die neu ausgesetzte Stadt Wansen
übertragen werden konnte. Neisse gehörte ursprünglich zum Lande Ottmachau, welches Bischof Jarozlaw, Herzog von Oppeln bei seinem Tode, 1201,
dem Bisthum Breslau vermachte, überflügelte aber
die Stadt O. sehr bald derartig, dass der Name
Neisse mit dem Titel eines Fürstenthums auf das
ganze Land übertragen wurde. Die Stadt bestand
früher aus zwei Theilen, der Altstadt, welche aber
1663 aus strategischen Gründen gänzlich abgetragen
wurde, und der Neustadt, der jetzigen eigentlichen
Stadt. Zu dieser kam die unter der preussischen
Regierung seit 1741 angelegte Friedrichsstadt, welche
als nicht bischöflich, bis 1810 ihren eignen Magistrat hatte und endlich ist die Festung Neisse (das
jetzige Fort Preussen) auch als ganz abgesonderter
Theil anzuführen. Der Breslauer Friede 1741 trennte
das Fürstenthum Neisse in zwei Theile, in dessen
östreichisch gebliebener Hälfte Janernig Hauptstadt
und bischöfliche Residenz wurde, während das ehemalige bischöfliche Schloss in N. jetzt königlich ist.

Man findet ein ältestes Siegel der Stadt vom
Jahre 1294 erwähnt und beschrieben. Es soll nur
einen Thurm als Siegelbild und die Umschrift gehabt haben: SIGILLVM . BVRIGENSIVM . DE .
NIZA. Ein sicher dem vierzehnten Jahrhundert angehöriges, ziemlich grosses Siegel aber zeigt bereits
innerhalb eines gothischen Portales den stehenden
Patron der Stadt und des Bisthums, St. Johannes
Baptista mit Nimbus, in der Linken eine runde
Scheibe mit dem Gotteslamm, die Rechte segnend
über den ihm zur rechten Seite knieenden Bischof
ausstreckend. Das Siegel ist für seine Zeit von auffallend mittelmässiger Arbeit und führt die Umschrift: S . CIVIVM . DE . NYZA . FIDELI-
VM . ECCLESIE. Ein gleichzeitiges Schöppen-

14*

siegel, nur von geringer Grösse, hat das Brustbild
eines Heiligen (da er unbärtig ist, wohl St. Johannes Apostolus) und die auch rohe Umschrift: S .
SSVLVC . (? Sculteti) SŒBIŒOR . D . NIZŒ .
Der Hofrichter von N. siegelte 1408 bereits mit
dem Lilienschilde, darüber der Kopf des Täufers,
die Umschrift dieses parabolischen Siegels lautet:
S . IVDICIS . ŒVRIŒ . RISSHRSIS . Seitdem
sind die Lilien des Breslauer Bisthumswappens, und
zwar in der Zahl drei, das Wappenbild der Stadt
geworden und geblieben, selten findet man sie allein,
die „Silesia picta" hat sie zu sechs unten und in
der obern Hälfte des Schildes den schlesischen
Adler, auch ein neues Stadtsiegel von 1840 hat
sechs Lilien im Felde, 3, 2, 1, Umschrift: MAGI-
STRAT . ZU . NEISSE . — sonst stets haben die
Siegel der Stadt den stehenden St. Johannes den
Täufer, in der Linken das Gotteslamm auf einem
Buche ruhend, mit der Rechten auf dasselbe hinweisend und unten neben ihm beiderseits ein Wappenschild mit je drei Lilien (silbern in Roth). Die
Umschrift eines nicht grossen Siegels, auf einem
verschlungenen Bande lautet: S . CIVITATIS .
NISSE . 1508 ., die eines noch kleinern, ohne
Band, ebenso aber mit der Jahreszahl: 1595. Ein
während des Drucks bekannt gewordenes, älteres,
parabolisches Siegel mit dem Heiligen kann näher
erst im Nachtrage beschrieben werden.

Neukirch,

Kreis Leobschütz, Regbez. Oppeln,

Neukirchen, Deutsch-Neukirch,
mähr. Ceregniom, Cerekwie, Ne-
mecka-Cerekve, lat. Nova Ecclesia,
auch: Nova Catholica genannt, ist ein
kleiner, offner Marktflecken an der
Troja, in dem ursprünglich mährischen Theile des
vormaligen Herzogthums Jägerndorff. Die Tradi-

tion, dass der Ort einst eine bedeutende Stadt
gewesen, 1213 bereits deutsches Recht und 9 Kirchen (daher der Name!) gehabt, macht sich eben
durch den letzten Zusatz höchst verdächtig. Seit
dem Jahre 1234 stand, durch Schenkung des
Markgrafen Przemyslaw von Mähren, dem Nonnenkloster Oslowan das Patronatsrecht über die
Pfarrkirche zu Neukirch zu. Als im Jahre 1377
die Söhne des Herzogs Nicolaus II. von Troppau
eine Theilung ihres Erbes vornahmen, fiel Neukirch
nebst Zuckmantel und Leobschütz an den Herzog
Nicolaus III. Um 1460 war Niczek Hajda Besitzer
von N. Seine Tochter Catharina brachte den Ort
ihrem Gemahl Heinrich Donat von Gross-Pohlom
zu, dessen Urenkel Albrecht ihn 1585 dem Freiherrn Albrecht von Würben (Wrbna) verkaufte.
Die Wittwe desselben, Anna, geborne Freiin von
Tworkau-Krawař, vermählte sich wieder mit Siegmund Sedlnicki von Choltitz, nach ihrem Tode aber
erstand die Herrschaft ihr Sohn erster Ehe, Freiherr
Bernhard von Würben und Freudenthal, † 1652,
dessen in den Grafenstand erhobene Nachkommen
noch 1772 das Fidei-Commiss Deutsch-Neukirch
stifteten. Im Jahre 1808 aber wurden die Güter
des verstorbenen Grafen Joseph Wenzel, nämlich,
ausser Neukirch, Wanowitz, Hohendorff, Rosen
und Sauerwitz von den Gemeinden selbst angekauft
und sind jetzt deren freies Eigenthum.

Ein älteres, grosses Siegel des Fleckens zeigt
im runden Siegelfelde eine einfache Kirche mit einem kleinen Thürmchen in der Mitte des Daches
und hat die Umschrift: S . CIVITATIS . NOVA(e) .
CATHOLICAE. Das neuere Siegel hat dieselbe
Kirche (nur das Thürmchen mehr zur Seite gerückt),
die als redendes Wappen des Orts betrachtet werden muss, aber die anspruchslosere Umschrift:
DEUTSCH . NEUKIRCH . STÆDTEL. Im Abschnitt steht: LEOBSCHITZ . CREYS. Heraldische
Farben des Ortswappens sind nicht bekannt, wenn
nöthig, sind die natürlichen Farben des blauen Him-
mels, des weissen, oder grauen Mauersteins und des
grünen Erdbodens anzunehmen.

Neumarkt,

Kreisstadt im Regbez. Breslau.

Newenmark, lat. Novum forum, Neo-forum, am rechten Ufer des Neu-markter Wassers, hiess mit slawi-schem Dorfnamen Srzoda, ein Name, der noch gang und gäbe blieb, als der Ort schon längst Stadt war. Neumarkt ist sicher eine der ersten Städte, die in Schlesien nach deutschem Rechte eingerichtet wurden, wie denn auch ihr Recht das Vorbild blieb für viele ferneren Stadtrechts-Verleihungen. Nach Einiger Behauptung hätte das frühere Srzoda bereits von Herzog Boles-law dem Langen, bald nach 1163, deutsches Recht erhalten, gewiss ist es nur, dass die Verleihung schon vor 1223 erfolgt sein muss. Der Uebergang des nach deutschem Rechte ausgesetzten Dorfes in eine deutsche Stadt scheint aber nur allmälig vor sich gegangen zu sein. Im Jahre 1335 theilten die Schöppen von Halle den Bürgern von N. das Recht von Halle und Magdeburg mit. Zu Anfang des dreizehnten Jahrhunderts bestand daselbst wohl schon eine herzogliche Burg, an Stelle der Kastel-lane traten später königliche Burggrafen oder Amts-hauptleute, so 1521 ein Peter von Sack pfand-weise. Aber bereits 1565 stand die Burg ganz wüst, sie wurde vom Breslauer Rathe denen von Mühl-heim abgekauft und 1803 ist ihr letzter Mauerrest abgetragen worden.

Ein möglicherweise nicht durchaus erfundener Vorfall (ein aus Russland geflüchteter Fürst Michael Wsewolodowicz soll in Neumarkt beraubt und eine Verwandte und ihr Gefolge erschlagen worden sein), ist Veranlassung gewesen, die bald darauf folgen-den Raubzüge der Mongolen durch Schlesien mit ihm in Zusammenhang zu bringen und sie als einen Racheact gegen die Missethaten der Neumarkter

Bürger darzustellen — eine Sage wie viele andre ähnlicher Art.

Das älteste Siegel von Neumarkt ist gross und zwar von parabolischer Gestalt. Das Siegelfeld zeigt rechts einen eine senkrechte Theilungslinie bildenden Weinstock mit Blättern, Trauben und Wurzeln. Links an ihn lehnt sich der halbe schlesische Adler. Umschrift: SIGILLVM . VNIVERSITATIS . CIVIVM . NOVI . FORI. Der erste Abdruck ist von 1323. Ein weit jüngeres kleines, rundes Siegel (Abdruck von 1683) hat die-selbe Vorstellung, nur erscheint hier der halbe Adler in der rechten und der, kaum als solcher erkenn-bare, Weinstock in der linken Schildeshälfte. Um-schrift: S . VNIVERSITATIS . CIVIVM . NEO . FORI. Die Farben des Stadtwappens sind rechts natürlich die des schwarzen schlesischen Adlers im goldnen Felde, links grün im weissen Felde, nach Neumarkter Traditionen und dem Vorbilde einer ältern Bürgerfahne· Der Weinstock soll auf ehe-maligen Weinbau deuten. Ganz abweichend von diesem, anerkannten, Stadtwappen ist die Vorstel-lung eines runden Sekrets, das ziemlich gleichzeitig mit dem ältesten Siegel und noch 1448 im Ge-brauch gewesen ist. Ueber einem natürlichen, fliegenden Adler erhebt sich im Siegelfelde die Figur eines Heiligen, in der Linken ein Buch tra-gend, in der Rechten ein Doppel- oder Patriar-chenkreuz emporhaltend. Die durch den Adler unterbrochene Umschrift lautet: S . CIVIVM . NOVI . FORI. Es hat bis jetzt nicht gelingen wol-len, die Person des Heiligen festzustellen und das auffallende und seltne Attribut des Doppelkreuzes zu erklären. [Ist wegen des Adlers, der Evange-list St. Johannes gemeint, oder wäre gar an einen russischen Heiligen zu denken? — Unter den Sym-bolen der griechischen Kirche findet sich das Pa-triarchenkreuz häufiger, vielleicht ist der Heilige gewissermassen als Sühne für jenes (angebliche) Verbrechen von den Bürgern adoptirt worden und jene Tradition der russischen Hypatius-Chronik gewinnt durch dieses bisher unbeachtet gebliebene sphragistische Document zwar nicht an Glaubwürdigkeit, aber doch an Interesse, insofern ihr hohes Alter und ihre frühe Verbreitung erkennbar wird.] Zu rathen hat der geheimnissvolle Patron der Neumarkter Bürger Siegelforschern und bildlichen Darstellern schon genug gegeben, einige haben in ihm die heilige Jungfrau erkennen wollen, die stets, aber in wenig lobenswerther Weise originelle „Silesia picta" bildet ihn als St. Andreas ab, mit dem schrägen Kreuz auf dem Rücken und einem Fähnchen in der Rechten — ein Blick auf alte Siegel zeigt aber die Nichtigkeit dieser Auslegungen.

Neurode,

Kreisstadt im Regbez. Breslau,

Neuenrodt, Nuyenrod, Nowinrode, an der Walditz in der Grafschaft Glatz, ist aller Wahrscheinlichkeit nach in der ersten Hälfte des vierzehnten Jahrhunderts allmälig an einer mitten im Waldgebirge ausgerodeten Stelle entstanden, hat von dieser Stelle in natürlichster Weise seinen Namen erhalten und ist alsdann mit Markt- und andern Rechten beliehen worden. Im Jahre 1347 heisst Neurode bereits ein Städtchen. In eben diesem Jahre besass Hans Wüstehube von Goltstein den Ort, er verkaufte ihn 1352 an Hans (Hannus) von Dohna († in demselben Jahre). In seiner Familie, damals immer nur „Donyn" genannt, blieb Neurode mit kurzer Unterbrechung 1358, da Nokosch von Rachnaw N. besass, über hundert Jahre, bis Burggraf Friedrich, der letzte dieser Linie, 1470 ohne männliche Erben starb. Das heimgefallene Lehn gab König Georg Podiebrad 1472 Georg I. von Stillfried, welcher mit des letzten Dohna Tochter, Anna vermählt war. Das Geschlecht

der Stillfried's mit dem Beinamen Ratienic oder Rattonitz war fast viertehalb Jahrhunderte im Besitze der Stadt und Herrschaft Neurode. Raymund St. († 1720) wurde in den Freiherren-, Joseph († 1803) 1793 in den Grafenstand erhoben. Im Jahre 1811 erwarb der Graf Anton von Magnis käuflich die Herrschaft und hat sie seiner Familie bis auf den heutigen Tag vererbt. Im Jahre 1817 wurde die Grafschaft Glatz in zwei Kreise getheilt, den Glatzer und Habelschwerdter. Der Neuroder ist ganz neuen Datums.

Das Wappen der Stadt ist ein redendes: ein ausgerodeter Baumstock mit seinen Wurzeln, von natürlicher Farbe, im rothen Felde. Als städtisches Wahrzeichen bewahrt man im Gewölbe des Rathhauses einen ähnlichen alten Stumpf auf, der einst als Kronleuchter gedient haben soll. Das älteste Siegel der Stadt hat dieselbe Vorstellung des Wappenbildes im ausgeschweiften Schilde. Ueber diesem steht die Jahreszahl 1535, wohl nur die Zeit der Ingebrauchnahme des Stempels bezeichnend (der vorliegende Abdruck ist von 1695), die Umschrift lautet: IN . SIEGEL . ZV . NEWRODT.

Neusalz,

Regbez. Liegnitz, Kreis Freistadt,

Stadt am linken Ufer der Oder, zwischen der alten Oder und dem Siegerflusse. Die erste Ansiedelung an diesem Orte ist jedenfalls nicht älter, als etwa dreihundert Jahre; 1609 wurde auf einer Lichtung des frühern Waldes ein kaiserlich-königliches Salzwerk erbaut, welches 1719 ein erstes Kirchlein erhielt und nach und nach ein paar Privilegien, die dem Orte den Charakter eines Marktfleckens gaben. Gleich in den ersten Jahren der preussischen Herrschaft, am 8. October 1743 wurde Neusalz zur Stadt erhoben. Sie bestand anfangs aus drei verschiedenen Theilen, dem königlichen Domainen-Amte, der eigentlichen Stadt und dem Dorfe dieses Namens. Das Domainen-Amt, welches früher verpachtet worden war, wurde 1812 unter dem Namen Alt-Neusalz als Rittergut verkauft an einen gewissen Berndt, ging aber noch im selben Jahre zuerst in den Besitz eines Herrn Erdmann, dann in den der Stadt-Commune über. In Folge seiner Zerstückelung ist die Qualität als Rittergut 1846 gelöscht worden.

König Friedrich II. verlieh 1743 der Stadt auch ein Wappen, das sich in einer Kopie des im siebenjährigen Kriege verbrannten Original-Documents erhalten hat. Der Schild ist quer getheilt, im obern weissen Felde der schwarze, preussische Adler mit den königlichen Abzeichen, im untern, „meergrünen“ Felde ein Oderkahn mit einem Steuermann. Ein Siegel mit der Umschrift: NEUSALTZ.STADT. SIEGEL, und der Bezeichnung: ANNO . 1787 . im Abschnitt zeigt dasselbe Wappen, doch ist der Schild noch mit einer offnen Krone bedeckt, aus welcher sich zwischen zwei (wohl schwarzen) Adlerflügeln der Mast des Kahns mit Segel und Wimpel erhebt.

Neustadt O.-S.,
Kreisstadt im Regierungsbez. Oppeln,

 lat. Nova civitas, am Prudnik, im alten Fürstenthum Oppeln, hiess im Volksmunde früher auch Prudnik. Der Orden der Tempelherren soll bis 1312 seinen Hauptsitz in dieser Gegend auf der festen Burg Wogendrüssel, in nächster Nachbarschaft von Neustadt, welches zuerst 1302 als Stadt genannt wird, gehabt haben. Zum Unterschied von Mährisch-Neustadt (Unisow) nannte man dieses Neustadt im siebenzehnten Jahrhundert: Pol-

nisch-Neustadt, 1708 aber Königlich-Neustadt, doch kommt auch schon vorher der jetzige offizielle Name „Neustadt in Ober-Schlesien, Neostadium in Silesia Superiori“ vor. Ursprünglich gehörte die Stadt zu Mähren und erst seit 1337 zu Schlesien. Die Anlage der Stadt geschah wohl durch die Dynasten von Rosenberg, von denen auch 1302 Heinrich v. R. als Herr von Neustadt bezeichnet wird. Bald darauf kam die Stadt in den Besitz des Jaxo von Schnellewalde, dann in den des Albert von Kranowitz und fiel 1377 an die herzogliche Linie zu Falkenberg, 1382 an Oppeln, 1388 an Freistadt, 1397 an Oels. Von 1421 ab besassen die Stadt Pfandherren, anfangs die Herzoge von Oppeln, dann 1532 die Markgrafen Georg und Georg Friedrich von Brandenburg-Jägerndorf, endlich die Königin Isabella von Ungarn für ihren Sohn Johann Siegmund Zapolya, bis 1557.

Die Erbvogtei zu Neustadt, mit der, wie gewöhnlich, adliges Grundeigenthum verbunden war, hatte im funfzehnten und sechszehnten Jahrhundert oft ihre Besitzer gewechselt, von 1552 bis 1566 besassen sie Conrad und sein Sohn Valentin Saurma von der Jeltsch. Das kaiserliche Kammergut Neustadt hatten die beiden Saurma pfandweise nur von 1558 bis 1561 inne, im nächsten Jahre und definitiv 1597 erwarb es die Stadt selbst.

Die ältesten Siegel von Neustadt O.-S. von 1399 und 1461 befinden sich im Raths-Archive zu Neisse. Alle neueren Stempel richten sich nach dem Wappenbriefe, den Kaiser Rudolph II. d. d. Prag, 24. April 1607, unter Bezugnahme eines altern kaiserlichen Diploms von 1567, der Stadt ertheilte. Nach dem Inhalte dieses Briefes ist das Wappen eine rothe Zinnenmauer mit offnem, nebst Fallgatter versehenem Thor und zwei spitzbedachten Thürmen, zwischen denen ein schwarzer gekrönter Adler schwebt, im weissen Felde. Die Haupt-„Besserung“ dieses als alt bezeichneten Stadtwappens besteht in der Hinzufügung eines mit einer Krone bedeckten und mit roth-weissen Helmdecken versehenen Helmes, auf dem die bethürmte Stadtmauer wiederholt

ist, aber, statt des Adlers mit dem böhmischen sil-
bernen Löwen zwischen den Thürmen. Die Um-
schrift lautet gewöhnlich: S . SENAT(US) . POPV-
LI(que) . NEO . STADIENSIS . IN . SIL(esia) .
SVP(eriori). Der älteste, bekannte Stempel dieser
Art war schon vor 1660 im Gebrauch, er hat die
Umschrift auf einem Bande und die ungewöhnliche
Abbreviatur: POPV(li).

Neustädtel,

Kreis Freistadt, Regbez. Liegnitz,

 Neuenstatt, lat. Nova Civitas, zuerst
aber, bis in das vierzehnte Jahrhun-
dert hinein, Lynda (Lynde) genannt,
offne Stadt am Weissefurth, einem kleinen Flusse, im alten Fürstenthum Glogau, die urkundlich zuerst 1302 erwähnt wird und
zu dieser Zeit die von Dhyrn zu Grundherren gehabt zu haben scheint. Später war die Stadt wieder im herzoglichen Besitz und gehörte bald zu
Glogau, Steinau, Sagan, bald war sie in böh-
mischem Pfandbesitz. Seit Ende des funfzehnten
Jahrhunderts treten adlige Herren von Neustädtel
auf, welche die in vier, und vielleicht noch mehr,
Antheile getheilte Stadt inne hatten. In den Jahren
1475, 1484 besassen die Brüder Caspar und Georg
von Berge drei Theile, einen die Gebrüder von
Tauchsdorff. Den grössten Theil der Stadt scheint
darauf Hans von Lidlau in seiner Hand vereinigt
zu haben, der denselben 1506 an Siegfried von
Nechern veräusserte. 1508 aber gehörte ein Antheil denen von Rechenberg, welchen Hans von
R. 1535 an Jacob von Salza verkaufte. Inzwischen
hatten die von Knobelsdorff die drei Haupttheile
erworben und Hans v. Kn. verkaufte dieselben 1537
an die Gebrüder von Haugwitz. Aber noch ein
Antheil muss in Rechenbergschem Besitz verblie-

ben gewesen sein, da dieser 1540 bei dem Tode
des Hans v. R. in der Erbtheilung genannt wird.
Dieser Antheil war 1555 im Besitz des Georg v. R.
und 1579 verkauften die Gebrüder von Haugwitz
ihre drei Antheile dem Hans v. R., so dass ganz
Neustädtel in Rechenbergschen Händen vereinigt
wurde. Von 1610 bis 1616 gehörte die Stadt der
Wittwe des Johann Georg v. R., einer gebornen von
Axleben, Magnus genannt, die sich wieder mit Siegmund von Kittlitz vermählte. Vorübergehend
wusste sich 1616 auch der Freiherr von Sprinzenstein, ein Schwager des verstorbenen v. R. in
den Besitz von Neustädtel zu setzen. Es folgten
die unruhigen Zeiten des dreissigjährigen Krieges, in denen den eigentlichen Erben, den Rechenbergs ihr Eigenthum vielfach streitig gemacht wurde.
Unter Andern nahm 1634 der zweite Gemahl der
oben erwähnten Wittwe v. R., Siegmund von Kittlitz einmal Neustädtel mit stürmender Hand ein,
ohne es aber behaupten zu können. Nach 1646
wurde Christoph von Braun der Rechtsnachfolger
der Rechenbergs, verkaufte aber 1655 Neustädtel
nebst Lindau dem Jesuiten-Orden (von der Provinz Böhmen), dem schon 1649 durch das Testament der zweiten Gemahlin jenes Prätendenten Sprinzenstein, einer gebornen Gräfin Harrach, Deutsch-
Wartenberg „vermacht" worden war. Die Rechenbergs führten fort, ihre Ansprüche geltend zu machen,
bis ihnen 1661 „ewiges Stillschweigen" auferlegt
wurde. Bei der Preussischwerdung der Provinz
wurden die alten Proteste gegen die Besitztitel der
Jesuiten wieder laut, bis die Aufhebung des Ordens,
1776, dem Streite ein Ende machte. Die Ordens-
güter wurden zuerst durch eine Kön. General-
Schulen-Administration verwaltet, dann dem
herzoglichen Hause Curland verkauft.

Die Siegel der Stadt zeigen das von zwei Thürmen flankirte Stadtthor, über demselben auf der
Mauer steht ein Schild mit dem schlesischen Adler,
hinter welchem ein Kreuz, oben begleitet von zwei
Röschen, hoch hervorragt. Die Umschriften der bis
auf unwesentliche Kleinigkeiten meist übereinstim-

menden Siegel heissen: SIGILLVM . CIVITATIS . NEVSTADT und SIGILLVM . DER . STADT . NEVSTÆDTEL. Man wäre versucht, das Kreuz als eine Zuthat zu dem alten Stadtwappen aus der Zeit der Herrschaft des Jesuitenordens zu halten, wenn nicht ein Siegel, das im Felde die Jahreszahl 1647 trägt, bereits das Kreuz aufwiese, jedoch fehlen hier die Rosen, die jedenfalls ziemlich bedeutungslose Verzierungen sind. Ueber die Farben steht, bis auf den schlesischen Adlerschild, nichts Genaues fest.

Umschrift führt: SIGILLVM . CIVITATIS . NICO-POLIENSIS . ein offner Helm, von vorne gesehen, mit vier Federn besteckt. Jedenfalls soll dies der alte Helm und Helmschmuck der schlesischen Herzoge sein, wie er noch in einigen andern Städtewappen vorkommt. Daher muss der Helm, dem Alter des Orts angemessen, als Stechhelm gezeichnet werden und die Straussenfedern (die Zahl vier ist eine sehr unheraldische) haben sich in den bekannten Pfauenfeder-Helmbusch zu verwandeln.

Nicolai,
Kreis Pless, Regbez. Oppeln,

früher (nach slawischer Schreibweise) Micolow, Miculow, Mikulau, lat. Nicopolis, ein alter Ort, auf dessen herzoglicher Burg Kastellane bereits seit 1228 vorkommen. Im Jahre 1287 besass er wahrscheinlicher Weise schon deutsche Stadtrechte.

Von den frühern Besitzern ist nur ein Graf Johann von Würben (Wrbna) bekannt, der 1476 die Stadt Mikulow nebst Frankenstein vom Könige Matthias geschenkt erhielt. Graf Balthasar Erdmann von Promnitz, seit 1664 Herr von Pless, ausserdem auf Berun, Triebel, Sorau und Naumburg († 1703) wird dann zuerst wieder als Besitzer von Nicolai genannt und seitdem gehört die Stadt und Herrschaft als Pertinenzstück zu der freien Standesherrschaft, dem jetzigen Fürstenthum Pless. Bei dem Aussterben der Grafen von Promnitz, 1765, succedirte das fürstliche Haus Anhalt-Cöthen und nach dessen Aussterben, 1855, Graf Hans Heinrich XI. von Hochberg, Freiherr zum Fürstenstein, seitdem Fürst von Pless.

Das Wappen der Stadt Nicolai ist, nach Ausweis eines allerdings neuern Siegels, welches die

Nicolstadt,
Kreis und Regbez. Liegnitz,

ursprünglich Niclasdorff (Nyklasdorff, Niclostorff, Nyclosdorph u. s. w.), ein Marktflecken im Fürstenthum Liegnitz, der gegen die Mitte des vierzehnten Jahrhunderts in seinen Gruben einen solchen Reichthum an edlen Metallen offenbarte, dass die Herzoge von Liegnitz, auf sein weiteres Emporblühen bauend, demselben 1345 Stadtrechte und den entsprechenden Namen Nicolstadt verliehen. Indessen blieb der alte Name noch lange Zeit der allein gebräuchliche und eine wirkliche Stadt wurde der Ort nie, um so weniger, als schon 1364 die Goldgruben „ersoffen" waren und keine Ausbeute mehr gewährten. So lange die Bergwerke im Betriebe waren, wurden ihre Einkünfte von den stets geldbedürftigen Herzogen vielfach verpfändet, an Städte, den Bischof und Edelleute. Herzog Friedrich I. trat später, 1482 fast ganz „Niclasdorff" an Vincenz von Tauchsdorff ab, dagegen tauschte Herzog Georg Rudolph 1622 das damals der Stadt Liegnitz gehörige Amt N. wieder ein.

Der heutzutage unbedeutende Marktflecken hatte 1345 auch ein eignes Siegel bekommen, mit demselben Wappenbilde, das ein noch erhaltenes Schöppensiegel von N. vom Jahre 1353 aufweist. Ueber einem heraldischen Dreiberge schweben im damaszirten Siegelfelde gekreuzt, nach rechts eine sogenannte Seiffenkratze, nach links Schlegel und Eisen übereinander. Die Umschrift lautet: S . VNIVER-SITATIS . IN . RYOL(OSTAT) . Die letzten Buchstaben sind nicht mehr lesbar, des nicht ausreichenden Raumes wegen kann aber nicht „OS-DORP" gestanden haben. Die Farben dieses interessanten Wappens ergeben sich ohne Schwierigkeit von selbst: der Berg grün, die Werkzeuge schwarz, eisenfarben, das glatte (oder damaszirte) Feld silbern.

Nimptsch,
Kreisstadt im Regbez. Breslau,

schon 1255 in Urkunden „Nimptsch" geschrieben, aber auch Nemptsch, Nemptz, Nemsch, Nemz, Nomtsche, Nempsi, Nemci, Nemzi, Nemchi, Nemicz, Nimechi, Nimebi, Nimiz, slaw. Niemczy, lat. Nimcia, Nimitium, Nemecia, am linken Ufer der grossen Lohe, soll, was durchaus nicht ganz unwahrscheinlich klingt, den Namen von dem slawischen Worte „nimiec d. h. ein Deutscher" erhalten haben, mit Rücksicht auf die daselbst sich frühzeitig angesiedelt habenden Kolonisten aus dem eigentlichen Deutschland. Von der Burg N. ist in Chroniken schon beim Ende des zehnten Jahrhunderts die Rede, sicher stand sie wohl 1017 und seit 1154 war dieselbe der Sitz einer Kastellanei. Deutsches Recht hat die Stadt 1282 bereits gehabt, wohl kurz vorher bekommen. Sie gehörte ursprünglich zum Fürstenthume Breslau, dann zu Schweidnitz, schliesslich und zwar seit 1400 zum Fürstenthume Brieg. Mit der Vogtei in N. war einst das gleichnamige Geschlecht derer von Nimptsch belehnt. Im Jahre 1428 eroberten die Hussiten die

Stadt und Burg und auf der letztern sass noch 1433 einer ihrer Anführer, Peter Pollak von Wolfna. Alt-Nimptsch, die sogenannte Altstadt ist ein Dorf in adligem Besitz (anfangs des vorigen Jahrhunderts derer von Hude, Ende desselben (1783) der von Prittwitz, jetzt (1857) der Grafen von Beust).

Das älteste Stadtsiegel von Nimptsch, von ziemlicher Grösse, das noch 1421 im Gebrauch gewesen, aber sehr wohl aus dem dreizehnten Jahrhundert stammen mag, enthält im gegitterten, mit Kreuzchen zierlich bestreuten Felde einen einfachen Thurm mit breiterem Fundament, hohem Fenster, stark profilirtem Gesims und rundem Dach, auf welchem der schlesische (oder polnische) Adler steht. Die Umschrift ist defect, noch lesbar ist: SIGILLVO? . CIVIVO? . N‚ . . . . Auf dem nächstältesten Schöffensiegel von 1426 steht der spitzbedachte und gezinte Thurm mit dem Adler im glatten Felde, zu seinen beiden Seiten schweben zwei Figuren, die Eicheln gleichen und an sehr dünnen Zweigen von den Zinnen herabzuhängen scheinen. Umschrift: ꝑ . scabinor : civitatis : nijmptsch. Hundert Jahre später siegelten die Nimptscher Schöppen mit fürstlichem Amtssiegel. Zwei Siegel etwa aus dem sechszehnten oder siebenzehnten Jahrhundert, ein grösseres und ein kleineres haben die Form des Thurmes von jenem ältesten Siegel noch nachgeahmt, aber schon vollständige Eichenzweige neben ihm schwebend. Die Umschriften lauten übereinstimmend: SIGILVM . CIVITATIS . NIMICEN-SIS. Die neuern Stadtsiegel haben den Thurm mit dem Adler auf sehr breitem Fundament und zu beiden Seiten stark entwickelte, schwebende Eichenzweige, die zuweilen auch in Rosenzweige verwandelt worden sind. Die Umschrift lautet meist: SI-GILLVM . CIVITATIS . NIMICENSIS. Farbig pflegt man das Stadtwappen darzustellen: das Feld golden, der Adler schwarz, der Thurm steinfarben mit rothem Ziegeldach, die Zweige grün.

Oderberg,

Kreis Teschen, freie Minder-Standesherrsch. Oderberg,

 slaw. Bohmin, Stadt am rechten Ufer der von hier an schiffbaren Oder und zwischen den Nebenflüsschen Elsa und Osterbach, Hauptort der gleichnamigen, 1697 dazu erhobenen, freien Minder-Standesherrschaft. Die Vorstadt Annaberg, mit dem Schlosse Oderberg, slaw. Zamek-Bogunski, Bogumski-Summek, liegt jenseits der Oder und gehört zum Kreise Ratibor des preussischen Regierungsbezirks Oppeln. Die ursprünglich den Herzogen von Ratibor direct zuständige Stadt wurde später von ihnen veräussert, so im funfzehnten Jahrhondert an Jan Burzej von Kluwow. Die nach dem Tode desselben, 1486, an Herzog Johann heimgefallene Herrschaft wurde im selben Jahre von ihm an Sobek Bielik von Kornic verkauft, doch schon im Jahre 1492 kaufte sie der Herzog zurück und veräusserte sie wieder an einen Trnka von Raciborzan. Zu Anfang des siebenzehnten Jahrhunderts war Oderberg im Besitze des Markgrafen Johann Georg von Brandenburg-Jägerndorf, seit 1607, dem die Herrschaft aber, nebst Beuthen, bereits 1617 vom Kaiser aberkannt wurde, so dass ihm nur der zweifelhafte Besitz von Jägerndorff vorläufig verblieb. Im Jahre 1629 kam Oderberg, welches inzwischen zum Fürstenthum Ratibor gehört hatte, nebst Beuthen und Tarnowitz in den Besitz der 1636 in den Freiherren-, 1651 in den Grafenstand erhobenen Familie der Henckel von Donnersmarck und gab der älteren Linie derselben den Namen, deren Residenz zu Pölzig war. Mit dem Urenkel des Stifters dieser Oderberger Linie, dem Grafen Johann Erdmann starb dieselbe 1803 wieder aus, die Güter wurden allodifizirt und veräussert. Der österreichische Theil der Herrschaft gehörte (1818) den Herren von Gusnar bis 1843, darauf bis 1867 der Gräfin Marie Rudnicka, in

diesem Jahre kaufte sie Salomon Singer und verkaufte sie 1868 dem jetzigen Besitzer Freiherrn von Mattencloit auf Orlau. Den preussischen Antheil hatte 1818 Joseph Max Ditrich erworben, er verkaufte ihn 1844 an Hubert von Stücker und zwei Jahre später, 1846 verkaufte dieser ihn an die Freiherren von Rothschild, die noch im Besitze desselben sind.

Ein älteres Siegel der Stadt Oderberg, Abdruck vom Jahre 1694, zeigt im runden, verzierten Schilde das Wappen Kornic: auf drei Stufen ein Schächer-, oder Antoniuskreuz, dessen Querbalken kugelförmig auslaufen. Die Umschrift lautet: SIGILLVM . CIVITATIS . ODERBERGEN(sis). Nach Okolski sind die Farben des Wappens Kornic weiss im rothen Felde, Widimski hat dasselbe halb golden, halb silbern im rothen Felde. Offenbar stammt das Stadtwappen aus der Zeit der kurzen Herrschaft des Sobek Bielik von Kornic, welcher dem Orte wohl wichtige Rechte ertheilt haben mag, obschon es möglich ist, dass auch der eine oder der andre der übrigen slawischen Grundherren zur Wappengruppe (herb) Kornic gehört hat. Im zweiten und dritten Quartier des gräflich Henckelschen Wappens sind die Herrschaften Beuthen und Oderberg durch die Wappen ihrer Hauptstädte vertreten, das k. Diplom hat es aber mit den Farben derselben nicht sehr genau genommen, sondern dieselben willkürlich variirt: der oberschlesische goldne Adler im blauen Felde von B. ist schwarz in Silber geworden, das silberne Schächerkreuz im rothen Felde von O. ist schwarz (auch roth) im goldnen Felde fixirt und die Stufen des Kreuzes in grünen Erdboden umgewandelt worden. Die Stadt B. hat sich dadurch verleiten lassen, in späterer Zeit ihr altes Wappenbild für den preussischen Adler anzusehen, Oderberg aber hat, soweit bekannt, das alte herb Kornic beibehalten, wenngleich die Bedeutung desselben der Gegenwart verloren gegangen zu sein scheint, da der Magistrat das Kreuz für einen „Galgen" erklärt, angenommen einst als Symbol der peinlichen Gerichtsbarkeit, des jus gladii.

15*

Odrau,

Kreis und Herzogthum Troppau.

 Oderau, Oder, slaw. Odry, lat. Odera, die erste Stadt an der Oder, an ihrem rechten Ufer, über deren Entstehung und erste Entwickelung genaue Nachrichten fehlen. Die Dynasten von Sternberg sollen ihre ersten Herren gewesen sein; Bischof Albrecht von Leitomisl, aus dem Geschlecht derer von St. nennt 1362 O. urkundlich „seine, von seinem Vater Stephan von Sternberg ererbte Stadt." Bald darauf scheint sich ein eignes Geschlecht nach dem Orte benannt zu haben, so 1394 Johann de Odera, Vasall des Herzogs von Oppeln, 1404, 1406 Nicolaus von O. Im Jahre 1553 war Odrau im Besitze des Heinrich von Drahotus, 1555 des Johann Thomas von Zwole und Goltstein, der 1585 starb. In der ersten Hälfte des nächsten Jahrhunderts, 1639 gehörte die Stadt einem Johann Putz von Adlertburn, 1640 einem Freiherrn von Eckstein, darauf am 1652 dem Michael von Saluzzo, 1656 dem Grafen Peter von Werdenberg und 1697 dem Freiherrn Johann von Hoffmann. Im vorigen Jahrhundert, 1716 war Freiherr Franz von Lichnowski Herr von Odrau, darauf lange Zeit, noch um 1770, die gräfliche Familie von Praschma, von der wohl die Gräfin Marie Therese von Schlabrendorff die Herrschaft erwarb (1792). Neuerdings, 1833 hat O. der Landgraf von Fürstenberg gekauft.

Das einzige, ältere, bekannt gewordene Siegel von Odrau zeigt im runden Siegelfelde ein auf einem Pfahlrost stehendes, zinnengekröntes und bedachtes Blockhaus, mit der Umschrift: S . CIVITATIS . ODERE. Der Abdruck ist vom Jahre 1657. Widimski giebt dasselbe Wappenbild auf grünem Erdboden, weiss, rothbedacht, mit blauem Himmel-Hintergrunde. Das Stadtwappen hat wohl das Bild der ältesten Befestigung daselbst, der Lage in sumpfiger Oderniederung entsprechend, festgehalten.

Ohlau,

Kreisstadt im Regierungsbezirk Breslau.

 Olau, lat. Olavia, Olava in montibus (1139), unweit der Oder, an der Ohle, einem kleinen Flüsschen, dessen letzte Strecke in der Stadt Breslau kürzlich zugeschüttet worden ist. Im Jahre 1203 soll Ohlau schon eine Stadt gewesen, wenigstens so bezeichnet worden sein, doch kommt noch 1234 ein Schulz von O. vor, ein sicheres Zeichen, dass der Ort nur noch ein Dorf war. Aber 1291 hatte er bereits bestimmt Stadtrecht. Durch herzogliche Schenkung gehörte Ohlau von 1139 bis 1206 dem St. Vincenz-Kloster in Breslau, in welchem letztern Jahre es durch Tausch gegen Hundsfeld in den herzoglichen Besitz zurückgelangte. Später gehörte Ohlau zum Fürstenthum Brieg, wurde aber öfters verpfändet, an die Stadt Breslau, die Krone Böhmen, die Herzoge von Oppeln. Auch hatte die Stadt wiederholt die Bestimmung, als Leibgedinge den herzoglichen Gemahlinnen verschrieben zu werden, die dann auf dem dortigen Schlosse, als ihrem Wittwensitze, residirten, so seit 1678 die Wittwe des letzten Piasten, 1680 wurde O. aber vom Kaiser eingezogen. Das Schloss, hervorgegangen aus der alten Burg, auf welcher nachweislich schon 1282 ein Burggraf sass, diente von 1691 bis 1734 dem ältesten Sohne des verstorbenen Königs von Polen, Jacob Ludwig [? Leopold] Sobieski, als Pfandherrn zur Residenz.

Das älteste Siegel von Ohlau, von 1401, ziemlich gross, zeigt einen linksgewendeten Hahn im Felde, die Umschrift heisst: S . VRIVERSITATIS . CIVIVM . OLAVIERSIVM. Ein späteres Siegel von 1683 hat den Hahn rechtsgewendet im ausgeschweiften Schilde, Umschrift: S . VNIVERSITATIS . OLAVIENSIS. Der Hahn wird weiss gebildet im rothen Felde. Durch Unverständigkeit der Stempelschneider ist auf neuern Siegeln aus dem zackigen Hahnenkamm eine Krone geworden, und, durch einen Irrthum Dewerdecks veranlasst, der Münzen der Stadt Oels mit dem Johannesadler auf seinem Spruchbande für Ohlauische erklärte und den Adler für einen Hahn, das Spruchband für einen „Aal" hielt, hat man neuerdings mit gewöhnlicher Kritiklosigkeit diesen Aal für das Stadtwappen adoptirt, auch wohl, um die Sache noch wahrscheinlicher zu machen, den angeblichen Aal zum blossen Regenwurm degradirt. Die Landschöppen von Ohlau siegelten um 1415 mit dem Bilde der heiligen Hedwig in halber Figur, mit Buch und Kirche in den Händen. Die Umschrift um das schön geschnittene, damaszirte Siegelfeld lautet: S . PROVINCIÆLIŬ . SCΛBIQORVIꟻ . OLΛVIΘꟻ(sium).

Olbersdorf,

Kr. Troppau, freie Minder-Standesherrsch. Olbersdorf.

Albrechtsdorf, slaw. Albrechtice, lat. Alberti villa, an der Oppa, früher nur ein Städtel, oder Marktflecken, neuerdings als Stadt anerkannt, ist der Hauptort der gleichnamigen fr. M.-Standesherrschaft. Im Jahre 1377 wird O. als zum Fürstenthum Troppau gehörig zuerst genannt. Herzog Nicolaus schenkte die Herrschaft 1435 dem Georg Stoss. Unter einem folgenden Besitzer derselben, A. Mrakota von Studnitz verlieh König Wladislaus dem Orte 1492 städtische Rechte. Im Jahre 1503 verkaufte Johann Oswétymski von Przelyczow die Herrschaft dem Georg Supp von Fulstein, derselbe, oder ein gleichnamiger Nachkomme, Georg S. v. F. war noch 1566 im Besitze. Von 1571 bis 1583 war Johann von Waldstein Erbherr auf Olbersdorf, doch findet sich auch Bartholomäus Krawarski von Slowitz von 1558 bis 1592 als (Mit-, oder Antheils-) Besitzer aufgeführt. Aus dem Waldsteinschen Hause gehörte darauf die Herrschaft wieder von 1597 bis 1600 dem Wilhelm und von 1617 bis 1620 dem Johann Christoph v. W. Letz-

terem wurden in diesem Jahre die Güter konfiszirt und O. erhielt 1623 des Kaisers Bruder, Erzherzog Carl von Oestreich, Bischof von Breslau und Brixen und Deutschmeister, der es aber zwei Jahre darauf gegen Eulenburg, an das Jesuiten-Collegium in Neisse vertauschte. Als im Breslauer Frieden, 1742 Olbersdorf östreichisch blieb, tauschte das Neisser Jesuiten-Collegium gegen dasselbe das preussisch gewordene Gut Schillersdorf von dem Troppauer Jesuiten-Collegium ein und letzteres blieb im Besitze von O. bis zur Aufhebung des Ordens 1773. Olbersdorf war seitdem ein k. k. Kammergut, bis es 1825 an die Herren Vincenz Tlach und Vincenz Keil veräussert wurde.

Ein aus dem siebenzehnten Jahrhundert stammendes Siegel von Olbersdorf (Abdruck von 1721) zeigt im runden Siegelfelde einen aus niedrigem Gebüsch mit halbem Leibe hervorragenden wilden Mann mit langen Haaren und spitzem, langen Bart; die Rechte hat er in die Hüfte gestemmt, die Linke hält einen abgerissenen Baum. Die Umschrift, ihrerseits umfasst von einem Kranze, lautet: SIGILLVM . CIVITATIS . OLBERSDORFFIN. Widimski, der das Feld des Wappenschildes weiss lässt, Mann und Laubwerk in den natürlichen Farben, hat das Wappenbild insofern verändert, als das deutliche Buschwerk unten zu einem blossen Laubkranz um die Hüften des Mannes zusammengeschrumpft ist Vielleicht soll ursprünglich der wilde Mann der St. Christophorus sein, wenn auch ohne das Christkind.

Oels,

Kreisstadt im Regbes. Breslau,

früher (slaw.) Olesznica, Oleznic, Olesnitz, Olaniez, lat. Olsnica, Olsna, an der Oels, Hauptstadt des Fürstenthums Oels und frühere Residenz der Herzoge von Würtemberg-Oels. Der Name wird von dem slawischen Worte Olsza, Olszyna, (die Erle) abgeleitet. Die alte und wichtige Burg bestand bereits im zwölften Jahrhundert, im dreizehnten sind Kastellane auf ihr urkundlich bekannt. Der neben derselben begründete Ort hatte 1214 Marktrecht und erhielt 1255 das deutsche Stadtrecht von Neumarkt. Die Stadt und das umliegende Gebiet gehörte ursprünglich zum Fürstenthum Breslau, kam aber bereits 1294 an Glogau. Seit 1315 bildete es ein eignes Fürstenthum, dessen eingebornen Piasten-Herzoge 1492 mit Conrad X. ausstarben. Vorübergehend mit dem Herzogthum Teschen verbunden, gelangte es 1495 an den Herzog Heinrich von Münsterberg aus dem Hause Podiebrad. Dessen Nachkommen starben 1647 mit Carl Friedrich aus und nunmehr fiel das Fürstenthum einer Nebenlinie des herzoglichen Hauses Würtemberg zu. Nach dem Erlöschen derselben, 1791, kam es in den Besitz des Hauses Braunschweig-Wolffenbüttel, dem es als Thronlehn noch zusteht.

Das älteste, grosse Siegel der Stadt, vom Jahre 1310 vorhanden, hat im gegitterten Siegelfelde einen spitzen Wappenschild mit einem Adler in seiner untern Hälfte und oben einem grossen, in der Mitte mit dem Kreuz, an den Spitzen mit Sternen besetzten, Halbmond über dem Kopfe des Adlers. Die Umschrift dieses wichtigen Siegels heisst: S . CIVITATIS . DE . OLSR . . . Ungefähr ein Jahrhundert später hat man dieses alte Siegel aufgegeben und ein neues mit dem Adler des St. Johannes des Evangelisten als Wappenbild adoptirt, dessen Vorstellung sich bis heute erhalten hat. Der natürlich gebildete Adler mit dem Heiligenschein um den Kopf und aufgehobenen Flügeln steht, bald rechts, bald links gewendet, auf dem Spruchbande des Evangelisten. Die Umschriften der kleinern und grössern Siegel (1430, 1496) lauten gewöhnlich: S . CIVITATIS . OLSRIGGRSIS. Die Stadt führt aber auch ein grosses Wappen, von dem freilich nicht bekannt ist, ob es ausdrücklich einem kaiserlichen Wappenbriefe, oder nur der anspruchs-

voller gewordenen Mode des sechszehnten oder siebenzehnten Jahrhunderts seine Entstehung verdankt. Der Schild mit dem Adler ist der eben beschriebene, die Farben sind weiss im rothen Felde, also die alten polnischen, die man in Anerkennung ihrer Tradition demgemäss auch auf das älteste Siegel-Wappen-Bild übertragen muss. Auf dem Schilde ruht ein gekrönter Helm mit rothen und weissen Helmdecken, auf ihm der silberne mit dem Kreuze besteckte Halbmond und zwischen seinen aufwärts gekehrten Hörnern stehen drei rothe Thorthürme mit Zinnen und spitzen Dächern. Ein Siegel mit dieser Darstellung hat die Umschrift: SIGIL . OLSNÆ . DVCAL(is) : IN . SILESIA . CIVITATIS. Zum Schlusse möge eines interessanten Schöppensiegels vom Jahre 1496 gedacht werden. Die Umschrift lautet: sigill . scabinorum . in . olf . . . Im Siegelfelde ein Schild mit einer schreitenden Bracke, über oder auf deren Rücken der Kopf und Hals eines Adlers sitzt.

Oppeln,

Kreis- und Regierungs-Hauptstadt.

slaw, Opol, Opul, Opole, lat. Oppolia, Opulia, am rechten Oderufer, Hauptort des ehemaligen Fürstenthums dieses Namens. Der Ort ist alt, auf seiner Burg sassen nachweisbar schon 1222 herzogliche Kastellane. „Den Gästen in Oppeln (und Ratibor)" verlieh Herzog Kasimir schon vor 1217 deutsches Recht, die Stadt als solche hat wohl schon 1258, sicher 1327 das (Neumarkter) deutsche Recht gehabt. Nach dem Tode des Bischofs Jaroslaw von Breslau, 1201, kam Oppeln an Ratibor, 1282 fängt die Reihe der eignen Herzoge mit Boleslaw an. Vielfache Theilungen zersplitterten das Gebiet, selbst die Stadt zerfiel in verschiedene Antheile, besonders seit 1382 und die getrennten herzoglichen Linien residirten auf zwei Burgen in Oppeln. Die eingeborenen Piasten, von denen besonders das, nicht unverdiente, aber formlos übereilte tragische Ende des Herzogs Nicolaus II., der 1497 in Neisse von den Ständen enthauptet wurde, seiner Zeit ungeheures Aufsehen erregte, starben 1532 mit dem Herzoge Johann aus. Nach dem Vertrage von 1531 folgte ihm 1533 Markgraf Georg von Brandenburg († 1543) als Pfandherr von Oppeln und Ratibor. Unter seinem Sohne Georg Friedrich wurden die Fürstenthümer 1552 vom Könige eingelöst gegen Unterpfand von Sagan und Zubehör, und dem ungarischen Prinzen Johann Siegmund Zapolya, unter Vormundschaft seiner Mutter, der Königin Isabella gegeben. Seit 1556 regierten k. Landeshauptleute die vereinigten Fürstenthümer Oppeln und Ratibor, abgesehen von der jedesmal schnell wieder beendigten Herrschaft der siebenbürgischen Fürsten, des Siegmund Bathory 1597 bis 1598 und des Gabriel von Bethlen-Gabor 1621 bis 1622. Von 1645 bis (1664) 1666 war die Krono Polen im Pfandbesitze der beiden Fürstenthümer. Unter Preussischer Herrschaft war die Stadt schon von 1744 bis 1756 Sitz einer Ober-Amtsregierung und seit 1816 ist sie Sitz der königlichen Regierung für Oberschlesien.

Ein seinem Styl nach wohl aus dem dreizehnten Jahrhundert stammendes, grosses, schönes Siegel von Oppeln hat ein gespaltenes Siegelfeld, rechts einen halben Adler, links ein halbes, kleeblattförmig endigendes, fein punktirtes Kreuz im gerundeten und mit Punkten bestreuten Felde. Die Umschrift heisst: SIGILLVOR . CIVIVOR . OPOLIGIISIVOR. Dieses Siegel im Verein mit einem kleinen Hofgerichtssiegel von 1298 (Adlerschild im besternten Felde, Umschrift: S . IVDICI(s) . CVRIE . OPOLIGIR(sis) . macht es eben wahrscheinlich, dass Oppeln nicht erst 1327 zur Stadt erhoben worden sei. Das nächstalte Gerichtssiegel von Oppeln von 1353 mit der seltenen Umschrift: S . BARRITVOL . OPOLIGRSG . hat einen Schild mit dem Stadtwappen (das Kreuz rechts, der Adler links) zwischen

Arabeskenranken. Das städtische Sekret von 1387, mit der Umschrift: S . IIOVVSΩ . I·IIII(us) . CIVITATIS . OPOLIGIIS(is) . hat wieder den Adler rechts und das Kreuz links und der bei der grossen Anzahl der folgenden ältern und neuern Stadtsiegel stets zu beobachtende Wechsel in der Ordnung dieser beiden Schildeshälften beweist aufs Neue, für wie wenig wesentlich man in heraldisch verständiger Zeit derartige kleine Abweichungen hielt. Das Kreuz ist ebenso verschiedenartig gebildet, bald reines Balkenkreuz, bald ausgeschweift, meistens aber in Kleeblätter auslaufend. Eine der gewöhnlichen Wappensagen bringt es mit einer Reliquie vom echten Kreuze Christi in Verbindung, welche die Kollegiatkirche zu Oppeln bereits seit 1024 (!!!) besitzen soll. Was die Farben betrifft, so sind Adler und Kreuz golden, das Feld beiderseits blau. Der Maler einer vom Könige 1852 der Stadt geschenkten Schützenfahne hat für das Feld der Kreuzhälfte die Tinctur schwarz beliebt, was natürlich deswegen nicht als offiziell richtig anzusehen ist.

Ottmachau,

Ottmachow, Otmuchow, Othmuchow, Ottmüchow, lat. Otmuchovia, Stadt an der Neisse im Fürstenthum Grottkau. Die Burg dieses Namens, die anfänglich so bedeutend war, dass nach ihr das ganze umliegende Gebiet benannt wurde, bis später Neisse und Grottkau diese Bezeichnung verdrängten, gehörte zu der Schenkung, welche Herzog Jaroslaw von Oppeln, als Bischof von Breslau bei seinem Tode 1201 dem Bisthume hinterliess. Bischöfliche Kastellane regierten von hier aus (1270) das ganze Neisser Land. Die nachfolgenden Bischöfe hatten wegen der Burg zu Ottmachau wiederholt schwere Anfechtungen von Seiten der Herzoge zu bestehen, die ihnen die weltliche Landeshoheit über diese Gebiete streitig machten, doch verblieb dem Bisthum schliesslich (1290) die alleinige Herrschaft. Im Jahre 1429 wurde die Burg von den Hussiten genommen, erst 1443 bemächtigte sich der Bischof wieder derselben und verpfändete sie bis zum Jahre darauf dem Siegfried von Wadebitz. Das um die Burg angelegte und schnell aufgeblühte Dorf erhielt 1348 (nach Andern schon 1347) deutsches Stadtrecht. Das Schloss mit dem Vorwerk Ottmachau ist heute Rittergut und seit 1821 im Besitz der freiherrlich von Humboldt'schen Familie.

Das älteste Siegel von Ottmachau ist klein und stammt aus dem Jahre 1393. Im runden Siegelfelde steht ein einfacher, dachloser Zinnenthurm, mit offnem Thor, kleeblattförmigem Fenster darüber und beiderseits stufenförmig auslaufenden Strebepfeilern. Unter dem Thurm eine kleine Arabeske. Umschrift: S . QIVIVI . OPPIDI . OTHVCHOW . Ein jüngeres Siegel (von 1694), von sehr zierlichem Stempelschnitt zeigt den Thurm mit breitem Dach, zwei Fenstern, auf stufenartigem Fundament, im ausgeschweiften Schilde. Das reich damaszirte Siegelfeld umschliesst die Umschrift: SIGILLVM . CIVITATIS . OTMVCHOVIENSIS. Neuere Siegel [SIGIL . CIVIT . OTTMVCHOVIÆ .] unterscheiden sich nur dadurch, dass der Wappenschild bald von einem Engel, bald von einem dahinter stehenden, theatralisch aufgeputzten Ritter gehalten wird. Ueber die Farben des Stadtwappens ist nichts zu ermitteln gewesen.

Parchwitz,

Parchewitz, Parchowitz, auch Parschowitz und Parzewitz, Stadt an der Katzbach. Im Jahre 1255 bekam ein gewisser Iko das Gebiet vom Herzog Boleslaw II. geschenkt, auf dem später die Stadt entstand. Dieser Iko, oder sein Sohn soll 1280 Parchwitz gegründet und mit dem deutschen Stadtrechte (dem Liegnitzer) beliehen haben, eine Angabe, der wenigstens in Bezug auf die blosse Gründung des Orts kein Bedenken entgegensteht, das Stadtrecht wurde übrigens 1374 bestätigt. Iko's Enkel nannte sich 1309 bereits „von Parchwitz". Seine Nachkommen, die Herren von P. blieben im Besitze bis 1383, in welchem Jahre sie die Stadt dem Herzog Ruprecht von Liegnitz verkauften. Derselbe Herzog veräusserte Parchwitz 1400 (oder schon 1387) an Otto von Zedlitz, dessen Nachkommen Stadt und Schloss besassen und sich danach nannten, bis diese Linie 1562, auch mit einem Otto v. Z., ausstarb. Dessen Tochter Christine war vermählt mit einem Freiherrn Hans von Oppersdorff, allein dieser verglich sich wegen des erledigten Lehns 1563 mit den Herzogen Heinrich und Georg von Liegnitz und Brieg und überliess es ihnen. Im Jahre 1568 kam Parchwitz in den Pfandbesitz Fabian's von Schönaich († 1591) und seiner Erben, diesen aber wurde die Herrschaft von den Herzogen von Liegnitz und Brieg durch den Vergleich vom Jahre 1613 abgekauft und 1615 leisteten sämmtliche Schönaichs auf dieselbe Verzicht. Parchwitz blieb seitdem landesherrliche Domaine bis zum Jahre 1820, da es an den Oberamtmann Kiesewetter verkauft wurde. Dieser veräusserte es 1836 an einen Grafen Pückler. Im Jahre 1845 gehörte das jetzige Rittergut Parchwitz einem Herrn Mentzel, 1857 Herrn R. Franz, heutzutage ist es im Besitz der Familie Liman. Die Stadt selbst ist immediat.

Die Herren von Parchwitz (z. B. Stephan v. P., Siegel von 1321, Umschrift: S . STEPHANI . DE . PARZEWIC .) führten in ihrem Wappen einen links gewendeten, stehenden Hirsch mit nur einer Stange (das Siegelfeld mit Sternchen bestreut). Sinapius macht daraus ein springendes weisses Einhorn im blauen, ein altes gemaltes Wappenbuch (Fürstenstein. Biblioth.) im schwarzen Felde. Es ist wohl sicher anzunehmen, dass das Wappenbild

der Gründer der Stadt und ersten Grundherren auch
die Grundlage des sonderbaren jetzigen Stadtwappens abgegeben hat. Aus dem Hirsch mit einer
Stange (oder dem Einhorn des Sinapius) wurde ein
Thier mit langen Ohren, ein Hase, ob nun der
Fischschwanz durch Missdeutung bei einem schlecht
erhaltenen alten Siegel — Stempelschneidern einer
gewissen Zeit ist Alles zuzutrauen — entstanden
ist, oder ob er von jeher existirt hat — dergleichen
zusammengesetzte Thierfiguren sind ja keine Seltenheit, am allerwenigsten in der slawischen Heraldik
(Wappen derer von Nimptsch etc.) und der Fischschwanz sollte vielleicht die fischreiche Katzbach
symbolisiren — muss dahingestellt bleiben, bis es
gelingen sollte, ein altes Stadtsiegel von Parchwitz
zu entdecken. Die neuern Stadtsiegel von den
Jahren 1718 und 1749, beide von ganz zierlicher
Arbeit, zeigen das Wappen übereinstimmend: in
einem runden, einmal mit Blättern, einmal abwechselnd mit Muscheln und Lilien verzierten Schilde
eine Thierfigur, zusammengesetzt aus dem Oberkörper eines springenden Hasen und dem gekrümmten
Schwanzende eines Fisches. Umschriften: PARCH-
WIZER . STADT . SIEGELL . 1718 . und PARCH-
WIZER . STADT . SIEGEL . 1749 . Die Thierhälften müssen wohl ihre natürlichen Farben erhalten,
dem Schilde ist die hierzu am angemessensten scheinende Tinctur Roth gegeben worden, wäre dem Sinapius zu trauen, so hätte sie allerdings blau sein
müssen.

Patschkau,

Kreis Neisse, Regbez. Oppeln,

Paczchow, Paczkow, Patzkow, lat.
Patscheovia, Immediatstadt am rechten Ufer der Neisse. Die Burg zu
Patschkau war herzoglich und gehörte
nacheinander zu Breslau, Schweidnitz
und endlich Münsterberg. Der Ort nebenbei war

im bischöflichen Besitz und 1254 ertheilte Bischof
Thomas I. von Breslau demselben das (Neisser)
deutsche Recht und machte ihn zu einem Marktflecken, aus dem sich später allmälig die Stadt entwickelte. Zwischen 1342 und 1346, wahrscheinlich
im Jahre 1344 verkaufte der Herzog Nicolaus von
Münsterberg auch die Burg zu Patschkau dem
Bisthume zu vollem Eigenthum. Bischöflicher Seits
wurde Stadt und Burg 1429 an einen gewissen Pelkan verpfändet, es ist unbekannt geblieben, auf wie
lange. Unweit der Stadt liegt das Dorf Alt-Patschkau, welches heutzutage im Besitz der Familie von
Jerin sich befindet. Patschkau hat sich übrigens
dadurch einen wenig schmeichelhaften Namen gemacht, dass die Bürgerschaft die erste war, die sich
im vorigen Jahrhundert von dem Schwindler Hosemann die ärgsten Lügen über das hohe Alter und
die einstige Berühmtheit der Stadt anfbinden und
gegen Honorar darüber eine eigne Chronik verfassen
liess.

Das älteste Patschkauer Siegel ist vom Jahre 1415,
es enthält das Stadtwappen im Siegelfelde, den Adler
des Evangelisten St. Johannes auf dem Spruchbande
mit seinem Namen, der Heiligenschein um den Kopf
ist nicht zu erkennen. Die Umschrift lautet: S .
CIVIVM . ET . SChABIROR'(um) . I . PATZ . . .
Das nächstjüngere, gut stylisirte Siegel von 1527
hat dieselbe Darstellung mit deutlichem Nimbus um
den Kopf des Adlers, von der Umschrift ist nur zu
lesen: . . . in . patzkow. Ein noch jüngeres von
1630, im Uebrigen von vorzüglichem Stempelschnitt,
bringt eine merkwürdige Entstellung, indem, wahrscheinlich aus Missverständniss, das Band mit dem
Namen: S . IOHRRGS zu einem Zweige mit Weinblättern geworden ist. Die Umschrift lautet: SI-
GILLVM . CIVITATIS . PATSCHKOVIEN(sis) . 1630.
Desgl. eins mit: SIGIL . CIVITA . PATSCHK . 1711.
Die Entstellung hat die Neuzeit getreulich bewahrt,
noch immer steht der Adler mit dem Nimbus auf
einem Zweige, jetzt einem Oelzweige, aber von der
Kunstfertigkeit ihrer Vorfahren haben die Patschkauer Graveure nichts bewahrt, die neuesten Stem-

pel sind äusserst mangelhaft geschnitten, besonders der mit der geschmacklosen Mauerkrone. Die Farben des Stadtwappens sind schwarz im goldnen Felde.

Peiskretscham,

Kreis Tost-Gleiwitz, Regbez. Oppeln.

Peyssencbreschin, Pissinkreczim, Pysimkreczim, Peiskretsmon, Piskowitz, Piskowice, lat. Piscovia, Pasqua, Pasquica, urbs Pasquotiensis, Stadt am Dramafluss, über deren Entstehung und Entwickelung zu deutschem Recht nichts bekannt geworden ist. Sie gehörte nacheinander verschiedenen oberschlesischen herzoglichen Linien, so 1327 den Herzogen von Cosel, 1356 denen von Oels, 1421 denen von Auschwitz, 1467 denen zu Tost, 1498 denen von Oppeln, kam dann 1533 in den Besitz des Markgrafen Georg von Brandenburg und seines Sohnes und 1552 des unter Vormundschaft seiner Mutter, der Königin Isabella stehenden, ungarischen Prinzen Johann Siegmund Zapolya, wahrscheinlich nur bis 1556. Im Jahre 1593 wurde die Stadt und Herrschaft, nebst Tost, vom Könige verkauft an Georg von Redern († 1598). Nach dem Tode seiner Söhne brachte deren Schwester Margarethe Peiskretscham und Tost an ihren Gemahl, einen von Kolowrath. Durch dessen Erbtochter Margarethe Catharine fielen die beiden Herrschaften an ihren Gemahl, den Freiherrn Siegfried von Promnitz-Pless. Dieser, kinderlos, hinterliess 1650 seine Herrschaften dem, 1658 in den Grafenstand erhobenen, Freiherrn Gustav Colonna, in dessen Familie Tost und Peiskretscham bis in die zweite Hälfte des achtzehnten Jahrhunderts verblieben. Im Jahre 1783 erhielt ein Graf von Posadowski den Besitz der beiden Herrschaften, dem sie 1791 ein Freiherr von Eichendorff abkaufte. Schon 1797 gingen dieselben in den Besitz

der Grafen von Gaschin über, von denen sie 1842 Abraham Guradze erwarb, dessen Familie sie noch hat.

Das älteste Siegel von 1454 weist im Siegelfelde eine Zinnenmauer ohne Thor auf und zwei, mit je zwei Fenstern versehenen, Zinnenthürme, Umschrift: ρ. cibitatis . . . . crcifcfjam. Die Mauer schliesst, wie das unendlich oft geschieht, unten, der Siegelrundung folgend, mit einer runden Contur ab. Das hat man später für sehr wesentlich gehalten und die Thürme auf eine Art Halbmond, oder eine kahnartige Figur gestellt, ähnlich dem polnischen herb Korab, oder Lodzia II. So das heutige Stadtsiegel mit der Umschrift: SIGILLUM . CIVITATIS . PASQUICENSIS . 1814. Ueber die richtigen Wappenfarben steht nichts fest.

Pilchowitz,

Kreis Rybnik, Regbez. Oppeln.

Pylchowice, Marktflecken, vordem zum Kreise Gleiwitz gehörig, im alten Fürstenthum Ratibor. Ueber die ältere Geschichte des Orts, der wohl von jeher in adligem Besitze gewesen ist, hat sich, bis auf die folgenden dürftigen Notizen nichts ermitteln lassen. Im Jahre 1363 wird ein Leuthold von Pilchowitz (Bruder des grosspolnischen Hauptmanns Wierzbenta), aber nur als bereits verstorbener Besitzer von P. erwähnt. Im Jahre 1411 bestätigt die Herzogin Offka (Euphemia) von Oppeln den von dem bisherigen Grundherrn, Siegmund Snve vollzogenen Verkauf seines Gutes Pilchowitz. Unter den oberschlesischen Familien kommt das Geschlecht von Holy vor, aus welchem Johann 1493, später auch Georg II. Besitzer von Pilchowitz waren. Im Jahre 1689 war die Herrschaft im Besitze der Freifrau Helene Eleonore von Reiswitz, gebornen Gotschalkowska von Gotschalkowitz, deren Er-

ben sie 1727 an den Grafen Carl Gabriel von Wengerski, Freiherrn von Ungarschütz auf Rybnik verkauften. Derselbe verpfändete freilich bereits 1728
Pilchowitz dem Abte von Rauden, 1751 aber waren
die Schulden der Familie ziemlich regulirt und bald
darauf scheint die Herrschaft wieder in den gräflichen Besitz zurückgekommen sein, in dem sie auch
bis in die ersten Jahrzehnte dieses Jahrhunderts
(1831) verblieb, während Rybnik an das Kloster
Czarnowanz gelangte und 1788 königlich wurde.
Von den Wengerski's kaufte 1837 Graf Friedrich von
Limburg-Styrum Pilchowitz, noch 1845 im Besitz, 1857 gehörte es dem Grafen Friedrich von
Frankenberg, jetzt ist es Eigenthum eines Herrn
von Averhoff.

Ein Siegel, oder Wappen des Marktfleckens ist
nicht aufzutreiben gewesen. Wenn die Familie der
von Pilchowski von diesem Orte ihren Namen führt,
oder umgekehrt ihn gegründet hätte, so wäre es
schon möglich, dass das Pilchowskische herb No-
wina (silbernes, in die Höhe gerichtetes Hufeisen
(Halbmond), zwischen dessen Stollen ein langes silbernes Kreuz im blauen Felde; auf dem Helme
knieend ein geharnischtes Bein) auch das Wappen
von Pilchowitz, oder einen Haupttheil desselben bildete.

Pitschen,

Bycen, Bytschin, slaw. Pczin, lat. Pitscina, Byzina, Bicina, Immediat-Stadt
im ehemaligen Fürstenthum Brieg, die
nebst Creuzburg erst durch die neuere
preussische Landeseintheilung zu Ober-
schlesien geschlagen worden ist. Ueber ihre älteste
Geschichte und städtische Entwickelung ist nichts
bekannt. Zu Ende des dreizehnten und Anfang des
vierzehnten Jahrhunderts scheint es ein Herrenge-
schlecht von P. gegeben zu haben, so erscheinen

1283 die Gebrüder Jesco und Dirsco de Bycen,
1295 ein Mayco, Sohn des Dyrislaw, 1306 macht
Dirsco de B. sein Testament. Das ganze, ursprünglich Breslauische, Gebiet um Pitschen kam 1294 an
das Fürstenthum Glogau und gehörte seit 1323 zu
Brieg. Eine Zeit lang darauf stand es unter polnischer Landeshoheit und wurde erst 1353 der Krone
Böhmen wieder abgetreten. Die Stadt wurde später auch öfters verpfändet, so an den Herzog von
Schweidnitz bis 1368, 1419 an einen Benisch
von Cziru, von 1434 bis 1481 und wieder 1506
an die Herzoge von Oppeln.

Das älteste Stadtsiegel von 1415 hat im Siegelfelde eine vollständig thor- und fensterlose, von
zwei Thürmen, die oben mit je drei Knöpfen verziert sind, durchbrochene Stadtmauer. Umschrift:
S . BVRIENSIVM . DU . PITSCIEN. Ein Siegel von 1561 hat nur zwei freistehende Thürme mit
spitzen Dächern. Umschrift: SIGIL . D . STAT .
PITSCHIN . 1561. Die neueren Siegel sind dem
ältern Vorbilde im Ganzen treu geblieben, nur haben die Thürme Fenster und je drei Spitzen bekommen. Die Farben des städtischen Wappenbildes sind unbekannt.

Pless,

slaw. Plschczina, Pszczyna, lat. Plisschae, Plesna, an der Pszczynka,
Hauptort der freien Standesherrschaft
dieses Namens, der schon 1163 urkundlich erwähnt wird und auf dessen
Schlosse im dreizehnten Jahrhundert landesherrliche
Kastellane sassen. Stadt und Herrschaft kamen
1283 vom Fürstenthum Oppeln an Ratibor. Im
Jahre 1407 wurde Pless vom Herzoge Johann II.
seiner Gemahlin Helene, gebornen Grossfürstin von
Litthauen zum Leibgedinge verschrieben und nach

16 *

seinem Tode regierte diese in Gemeinschaft mit ihren Söhnen das Land ungefähr von 1427 bis 1449. Ihr Sohn Wenzel von Ratibor und Pless wurde 1474 vertrieben und das Land dem Herzoge Heinrich von Münsterberg aus dem Hause Podiebrad verpfändet. Herzog Victoria trat Pless 1483 dem Herzog Hans von Auschwitz-Ujest, im nächsten Jahre aber seinem Schwiegersohn, dem Herzog Casimir von Teschen ab und dieser verkaufte die ganze Herrschaft 1517 an Alexius Thurzó von Bethlemfalva. Hans Thurzó wiederum veräusserte Pless an den Bischof von Breslau, Balthasar von Promnitz. Der Bischof hatte die Standesherrschaft privatim erworben und vererbte sie daher 1562 auf seine Geschlechtsvettern. Die spätern Freiherren und Grafen (seit 1652) von Promnitz, einander aus verschiedenen Linien folgend, blieben über zweihundert Jahre Landesherren von Pless, wozu auch die Städte Nicolai und Beran gehörten. Ausserdem hesassen sie theils gleichzeitig, theils nacheinander die Städte und Herrschaften Bielitz, Hoyerswerda, Sorau, Triebel, Naumburg, Halban, Drehna, Pförten, Kuhna, Freiwaldau etc. etc. Aus Pless, Sorau und Triebel wurde 1561 ein Promnitz'sches Majorat gestiftet, 1749 wurde Pless allodifizirt. Der letzte Graf von Promnitz, Johann Erdmann († 1768) vermachte 1765 die Standesherrschaft Pless dem Fürsten Friedrich Erdmann von Anhalt-Cöthen († 1797), dessen Mutter eine Promnitz gewesen war. Das Haus Anhalt, welches auch den Beinamen Pless annahm, regierte bis 1847, in welchem Jahre die Cöthener Linie mit dem Herzoge Heinrich ausstarb. Sein Erbe in der, bereits 1825 zu einem schlesischen Fürstenthum erhobenen, freien Standesherrschaft Pless war sein Neffe, der Graf Heinrich zu Hochberg, Freiherr zum Fürstenstein, dessen Sohn Hans Heinrich XI., seit 1850 Fürst von Pless, der jetzige Besitzer ist.

Die Stadt Pless besitzt kein Sonderwappen, sondern hat stets nur, wie das häufig vorkommt, das allgemeine Landeswappen im Siegel geführt. Ueberflüssigerweise hat man aber auch den Helm mit

seinen Helmdecken und dem Pfauenfederbusch in das Stadtsiegel mit aufzunehmen für gut erachtet. Zwei vorliegende, übrigens neuere Siegel von verschiedener Grösse tragen die Umschrift: SIGILLUM . CIVITATIS . PLESNENSIS. Ein anderweiter Verstoss ist es, dass man neuerdings die Farben Schwarz und Gold des allgemeiner bekannt gewordenen niederschlesischen Wappens angenommen hat, während gerade für Pless, der südöstlichsten Stadt Oberschlesiens die alten Farben Gold und Blau, oder vielleicht die urältesten, polnischen Weiss und Roth geboten gewesen wären.

Polkwitz,

Kreis Glogau, Regbez. Liegnitz.

Polkowitz, Bolkowitz, Bolkewitz, das schlesische „Abdera“, eine alte Stadt, die als solche schon 1291 urkundlich erwähnt, und deren Gründung dem Herzog Boleslaw dem Langen (Bolko), † 1201, zugeschrieben wird. Ursprünglich zum Fürstenthum Glogau gehörend, fiel die Stadt 1319 an die abgetrennte Linie zu Steinau, wurde 1342 an den Herzog von Jauer, von diesem wieder an die Krone Böhmen verpfändet und wurde endlich, 1347 eingelöst, 1361 mit dem ganzen Lande Steinau wieder mit Glogau vereinigt, dessen Schicksale sie fortan getheilt hat. Im sechszehnten Jahrhundert war Hans von Schönaich († 1588) auf Sprottau und Freistadt (wahrscheinlich Pfand-) Besitzer von Polkwitz. Uebrigens giebt es bei der Stadt noch heute ein Rittergut Nieder-Polkwitz, dessen eine Hälfte einem Herrn von Meyer gehört, während die andre sich im Besitze der städtischen Kämmerei befindet.

Die Siegel der Stadt führen übereinstimmend zwei spitzbedachte Zinnenthürme, durch einen gothischen, später sehr luftig, fast arabeskenmässig dargestellten Spitzbogen miteinander verbunden, unter welchem auf einem Querbalken, oder einer Konsole der Helm der schlesischen Herzoge steht, auf allen ältern Siegeln deutlich mit dem Pfauenfederbusch, an dem einmal auch noch die Scheibe mit dem Adler zu erkennen ist. Die Umschriften dieser Siegel, von denen das mit der Adlerscheibe aus dem funfzehnten Jahrhundert stammt, die beiden andern Abdrücke von 1508 und 1683 sind, lauten: sigillum . civitatis . polkowitz — polkewitz — POLCKOWITZENSIS. Ein andres Siegel hat die Umschrift: SECRET . SENAT . RHP . (!) POLCOWITZ . Die Farben des Stadtwappens sind nicht bekannt, denn die farbige Abbildung desselben in der Pfarrkirche zu St. Michael mit grauen Thürmen auf weissem Felde und blau, gelb und roth ausgepinselten Helmfedern verdient wenig Beachtung.

Prausnitz,
Kreis Militsch, Regbez. Breslau,

Prausnitz, slaw. Prusice, Prusicz — Für die — — Ableitung des Namens von „Prus-nic!" ist eigentlich schon die blosse Erwähnung zu gut —, Mediatstadt in der freien Standesherrschaft, dem jetzigen Fürstenthum Trachenberg. In der Gründungsurkunde der Stadt Trachenberg von 1253 wird der Markt Prausnitz zuerst erwähnt, im Jahre 1287 soll er Stadtrecht erhalten haben. Ein Schloss stand daselbst schon 1254, auf ihm wohnten die ersten Erbherren des Orts, die sich von Prusnic schrieben und seit 1280 urkundlich vorkommen. Zwei Brüder v. Pr., Gebhard und Janusch und drei Schwestern scheinen Kinder eines Grafen Sbyluto gewesen zu sein, sie begannen bereits, Stadt und Herrschaft unter sich in verschiedentliche Antheile zu zerlegen, die sie und ihre

Kinder einzeln 1317 und 1336 an Heinrich von Bieberstein veräusserten. Landesherren von Prausnitz waren zuerst die Herzoge von Breslau, 1290 die von Glogau, 1312 die von Oels, bei denen auch, mit einer Breslauischen Unterbrechung von 1322 bis 1329, die Stadt verblieb. Heinrich von Bieberstein besass niemals die Herrschaft im Ganzen, von Anfang an scheint ein Drittel einem Heyno von Prittlitz gehört zu haben, 1338 verkaufte Heinrich (Heinz) eine Hälfte dem Herzog Conrad von Oels, die andre verschrieb er seiner Gemahlin zum Leibgedinge. 1345 besass Wolfram von Kemnitz einen Antheil, den er dem Nicolaus von Strelitz, einem Breslauer Bürger verpfändete, 1347 war das Domcapitel im Pfandbesitze eines Antheils. 1368 verkaufte Günther von Bieberstein den Antheil seiner Mutter dem Herzoge von Oels, 1371 müssen die Habdank's im Besitze des nicht herzoglichen Restes von Prausnitz gewesen sein. Im Jahre 1419 wurde die Stadt wiederum dem Breslauer Domcapitel verpfändet.

Im Jahre 1492 wurde Siegmund Freiherr von Kurtzbach auf Militsch und Trachenberg auch mit Prausnitz belehnt. Er starb 1521, bei der Theilung seiner Söhne fiel Prausnitz an Trachenberg und ist seither nicht mehr davon getrennt worden, abgesehen von einem vorübergehenden Pfandbesitz, den 1542, 1553 die Otto und Heinrich von Zedlitz hatten. Siegmunds Urenkel Heinrich verkaufte 1592 seine Herrschaften dem Freiherrn Adam von Schaffgotsch, der 1602 starb. Sein Neffe und Erbe Johann Ulrich wurde 1634 in Regensburg enthauptet und Trachenberg nebst Prausnitz als kaiserliche Domaine eingezogen. Im Jahre 1641 erhielt Graf Melchior von Hatzfeld-Gleichen die beiden Herrschaften. Er starb 1658 ohne directe Nachkommen, doch ist sein Erbe — mit Ausnahme weniger Jahre, in denen Melchior's Schwager, der Freiherr Bertram von Nesselrode, dem im Rechtswege ein Theil der Erbschaft zugesprochen war, von 1783 bis 1785 einen Antheil von Trachenberg nebst Prausnitz besass — seiner Familie bis auf den heutigen Tag erhalten geblieben. Die Hatzfeld's wurden 1742 in den preussischen, 1748 in den Reichsfürstenstand erhoben, der auch, nachdem die Linie Hatzfeld-Gleichen 1794 ausgestorben war, 1803 auf die succedirende Linie Hatzfeldt-Schönstein übertragen wurde. Die Linien Schönstein und Weisweiler besitzen das Fürstenthum gemeinschaftlich, aber erstere hat die Verwaltung.

Ein älteres Siegel von Prausnitz aus dem funfzehnten Jahrhundert hat das Siegelfeld gespalten, rechts den halben schlesischen Adler (schwarz in Gold), links im gerauteten Felde eine emporgestreckte rechte Hand. Umschrift: SIGILLVO . DG . PRVSGRIOX. Ein neueres kleines Siegel hat dieselbe Vorstellung, nur dass oben noch ein kleines, gekröntes Schildchen angebracht ist mit dem Hatzfeldtschen Stammwappen, dessen Beibehaltung sich mit Rücksicht auf den mehr als zweihundertjährigen, wohlbefestigten Besitz der Familie wohl empfiehlt. Umschrift: SIGIL : SEN : POPVLIQ : PRVSNICENSIS. Ein andres hat: SIEGEL . DER . MEDIAT . STADT . PRAUSNITZ. Die Hand ist wohl naturfarben im goldnen Felde zu tingiren. — Es muss übrigens noch erwähnt werden, dass ein altes, aber noch 1701 abgedrucktes, Siegel (Fürstenstein. Biblioth.), mit der sehr undeutlichen Umschrift: (SI-GILL)VSR.(B). CIVI...PRÆVSRIC... im Siegelbilde es möglich erscheinen lässt, dass neben dem halben Adler gar nicht eine Hand, sondern der schlesische Helm mit — fünf, etwas spitz gerathenen — Federn das Stadtwappen bildet. Das oben beschriebene, eben so alte Siegel ist nur nach einer Zeichnung Kretschmers bekannt, der vielleicht von der Voraussetzung ausging, eine Hand sehen zu müssen und oft, schon durch seine Neigung, alle Details zu verschönern, ungenau und untreu ist. Sobald aber erst einer den ihm überhaupt räthselhaften Stechhelm mit seinem Schmuck nach einem alten, schlecht erhaltenen Siegelabdruck für eine Hand deutete, war selbstverständlich unter den Fingern unserer modernen Stempelschneider der Helm für immer abgethan. Neuerdings ist ein Siegel im Gebrauch [SI-GILLUM . CIVITATIS . PRAUSNIZENSIS.], welches gar nicht das Stadtwappen, sondern den gekrönten, quadrirten, mit dem Mittelschilde siebenfeldigen Schild des fürstlichen Hauses Hatzfeld enthält.

Priebus,

Prebus, Prebs, poln. Przewoz, wend. Pschibus, (auf deutsch Führe), lat. Pribusium, kleine Stadt an der (Lausitzer) Neisse, von welcher lange zweifelhaft blieb, ob sie zur Niederlausitz, oder zu Schlesien gehörte. Im Jahre 1252 war sie ein Theil des Fürstenthums Glogau, wurde darauf nebst Sagan vom Markgrafen Woldemar von Brandenburg erworben, fiel nach dessen Tode 1319 an das Fürstenthum Jauer und kam 1392 unter böhmische Landeshoheit. Herren des Schlosses und der Herrschaft Priebus waren seit 1350 die von Hakenborn auf Triebel. 1423 kaufte Herzog Johann von Sagan die Herrschaft, die seitdem definitiv als ein schlesisches Land angesehen wurde. Vom Jahre 1472 bis 1547 gehörte dasselbe dem kurfürstlichen Hause Sachsen, fiel dann an die Krone Böhmen zurück, von der es verpfändet wurde, zuerst 1552 bis 1558 an den Markgrafen Georg Friedrich von Brandenburg, dann an den Bischof von Breslau, Balthasar von Promnitz, dessen Erbe, Siegfried von Promnitz bald nach 1601 die Herrschaft an Nicolaus von Schellendorff († 1629) verkaufte. Sein Sohn Christoph v. Sch. vermachte 1666 in seinem Testament Priebus dem Herzoge von Sagan, Fürsten Wenzel von Lobkowitz. Die Fürsten von Lobkowitz besassen Sagan, wozu fortan Priebus unverändert gehört hat, bis 1785, in welchem Jahre sie das Herzogthum an Peter Biron, Herzog von Curland, verkauften. Dessen Tochter, die Herzogin Dorothea, vermählte

Gräfin Talleyrand, beerbte der gegenwärtige Besitzer Napoléon Ludwig, Graf von Talleyrand-
Périgord, Herzog von Valençay. Die folgenden,
welche während der sächsischen Herrschaft und zur
Zeit des brandenburgischen Pfandbesitzes „auf Priebus" genannt werden, nämlich 1483 Christian von
Rothenburg, 1497 Christoph von Rechenberg, 1536,
1538 Siegfried von Stechern, 1556 Fabian von Schönaich, waren wohl nur Hauptleute auf dem Schlosse
Priebus.

Alte Siegel der Stadt Priebus sind nicht bekannt.
Eins aus dem siebenzehnten Jahrhundert (Abdruck
von 1705) ist achteckig, es hat über dem vor der
Stadtmauer stehenden schlesischen Adlerschilde einen breiten Zinnenthurm mit drei hohen Spitz-
dächern, nebenan stehen noch zwei niedrigere, spitzbedachte Thürme. Umschrift: DAS . SIEGEL .
DER . STADT . PRIBVS. An der Mauer steht die
Jahreszahl: (16)09. Ein neueres Siegel zeigt im Siegelfelde ein mit drei abgerundeten Giebeln, drei spitzen
Thürmen und einem Thor versehenes Gebäude, auf
beiden Seiten flankirt von zwei niedrigeren, gezinnten und spitzbedachten Thürmen (angeblich sämmtlich Abbildungen früherer Baulichkeiten des alten
Schlosses), unter denen ein Wappenschild mit dem
schlesischen Adler (schwarz im goldnen Felde) steht.
Wie die Thürme und der Hintergrund gefärbt sein
müssen, steht nicht fest. Die Umschrift des betreffenden Siegels lautet: SIGILLVM . CIVITATIS .
PRIBVSIENSIS.

Im Jahre 1516 bedienten sich die Schöppen von
Priebus eines in mehrer Beziehung merkwürdigen
Siegels, das aussieht, als wäre sein Stempel nach
einem sehr guten Vorbilde von sehr ungeschickten
Händen geschnitten worden. Im Siegelfelde, das
ganz mit dicht verschlungenen Arabeskenranken angefüllt ist, stehen zwei Schilder, der rechte soll der
sächsische sein, aber der Rautenkranz kehrt seine
Fleurons nach unten. Der linke enthält einen Doppeladler, auf dem, mehr zu seinen Füssen, wie auf
seiner Brust ein gekröntes Schild mit zwei Löwen
übereinander ruht, wahrscheinlich einem Felde des

Promnitzschen Wappens entnommen. Die auch in
sonderbaren Buchstabenformen abgefasste Umschrift
heisst: D(as) . S(iegel) . G(eschworner) . MAN(nen) .
IN . DER . HERSCHAFFT . SORAV . ZCVM . HOFE-
GERI(cht).

Primkenau,

Kreis Sprottau, Regbez. Liegnitz,

 Prymkenow, Primcken, Primcke
Primpkenaw, Premlikaw, Primickau,
lat. Primislavia, Primicavis, an der
Sprotta, wurde gegründet von Przemislaw oder Primko, 1280 bis 1289
Herzog zu Steinau und Sagan und nach ihm benannt. Im Jahre 1329 war der Ort, der möglicherweise gleich von seinem Gründer das deutsche Recht
erhalten hatte, bereits eine wirkliche Stadt. Zwei
Jahre vorher, 1327 hatte ihr Herr, Herzog Ruprecht
von Liegnitz sie an die Gebrüder von Rechenborg verkauft, deren Geschlecht fortan über dreihundert Jahre, im Besitze der Herrschaft blieb, in
den Freiherrenstand erhoben wurde und zeitweise
auch die Städte Schlawa, Beuthen a. O. und Wartenberg im Besitze hatte. Unter diesen Umständen
blieb die 1407 erfolgte Mitbelehnung des Franz
von Warnsdorff mit Primkenau ohne Erfolg. Die
Herrschaft der Rechenberg's endete 1637, ihnen
folgte der kaiserliche Obrist, Leon Cropello de
Medicis, welcher 1640 starb und den Jesuiten-
Orden zum Erben ernannte. Der Orden besass
Primkenau bis 1667. Es folgten im Besitze die
Grafen von Proskau mit Georg Christoph II. auf
Grätz und Zülz, der 1701 starb. Die Grafen star-
ben 1769 gänzlich aus, aber schon vorher hatte Graf
Georg Christoph III. 1737 Primkenau an den Grafen
Heinrich Gottlob von Redern-Kotzenau verkauft.
Dessen Sohn veräusserte 1752 die Herrschaft an
Heinrich IX. Grafen Reuss jüngerer Linie zu

Schleiz, der 1780 starb, worauf sie 1781 an den Freiherrn Carl Ferdinand Siegmund von Seherr-Thoss gelangte, der sie wiederum 1791 an den Freiherrn David Heinrich von Bibran und Modlau verkaufte, dessen Familie 1809 noch im Besitze war. Im Jahre 1853 erstand die Herrschaft der Herzog Christian August von Schleswig-Holstein-Sonderburg-Augustenburg, welcher noch im Besitze ist.

Das älteste bekannte Siegel von Primkenau ist ein Gerichtssiegel mit der Umschrift: SIGILLVM . IVDIC . PRIMKENAVIENSIS . 1618 . und soll nach der Beschreibung den Kopf und Hals eines Hirsches enthalten. Ohne das Siegel gesehen zu haben, kann man überzeugt sein, dass es der Kopf und Hals eines Widders ist, resp. sein soll, das bekannte Wappen der Rechenbergs, denen die Stadt von 1327 bis 1637 gehörte. Neuere Siegel (Abdrücke von 1706) aus der Proskauischen Zeit haben eine Burg mit vier spitzen und einem mittlern, nur zinnengekrönten, breiten Thortburm, vor dessen Oeffnung der eine Wappenschild der Grafen Proskau steht: ein rother schreitender Hirsch auf grünem Boden im goldnen und schwarz quer getheilten Felde. Umschrift: SECRETVM . CIVITATIS . PRIMKVW . und PRIMKENAW. Das zuletzt beschriebene Wappen führt die Stadt noch jetzt und zwar die Burg weiss im blauen Felde.

Proskau,

Kreis und Regbez. Oppeln.

Prusków, Pruzko, Marktflecken an der Proska, im alten Fürstenthum Oppeln. Stanislaw, der Sohn Miesko's, ein slawischer Edelmann erbaute im Jahre 1250 auf seinem ererbten Gebiete die Burg Proskau, nach welchem er und seine Nachkommen sich Proskowski (Pruskowski) von Proskau nannten. Das alte Geschlecht, dessen Mitglie-

der 1562 in den Freiherren- und 1616 in den Grafenstand erhoben worden, blieb unausgesetzt im Besitze seines Stammschlosses, um welches sich im Laufe der Zeit eine Ortschaft angesiedelt hatte, die wohl erst spät deutsches Recht und die Marktgerechtigkeit erhielt. Neben Proskau erwarben die Grafen die Städte und Herrschaften Falkenberg, Löwen, Klein-Strehlitz, Grätz, Zülz, Primkenau u. a. m. Mit dem Grafen Anton Christoph starb das Geschlecht der Proskowski 1769 aus und laut Testament seines Vaters Georg Christoph II. succedirte im Besitz von Proskau und Klein-Strehlitz sein Enkel, der Fürst Carl Maximilian von Dietrichstein-Weichselstadt-Hollenburg-Nicolsburg, Sohn der Caroline Maximiliane Proskowska, vermählten Fürstin von Dietrichstein. Derselbe trat 1770 diese neuen Besitzungen an seinen Sohn, den damaligen Grafen Johann ab, der sie aber 1782 der Krone Preussen verkaufte. Seitdem ist Proskau ein königlicher Immediat-Marktflecken.

Das Stammwappen der Proskowski war ein gespalteuer Schild mit zwei mit den Rücken einander berührenden, seitwärts gekehrten Hufeisen, das rechte silbern im rothen, das linke roth im silbernen Felde. Dieses selbe Wappen allein bildet auch das Stadtsiegel und Stadtwappen. Ein neueres Siegel hat die Umschrift: STAEDTEL . PROSKAUER . SIGL. Unten steht: IN . OPPELN . CREYS. Ein andres, fast ganz dieselbe Umschrift führendes Siegel hat ein falsches Wappen: ein einziges, mit den Stollen nach unten gekehrtes Hufeisen im gespaltenen Felde. Die Freiherren und Grafen von Proskau führten das obige Stammwappen quadrirt mit einem Schilde, in dem ein Hirsch, roth im golden und schwarz quer getheilten Felde erscheint. Das letztere Wappen hatte Primkenau bekommen, oder angenommen.

Quaritz,

Kreis Glogau, Regbez. Liegnitz,

Quaricz, schon 1331 genannt, ein Ort, welcher bereits vor dem Jahre 1565 das Marktrecht erhalten hat und dasselbe noch ausübt. Ueber seine Geschichte ist so gut wie nichts ermittelt worden. Wenzel von Zedlitz auf Schönau besass 1616, 1618 den Marktflecken, heutzutage (1831, 1857) ist er, mit Heide-Vorwerk zu einem Majorat vereinigt, im Besitze der Freiherren v. Tschammer.

Ebensowenig ist bekannt, ob Quaritz je ein eignes Siegel und Wappen gehabt hat.

Radmeritz,

Kreis Görlitz, Regbez. Liegnitz,

Radmercy, an der Neisse und dem Wittich, ein alter Ort, an welchem bereits im Jahre 1249 mehre Urkunden ausgestellt worden. Früher zur Oberlausitz gehörig, ist Radmeritz seit 1815 zur Hälfte sächsisch geblieben, zur Hälfte preussisch (schlesisch) geworden, der Wittich trennt die beiden Theile von einander. Aus welcher Zeit das Marktrecht stammt, ist nicht bekannt, es scheint aber bereits alt zu sein. Im Jahre 1460 wurden die Herren von Dohna mit R. belehnt, 1515 verkauften sie das Gut an einen Görlitzer Bürger Bernhard Berndt. Zu Anfang des achtzehnten Jahrhunderts waren die von Ziegler und Klipphausen im Besitze der Herrschaft, Joachim Siegmund v. Z. u. Kl. († 1734) erbaute 1722 am Orte ein Stift für zwölf seiner Familie verwandte Fräuleins, dasselbe wurde 1728 vollendet und erhielt 1744 die landesherrliche Bestätigung. Zur Dotation desselben wurden Radmeritz, Tauchnitz, Niecha und der nicht dem Kloster Marienthal gehörige Theil von Markersdorf bestimmt. Auch heute noch ist das auf sächsischem Grund und Boden stehende Stift, welches nach seinem Gründer Joachimstein heisst, Besitzer des preussischen Antheils von Radmeritz.

Ein Siegel oder Wappen des Marktfleckens ist nicht bekannt geworden.

Ratibor,

Kreisstadt im Regbez. Oppeln,

Ratybor, Rathibor, Rathybor, Rathbor, Rattibor, slaw. Raciborz, lat. Ratiboria, am linken Ufer der Oder, zwischen den Nebenbächen Plinz und Psinna, Hauptstadt des gleichnamigen Fürstenthums. Ratibor wird namentlich schon 1142 erwähnt, Kastellane auf der Burg zu R. gab es seit 1222. Anfangs gehörte der Ort den Herzogen von Oppeln und Teschen. Seit 1288 bildete sich das besondere Fürstenthum Ratibor, dessen erster Herzog Przimislaw († 1306) dem Hauptorte 1293 und 1299 das (Magdeburgische) Stadtrecht verlieh. Seine Linie starb bereits 1336 aus und es folgte des letzten Herzogs Schwager Nicolaus von Troppau. Die Herzoge von Troppau und Ratibor starben 1521 mit Valentin aus und das Land fiel an den Herzog Johann von Oppeln, der 1532 die Reihe der oberschlesischen Piasten beschloss. Als Pfandherren des Königs von Böhmen folgten Markgraf Georg von Brandenburg († 1543) und sein Sohn Georg Friedrich, dem diese Länder gegen Unterpfand von Sagan und Zubehör, 1552 entzogen und der Königin Isabella von Ungarn, als Vormünderin ihres Sohnes Johann Siegmund Zapolya verliehen wurden, bis 1557. Darauf verwalteten kaiserliche Landen, bis 1557.

17

deshauptleute die Fürstenthümer Oppeln und Ratibor, mit Ausnahme der kurzen Perioden, in denen die Fürsten von Siebenbürgen, Siegmund Bathory 1597 bis 1598, und Gabriel Bethlen-Gabor 1621 bis 1622, und endlich die Krone Polen 1645 bis 1666 im Pfandbesitze der Lande waren.

Das Schloss Ratibor war eine besondere Herrschaft. Dieselbe erwarben 1609 die Freiherren Balthasar und Georg von Mettich und Tschetschau, welche beide 1613 starben, ihnen folgte des Ersteren Sohn, Freiherr Hans Christoph, von dem der Kaiser 1631 R. zurückerkaufte. Im Jahre 1642 kaufte die Herrschaft Graf Georg von Oppersdorff, † 1651, ihm folgte Graf Franz Eusebius, aus dessen Besitz sie 1712 an Carl Heinrich von Sobeck, Freiherrn von Rauthen gelangte, der 1716 in den Grafenstand erhoben wurde und dessen Nachkommen bis 1776 im Besitze blieben. Die Stadt Ratibor bekam übrigens 1609, beim Verkaufe der Herrschaft das k. Privilegium, dass sie selbst immediat bleiben sollte, was auch gehalten worden ist. — Im Jahre 1776 kam Schloss Ratibor an Friedrich Wilhelm von Schlabrendorff, 1780 an Matthias von Welczek, der 1769 eine Adelserneuerung erhalten hatte und 1787 in den Freiherrenstand erhoben wurde (er hatte 26 Kinder, starb aber ohne Enkel), 1788 an Heinrich XLVII. Grafen Reuss jüngerer Linie zu Schleiz - Köstritz und von ihm 1791 an die Krone Preussen. Die königliche Herrschaft Ratibor wurde gegen Cosel 1799 dem Grafen Maximilian Friedrich von Plettenberg-Wittem überlassen, 1805 gelangte sie in den Besitz des Fürsten Wilhelm Ludwig Georg von Sayn-Wittgenstein-Wittgenstein, von dem sie 1812 der Kurfürst von Hessen kaufte, die Verwaltung indessen vorläufig dem Verkäufer überliess. Im Jahre 1820 wurde die Herrschaft Ratibor und die vereinigten Ratiborer und Raudner Stifts- und Klostergüter dem Landgrafen Victor Amadäus von Hessen - (Rheinfels) - Rotenburg, als Entschädigung für die Aufgabe seiner Ansprüche an die niedre Grafschaft Katzenelnbogen, verliehen. Der Landgraf starb, als Letzter seiner Linie, 1834 und Ratibor fiel an seinen Neffen, den Prinzen Victor von Hohenlohe- Waldenburg-Schillingsfürst, seit 1840 Herzog von Ratibor.

Das Wappen der Stadt Ratibor ist ein gespaltener Schild, rechts die alt-polnische, weisse, halbe Adler im rothen, links ein weisses, halbes Rad gleichfalls im rothen Felde. Mit sonst seltener Uebereinstimmung findet sich diese Anordnung (der Adler rechts, das Rad links) auf allen bekannten Siegeln der Stadt wiederholt. Das älteste derselben von 1296 hat die Umschrift: SIGILLVM . CIVITATIS . RATIBOR. Desgleichen in Minuskelschrift ein Siegel von 1494, desgleichen in Majuskeln eins mit der Jahreszahl 1519, ein jüngeres aber: SIGILLVM . C . RATIBORIE . 1578. Noch jüngere Siegel von 1643 und 1649, von sehr zierlich geschnittenen Stempeln führen die Umschriften: SIGILLVM . MAIVS . und nur SIGILLVM . CIVITATIS . RATIBORIENSIS, beim ersten, kleinern die Jahreszahl über dem Wappenschilde, beim andern grossen dieselbe am Ende der Umschrift. Seit 1844 ist dem Stadtwappen auch ein Helm beigegeben worden, mit roth und weissem Wulste, einem rothen und weissen Büffelhorne und roth und weissen Helmdecken, der zum alten Fürstenthumswappen gehört und mit der Stadt eigentlich nichts zu schaffen hat. Das Rad ist aller Wahrscheinlichkeit nach von den deutschen Einwohnern mit Bezug auf den ähnlich klingenden Namen der Stadt angenommen worden, obschon dieser wohl mit dem slawischen Personen-Namen Ratibor in Verbindung steht — ein Ratibor gründete vielleicht den Ort. Hefner tingirt auffallender Weise den halben Adler schwarz in Gold. Im Wappen des jetzigen Herzogs von Ratibor ist der halbe Adler golden im blauen Felde, die linke Schildeshälfte ist ohne Bild, golden.

Raudten,

Kreis Steinau, Regbez. Breslau,

Rauden, lat. Rudna, Raudena, Rautena, am Schwarzwasser, offne Immediatstadt, die als solche schon im Jahre (1300) 1303 bestanden haben soll. Sie gehörte bald zum Fürstenthum Glogau, bald der Linie zu Steinau, wurde auch wohl zum Bezirke von Lüben gerechnet und kam mit diesem 1336 an die Krone Böhmen. Im Jahre 1347 wurde die Stadt dem Herzoge Johann von Steinau zurückgegeben, nach dessen Tode, 1365, hatte sie, wie viele andre Städte, das Schicksal, getheilt zu werden in eine Glogauische und eine Oelssche Hälfte, bis sie im Anfange des funfzehnten Jahrhunderts ganz unter die Herrschaft der Herzoge von Oels gelangte. Im Jahre 1409 erwarb die Stadt die Erbvogtei. Herzog Conrad (der Weisse) verpfändete R. 1459 an seine Schwester, die Herzogin Salome von Troppau, † 1489. Ihre Tochter Catharina, vermählte Herzogin von Glogau († 1505) erhielt zwar 1490 eine Verlängerung des Pfandbesitzes vom Könige Wladislaw, allein derselbe mag wohl kaum realisirt worden sein, da König Matthias die Stadt im Jahre zuvor dem Georg von Stain, Herrn von Zossen geschenkt hatte. Indessen verkaufte auch dieser, in Gemeinschaft mit seinen Brüdern, bereits 1495 seine Gerechtsame auf R. an Benisch von Weitmul (Weitmole), Burggrafen auf dem Carlstein, von dem 1505 wiederum die Herzoge von Münsterberg-Oels Raudten erwarben. Von 1517 bis 1524 (nach andern von 1512 bis 1523) besass Johann Thurzó von Bethlemfalva die Stadt, im letztern Jahre veräusserte er sie an den Herzog Friedrich III. von Liegnitz und Brieg. Nach dem Aussterben der Piasten, 1675 bis 1741 war die Herrschaft R. ein k. k. Kammergut, wahrscheinlich ist aber schon in dieser Zeit die Ver-

äusserung desselben erfolgt. Heutzutage unterscheidet man zwei Rittergüter d. N., das Burglehn R., 1845, 1847 im Besitz eines Herrn Schönitz, jetzt zweier Grafen Finck von Finckenstein, und Alt-Raudten, eigentlich ein Dorf neben der Stadt, früher ein Stammsitz derer von Schliebting, dann (1729) der Herren von Sack, von denen die Herren von Schweinitz dasselbe erbten, die es noch heutzutage inne haben.

Es sind nur ein paar Siegel der Stadt bekannt und keine alten. Das eine von 1642 ist klein und hat im runden Siegelfelde die stehende St. Katharina mit der Krone, dem halben Rade in der Linken und dem, verkehrt geschulterten Schwerte in der Rechten, den Symbolen ihres Martyriums. Die Umschrift lautet: SIGILLVM . DER . STADT . RAVDENCIS (?) . 1642. Ein kleines Secret von 1661 ist genau ebenso. Nach einem Glasgemälde der städtischen Begräbnisskirche trägt die Raudtener St. Catharina ein gelbes Kleid, blaues Mieder und einen braunen Mantel. Das Gerichtssiegel von R. (STADT . RAVDTN . GERICHT . SIGIL .), Abdruck von 1698 hat nur das Symbol der Heiligen, das ganze Rad im Siegelfelde. Das Rad allein wird auch neuerdings als kleines Wappen der Stadt bezeichnet, die Farben sind roth in Silber. Der Name der Stadt kann von ruta (Felder, Gärten), ruda (Hammer) und rota (das Rad) abgeleitet werden, im letztern Falle wäre das kleine Wappen ein redendes, ohne Bezug auf die St. Catharina.

Rausse,

Kreis Neumarkt, Regbez. Breslau,

Ruzke, Rusko, Rawske, Raws, Rawse, Rassau, Rawz, ein Ort, welcher unter den Besitzungen des Klosters Leubus schon 1201 genannt wird, von dem darauf lange Zeit nichts zu hören ist, bis Herzog Wenzel II. von Liegnitz, Bischof von Breslau im Jahre 1414 einem gewissen Peter Schiraw gestattete, daselbst ein Schloss zu bauen und um dasselbe eine Stadt nach deutschem, Liegnitzer Stadtrechte anzusetzen. Wie lange die neue Stadt als solche existirt hat, ist unbekannt geblieben, aber bis auf die neueste Zeit haben sich in dem jetzigen Dorfe Spuren ehemaliger, städtischer Einrichtungen erhalten. Im Jahre 1634 besass Hans Ulrich Schaffgotsch, der erste Semperfrey auf Kynast und Greiffenstein u. s. w. auch Ranxse, er wurde bekanntlich im nächsten Jahre in Regensburg hingerichtet und seine Güter konfiszirt. In der Mitte des vorigen Jahrhunderts soll R. einem von „Linkwitz" gehört haben, ein Name, der aber korrumpirt zu sein scheint. Von 1842 bis 1855 war R. im Besitz des Freiherrn Hugo von Zedlitz und Neukirch, seitdem (1857, 1869) gehört es einem Herrn Overwegh.

Siegel und Wappen der einstigen Stadt sind nicht bekannt.

Reichenbach,

Kreisstadt im Regbez. Breslau.

Reichinbach, Rychenbach, am linken Ufer der Peila und am Fusse des Eulengebirges, Stadt, welche gewiss vor 1262 deutsches Stadtrecht erlangt hat, da in diesem Jahre bereits ein Vogt von R. urkundlich auftritt, über deren noch ältere Geschichte aber ganz besonders verdächtige Nachrichten verbreitet sind, die man eben so als pure Erfindungen zu betrachten berechtigt ist, wie den angeblichen Zusammenhang der Herren und späteren Grafen von Reichenbach mit der gleichnamigen Stadt. Bis zum Jahre 1290 gehörte dieselbe zum Fürstenthume Breslau und fiel darauf an Herzog Bolko I. von Schweidnitz. Als sich 1311

seine Söhne in das Erbe theilten, kam R. an Herzog Bolko II. von Münsterberg, wurde jedoch am 1337 wieder mit dem Fürstenthume Schweidnitz vereinigt und fiel mit demselben, nach dem Tode der Herzogin-Wittwe Agnes, 1392 an die Krone Böhmen, welchen Zustand erst die preussische Besitzergreifung Schlesiens 1741 aufhob. Das Burglehn zu Reichenbach soll eine geraume Zeit lang denen von Seidlitz zuständig gewesen sein.

Das älteste Siegel der Stadt Reichenbach von mittlerer Grösse, Abdruck vom Jahre 1303, hat im runden Siegelfelde den Patron der städtischen Pfarrkirche, den heiligen Georg mit Nimbus, wie es scheint, in antikem Kostüm, der auf dem Drachen stehend, diesen mit der Lanze durchbohrt; hinter dem Heiligen erblickt man eine Zinnenmauer. Die Umschrift ist doppelt, die äussere: S. BVRGEII-SIVOI . DH . RICHIIIBHCH ., die innere ist nicht zu entziffern, Stenzel hat nur FIDU gelesen, zwei sich gegenseitig ergänzende Siegel im Bresl. Staats-Archive liessen lesen: HIBIDHOR. ZGTPH(?).

Das nächst älteste Siegel, Abdruck erst aus dem Jahre 1521, dessen Stempel übrigens noch vorhanden sein soll, ist noch kleiner, hat dieselbe Vorstellung, der Nimbus, der später ganz fortfällt, ist kaum noch sichtbar, der Heilige ist im langen Gewande. Umschrift: S' . OIIIVOI . DH . RICHHRBHOh. Ein noch kleineres Siegel von 1456 ist das der Schöppen (der Schöppenstuhl wurde 1386 aufgerichtet), auf ihm fehlt die Mauer, der Heilige ist bereits in ritterlichem Plattenpanzer und hält in der Linken einen Schild, mit einem Kreuz bezeichnet. Umschrift: s' . frabiner . i . reichibach. Aus dem siebenzehnten Jahrhundert finden sich zwei gleich grosse Siegel von fast gleichem Stempel, nur mit den verschiedenen Umschriften: SIGILLVM . CIVITATIS . REICHENBACHENSIS . und: SIGILLVM . MIN. etc., ferner ein ganz kleines Sekret (1606), das keine Umschrift, sondern über der Mauer nur die Buchstaben: C . R . hat, und noch ein ganz ähnliches (1692), nur mit nach der andern Seite gewandtem Heiligen. Bestimmte Farben des Stadt-

wappens nach heraldischen Regeln sind unbekannt
gewesen, der Magistrat hat stets vorkommenden
Falls die natürlichen anwenden lassen: blauen Him-
mel-Hintergrund, rothe Backsteinmauer, grünen Erdboden, weisses Kleid und silberne Rüstung des Heiligen, goldnen Speer und schwarzen Drachen.

Reichenbach,

Kreis Görlitz, Regbez. Liegnitz,

Rychenbach, Rychbach, offene Mediatstadt, aus zwei Theilen, Ober- und
Nieder-Reichenbach bestehend, über
deren ältere Geschichte nur berichtet wird, dass sie vor den Verheer-
rungen der Hussitenkriege weit bedeutender gewesen, als jetzt. Die Stadt war eine der ältesten und
am längsten behaupteten Besitzungen des Geschlechts
derer von Gersdorff, mit nur kurzen Unterbrechungen. Im Jahre 1380 wurden zwei Brüder von G.
mit R. belehnt, ihre Nachkommen besassen es noch
1429. Dem Christoph von Kottwitz gehörte R.
1482; 1527 werden wieder die Gebrüder von Gersdorff mit der Herrschaft belehnt, noch in den
Jahren 1536 und 1570 gehörte sie ihren Erben.
Von 1584 bis 1600 sass Hans von Warnsdorff
auf ganz, oder einem Theile von Reichenbach, desgleichen 1654, 1658 Gottfried von Sander und 1665
ein von Tschirnhaus auf beiden Theilen. Aber
von 1691 an bis in dieses Jahrhundert hinein war
die Herrschaft ununterbrochen im Besitze derer von
Gersdorff. Das jetzige Majorat Ober- und Nie-
der-R. besass in den zwanziger und dreissiger Jahren
dieses Jahrhunderts Philipp Ernst von Kiesewetter, heutzutage (schon 1857) gehört es einer seiner
Töchter, der Frau von Seydewitz.

Das älteste Siegel der Stadt noch mit Minuskelschrift, die aber möglicherweise nicht der Zeit, in
welcher das Siegel geschnitten ist, entsprechend ist,

weil sie wie von nicht ganz verstän-
digen Händen nachgeahmt erscheint,
hat einen schräge gegitterten Wappenschild, dessen linkes, unteres Quartier, deutlich markirt, leer geblieben.
Der Schild ist mit einer Art Drapperie behängt,
oben in der Mitte zusammengehalten durch eine
Figur, die aussieht, wie ein Reichsapfel mit Ge-
sichtszügen (?). Die Umschrift lautet: s . cibim .
m . reijchjenbach. Ein nächstjüngeres hat scheinbar
ein in der untern Hälfte des Schildes schwebendes
Schächer- oder Antoniuskreuz, in der obern die
Jahreszahl: 1613. Auch der Wappenschild dieses
Siegels ist oben mit einem eigenthümlichen Doppel-
knopf besteckt, der beinahe wie ein missrathener
Helm aussieht. Auf der grossen, schlesischen Industrie-Ausstellung war die Stadt vertreten durch
einen Wappenschild mit einem durchgehenden, schmalen, goldnen Kreuze im schwarzen Felde, mit Ausnahme des linken, untern Viertels, welches silbern
geblieben. — Diese drei verschiedenen Darstellun-
gen sind sämmtlich Entstellungen eines und desselben Wappens, des der alten Herren von R., derer
von Gersdorff. Dieses ist quer getheilt, oben roth,
unten noch einmal senkrecht von Schwarz und Silber getheilt. Der eine Stempelschneider gab einfach die Theilungslinien wieder, aber nicht ganz
durchgehend und schuf so das scheinbare Schächerkreuz, aber oben zur Ausfüllung des Raumes die
Jahreszahl hinzufügte. Der andre gab als Hauptsache nur das sehr deutliche, untere, silberne
Quartier wieder, die andern, welche nach bekannter
Sitte schraffirt waren, oben senkrecht-roth, unten
rechts kreuzweise-schwarz, glaubte er, gleichmässig
schräge gegittert schraffiren zu müssen. Der Maler
des neuesten Stadtwappens erkannte wohl die Theilungslinien, hielt sie aber für ein ganzes Kreuz, indem er in der obern, senkrecht schraffirten Hälfte
den obern Arm des Kreuzes verfolgen zu können
glaubte, färbte dasselbe auf gut Glück golden und
indem er vielleicht dabei an schwarz-weisse Lan-
desfarben dachte, färbte er das ganze Feld schwarz,

mit Ausnahme des untern, linken Quartiers, das weiss blieb. — Auf diese Art dürfte sich das Räthsel des jetzigen, seltsam genug aussehenden Stadtwappens lösen, welches weit eher der englischen Heraldik und dem Wappen irgend eines Baronets entlehnt zu sein scheint, als einer sehr bekannten, eingebornen Adelsfamilie.

Reichenstein,

Kreis Frankenstein, Regbez Breslau,

am Badergraben und am Fusse des Jauersberges, jetzt eine königliche Bergstadt, die ihr Entstehen den reichen Bergwerken zu verdanken hatte, deren Gruben früher auch viele edle Metalle lieferten. Urkundlich wird der Reichenstein als Bergwerksort im Jahre 1273 erwähnt, die Ausbildung desselben zur Stadt ging aber nur langsam von Statten, ein besonderer Bürgermeister ist erst in neuester Zeit an die Spitze der städtischen Verwaltung getreten, sowohl 1559, wie noch 1709 nannten sich der Richter und die Rathsmänner den Magistrat von R. In dem oben erwähnten Jahre 1273 besass das Kloster Kamenz die Reichensteiner Gruben, der zeitige Abt, Ludwig machte sich besonders um ihren Betrieb verdient. Im Jahre 1344 besass und schenkte seinen Brüdern (? Söhnen) den Reichenstein Heinrich von Haugwitz. Von ihnen (nach andern vom Herzog Wenzel von Brieg) erwarb denselben 1356 Herzog Bolko von Schweidnitz, † 1368. Die eigentlichen Landesherren waren übrigens die Herzoge von Münsterberg-Frankenstein, seit 1351 unter böhmischer Lehnshoheit, seit 1454 aus dem Hause Podiebrad. Herzog Johann von Münsterberg verpfändete R. 1427 an Franz von Peterswald, 1465 machte das Kloster Kamenz seine alten Ansprüche wieder geltend, löste R. ein, trat den Besitz aber schon 1502 (? 1501) an

das herzogliche Haus Münsterberg ab. Im Jahre 1581 kaufte Fürst Wilhelm Ursin, „Herr und Regierer des Hauses" Rosenberg auf Cruman die Stadt und Herrschaft Reichenstein von der Krone Böhmen, die seit 1565 unmittelbar im Besitze gewesen, ihm folgte 1592 sein Bruder Peter Wok, der 1606 als der Letzte seines fürstlichen Stammes starb, aber schon vorher, 1599 R. dem Herzog Joachim Friedrich von Liegnitz verkauft hatte. Nach dem Tode des letzten Piasten, Georg Wilhelm, 1675, wurde R. ein k. k. Kammergut und 1741 königlich preussisch. Hauptlehnsträger der Bergwerke von R. (und Silberberg) in dieser Periode waren die von Scharffenberg, wie es scheint waren Erben dieser Familie noch im Jahre 1800 im Besitz gewisser Einkünfte aus diesem Titel.

Das älteste Wappen der Stadt Reichenstein soll das gewöhnliche der meisten Bergstädte gewesen sein: Schlegel und Eisen gekreuzt. In der Hussitenzeit sind alle Siegelstempel mit diesem Bilde abhanden gekommen, es ist auch unbekannt, ob sich irgendwo noch ein Abdruck eines derselben erhalten hat. Daher ertheilte Herzog Heinrich der Aeltere von Münsterberg d. d. 17. Febr. 1491 der Stadt ein neues Wappen: ein rechts schwarzer, links rother Adler im von Gold und Silber senkrecht getheilten Schilde. Auf dem Haupte hat er einen Fürstenhut und auf der Brust, über dem silbernen, schlesischen Halbmonde, dessen Spitzen in die Flügel hineinreichen und über einem silbernen Eisen und einem goldnen Schlegel, die gekreuzt zwischen Hals und Flügeln sichtbar sind, einen quadrirten Schild, in dessen erstem und viertem Felde das Wappen der Grafschaft Glatz (zwei goldne, etwas gebogene Schräg-Linksbalken in Roth), in dessen zweitem und drittem Felde das Stammwappen der Podiebrad's (quergetheilt, oben viermal schwarz und silbern quergetheilt, unten silbern) sich befindet. Fürst Peter Wok von Rosenberg fügte diesem Diplomwappen 1592 noch die rothe Rose seines Stammwappens über dem Schilde schwebend und neben bei seine Initialen P. W. hinzu, die aber jetzt nicht mehr geführt zu werden scheinen. Ein kleines Secret von 1568 hat das zuerst beschriebene Wappen im Schilde, darüber ein Band mit der Aufschrift: S . REICHSTEIN. Ein späteres Siegel hat die Rosenbergschen Beizeichen über dem Schilde und die Umschrift: SENATVS . POPVLVSQVE . REICHEN-STEIN. Es giebt von demselben zwei, nur sehr wenig von einander abweichende Stempel.

Ein Siegel mit einem quer getheilten Wappenschilde, oben leer, unten ein Dreiberg, neben dem Schilde: 1660, Umschrift: AMBTS . REICHEN-STEIN . INSIEGEL ., beweist, dass das Bergamt zu R., welches jetzt wohl mit dem preussischen Adler siegeln wird, schon früher ein von der Stadt verschiedenes Wappen führte, dessen Ursprung aber noch nicht gedeutet ist.

Reichthal,

Reichenthal, Rychenthal, an der Studnitza, offene, kleine Stadt, welche im Jahre 1386 der Bischof Wenceslaw von Breslau, ein geborner Herzog von Liegnitz, dem Johann Musche (? Mosch) und seinen Erben erlaubte, als Stadt oder Markt nach deutschem (Neisser) Stadtrecht auszusetzen. In der Urkunde wird der Ort Rychenthal „wüst" genannt, er scheint also schon vorher bebaut und bewohnt gewesen zu sein. Das Bisthum Breslau blieb — mit ganz kurzer Unterbrechung, 1439, da die Stadt nebst einigen andern Gütern dem Huns von Skalanecki (Janusz Skalenski), Herrn von Constadt, verpfändet war — im Besitze von Reichthal bis zu seiner Säcularisation 1810. Seitdem ist die Stadt immediat.

Es ist nur ein Siegel des Städtchens aus dem siebenzehnten Jahrhundert (Abdruck von 1686) bekannt, welches im runden Siegelfelde das Lamm Gottes mit Nimbus und Fahne und die Umschrift hat: SIGI-LVM . OPPIDI . REICHETHAL. Die Fahnenstange endet in ein Doppel- oder Patriarchenkreuz, woraus man schliessen möchte, dass der Stempel des Siegels unter der Regierung des Cardinals Friedrich, Landgrafen von Hessen-Darmstadt, 1671 bis 1682, geschnitten worden. Auf dem Siegel kehrt sich das Gotteslamm nach der linken Seite, heutzutage wird es stets nach rechts gekehrt und meist auf grünem Erdboden stehend dargestellt; anderweite Farben des Wappens sind unbekannt.

Reinerz,

Rynharez, Reinharda, Reinbartz, Reinorts, Reinertz, slaw. Dusnic, lat. Oppidum Reinhardi, am linken Ufer der Glatzer Weistritz und dem Romsbach, Stadt und bekannter Badeort, welcher geschichtlich zuerst im Jahre 1350 auftritt und zwar bereits als „Städtchen". Auch kommt der lateinische und deutsche Name früher vor, als der slawische. Die ersten bekannten Besitzer von R. waren die Herren von Pannwitz auf Burg Landfried (Homole): Dietrich (Tyczko) 1350, seine fünf Söhne, darunter Thomas (Thamme) „auf dem gemauerten Hof zu R." 1353 bis 1366, des letztern Sohn Hans (Hannus), der 1385 Reinerz an drei Glatzer Bürger verpfändete, und noch 1388 sein Bruder Dietrich (Ticz). Mit dem Jahre 1403 tritt ein neuer Herr auf Landfried und R. auf, Dietrich von Janowitz auf Nachod, der 1412 starb, doch fehlen von 1408 an Nachrichten über R., auch darüber, ob Dietrich's Erbe und Bruder, Johann von Janowitz, der noch 1419 genannt wird, R. besessen. Von 1424 bis 1427 gehörte das Schloss Landfried, und mit ihm Reinerz, dem Heinrich (Heinez) von Lazan genannt Leß, 1427 bis 1428 dem Nicolaus von Trczka, im letztern Jahre wurde die ganze Herrschaft von den Hussiten eingenommen, die zuerst Peter Pollak von Wolfina als Burggrafen auf dem Schlosse einsetzten, dem später Hinko Kruzina von Lichtemburg folgte, welcher 1454 starb und dessen Sohn Wilhelm das ganze Erbe sofort der Familie Podiebrad verkaufte. Georg Podiebrad, seit 1458 König von Böhmen, gab 1462 die Grafschaft Glatz und mit ihr auch die Herrschaft Hummel (oder Landfried), zu der Reinerz gehörte, seinem Sohne Heinrich von Münsterberg. Im Jahre 1501 kaufte Graf Ulrich von Hardegg Glatz, die Herrschaft H. mit R. scheint er 1505 den Brüdern Heinrich und Hans von Kauffung verliehen oder verpfändet zu haben. Auch unter dem spätern Grafen von Glatz, Johann von Bernstein und Helffenstein, gehörte die Herrschaft H. 1540 dem Georg von Seidlitz als Pfandherrn. Herzog Ernst von Bayern, Erzbischof von Salzburg und Graf von Glatz († 1560), oder Kaiser Maximilian II. verpfändete den Hummelbezirk an einen Wolf von Sternberg, nach dessen Tode er 1577 wieder vom Kaiser eingelöst wurde. Auch von 1590 bis 1595 war derselbe noch einmal im Besitze eines Pfandsherrn. des Rudolph von Stubenberg; seitdem theilte Reinerz, mit dem inzwischen verfalleuen Hummelschlosse, die allgemeinen Schicksale der Grafschaft Glatz.

Alte Siegel von Reinerz fehlen. Ein Siegel aus dem siebenzehnten Jahrhundert, nur klein, hat das ziemlich übel gerathene Brustbild des St. Petrus mit Schlüssel und Buch im Siegelfelde und die Umschrift: SIGIL . DER . STADT . DES . REINERCZ. Auf neuern Abdrücken desselben Stempels hat man das Wort „DES" durch eine Art Arabeske verlöscht. Ein gleichzeitiges Sekret, Abdruck von 1646, hat im Schilde nur das Attribut des Apostels, den Schlüssel aufrecht und oben die Umschrift: S . REINERTZ. Von den neuern Siegeln ist das bestgeschnittene ein ovales ohne Schrift. Die Servis-Deputation führt heutzutage noch den Schlüssel allein im Wappenschilde, die übrigen städtischen Siegel zeichnen sich durch eine recht moderne Zu-

that aus, indem sie hinter den Heiligen noch eine Art Heerd gestellt haben, auf welchem der Hahn steht und kräht.

Rosenberg,
Kreisstadt im Regbez. Oppeln.

 slaw. Olesno, Olessna, Oliesznie ist ein ziemlich alter Ort, dessen Kirche 1226 eingeweiht wurde, auf dessen Burg im dreizehnten Jahrhundert landesherrliche Kastellane sassen, der 1310 wohl bereits ein „Städtchen" gewesen sein mag, aber erst im Jahre 1450 deutsches Stadtrecht erhielt, und zwar das Oppeln - Strehlitzer, durch Herzog Bernhard. Rosenberg gehörte zum Fürstenthume Oppeln, ging 1396 im Kriege mit Polen verloren, wurde aber schon im nächsten Jahre von seinem Innehaber, dem Palatin von Krakau, Spitek von Melstyn dem Herzog Przemislaw von Teschen wieder verpfändet. Im Jahre 1401 cedirte Herzog Bolko von Oppeln seine Rechte auf R. seinem Bruder Bernhard von Falkenberg, der sie auch geltend zu machen im Stande gewesen sein muss, da nach seinem Tode, 1455, ihm die Söhne seines Bruders Bolko auch im Besitze von R. folgten. Nach dem Aussterben der oberschlesischen Piasten, 1532, wurde Rosenberg ein k. Kammergut, aber wohl bald verpfändet, da bereits 1578 Hans von Bees auf R. genannt wird, welcher in diesem Jahre die Herrschaft wieder der Krone verkaufte. Im Jahre 1581 war Valentin Dobrawka Pfandherr von R., er verkaufte 1594 seine Rechte an der Herrschaft dem Melchior von Gaschin auf Katscher. Die Erben desselben, die sich nach dieser ihrer neuen Hauptbesitzung „von Gaschin, Freiherren von Rosenberg" schrieben, wurden 1633 in den Grafenstand erhoben. Die Grafen von Gaschin und Rosenberg blieben zweihundert Jahre im

Besitze der Herrschaft. Im Jahre 1802 kaufte sie Ernst Philipp Graf Huc von Bethusy; mit dem Jahre 1826 hörte die Stadt auf, mediat zu sein. Das jetzige Rittergut Alt-Rosenberg war vordem, seit dem dreizehnten Jahrhundert, ein Besitzthum des Augustiner-Chorherren-Stifts zu R., wurde von demselben 1770 einem Herrn von Jordan verkauft, gehörte 1783 auch den Grafen von Gaschin, seit 1821 aber gehört es der Frau Friederike von Maltitz, gebornen von Koschützka.

Es giebt ein altes, nicht grosses Siegel der Stadt, Abdruck vom Jahre 1423, dessen Wappenbild mit dem folgenden übereinstimmt, dessen Umschrift in Majuskelschrift aber theilweise unleserlich ist, so dass nicht entschieden werden kann, ob Rosenberg schon damals als civitas bezeichnet ist: S' ...... ROSHLRBRG. Das nächstfolgende Siegel von 1478, also schon nach der Erhebung zur deutschen Stadt im Gebrauch, hat in Minuskelschrift: ẞ . cibitatis . rosinurgrnsis . und im runden Siegelfelde ohne sichtbaren Theilungsstrich nebeneinander rechts einen halben Adler, links eine halbe Rose mit zwei und einem halben Blatte. Das Wappenbild ist unverändert beibehalten worden, seither aber stets im gespaltenen Wappenschilde. Ein Stempel wohl schon aus dem Anfange des siebenzehnten Jahrhunderts scheint noch zu existiren, er hat die Umschrift: SIGILLVM . CIVITATIS . ROSENBERG ., der neueste ist ohne Interesse. Die Farben sind rechts golden in Blau, links roth in Silber. Es ist unzweifelhaft das Stadtwappen ein redendes. Die Grafen von Gaschin führen im Mittelschilde ihres Diplom-Wappens auch die Rosenberger Rose, aber in ganzer Gestalt und goldberändert; in den vier Feldern des Rückschildes ist ihr Stammwappen in die beiden untersten Quartiere verwiesen worden, in den obern präsentirt sich neben dem böhmischen Löwen auch der Adler von Oberschlesien in ganzer Figur, aber, bezeichnend genug für die Diplomwappen-Schöpfer, in verkehrten Tincturen, blau in Gold.

Rosswald,
Kreis Troppau, Bez. Hotzenplotz.

Rosswalde, slaw. Rozwalda, nach Widimski ursprünglich „Rudolphswald" genannt, am Bache Alda, oder Altau, früher ein Dorf, welches erst im Jahre 1696 Marktgerechtigkeit erhalten und seitdem zu den Marktflecken gerechnet wird. In der zweiten Hälfte des funfzehnten (1480) bis in die erste des siebenzehnten Jahrhunderts (1617) gehörte R. den Herren Sedlnicki von Choltitz. Im Jahre 1630 erhielten die, 1603 in die Freiherren- und 1641 in den Grafenstand erhobenen, Herren von Hoditz Rosswald, welches ein bischöflich Olmützisches Lehn war. Die Grafen von H. theilten sich um diese Zeit in zwei Linien, die zu Wolframitz und die zu Rosswald. Der Urenkel des ersten Erwerbers dieser Herrschaft, Graf Joseph Albrecht, vermählt mit der verwittweten Markgräfin Sophie von Bayreuth, machte sich durch seine phantastisch-luxuriöse Wirthschaft auf Schloss Rosswald einen seiner Zeit weit berühmten Namen. Er starb verarmt in Potsdam, als letzter seiner Linie, 1778. Der Erzbischof von Olmütz verkaufte die Herrschaft 1791 an Carl Czaike von Badenfeld, dessen Söhne jetzt im Besitze sind.

Nach Widimski hat Bischof Carl von O., Herzog von Lothringen, als Lehnsherr von Rosswald, bei Erhebung des Orts zum Markt, 1696 demselben das folgende Wappen ertheilt: ein blau-gezäumtes, springendes, schwarzes Ross im zweimal silbern und roth senkrecht getheilten Felde.

Rothenburg a. O.,
Kreis Grünberg, Regbez. Liegnitz.

Rothenburg, Rottenburg, am Kalten Bache, unweit der Oder, Stadt in der Herrschaft Polnisch-Nettkow, gehörte bis 1816 zum Kreise Krossen der Neumark und ist erst seitdem zu Schlesien geschlagen worden. Die Herren von Rothenburg waren bereits zu Ende des dreizehnten Jahrhunderts im Besitz der Herrschaft Nettkow und blieben, 1736 in den Grafenstand erhoben, bis 1788 Herren derselben. Um das Jahr 1550 erbaute Sebastian von R. an der Stelle der jetzigen Stadt ein Jagdschloss, um das sich unter Franz v. R. von 1559 an eine Ansiedelung bildete, die noch 1673 nur Neu-Nettkow genannt wurde. Doch waren schon von 1654 an, besonders durch Hans Christoph von R. († 1704) Veranstaltungen getroffen worden, welche die Weiterentwickelung des Orts, und zwar fortan unter dem Familien-Namen „Rothenburg", begünstigten, der allmälig alle Bedingungen einer Stadt in sich vereinigte, aber erst im Jahre 1809 zur wirklichen Stadt erhoben wurde. Inzwischen hatte der Herzog Peter Biron von Curland, seit 1785 Herzog von Sagan, 1788 auch die ganze Herrschaft Nettkow (Deutsch- und Polnisch-N.) von den Erben des Grafen Friedrich Rudolph v. R. († 1751) gekauft und vererbte sie nebst Rothenburg 1800 auf seine älteste Tochter Pauline Marie Louise, vermählte Fürstin von Hohenzollern-Hechingen. Ihr Sohn und Erbe, der letzte Fürst seiner Linie, Friedrich Wilhelm Hermann Constantin Thassilo von H.-H. († 1869) war in zweiter, morganatischer Ehe vermählt 1850 mit einer Freiin Schenk von Geyern (geschieden 1863), diese und ihre beiden Kinder, eine Tochter und ein Sohn führen den gräflichen Titel von Rothenburg.

Die Siegelverhältnisse der jungen Stadt Rothenburg scheinen nie recht geordnet gewesen zu sein. Noch 1781 führte die städtische Behörde daselbst ein Siegel mit der stehenden Themis, in der Rechten die Waage, in der Linken das Schwert, zur Seite: 1696, Umschrift: ROTTENBVRG . GERICHTS . SIEGEL. Dasselbe stellte schwerlich ein Stadtwappen dar, sondern sollte nur ein richterliches Symbol sein. Aus der Biron-Curländischen Zeit giebt es ein wirkliches Stadtsiegel mit dem halben, weissgekleideten Engel im rothen Wappenschilde, der als das Wappen des Herzogthums Sagan gilt, der Schild mit der Fürstenkrone bedeckt und vom Fürstenmantel umhüllt und mit der Umschrift: HERZOGL : CVRLAND : ROTHENBVRG . STADT . SIEG. Nach Knie hat die Stadt 1809 einfach den preussischen Adler zum Wappenbilde angenommen, oder bekommen. Das 1850 geschaffene, gräfliche Wappen von Rothenburg aber zeigt — wegen der Stadt Rothenburg — einen rothen Thurm mit schwarzen Fenstern und Thor im silbernen Felde. Es ist nicht leicht zu entscheiden, ob hier eine, immerhin mögliche Verwechslung mit der andern, der Kreisstadt Rothenburg an der Neisse, die dieses Wappen führt, vorgefallen, oder ob durch das Diplom ein gleiches Stadtwappen auch für dieses Rothenburg a. O. hat geschaffen werden sollen. Das Wappen der alten Herren von Rothenburg bestand aus einem gespaltenen Schilde, rechts ein rother, gekrönter Löwe in Silber, links fünfmal silbern und roth schräge getheilt.

Rothenburg a. N.,
Kreisstadt im Regbez. Liegnitz.

Rothenberg, Rottenberg, Rotimburg, an einem Arme der Lausitzer Neisse, offne Stadt, über deren Ursprung nur Fabeln vorhanden sind. Die Herrschaft, deren Hauptort die jetzige Stadt ist, war eine der ältesten Stammbesitzungen der Herren von Nostitz (aus dem Hause Tschocha). Von 1454 bis 1527 und länger lassen sich dieselben namentlich aufführen, unter Caspar v. N. bekam Rothenburg 1490 den ersten Markt. In neuerer Zeit sind Stadt und Herrschaft in vielfach wechselnden Händen gewesen. Im siebenzehnten und achtzehnten Jahrhundert (1624, 1704) war R. im Besitz der Freiherren und Grafen von Hochberg-Fürstenstein, um die Mitte des vorigen Jahrhunderts gehörte es einer Frau Pannach, in den zwanziger Jahren dieses Jahrhunderts, noch 1831 einem Herrn Körber, 1845, 1857 den Gebrüdern von Gersdorff, heutzutage ist R. im Besitz eines Herrn Schade.

Das älteste bekannte, mittelgrosse Siegel der Stadt ist noch in einem, allem Anschein nach genau nachgeahmten Fälscherstempel von gebrannter Erde vorhanden: Ueber einer Mauer von unbehauenen Steinen, die ein kleines Thor hat, erhebt sich ein runder, unbedachter Thurm, auf dessen Zinnen ein Vogel steht, neben dem Thurm stecken zwei Baumstämme mit abgehauenen Aesten auf der Mauer. Umschrift: SIGILLVM . CIVITATIS . ROTENB. Das jetzt übliche Wappen ist ein einfacher, ohne Mauer schwebender, rother Thurm im silbernen Felde, neben welchem, statt der behauenen Stämme, zwei Rosenzweige rechts und links den Raum des Schildes ausfüllen.

Rudelstadt,
Kreis Bolkenhain, Regbez. Liegnitz.

Marktflecken am Bober, bestehend aus Ober- und Nieder-Rudelstadt, war bis zur Mitte des vorigen Jahrhunderts ein Dorf, genannt (Rudolfsdorf) Rudelsdorf, Rudisdorf. Die Urkunde, welche dasselbe bereits 1203 nennt, ist unecht. Bekannte Besitzer des Dorfes sind die von Reichenbach 1539, 1570, die von Polsnitz, Dachs genannt 1629, 1664, von denen Hans Christoph von Schweinitz († 1668) R. erwarb und seiner Familie weiter vererbte. Aus derselben begann Freiherr Hans Friedrich im Jahre 1747 in R. ein Bergwerk in Betrieb zu setzen und verschaffte dem dadurch an Leben und Bedeutung zunehmenden Orte 1754 den Titel einer freien Bergstadt, unter dem Namen Rudelstadt. Indessen ist der Ort niemals eine wirkliche Stadt geworden und zählt nur zu den Flecken. Um das Jahr 1770 erwarb ein Freiherr von Scherr-Thoss Rudelstadt, von welchem es seine Schwester, vermählte von Prittwitz erbte. Die Herren von Prittwitz besitzen R. noch heutzutage.

Der Freiherr von Schweinitz, der ein eignes, dickes Werk über seine Schöpfung Rudelstadt verfasst, führte bereits 1747 ein besonderes länglichgrosses Bergamtssiegel, welches den gekrönten Wappenschild seiner Familie (von Roth, Schwarz und Silber quer getheilt) enthält, mit dem preussischen Adler auf der Krone und zwei Schildhaltern, Bergleuten mit Hämmern und Grubenlampe, auf einem Postament stehend. Unterschrift: RVDELSDORF : BERG . AMTS . SIEGEL . 1747 ., Umschrift: SVB . VMBRA . ALARVM . TVARVM . PROTEGE . NOS. Ein neuerer, sonst gleicher Stempel hat: RVDELSTADT . und 1757. Die neue Stadt aber bekam auch ein eignes, rundes Siegel: im Wappenschilde eine Grube mit dem Eingang zum

Schacht und einer Winde oben, darüber Schlegel
und Eisen gekreuzt. Schildhalter sind zwei Bergleute mit der Grubenlampe und andern Werkzeugen
in den Händen. Unten steht: 1754, oben schwebt
in Wolken der (preussische) Adler, unter welchem
zu lesen: GLÜCK AUFF. Die Umschrift lautet:
SIEGEL . DER . FREYEN . BERGSTADT . RU-
DELSTADT.

Ruhland,
Kreis Hoyerswerda, Regbez. Liegnitz.

Roland, offne Mediatstadt an der
schwarzen Elster und zwei Bächen,
dem Schwarzwasser und Braubach,
und angeblich eine der ältesten der
Lausitz, die früher zu Meissen gehört, 1211 an Brandenburg und
nach dem Aussterben der Askanier, im ersten Viertel des vierzehnten Jahrhunderts an Böhmen gekommen. Jedoch wurde dem Orte erst im Jahre
1567 das Marktrecht zu zwei Märkten ertheilt und
ist seine Ausbildung zur wirklichen Stadt wohl erst
nach dieser Zeit vor sich gegangen. Unter böhmischer Oberherrschaft treten die ersten, bekannten
Mediatherren von R. auf. In der zweiten Hälfte
des funfzehnten Jahrhunderts (1486) sind es die von
Gersdorff, auch 1529 wird ein Heinrich von G.
mit R. beliehen. Zu Ende des siebenzehnten Jahrhunderts ging Ruhland den Herren von Gersdorff
verloren und wurde (1690) mit der Herrschaft Guteborn zusammen Eigenthum der 1709 in den Frei-
herren- und 1711 in den Grafenstand erhobenen Familie von Hoym. Guteborn mit Ruhland bildete
den Hauptbesitz einer besondern Linie, welche 1775
mit dem Grafen Adolph Magnus Gotthelf v. H. im
Mannsstamme ausstarb. Die Herrschaften erbte Graf
Gotthelf Adolph von H. aus der Linie zu Droyssig und
als mit ihm 1783 auch diese im Mannsstamme erlosch,

seine Tochter Louise Henriette Gräfin H., 1791 vermählte Gräfin, 1806 Fürstin Reuss von Plauen jüngerer Linie zu Lobenstein-Ebersdorf, † 1832. Die,
1825 allodifizirte, Herrschaft besass darauf zuerst
ihre älteste Tochter, die unvermählt gebliebene Prinzessin Caroline Auguste Louise R., gegenwärtig gehört sie der jüngern, Sophie Adelheid Henriette,
seit 1820 vermählt mit dem regierenden Fürsten
Heinrich LXVII. Reuss jüngerer Linie zu Schleiz.

Das Wappen von Ruhland ist der
deutsche Reichs-Doppeladler, welcher
der Stadt wohl bei ihrer Erhebung
zum Marktflecken, oder zur wirklichen
Stadt vom Kaiser verliehen sein mag.
Näheres über diese dem kleinen Orte in der Lausitz ertheilte Auszeichnung ist nicht bekannt. Das
älteste, vorkommende Siegel mit dem im Ganzen
recht gut stylisirten Doppeladler, aber unverhältniss-
mässig grosser Krone über seinen Köpfen, im zierlich ausgeschweiften Schilde datirt gewiss noch aus
dem sechszehnten Jahrhundert und mag mit 1567
bei der Marktrechts-Ertheilung gefertigt worden sein.
Umschrift: SIGILLVM . CIVITATIS . RVLANDI.
Ein jüngeres, mässig grosses Siegel hat die Umschrift: DES STAETDLEINS . RVHLANDT .
GROSERE . INSIEGEL. Desgleichen ein neueres,
kleineres: SIGILLVM . CIVITATIS . RVHLANDT.

Heutzutage aber hat man dem Reichsadler auch
noch ein Brustschild mit dem Wappen von Oestreich
(Habsburg-Oestreich-Lothringen) zuertheilt. So war
das Wappen von R. auf der grossen schlesischen
Industrie - Ausstellung zu sehen, ob Siegelstempel
mit dieser Darstellung existiren, ist nicht bekannt.

Rützen,

Kreis Guhrau, Regbez. Breslau,

Ryczin, Riczin, Reczen, Recen, Reocena, an der Bartsch, nicht zu verwechseln mit Ritschen (Recen) bei Brieg, einst der vorübergehenden Residenz der ältesten Breslauer Bischöfe, ist ein alter Ort, dessen die Chronisten schon bei den Jahren 1103 und 1109 Erwähnung thun und auf dessen Burg sicher im dreizehnten Jahrhundert der Sitz herzoglicher Kastellane war. Zur selben Zeit soll R. auch eine Stadt gewesen sein, Näheres ist darüber ebensowenig bekannt, wie über die Dauer des dem Orte einst zustehenden Marktrechts, der noch im vorigen Jahrhundert der Hauptort eines eignen Weichbildes war, jetzt aber zum blossen Dorfe herabgesunken ist. Sehr unsicher erscheint es, dass Rützen bereits um das Jahr 1365 den Herren von Kurtzbach gehört haben soll; wahrscheinlich theilte der Ort in ältern Zeiten sämmtliche Schicksale des benachbarten Herrnstadt, war mit dieser Stadt zusammen erst von 1512 bis 1524 (1525) im Besitz der Freiherren von Kurtzbach (Siegmund, † 1513, seine Söhne Johann und Heinrich gemeinschaftlich bis 1521, dann ersterer auf Militsch und R.) und bildete darauf eine Domaine der Herzoge von Liegnitz-Brieg, bis zu ihrem Aussterben 1675. Allerdings werden aber inzwischen als Besitzer von R. auch namhaft gemacht: Hans von Haugwitz, der 1580 R. an Abraham von Guhr (?), genannt Stosch verkauft, letzterer noch 1583, ferner nach dem Tode der Wittwe desselben, 1615, Hans von Dyhrn und seine Erben, endlich die von Sack, welche gewisse Anrechte gehabt haben müssen, da sie wiederholt gegen den Besitztitel der Herzoge protestirt. Nach dem Aussterben der Piasten erwarb einen Theil des Amtes Hans Adam von Posadowski, veräusserte ihn aber bald wieder, wahrscheinlich gleich an den kaiserlichen Kanzler, Freiherrn Friedrich von Roth, welcher den Marktflecken Rützen vom Kaiser Leopold verliehen erhielt und 1693 starb. Die Tochter eines seiner Nachkommen, des Freiherrn Hans Friedrich von R. vermählte sich mit dem preussischen Grosskanzler, dem 1791 in den Freiherren- und 1798 in den Grafenstand erhobenen Johann Heinrich Casimir von Carmer, der 1796 Rützen zum Majorat machte und 1800 starb. Vorher, in den sechziger Jahren des vorigen Jahrhunderts war R. einmal an einen Herrn von Röhl verkauft gewesen, kam 1771 zur Subhastation und wurde bei dieser Gelegenheit von dem Herrn von Carmer zurückerworben. Den Grafen von C. gehört Rützen noch heutzutage.

Ein Siegel des frühern Fleckens, oder ein eignes Wappen desselben ist nicht bekannt: dasjenige, welches auf manchen Abbildungen, so auch in der „Silesia picta" dafür ausgegeben zu werden scheint, ist das vollständige Familienwappen der damaligen Grundherren, der Freiherren von Roth und Rützen. Auffallend ist es, dass sowohl in zwei Feldern dieses, wie in zwei Feldern des quadrirten Diplomwappens der spätern Grundherren, der Grafen von Carmer ein wachsendes Ross vorkommt, freilich einmal silbern, einmal golden tingirt. Möglich ist es schon, dass dieses halbe Ross das Wappen von Rützen vorstellen soll, ähnlich dem des Marktfleckens Kontop.

Rybnik,

Kreisstadt im Regbez. Oppeln,

Ribnik, Ribnich, Ribnicy, Ribniky, Ribniez, Rebenik, Reibnik, Rübnik, an der Ruda und dem Rybnicker Wasser, wo nach einer längst widerlogten Tradition 1196 das später nach Czarnowanz verlegte Prämonstratenser-Nonnenkloster gestiftet sein sollte, wird urkundlich sicher zum ersten

Male 1228 genannt. Der Ort ist aller Wahrscheinlichkeit nach zwischen 1336 nnd 1365 zum Städtel
(oppidum) erhoben worden, bekam aber erst 1538
das Marktrecht nnd damit die Bedingung zu seiner
Weiterentwickelung. Landesherren von Rybnik waren
nach der Landestheilung von 1283 die Herzoge von
Ratibor, denen 1336 die von Troppau succedirten. Bei der neuen Theilung im Jahre 1424 bekam
Herzog Nicolaus ausser Jägerndorf auch R.,
† 1452. Sein Sohn Wenzel (fatnus) zu R., Sorau
nnd Loslau † 1479 ohne Erben im Gefängniss. Die
weiteren Regenten waren Johann III., † 1483, Johann IV. von Ratibor, † 1493 und dessen Söhne,
mit deren jüngstem, Johann von Oppeln der Stamm
der oberschlesischen Piasten 1532 ausstarb. Das nunmehrige k. Kammergut wurde in selben Jahre zwar
den Markgrafen von Brandenburg-Jägerndorf
verpfändet, kam aber nicht, wie die meisten andern, hierher gehörigen Herrschaften darauf in den
Besitz der Königin von Ungarn, oder des Bethlen-
Gabor.

Zn den von da ab auftretenden Pfandherren und
spätern Mediatherren von Rybnik ist eigentlich schon
die während der Gefängnisshaft Herzog Wenzel's
(† 1479) vorübergehend im Besitz gewesene Familie Kropacz zu zählen, darauf Wenzel Hnedecz,
der 1532 Schloss R. erhielt, dann 1542 Johann Du-
bowacz von Dubowa, 1547 bis 1575 Wenzel von
Sedlnicki. Vom Jahre 1575 ab gehörte die Herrschaft dem, 1623 in den Fürstenstand erhobenen
Hause der Popel von Lobkowitz   1621 bis
1622 Titularbesitz eines gewissen Schmidt von
Freyhofen anf Kunstadt —, im Jahre 1638 aber
trat Fürst Wenzel Eusebius Procop P. von L. Rybnik an Alexander Justus von Hangwitz ab, der
es im nächsten Jahre an den Freiherrn Johann Bernhard von Praschma verkaufte. Dieser Besitzüber-
gang wurde angefochten nnd die folgenden Jahre
sind ausgefüllt durch ganz ungemein verwickelte
Prozesse zwischen den Familien fast aller Vorbesitzer, die untereinander sämmtlich verwandt und
verschwägert waren und sich um die Herrschaft

stritten. Noch unter solchen Verhältnissen besassen
R. von 1650 bis 1659 der Graf Johann Bernhard
von Oppersdorff, 1659 bis 1664 ein Graf von
Salm auf Tobitschau, 1664 bis 1670 Hans Friedrich
von Minckwitz, 1670 Graf Ferdinand und 1673
der schon oben genannte Graf Johann Bernhard
von Oppersdorff, welcher endlich 1682 Rybnik
der verwittweten Freifrau Julie Constanze von Wengerski überliess. Die, 1714 in den Grafenstand
erhobene, Familie der Wengerski, denen auch Pilchowitz gehörte, blieb bis zum Jahre 1788 im Besitz, da Rybnik Immediatstadt und die Herrschaft
eine königliche Domäne wurde, als solche bis 1818
bestehend.

Das Wappen der Stadt Rybnik, deren Namen
von dem Worte ryba, auf deutsch: der Fisch, ab-
zuleiten, ist ein redendes, nämlich ein Fisch. Alte
Siegel sind nicht bekannt, die ältesten sind vom
Jahre 1669 und haben den schrägrechts gestellten
Fisch im Wappenschilde, welches mit blumenartigen
Arabesken ausgefüllt ist. Die Umschrift des grössern
Siegels heisst: SI . CIVITATIS . RIBNIK . 1669 .,
die zweier kleinerer, schlechter ausgeführten: SIG .
CIVITATIS . RIBNIK . EX . MAGISTRATU .,
über dem Wappenschilde: 1669. Sehr schlecht ge-
schnitten soll das „Siegel der Stadtverordneten zu
Rybnik" von 1809 sein, besser eins vom Jahre 1851.

Saabor,

Kreis Grünberg, Regbes. Liegnitz,

Sabor, Saber am Hammer(-see), unweit des linken Oderufers, war im siebenzehnten Jahrhundert ein Dorf im
Besitze eines Matthias von Tschammer, welcher demselben d. d. 13. Mai
1556 (nach andern 1566), Marktrecht verschaffte,
das 1750 bestätigt und 1681 erweitert wurde. Von

dem Gründer des neuen Marktfleckens erwarb 1588 denselben Melchior von Dyhrn, sein Sohn Christoph wurde 1608 auf seinem Hause Saabor ermordet. Die Wittwe desselben, wieder vermählte Frau von Unruh, führte die Vormundschaft über ihren Sohn Joachim Friedrich von Dyhrn, der darauf die Herrschaft übernahm, aber mit Hinterlassung von nur einer Tochter starb, der verwittweten Gräfin Anna Maria von Hartenberg, die S. zwischen 1646 und 1651 besass. Ihre Lehnsvettern von Dyhrn verkauften die ererbte Herrschaft bald an den Freiherrn Maximilian von Montani, der aber in Konkurs gerieth, so dass eine kaiserliche Administration durch das k. Domainen-Amt Neusalz (1663 bis 1655) eintreten musste, die mit der Ueberlassung von Saabor an den Freiherrn Joachim Friedrich von Blumenthal endete, † 1670. Seine Söhne verkauften S. bereits 1671 an den Grafen Heinrich Johann von Dünnwald, † 1691, dessen Nachkommenschaft mit dem Grafen Ludwig 1718 ausstarb. Das heimgefallene Lehn wurde darauf 1720 vom Kaiser an den Grafen Philipp Ludwig von Sinzendorff vergeben, der es schon 1726 dem Grafen Franz Anton von Pachta verkaufte. Wieder trat unter diesem Besitzer eine Sequestration ein, bis 1744 Friedrich August Graf von Cosel, natürlicher Sohn des Königs von Polen und Kurfürsten von Sachsen, die Herrschaft erstand. Er starb 1770, seine Wittwe Friederike Christiane, geborne Gräfin von Holtzendorff und schon verwittwet gewesene Frau von Schönberg, führte die Vormundschaft über ihren Sohn, den Grafen Gustav Ernst von Cosel bis 1780, welcher aber Saabor in einem Jahre „verspielte". Von 1781 bis 1783 besass darauf die Herrschaft ein Graf von Schlabrendorff, dann kaufte sie Fürst Friedrich Hans Carl von Schönaich-Carolath-Beuthen, † 1791, der sie seinem zweiten Sohne, dem Prinzen Christian Ernst August Ferdinand vermachte, von welchem sie wiederum 1805 dessen Neffe, Prinz Friedrich Wilhelm Carl erbte und 1859 sein Sohn, der jetzige Besitzer, Prinz Ferdinand Heinrich Erdmann.

 Es sind Siegel des Marktfleckens bekannt. Auf denselben befindet sich ein dreithürmiges Stadt-, oder Schlossgebäude, von wechselnder, moderner Architectur und mit verschiedenen Abzeichen. Das eine enthält in einer grossen Fensternische des Mittelthurmes die halbe Figur des St. Laurentius mit dem Rost, unter derselben in der Thoröffnung einen Baum, Umschrift: STAT . SABER. Ein anderes hat den Baum in einem Wappenschilde, Umschrift: SABER . STADT . SIGEL . 1681. Ein drittes hat oben in der Nische den halben Erzengel St. Michael mit Schwert und Waage und unten im Thor das Stammwappen der Sinzendorff (oben die goldne Kaiserkrone des Reichs-Erbschatzmeisteramts in Roth, unten drei silberne Stufen im blau und roth quergetheilten Felde), Umschrift: INSIGILL . DES . STADLS . SABOR . 1721. Dieses Siegel ist also während der kurzen Besitzperiode des Grafen Philipp Ludwig geschnitten worden, der Erzengel war vielleicht der besondere Schutzpatron desselben. Möglicherweise giebt, oder gab es noch mehre Siegelstempel mit dem Wappen der andern Erbherren, das zuerst beschriebene mag aber wohl das älteste sein, sowohl wegen des St. Laurentius, wahrscheinlich des Schutzheiligen der Pfarrkirche in S., als auch wegen des Baumes im Thor, der allerdings aus dem entstellten Blumenzweige der von Blumenthal entstanden, auch vielleicht dem Wappen der von Dünnwald [eine „Tanne" bildet die Helmzier desselben] entlehnt sein kann, allem Vermuthen aber nach den Namen des Orts Saabor d. h. „am Walde, im Walde" symbolisiren soll.

Sagan,

Kreisstadt im Regbez. Liegnitz.

Zagan, lat. Saganum, am rechten Ufer des Bober, Hauptstadt des gleichnamigen Fürstenthums, ist einer der älteren Orte Schlesiens, dessen Burg wohl schon am Ende des zwölften Jahrhunderts gestanden haben mag, da schon 1202 ein Kastellan auf ihr urkundlich vorkommt. Seit dem Jahre 1252 gehörte Sagan zum Fürstenthume Glogan, bei der Theilung 1280 entstand das eigne Fürstenthum Sagan, dessen erster Herzog Przemislaw der Stadt Sagan 1286 deutsches Recht verlieh. Die nähern Schicksale des Fürstenthums und die vielfachen Theilungen der regierenden Linie gehören der allgemeinen Landesgeschichte Schlesiens an. Der letzte Fürst von Sagan piastischen Stammes war der übel berüchtigte Herzog Johann II. Im Jahre 1475 wurde das Land an die Herzoge von Sachsen verkauft und blieb in ihrem Besitze bis 1549, da es der Krone Böhmen abgetreten wurde. Von 1553 bis 1558 war Sagan im Pfandbesitze des Markgrafen von Brandenburg-Jägerndorf. Darauf erwarb denselben der Bischof von Breslau, Balthasar von Promnitz, der ihn 1562 seinem Neffen Siegfried von Pr († 1597), vererbte. Dessen Sohn Heinrich Anselm von Pr. trat Sagan 1601 der Krone wieder ab. Im Jahre 1627 belehnte der Kaiser den Grafen Albrecht Wenzel Eusebius von Waldstein, Herzog von Friedland, den berühmten „Wallenstein“ mit dem Fürstenthume Sagan; von 1628 bis 1632 bekanntlich auch Herzog von Mecklenburg, wurde er 1634 ermordet und der Haupttheil seiner grossen Besitzungen konfiszirt. Darauf verkaufte die Krone das Erbfürstenthum S. 1646 dem Fürsten Wenzel Franz Eusebius Popel von Lobkowitz, † 1677, dessen Hause dasselbe bis zum Jahre 1785 gehört hat. Nach dem schnell vorübergehenden Besitz des Prinzen Friedrich Ludwig von Hohenlohe-Ingelfingen erwarb Sagan Peter Graf Biron, Herzog von Curland im Jahre 1785. Derselbe starb 1800 und hinterliess nur Töchter, die ihm im Besitze von Sagan, das nunmehr (1741) ein preussisches Lehns-Fürstenthum geworden war, folgten: Catharina Wilhelmine Benigna, † 1839, dreimal vermählt 1. mit dem Herzog von Rohan-Gnémené, 2. mit dem Fürsten Trubetzkoy, 3. mit dem Grafen von der Schulenburg, Marie Louise Pauline, † 1845, vermählte Fürstin von Hohenzollern-Hechingen, Dorothee, † 1862, vermählte Fürstin-Herzogin von Talleyrand-Périgord und Johanna Catharina, vermählte Herzogin von Pignatelli von Acerenza. Letztere führt jedoch nur den Titel von Sagan, wirklicher Besitzer des Fürstenthums ist gegenwärtig der Sohn ihrer Schwester Dorothee, Napoleon Ludwig, Herzog von Valencay, Graf von Talleyrand-Périgord.

Das älteste Wappen der Stadt Sagan erscheint bereits auf einem Siegel von 1305. Es enthält im runden Siegelfelde einen hohen, spitzbedachten Zinnenthurm, in dessen Thoröffnung ein Gewappneter steht, den schlesischen Adlerschild am linken Arm, die Lanze mit der Rechten schräge vor sich haltend. Ueber den niedrigen, gezinnten Seitenmauern schweben rechts der Pfauenfeder-Helm und der Adlerschild von Schlesien. Die Umschrift lautet: SIGILLV . BVRGENSIVM . DE . SAGANO. Vorliegenden Siegel-Abbildungen zufolge müsste man annehmen, dass genau mit derselben Darstellung noch ein etwas grösserer Stempel 1321 und 1369 existirt habe (?). Vom Jahre 1428 giebt es darauf ein zweites Siegel, ein ziemlich grosses Secret mit anderm Wappenbilde: Stadtmauer mit zwei spitzbedachten Zinnenthürmen, zwischen denen der schlesische Adlerschild steht und in deren Thoröffnung auf dem Gitter gross die Initiale S angebracht ist. Umschrift: SIGRETVM . CIVITETIS . SEGAN. Als das Fürstenthum 1475 an die Herzoge Ernst und Albrecht von Sachsen verkauft worden war, veränderten sie noch im selben Jahre das Wappen der Stadt Sagan, indem an Stelle des schlesischen Adlerschildes der Löwe von Meissen gesetzt wurde. Ein Siegel mit dieser Vorstellung vom Jahre 1486 zeichnet sich durch äusserst zierlichen Stempelschnitt aus und hat die Umschrift: secretu . bur: genfiů . in . sagans. Wieder wurde das Wappen verändert und der Stadt ein k. Diplom d. d. 13. März 1602 darüber ertheilt, als Sagan 1601 ein kaiserliches Erbfürstenthum geworden war. Danach ist der Wappenschild quadrirt, im ersten und vierten, schwarzen Felde ein goldner, gekrönter Löwe (verwechselte Tincturen des Meissner Wappens), im zweiten und dritten, rothen Felde ein silbernes Kastell mit zwei Thürmen, in dessen schwarzer Thoröffnung die goldne Initiale S. Zu dem Schilde gehört auch ein gekrönter, rechts von schwarz-goldnen, links von roth - silbernen Helmdecken umflatterter Helm mit einem offnen, schwarzen Adlerfluge. Siegelstempel mit diesem neuen Wappen sind sehr häufig, die ältern haben lateinische Legenden: SIGILLVM . (SECRETVM) . CIVITATIS . SAGANENSIS ., die neuern, welche fast ohne alle und jede Ausnahme von reizloser und fabrikmässiger Ausführung sind, haben die entsprechenden deutschen Umschriften. Die Farben des ältesten Stadtwappens sind oben dem kais. Diplomwappen sich nähernd angenommen worden, die des dritten aus der sächsischen Periode waren: weisse Burg, schwarzer Löwe und dessenwegen goldnes Feld. Hefner kannte nur dieses Wappen, was längst ausser Gebrauch gekommen ist.

Der Hofrichter von Sagan führte ein schön geschnittenes Siegel (1410) mit dem schlesischen Adlerschilde im mit Arabesken verzierten Siegelfelde und mit der Umschrift: s' . iubici' . sagancnsis. Die Schöppen führten 1501 einen Löwen im Siegel, den man in diesem Falle nicht für den böhmischen zu halten hat, sondern welcher jedenfalls der meisnische ist.

Schawoine,
Kreis Trebnitz, Regbez. Breslau.

 Savon, Sawona, Sbavoin, Zawone, Szavon, Dorf und königliche Domaine, ein Ort, welcher bereits im Jahre 1208 urkundlich erwähnt wird als zum Sprengel des Bisthums Breslau gehörig, welches daselbst auch gewisse Rechte ausübte. Im Jahre 1242 übergab Herzog Heinrich von Schlesien seiner Gemahlin (der später heiligen) Hedwig das Dorf Sch., welche es wiederum dem Kloster Trebnitz schenkte. 1250 wurde das Dorf zu deutschem Rechte ausgesetzt und zwei Jahre später, 1252 gestattete Herzog Heinrich III. dem Kloster, Schawoine zur wirklichen Stadt zu Neumarkter Recht zu erheben. Es scheint jedoch, als wenn entweder die Stadtherrlichkeit nur sehr kurze Zeit gedauert, oder als wenn es gar nicht zur rechten Ausführung dieser Absicht gekommen wäre, weil alle Nachrichten über den weitern Verlauf der Angelegenheit fehlen. Rücksichten auf den nahen Marktflecken Zirkwitz, der seinerseits später ja auch selbst zu Gunsten der Stadt Trebnitz die Ausübung seines Marktrechts aufgeben musste, mögen dabei den Ausschlag gegeben haben. Das Kloster blieb bis zu seiner Säcularisation 1810 im Besitz von Sch.

Selbstverständlich fehlt unter diesen Umständen ein Siegel der ephemären Stadt und hat es auch wohl niemals ein solches gegeben.

Schlawa,

Slava, Slawa, an der Scharmitz und dem Schlawaer See, offne Mediatstadt, welche zuerst im Jahre 1312 genannt wird, da die Söhne des Herzogs Heinrich III. von Glogau das väterliche Erbe theilten und hiebei Schlawa dem Saganschen Antheile zufiel. Wie es scheint, war Schlawa schon damals eine Weichbildstadt, als welche sie auch 1418 ausdrücklich bezeichnet wird. (Die Nachricht Minsberg's, dass die Stadt 1310 dem Kloster der Clarissinnen in Glogau gehört habe, ist eine äusserst unsichere). Im Jahre 1468 kaufte vom Herzoge von Glogau die Herrschaft Melchior von Rechenberg. Seine Familie, die 1534 in den Freiherrenstand erhoben wurde, blieb beinahe zweihundert Jahre im Besitze derselben. In den Wirren und Drangsalen des dreissigjährigen Krieges, welche den Rechenbergs auch die andern grossen Besitzungen Deutsch-Wartenberg, Neustädtel, Freistadt, Benthen u. s. w. entrissen, ging auch die Herrschaft Schlawa für sie verloren, wozu besonders die Intriguen und Gewaltthätigkeiten des Freiherrn Hans Ernst von Sprinzenstein, des Schwagers Melchior's von R. und seiner, des Sprinzenstein, zweiten Frau Eleonore, gebornen Gräfin von Harrach, welche den Haupttheil der Besitzungen in die Hände des Jesuiten-Ordens brachte, beigetragen haben mochten. Zum letzten Male wird im Jahre 1634 Johann von R. Freiherr von Schl. genannt — im Jahre 1667 stiftete bereits der neue Erbherr Johann Franz von Barwitz, Freiherr von Fernemont († im selben Jahre) das Fidei-Commiss Schlawa, welches seine Nachkommen, die 1730 in den Grafenstand erhoben worden sind, noch heutzutage besitzen.

Alte Siegel von Schlawa sind nicht bekannt.

Ein neueres, Abdruck von 1706, hat im runden Siegelfelde die gewöhnliche Stadtmauer mit Thor und zwei breiten Zinnenthürmen, zwischen denen unter einer Lilie ein Widderhorn schwebt. Die Umschrift lautet: SIGELVM . CIVITATIS . SCHLAFFE. Ein andres, mit der Umschrift: SIGILLVM . CIVITATIS . SCHLAWENSIS . hat noch dieselbe Vorstellung mit dem Widderhorn. Ganz moderne Siegel aber (mit SCHLAVENSIS) haben aus dem Widderhorn ein goldnes Jagdhorn gemacht, die andern Farben sind nach Ausweis der Stadtfahne, rothe Thürme und Mauer, grüne (!) Lilie und silbernes Feld. Offenbar ist das Jagdhorn eine Entstellung, das Widderhorn aber entstammt dem Wappen der alten Herren von Schlawa, der Rechenberg's (ein Widderkopf); woher die Lilie gekommen sein mag, die auch im Fernemontschen Wappen nicht vorkommt, weiss man nicht, wahrscheinlich hat sie ihren Ursprung einer missverstandenen Schildverzierung eines alten Siegels zu verdanken.

Schlawentzitz,

Slawiencice, Slaverici, Slawientzicz, Slawentzitz, Slawenczik, Slabatym, Zlawizin, an der Klodnitz-Kanalschleuse, Hauptort der Herrschaft d. N., welcher im Jahre 1256 deutsches Stadtrecht erhalten hatte, das aber schon 1260, zu Gunsten der bischöflichen Stadt Ujest vom Herzoge Wladislaw von Oppeln wieder abgeschafft wurde. Ueber die ferneren Schicksale der ehemaligen Stadt ist bekannt, dass sie darauf in den Besitz der zu Cosel und Beuthen regierenden Herzogslinie überging, 1351 aber von Herzog Wladislaw dem Herzog Bolko von Oppeln wieder verkauft wurde. Mit dem Ende des funfzehnten

Jahrhunderts beginnt die Reihe der adligen Herr-
schaftsbesitzer. Im Jahre 1476 verlieh Herzog
Nicolaus die Burg Schlawentzitz dem Nicolaus
Zwoiski von Kalinow auf Lebenszeit. Im Jahre
1604 kaufte Johann Boguslaw von Zwole und
Goltstein, † 1608, die Herrschaft, die auf
seine Söhne sich vererbte und welche seine Uren-
kelin Anna Julia um 1674 ihrem Gemahl Johann
Franz Bautzner, Freiherrn von Schlegen- und
Lilienberg zubrachte, der sie aber 1676, gegen
Bodland, an die Gräfin Anna Helene Henckel von
Donnersmarck, geborne Gräfin von Kaunitz vertauschte. Die verwittwete Schwiegertochter derselben, Juliane Maximiliane, geborne Gräfin von Cob,
verkaufte 1706 Schl. an den Grafen Jacob Heinrich
von Flemming. Wieder durch Tausch ging 1714
die Herrschaft in den Besitz des Grafen Adolph
Magnus von Hoym über. Mit der Erbtochter der
Linie Hoym-Droyssig, der Gräfin Amalie Marianne
kam die Herrschaft Schl. an die Familie ihres ersten
Gemahls, der Fürsten von Hohenlohe-Ingelfingen und ihr Enkel Hugo, der jetzige Herzog von
Ujest ist der gegenwärtige Besitzer von Schlawentzitz.

Man kennt nur ein neueres Gemeindesiegel von
Schlawentzitz, das, sehr schlecht gemacht, im Wap-
penschilde einen Landmann zeigt, der in der linken
Hand eine Sense trägt, neben ihm steht ein Baum.
Umschrift: GEMEINDE . SLAWENTZITZ . KREIS .
COSEL. Es muss unentschieden bleiben, ob dieses
Wappenbild sich an ein älteres Siegelbild anlehnt,
oder ob es eine neuere Erfindung allegorischer Na-
tur ist.

Schmiedeberg,

Kreis Hirschberg, Regbz. Liegnitz,

Smedeberg, Schmidburg, am Esel-
und Iselbach, am Fusse der Schnee-
koppe, sogenannte freie Berg- und
Handelsstadt, von Alters her einge-
theilt in Ober-, Mittel- und Nieder-
Schmiedeberg, ist natürlich nicht,
wie einst gefabelt wurde, um 1148 durch den Berg-
meister Lorenz Angel angelegt worden, sondern
trat erst weit später geschichtlich auf und wurde
sogar erst im Jahre 1513 als Stadt zu deutschem
(Schweidnitzer) Recht angesetzt. Damals war Caspar Schaffgotsch Herr von Schmiedeberg, dessen Familie den Ort 1401 erworben hatte und fast
zweihundert und fünfzig Jahre in ihrem Besitze verblieb. Frühere Herren von Sch., ein Günther und
ein Lothar Schoff, sowie Lorenz und Hans von
Nimptsch sind ohne grosses Bedenken zu streichen.
Uebrigens blieb auch das Stadt-Privilegium von 1513
noch längere Zeit ohne factischen Erfolg, besonders
durch den missgünstigen Widerstand Hirschbergs
veranlasst und noch 1525 war Schm. nichts weiter
als ein Marktflecken mit deutschem Recht. Im Jahre
1635 wurde Hans Ulrich Schaffgotsch, der erste
Semperfrey auf Kynast in Regensburg enthauptet
und seine reichen Besitzungen konfiszirt. Schmiedeberg erhielt vom Kaiser Procop von Czernin und
Chudeniez, dessen Familie 1644 in den Grafenstand erhoben wurde und die Herrschaft Schm. noch
über hundert Jahre behielt, bis König Friedrich II.
von Preussen dieselbe der verwittweten Gräfin
Isabella Maria von Cz., der Vormünderin ihres Sohnes Procop, abkaufte und die Stadt zur Immediatstadt, unter der oben angegebenen Bezeichnung
machte. Die nächsten Jahrzehnte bildeten die Blüthe-
zeit der Stadt, Handelskonkurrenz der Engländer
und die französischen Kriege brachten sie wieder
sehr zurück, bis in die neueste Zeit hinein.

19*

Noch vor seiner Erhebung zur Stadt führte der Ort Schmiedeberg ein eigenes Siegel, wie ein Abdruck vom Jahre 1454 beweist. Dasselbe ist nicht gross und zeigt im runden Siegelfelde ein springendes Ross, über dessen Rücken ein Schmiedehammer schwebt. Die Umschrift in unbeholfen geschnittenen Buchstaben lautet: ſigillũ . ſmebbergenſiſ.

Nach Erhebung zur Stadt sind ferner zwei Siegel bekannt mit demselben Bilde und den Umschriften: SIGILVM . SCMIDBVRGENSIS . 1525 . und SIGILLVM . CIVITATIS . METALLICÆ . SCHMIEDEBERGENSIS. Die Umschrift des ersten Siegels steht auf einem Bande, zwischen dessen Enden die Jahreszahl, das Siegelfeld des zweiten ist reich damaszirt und in ihm steht die Jahreszahl 1667. Im Jahre 1747 ertheilte König Friedrich II. der nunmehrigen Immediatstadt auch ein neues Wappen, dessen Schild mit der Königskrone bedeckt und quer getheilt ist: oben der preussische Adler mit allen Insignien in Silber, unten das weisse Ross mit dem Hammer auf grünem Rasen im gleichfalls grünen Felde. Seitdem lauten die Umschriften der neuern Siegel: SIGIL . CIVITATIS . REGIÆ . SCHMIEDEBERGESIS.

Schömberg,

Kreis Landeshut, Regbez, Liegnitz,

Schemberg, Schönberg, Schönenberg, „Schümrich“, an den hier sich vereinigenden Quellbächen des Zieder, offne Stadt, über deren Alter (1207 als Burg, 1214 als Städtchen) ganz haltlose Mährchen verbreitet worden sind. Ebenso unbegründet ist die Nachricht, dass um diese Zeit die von Schönberg den Ort besessen haben sollen. In der ersten Hälfte des vierzehnten Jahrhunderts besass ein noch unmündiger Nako von Skalitz das Städtchen Sch., welches übrigens seit 1289 nicht mehr zu Böhmen, sondern zu Schlesien gehörte. Von den Vor-

mündern des genannten Besitzers erkauften der Abt von Grüssau, Nicolaus II. und Conrad der Jüngere von Czirn gemeinschaftlich Schömberg im Jahre 1343, unter der Bedingung, dass letzterer und nach seinem Tode auch noch seine Ehefrau Margarethe zeitlebens den Niessbrauch der Herrschaft haben, dann aber dieselbe für immer an das Kloster fallen sollte. Der Vertrag ist auch zur Ausführung gelangt, von 1359 bis zu seiner Säcularisation, 1810, war das Kloster Grüssau im Besitze von Sch., dessen Schloss 1426 von den Hussiten zerstört worden war.

Als Wappen von Schömberg wird bezeichnet bald ein weisser Wolf, bald ein Bieber im rothen Felde; der Anblick der vorhandenen Siegel lässt die Sache zweifelhaft, um so mehr, als der Ausdruck „Schönberg, Schimberg, Schümbrig“ für Bieber nicht als ein allgemein anerkannter betrachtet werden kann. Kaiser Rudolph II. verlieh der Stadt d. d. 4. August 1580 ein neues Marktprivilegium, in welchem er ihr auch das Wappen, welches sie zu führen habe, festsetzt. Nach demselben besteht es in einem springenden „Schönberg (?) mit aufgeworfenem Schwanz", auf weissem, dreigetheiltem Felsen im rothen Felde. — Das erste bekannte Siegel mit diesem Wappenbilde, Abdruck von 1641, ist äusserst zierlich geschnitten, Siegelfeld und das Feld des decorirten Schildes sind reich damaszirt, die drei Felsen klar hervorgehoben, aber das fragliche Thier scheint, trotzdem man Schwimmhäute an den Vorderfüssen erkennen möchte, doch eher ein Fuchs, oder Wolf zu sein. Die Umschrift innerhalb eines Blätterkranzes lautet: SIGILLVM . CIVITATIS . SCHEMBERGENSIS. Ein kleineres Siegel von 1697 hat ganz dieselbe Vorstellung. Auch ein neueres, mit der Umschrift: SIGILLVM . CIVIATIS . SCHOEMBERGENSIS . hat ein Thier, das Niemand für einen Bieber, sondern Jeder für einen Fuchs halten muss. Ueber demselben stehen hier noch oben im Schilde zwei Sterne. Ein gleichfalls sehr hübsch geschnittenes Gerichtssiegel von 1644 hat im Schilde nur die Initiale S. und die Umschrift: SIGILLVM . IVDICIALE . IN . SCHÖMBERK.

Schönau,

Kreisstadt (seit 1817) im Regbez. Liegnitz.

Schönaw, Schonowe, zwischen dem rechten Ufer der Katzbach und dem linken der Steinbach, ist eine königliche Immediatstadt, welche nach dem Jahre 1291 (1296) durch Herzog Bolko von Fürstenberg († 1302) angelegt und mit deutschem Stadtrecht beliehen worden sein soll. Im Jahre 1346 besass der Ort bereits eine gewisse Bedeutung, als Weichbildstadt. Die ältesten bekannten Besitzer von Sch. sind Christoph von Hochberg 1449, Hans von Nimptsch, 1486, Caspar von Rochlitz 1519, Otto von Zedlitz, welcher 1534 alle seine Rechte an der Stadt derselben verkaufte, seit welcher Zeit sie immediat geblieben ist. Dagegen war das dicht bei der Stadt gelegene Dorf und Rittergut Alt-Schönau, wo auch wohl das alte Schloss gestanden haben mag, noch lange in adligem Besitz, so 1536 (schon 1524) des Melchior von Hochberg, 1540 Christoph von Zedlitz († 1566), 1604, 1618 Wenzel, 1637 Hans Christoph von Zedlitz, 1672 Ernst von Nimptsch, 1688 der verwittweten Anna Maria von Grünberg, gebornen von Reibel, 1723, 1754 derer von Schweinichen (? Schweinitz), von denen entweder direct, oder nach kurzem Zwischenbesitz eines Herrn von Dyhrn, ein Freiherr von Vogten Alt-Sch. kaufte, der es um 1786 besass.

Das Wappen von Schönau besteht in einer emporgestreckten, offnen, rechten Hand. Ein wohl noch dem funfzehnten Jahrhundert angehöriges, kleines Schöppensiegel (Abdruck von 1536) hat die Hand frei und ohne Aermelandeutung im Siegelfelde und die Umschrift: ꝑ . ſchabinorꝰbni . in . ſchonaw. Ein dem Ende des sechszehnten Jahrhunderts zuzuweisendes Stadtsiegel hat die Hand aus weitem Faltenärmel emporgestreckt innerhalb eines Vierpasses, Umschrift: SIGILLVM . CIVITATIS . SCHÖNAW. Desgleichen haben die spätern Siegel von 1646 und 1720 die Hand mit Aermel im Wappenschild. Aus dem Jahre 1745 stammen zwei ovale Stempel mit gekröntem Wappenschild und der Umschrift: SIGILLVM . REGLÆ . CVITATIS (!) . SCHOENAVIENSIS . 1745 . — einmal steht die Jahreszahl neben dem Schilde —, welche die Hand fast wie einen aufgestülpten Handschuh gebildet haben. Das jüngste bekannte Siegel von 1748 hat über dem Schilde den preussischen Adler mit deutlich sichtbarer Halskrone.

Schönberg,

Kreis Lauban, Regbez. Liegnitz.

Schönberg, Szimberg, am rechten Ufer des Rothwassers, kleine Mediatstadt, jetzt zum Dominium Nieder-Halbendorf gehörig, welche oft mit der Stadt Schömberg verwechselt wird, weshalb denn auch die dort schon erwähnten Sagen über ihr hohes Alter (Gründung um 1214 durch einen von Schönberg) auch hier vorkommen, selbst der Besitzstand des Klosters Grüssau auf dieses lausitzische Städtchen irrigerweise übertragen wurde. Ein Zusammenhang des Marktfleckens Schönberg, der erst in neuester Zeit als wirkliche Stadt anerkannt worden ist, mit der meissnischen Familie von Schönberg ist nicht nachzuweisen, die ältesten Herren des Ortes scheinen vielmehr die Berka von der Duba gewesen zu sein, denen um 1373 die von Gerhardesdorff d. h. Gersdorff im Besitze folgten. Im fünfzehnten Jahrhundert gehörte Sch. einem Georg Emmerich, zu Ende desselben, um 1474 dem Christoph Uthmann. Hundert Jahre später, 1572, 1596, auch noch 1609 sass Paul von Lidlau auf Schönberg, 1636 gehörte der Ort den Herren von Nostitz, 1677, 1698 denen von Löben, in der ersten Hälfte des vorigen Jahrhunderts (1730) gelangte er in den Besitz der froiberrlichen Familie von Rechenberg, die denselben über hundert Jahre behaupteten. Seit 1842 ist ein Herr von Zastrow Besitzer von Schönberg.

Das Wappen des Städtchens wird heutzutage folgendermassen beschrieben und auf Siegeln u. s. w. abgebildet: quergetheilter Schild, oben schräge gegittert und zwar schwarz auf Silber, unten wieder senkrecht getheilt, rechts eilf goldne Kugeln in Silber, links von Silber und Grün schrägrechts gespalten. Für dieses letzte Feld finden sich Varianten, in denen zuweilen die schrägrechte Theilungslinie bogenförmig ausgezackt erscheint, oder an Stelle derselben und der untern, grünen Schildeshälfte ein zerklüfteter, spitzer Berg sich zeigt. Die Schilder der beiden bekannten Siegel sind oben noch von einer Lilie begleitet, die aber wohl keine heraldisch-historische Bedeutung hat, sondern ein blosser, aber etwas anspruchsvoll auftretender Zierrath ist. Die Umschriften lauten: GERICHTS . SIEGEL . IN . STÆDTEL . SCHÖN-BERG . und SIEGEL . DER . STADT . SCOEN-BERG.

Es liegt wohl auf der Hand, dass dieses Stadtwappen nicht das ursprüngliche sein kann, sondern irgend einer alten Entstellung des Wappenbildes sein Dasein verdankt. Das alte Geschlecht derer von Schönberg, welches in Beziehungen zu diesem Orte zu bringen gesucht hat, führt einen roth und grün quer getheilten Löwen im goldnen Felde, auch die Wappen aller andern Familien, die nachweisbar auf Sch. gesessen haben, haben nicht die geringste Aehnlichkeit mit dem ganzen, oder einem Theile des beschriebenen Stadtwappens.

Aller Wahrscheinlichkeit nach liegt hier ein Analogon zu dem Stadtwappen von Reichenbach in der Lausitz vor: es ist das Familienwappen der alten Grundherren, derer von Gersdorff, welches hier, nur in anderer Weise entstellt worden ist, wie dort. Ehe in der Mitte des siebenzehnten Jahrhunderts der so einfache und praktische Gebrauch aufkam, die heraldischen Farben durch ganz bestimmte

Linienschraffirungen und Punkte anzugeben, unterschied man auch schon früher, wie aus zahllosen Siegeln nachgewiesen werden kann, die Felder und Figuren eines Wappenschildes durch feinere, oder gröbere, meistentheils schräg gegitterte Schraffirungen der Felder des Stadtwappens entstanden, das Gitter, die Kugeln und selbst die Schrägtheilung, obschon das letzte die am schwersten zu deutende und zu rechtfertigende Art eines Abzeichens ist. Als man schliesslich ganz die Erinnerung an den Ursprung des Stadtwappens verloren hatte, wurden gelegentlich einmal die jetzigen, willkürlichen Farben erfunden, von denen besonders die ganz unheraldisch auf weissem Grunde liegenden Kugeln Anstoss erregen und die schräge Weiss- und Grundtheilung, die den Berg hat entstehen lassen. —

Schurgast,

Kreis Falkenberg, Regbez. Oppeln,

Scoragostow most, Svorogostu most, Storogosto mnost, Surgostb, Surgost, Surgasd, am rechten Ufer der Neisse, ist ein alter Ort, welcher bereits 1223 urkundlich genannt wird und um diese Zeit dem Prämonstratenser-Nonnenkloster in Czarnowanz gehörte. Im Jahre 1310 wird Schurgast mit unter den Städten des Fürstenthums Oppeln aufgezählt, doch blieb der Ort ein blosser Marktflecken, der erst 1760, nachdem er unter preussischer Herrschaft 1742 vom Oppelner Kreise abgetrennt und dem Falkenberger zugetheilt worden war, eigentliches Stadtrecht erhielt. Der Besitz des Klosters Cz. endete 1328. da Sch. gegen ein anderes Dorf, an den Herzog Boleslaw von Falkenberg vertauscht wurde. Nach dem Erlöschen der Falkenberger Seitenlinie fiel auch Schurgast an das Fürstenthum Oppeln zurück.

Als erste Mediat-Grundherren von Schurgast sind zu Anfang des siebenzehnten Jahrhunderts (1604) bekannt die Freiherren von Bees. Nach ihnen, 1672 gehörte die Herrschaft dem Erdmann Ferdinand von Pawlowski, Freiherrn von Pawlowitz. Im Jahre 1740 starb Graf Johann Leopold von Verdugo-Tworog auf Sch., seine Wittwe vermählte sich darauf in hohem Alter mit Magnus Ludwig Seback von Wittenau, der 1759 in den Grafenstand erhoben wurde und 1795 die Herrschaft dem Grafen Gottlieb Siegmund von Zedlitz verkaufte. Dieser veräusserte sie 1805 an den Grafen Alexander Leopold von Wartensleben. Seitdem hat der Besitzstand sehr oft gewechselt: nach dem Grafen von W. war Herr von Sch. ein Herr Glaner bis 1825, darauf bis 1830 ein Herr Schwürz, dann kurze Zeit ein Herr Eberhard, nach diesem bis 1844 die Gebrüder Hörlein. Denselben kaufte ein Freiherr Spiegel zum Desenberge die Herrschaft ab und veräusserte sie 1862 an den jetzigen Eigenthümer, Herrn von Cramon.

Das Wappen der Stadt Schurgast besteht in einem gespaltenen Schilde, rechts der halbe goldne Adler von Oberschlesien in Blau, links an die Theilungslinie angelehnt ein Eichenzweig mit Blättern und Eicheln. Vielleicht ist letzteres aus dem Baumstamm des Bees'schen Wappens hervorgegangen. Das einzige bekannte Siegel des Orts von 1812 (die Jahreszahl steht über dem Schilde), für die Zeit seiner Entstehung gnt genug gefertigt, hat um den Schild noch einige Verzierungen und die Umschrift: MAGISTRAS (!). SIEGEL. DER. STADT. SCHVRGAST.

Schwarzwasser,

Kreis und Herzogthum Teschen.

 slaw. Strumie, auch Hermaniez-Strumien, lat. Strumena, an der Weichsel, Bezirksstadt und Hauptort der gleichnamigen freien Minder - Standesherrschaft, welche meistentheils mit Skotschau zusammen dieselben Besitzer hatte. Letztere Stadt bekam 1470 das Teschner Stadtrecht, Schwarzwasser hat es jedenfalls später erhalten, 1561 aber wurde dasselbe dem Orte bereits bestätigt. Ueber die anderen Schicksale von Schw verlautet, dass es 1365 an einen gewissen Putzko von Berolswerde verpfändet worden sei. Im Kriege mit Polen 1394 wurde mit andern Städten auch Schwarzwasser den schlesischen Herzogen entrissen und kam in die Gewalt des Palatins von Krakau, Spitek von Melstyn, der die Herrschaft jedoch bereits 1396 dem Herzoge Przemislaw von Teschen wieder verpfändete, oder vielmehr die Einlösung derselben durch den Herzog gestattete. Um das Jahr 1560 gehörten auch Skotschau und Schwarzwasser zu den Gütern, welche der Herzog Friedrich Casimir von T. († 1571) noch bei Lebzeiten seines Vaters erhielt und die nach seinem Tode veräussert wurden, Schw. 1572 an Gotthard von Logau. Seit dieser Zeit ist auch Schw. ein „Status minor". Nach dem Aussterben der Herzoge von Teschen, an welche die Herrschaft später wieder heimgefallen sein muss, 1625, wurde unter der Regierung der verwittweten Herzogin Elisabeth Lucretia, wieder vermählten Fürstin von Liechtenstein, Schwarzwasser 1629 an den Burggrafen Carl Hannibal zu Dohna verpfändet und war 1649 noch nicht wieder eingelöst. Die Herzogin starb 1653 und wenn nicht früher, so ist jedenfalls nunmehr bald darauf die Herrschaft eingelöst und mit dem fortan k. k. Erb-Fürstenthume Teschen wieder vereinigt worden

Letzteres erhielt bekanntlich 1722 der Herzog Leopold von Lothringen, 1766 die Erzherzogin Maria Christine und nach dem Tode ihres Gemahls, des Herzogs Albert von Sachsen-Teschen, 1822 fiel es an das Kaiserhaus zurück. Gegenwärtiger Besitzer ist Erzherzog Albrecht von Oestreich.

Nach Widimski besteht das Wappen der Stadt in einem gespaltenen Schilde: rechts der [allgemein-schlesische] halbe, schwarze Adler in Gold, links stehend eine gekrönte Heilige, in der Rechten ein mit der Spitze den Boden berührendes Schwert, in der Linken eine Kirche haltend, in Blau. Man möchte wegen der Krone und des Schwertes an die St. Catharina denken, aber der Mangel ihres, hier durch die Kirche ersetzten, Haupt-Attributes, des Rades, durch welches sie ihr Martyrium erlitt, lässt es kaum zu. Ein offenbarer Fehler in dem Wappen einer teschenschen Stadt ist der niederschlesische Adler, an Stelle des oberschlesisch-teschenschen, goldnen im blauen Felde.

Schweidnitz,

Kreisstadt im Regbez. Breslau.

Zvini, Zpini, Svyne, Swenz, Schwienz, Swidnicz, lat. Suidnitium, am linken Ufer der Weistritz, in welche das Bögenwasser und die Peile münden, Hauptstadt des Fürstenthums dieses Namens, ist keine der ältesten Städte Schlesiens, aber eine seiner bedeutendsten und wichtigsten. Als blosse Sagen sind die angebliche Gründung der Stadt 1070, ihre Stadtherrlichkeit mit sieben Thoren und sieben Kirchen 1216 u. s. w. zu betrachten, selbst die Erlangung deutschen Stadtrechts im Jahre 1250 ist mehr als zweifelhaft. Freilich wird die Erhebung des Ortes, an welchem sich schon hundert Jahre früher, 1155, eine Burg und Kastellanei befand, nicht viel später zu einer Stadt

erfolgt sein, dieselbe nahm 1363 an Stelle ihres ersten Stadtrechtes das Magdeburger an und richtete nach diesem ihren Schöppenstuhl ein. Das Fürstenthum Schweidnitz entstand 1278, bei der Theilung der Länder des Herzogs Boleslaw II. unter seine Söhne. Der 1302 gestorbene Herzog Boleslaw I. (III.) war der erste dieser Linie, welche aber bereits mit seinem Enkel, dem Herzog Boleslaw II. (V.) 1368 im Mannsstamme wieder ausstarb. Bis zum Jahre 1392 behielt noch seine Wittwe, die Herzogin Agnes, eine geborne Herzogin von Oestreich, die Fürstenthümer Schweidnitz und Jauer; nach ihrem Tode fielen sie der Krone Böhmen anheim und blieben königliche, seit 1526 kaiserlich-königliche Erbfürstenthümer, bis zu ihrer Erwerbung durch die Krone Preussen 1741. Die herzogliche Burg wurde 1295 erbaut, sie ist aber längst durch Brand zerstört und nicht mehr vorhanden, und mit ihr das Burglehn, auf dem noch 1611 Nicolaus von Burghauss sass. Die Neustadt Schw. wurde 1336 in die Befestigungen der Altstadt hinein gezogen und mit dieser vereinigt. Das Münzrecht besass die Stadt seit 1341. In der Mitte des funfzehnten und zu Anfang des sechszehnten Jahrhunderts erwarb sie auch sehr ansehnlichen Grundbesitz.

Das älteste, grosse Siegel der Stadt Schweidnitz ist vom Jahre 1284. Es ist nicht besonders geschnitten und hat im runden Siegelfelde einen schreitenden Greifen und die Umschrift: S . BVRIENSIVM . DE . SWIDENICE. Ein zweites, bedeutend grösseres von 1315 ist gut stylisirt, der Greif ist sich aufbäumend aufgefasst, die Umschrift lautet: S . ANIVERSICETIS . CIVIUM . DE . SWIDNITS. Ein kleineres Secret des funfzehnten Jahrhunderts (1440) hat bereits das dem deutschen Wortlaut des Stadtnamens entsprechende, redende Wappen: ein schreitendes

Schwein im runden Siegelfelde, oben und unten
von der Stadt-Initiale S begleitet. Umschrift: ßigillům . minbß . cibitatiß . ſwibnitʒ. Ehe die Siegel mit den neueren Diplomwappen an die Reihe
kommen, scheint es vortheilhaft, die mittelalter-
lichen Gerichtssiegel zu beschreiben. Das älteste
Schöppensiegel von 1335 ist von mittlerer Grösse
und hat bereits im runden Siegelfelde, welches
mit Ranken, an denen dreispitzige Blätter sitzen,
ausgefüllt ist, das höchst characteristisch stylisirte Schwein (Eber), die Umschrift heisst: S .
SCABINORVM . IN . SWIDNICZ. Das nächste,
wohl nach Einführung des Magdeburger Rechts in
Gebrauch genommene Schöppensiegel ist kleiner,
lange nicht so gut im Schnitt und hat das Schwein
auf blätterbewachsenem Erdboden stehend. Umschrift: ß . ber . ſcheppin . cʒbr . ſwibnicʒ. Das
ungefähr gleichaltrige Hofschöppensiegel hat den einfachen, schlesischen Adler und die Umschrift: ß .
ſcabinorß . ſobicʒ . cbrie . in . ſweißbnic. Das alte
Vogteisiegel von 1335, auch von vortrefflichem Stempel hat im schräge gegitterten und mit Kreuzchen
bestreuten Siegelfelde einen Stechhelm mit Helm-
decke, dessen Schmuck ein oben mit einigen Federn besteckter Adlerkopf bildet. Umschrift: S .
IOh(annis). ADVOCATI.SWIDNICZ. Das nächste
Siegel der Erbvogtei ist von derselben Grösse, wie
das vorige, hat den ganzen Greifen im Felde und
die Umschrift: ß . ber . erbeboggte . ʒur . ſwißbnicʒ.
Ein neueres Gerichtssiegel mit der Umschrift: SI-
GILL . PRÆTORAT . SVIDNIC . hat im Wappenschilde nur die Initiale S. — Der schon erwähnte
Wappenbrief für die Stadt Schweidnitz datirt vom
Jahre 1452 durch den König Wladislaw. In demselben vermehrt er das städtische Wappen mit der
böhmischen Königskrone, überlässt es aber dabei
den Bürgern, entweder die alten Schilder nebeneinander unter der Krone zu führen, oder dieselbe in
einen Schild mit jenen beiden zu quadriren. Die
beiden alten Schilder werden hier mit Farben beschrieben: der Eber „von Zobel", emporstehend in
Silber, der Greif roth auch in Silber, die neu dazu-

gekommene Krone ist natürlich golden, im schwarzen Felde. Ein !sehr schön gestochener Stempel,
den die Bürgerschaft sofort fertigen liess, beweist,
dass man anfangs die erste Anordnung vorzog. Die
Wappenschilder sind dabei mit Ketten an die Krone
befestigt, unten zwischen ihnen hält ein kleiner
Engel in halber Figur ein Spruchband mit der
Jahreszahl: 1X ⌣ 2. Ausserhalb des Zweipasses mit
dem Wappen steht auf einem Bande die Umschrift:
ßigillům . minbß . cibitatiß . ſchweibnitʒ. Es giebt
auch noch ein jüngeres Siegel mit den beiden Schilden unter der Krone im reich damaszirten Siegelfelde und mit der Umschrift: SIGILLVM . REI-
PVBLICÆ . SCHWIDNICENSIS ., wohl dem siebenzehnten Jahrhundert entstammend. Ein vorliegender Lackabdruck, augenscheinlich von einem
noch vorhandenen Stempel, ist nicht allein seiner
roheren Arbeit, sondern hauptsächlich seiner Ortho-
graphie wegen verdächtig: SIGILLVM . PRIPV-
PLICE . SCHWEIDNITZCE ., es mag wohl ein
Fälscher - Product sein. Im Jahre 1501 soll die
Stadt von der Erlaubniss Gebrauch zu machen angefangen haben, den quadrirten Wappenschild zu
führen, jedoch scheinen Siegel aus jener Zeit mit
dieser Vorstellung entweder nicht vorhanden, oder
sehr rar zu sein, das einzige bekannte kleine Secret mit dem gevierteten Wappen und den drei
Buchstaben oben herum: S . C . S . ist auch kaum
mehr aus dem sechszehnten Jahrhundert. Zwei neue,
allein dem Herausgeber vorliegende Siegel mit dem
quadrirten Schilde, einmal von einer Fürsten-, einmal von einer Königskrone bedeckt und mit dem
Hermelinmantel umhüllt (deutsche Umschriften),
sehen den alten sphragistischen Denkmälern Schweidnitz's gegenüber sehr traurig aus.

Schwiebus,

Kreis Züllichau-Schwiebus, Regbez. Frankfurt,

Swebyssen, Swebissen, Swobessen, Swebossin, lat. Swebissa, Suebusium, Svibusium, Svibissa, Suobissena, Suebodinum, an der Schwemme und faulen Obra (Polenbach), unweit des Wittkauer Sees, ist nicht so alt, wie frühere Geschichtschreiber behauptet haben, welche den damals angeblich zur Neumark gehörigen Ort 1228 in den Besitz des deutschen Ritter-Ordens gelangt wissen wollen. Selbst eine erste urkundliche Erwähnung desselben im Jahre 1251 erscheint noch unsicher, sicher existirte aber die Stadt, als solche, im vierzehnten Jahrhundert. Sie gehörte ursprünglich zum Fürstenthume Glogau und wurde vom Markgrafen Waldemar von Brandenburg, kurz vor dem Ende seiner Regierung, nebst Züllichau gegen Crossen und Sagan eingetauscht. Nach dem Tode des Markgrafen, 1319, wahrscheinlich an Glogau zurückgefallen, wurde Schw. 1326 dem Königreiche Polen einverleibt und erst 1333, gegen Cosel, der Krone Böhmen wieder ausgehändigt. Um das Jahr 1432 kaufte der Johanniter-Orden, für die Summe, welche er von der Stadt Berlin für seine Herrschaft Tempelhof erhalten hatte, die Stadt Schwiebus; die Herrenmeister der Ballei Brandenburg blieben im Besitze bis gegen das Jahr 1491. Darauf regierten wieder böhmische Hauptleute das Land Schw., bis dasselbe 1540 in den Pfandbesitz des Sebastian von Knobelsdorff überging. Die Herren von Kn. behielten das Amt bis 1674, ihnen folgte im Pfandbesitz in diesem Jahre Freiherr Jobst Hilmar von Knigge und nach ihm sein Sohn Franz Jobst bis 1687. Schon im Jahre vorher, 1686 hatte der Kaiser den Schwiebuser Kreis, der bis dahin immer zum Fürstenthume Glogau gehört und dessen Hauptstadt noch 1681 ausdrücklich unter den Weichbildstädten

desselben mit aufgeführt wurde, gegen (vorläufige) Entsagung auf die oberschlesischen Fürstenthümer, dem Kurhause Brandenburg abgetreten, freilich noch als böhmisches Lehn. Als der Kaiser später Schw. zurückgefordert hatte, wurde das Land 1694 noch einmal dem Kurhause abgetreten, diesmal aber unter ausdrücklichem Nichtverzicht auf jene alten Rechte und endlich löste der Breslauer Friede 1742 auch für immer den böhmischen Lehnsverband dieser und anderer Besitzungen der Krone Preussen. Seitdem hat Schwiebus aufgehört, eine schlesische Stadt zu sein und zählt zur Neumark Brandenburg. Das Schloss daselbst, früher meist der Wittwensitz der Glogauischen Herzoginnen, kam, nebst Zubehör, unter der kurbrandenburgischen Regierung zuerst in den Besitz des Kilian von Sommerfeld bis 1688, dann des Conrad von Troschke bis 1691 und darauf des Hans von Osseck (Osiek) bis 1694. Nach der Wiedererwerbung verpfändete der Kurfürst 1699 das Schloss und Amt Schwiebus dem Kloster Trebnitz. Noch 1772 bestand dieses Verhältniss und hat wohl bestanden bis zur Säcularisation des Stifts 1810.

Das älteste Siegel der Stadt mit Minuskelumschrift, die aber auf einem vorgelegenen Abdrucke noch vom Jahre 1713 unleserlich war, hatte im runden Siegelfelde eine Zinnenmauer, oben mit zwei spitzen Thürmen und einem Giebel zwischen ihnen, unten im Schilde den schlesischen Adler, zu beiden Seiten desselben ein schmales Thor. Dieses Wappenbild ist sich auch später gleich geblieben, natürlich nur mit wechselnden, architectonischen Formen, Mauer und Thürme werden roth tingirt im weissen (silbernen) Felde, die Farben des Adlerschildes sind die des allgemeinen, oder niederschlesischen Adlers. Ein neueres, aber schon 1681 abgedrucktes Siegel hat die Umschrift: SIGILLVM . CIVITATIS . SVIBVSIENSIS. Ein noch neueres zeichnet sich durch die geschmacklose Zuthat einer „Wolke" aus, die über dem Mittelgiebel schwebt.

Schwirz,

Kreis Namslau, Regbez Breslau.

Stvirschow, Swierczów, Swirczbow, Swirczow, Swirschaw, Schwyrz, jetzt ein Dorf, welches aber früher eine Stadt gewesen ist. Urkundlich existirte sie in den neunziger Jahren des dreizehnten Jahrhunderts, 1293 bis 1295, sicher 1294. Auch eine herzogliche Burg stand am Orte. Hundert Jahre später, 1394 wird wieder das „Haus und Städtchen" Schw. erwähnt. Im Jahre 1441 scheinen die Streitigkeiten der Herren von Schw., damals eines Wiszebe und Haus genannt die Tzomber, mit der Stadt Namslau begonnen zu haben, welche sich durch den benachbarten Flecken in ihren Rechten beeinträchtigt fühlte. Unter den Kottulinski's, Freiherren von der Joltsch, welche darauf, schon 1503 und noch nach 1601, Schwirz besassen, nahmen die Streitigkeiten mit Namslau ihren sehr lebhaften Fortgang. Die Herren von K. waren entschlossen, in ihrem Orte die alten Stadtrechte vollständig wieder aufleben zu lassen, königliche Entscheidungen 1505, 1519 und 1601 aber gaben den Namslauern Recht und seitdem sank Schw. immer mehr zum blossen Dorfe herab. Seit der Mitte des achtzehnten Jahrhunderts im Besitz des herzoglichen Hauses Würtemberg-Oels, ist Schw. heutzutage, nebst Städtel, eine Pertinenz der 1793 gestifteten Fidei-Commissherrschaft Carlsruhe und gehört dem Herzoge Eugen von Würtemberg (aus der Stuttgarter Hauptlinie).

Ob jemals ein eignes Siegel oder Wappen der ehemaligen Stadt im Gebrauch gewesen, ist unbekannt geblieben.

Seidenberg,

Kreis Lauban, Regbez Liegnitz.

Seidenburg, Seydenberg, an der Katzbach, offnes Mediatstädtchen, welcher Ort in uralten Zeiten denen von Kittlitz gehört haben soll. Die erste urkundlich sichere Erwähnung desselben geschieht aber erst im Jahre 1341. Im funfzehnten Jahrhundert wechselte anfangs der Besitz zwischen mehren Familien. Anfangs, von 1402 bis ungefähr 1426 besassen Caspar von Gersdorff und Peter Göldner Seidenberg, welches gewisse städtische Rechte wohl schon damals gehabt haben mag; nach 1426 (1430) gehörte es denen von Kolditz, 1454 den Gebrüdern von Bieberstein, darauf wieder denen von K., welche es endlich im Jahre 1477 dem Wenzel von B. völlig verkauften. Mit dem Freiherrn Melchior von Bieberstein († 1559), einem Enkel Wenzel's, endete der Besitz dieses Hauses 1555 und nach kurzem Pfandbesitz des Markgrafen von Brandenburg-Jägerndorf (1558) wurden die Söhne Friedrich's von Redern († 1564) in diesem Jahre mit Seidenberg belehnt. Unter dem Freiherrn Christian von R. erhielt das „Städtlein" S. 1610 Statuten, d. h. eigentliche städtische Rechte. Diese Linie der Redern's starb 1626 aus und Seidenberg kam als heimgefallenes Lehn an das Kurhaus Sachsen. Dasselbe belehnte 1630 mit der Herrschaft Christian von Nostitz, dessen, 1631 in den Freiherren- und 1641 in den Grafenstand erhobenen Nachkommen noch 1691 im Besitze waren. Im Jahre 1698 gehörte S., um die Mitte des achtzehnten Jahrhunderts zusammen mit Reibersdorf zu einer freien Standesherrschaft erhoben, bereits der Familie von Einsiedel, die 1745 gegraft wurde. Jetziger Standesherr ist Graf Curt von E. Der grösste Theil der Standesherrschaft ist übrigens, als dieser Theil der Oberlausitz 1815 an Preussen fiel, unter königlich sächsischer Hoheit verblieben. Das nahe der Stadt gelegene Rittergut Alt-Seidenberg ist ein alter Besitz der Familie von Gersdorff, nachweislich schon seit mindestens 1491.

Das älteste, bekannte Siegel von Seidenberg, wohl noch aus dem fünfzehnten Jahrhundert verewigt den Bieberstein'schen Besitzstand. Vor einem niedrigen Mauerwerk der spitze Wappenschild mit der Hirschstange der Herren von B. Ueber der Mauer in halber Figur ein Engel, Umschrift: sigillvm . in . feibernbberg. Es lässt sich vermuthen, dass der Engel St. Michael sein soll, der Patron einer einst berühmten, jetzt längst verfallenen Kirche in dem nahen Alt-Seidenberg, jedoch entsprechen, ausser dem kleinen Kreuz auf seinem Haupte, die ihm auf diesem und den neuern Siegeln zuertheilten Attribute (Lilie, Palme, Kelch, Monstranz) nicht der sonst gebräuchlichen Vorstellung des Erzengels. Den Bieberstein'schen Wappenschild haben noch mehre der folgenden Siegel konservirt, auch noch solche mit der deutschen Umschrift: SIEGEL . DER . STADT . SEIDENBERG ., erst die allerjüngsten, sehr schlecht geschnittenen haben ihn als überflüssig fortgelassen, dafür freilich, wie schon oben erwähnt, die Monstranz dem Erzengel zuertheilt.

Silberberg,

Kreis Frankenstein, Regbez. Breslau.

 offne Bergstadt und — nach 1765 angelegte, jetzt aufgegebene — Festung, am Nordabhange des Eulengebirges, wurde im Jahre 1527 angefangen zu erbauen und erhielt von den Herzogen Joachim, Heinrich und Johann von Münsterberg 1536 Stadtrecht. Im Jahre 1581 kaufte Sil-

berberg nebst Reichenstein Wilhelm Ursin Fürst und Regierer des Hauses Rosenberg, sein Nachfolger Peter Wok († 1606 als der letzte Fürst von R.) verkaufte 1599 beide Städte, und zwar an den Herzog Joachim Friedrich von Liegnitz und Brieg. Nach dem Aussterben des piastischen Hauses, 1675, unmittelbar mit der Krone Böhmen vereinigt, ist S. seit 1741 eine königlich preussische Immediatstadt.

Im Jahre 1540 ertheilten die Herzoge von Münsterberg der neuen Stadt ein Wappen: quer getheilter Schild, oben der wachsende, schlesische Adler, unten das Stammwappen des Podiebrad's: obere Hälfte viermal von Schwarz und Silber quer getheilt, untere silbern. Später, wahrscheinlich unter fürstlich Rosenbergscher Herrschaft, wurde das Wappen bedeutend „gebessert". Erstens wurde die obere Hälfte des Schildes golden und silbern senkrecht getheilt und die rechte Hälfte des Adlers schwarz, die linke roth tingirt, der Halbmond blieb. Der Kopf des Adlers wurde mit einem Fürstenhute bedeckt und hinter seinem Rücken kreuzen sich, halb sichtbar, Schlegel und Eisen, jener silbern, dieses golden. Ferner erhielt der Wappenschild einen gekrönten, von Helmdecken in den entsprechenden Farben umflatterten Helm, auf dem, zwischen einem Pfauenwedel und einem weissen, mit den drei schwarzen Balken der Podiebrads oben schräge belegten Flügel, aufrecht Schlegel und Eisen stehen, ganz oben noch begleitet von einer rothen Rose. Es ist allerdings auch möglich, dass nur die Rose der Rosenbergschen Besitzperiode ihre Entstehung verdankt und die übrigen heraldischen Details erst in den folgenden anderthalb Jahrhunderten hinzugekommen sind, die Angaben darüber widersprechen sich einigermassen. Es ist ein Siegel von Silberberg aus dem Ende des siebenzehnten Jahrhunderts bekannt, welches, bis auf die nicht ganz richtige Wiedergabe des Podiebrad-Wappenfeldes, einen befriedigenden Eindruck macht und Alles enthält, die Umschrift heisst: SI . DER . KÖNIKLICH . FREI . BERGS . SILBERBERG.

Dasselbe lässt sich von einem kleinern, ovalen Siegel sagen, welches die Umschrift: SIG . DER . KÖN . FREU . BERG . STATD . SILBERBERG . hat. Schrecklich ist aber wieder das neueste Siegel aus diesem Jahrhundert: der Adler „wächst" nicht mehr, sondern er ist bereits mit den Beinen aus den Podiebradschen Balken herausgestiegen, statt der Bergmannsattribute und des Halbmonds hat der Adler die preussischen Kleestengel erhalten, oben stehen Pfauenwedel und Flügel nicht mehr auf dem Helm, sondern zu beiden Seiten und die Rose endlich hat sich in einen sechsstrahligen Stern verwandelt. Darum steht: DER . MAGISTRAT . ZU . SILBERBERG.

Skotschau,

Kreis und Herzogthum Teschen,

Skoczow, an der Weichsel, Hauptstadt der gleichnamigen freien Minder-Standesherrschaft, wird bereits im Jahre 1327 urkundlich erwähnt, erhielt aber erst 1470 (Teschner) deutsches Stadtrecht entweder neu verliehen, oder seine ältern, darüber sprechenden, „verbrannten" Briefe bestätigt. Im Jahre 1560 wurde Skotschau nebst Schwarzwasser und andern Städten dem Herzog Friedrich Casimir von Teschen († 1571), noch bei Lebzeiten seines Vaters, gewissermassen als Apanage überlassen, nach seinem Tode aber veräussert und damit der Grund zu den teschenschen status minores gelegt. Skotschau erwarb 1572 Gotthard von Logau-Altendorff, dem Herzog Wenzel im nächsten Jahre über die ganze Kaufsumme für Sk. und Schwarzwasser quittirte. Später müssen die Herrschaften wieder an die regierende Linie heimgefallen sein, denn, als der letzte Piast von Teschen 1625 gestorben war, verpfändete seine Wittwe, die Herzogin Elisabeth Lucretia, wieder vermählte Fürstin von Liechtenstein,

beide 1629 dem Burggrafen Carl Hannibal zu Dohna, von dem sie 1649 noch nicht wieder eingelöst waren. Nach dem Tode der Fürstin, 1653, vom Kaiser zurückerworben und anfangs mit seinem Erb-Fürstenthume Teschen vereinigt, war Skotschau später noch wiederholt in fremdem Pfand- oder Lehnbesitz, so noch im siebenzehnten, oder anfangs des achtzehnten Jahrhunderts der Grafen von Sonneck (Sunnegh), Freiherren von Jessenitz und Budiatin, welche 1724 ausstarben. In der Mitte des vorigen Jahrhunderts (1744) und noch in den ersten Jahren des laufenden (1805) nannten sich die Herren von Wilamowski nach ihrem Besitzthume Freiherren von Skotschau. Gegenwärtig aber ist Sk. sowohl, wie Schwarzwasser mit dem Mediat-Fürstenthume Teschen wieder vereinigt, dessen sächsische Linie 1822 ausstarb. Gegenwärtiger Besitzer ist Erzherzog Albrecht von Oestreich.

Widimski bildet das Wappen von Skotschau ab: schmaler, oben sich verbreiternder, weisser, rothbedachter Zinnenthurm, neben welchem zwei, roth und golden gekleidete Knaben, ungeflügelten Genien gleichend, auf ihren Schultern zwei andre, kleinere, weisse, spitzbedachte Thürme emporheben, alles auf grünem Erdreich im himmelblauen Felde. Ein Siegel von 1565, das einzige bekannte ältere, bestätigt im Allgemeinen diese Vorstellung, nur sind die tragenden Figuren vollständig gnomenhaft, fast burlesk gestaltet, wie sie sich stützen und heben die gewaltige Last, ferner haben die Thürme eine besondere, in diesem ungewöhnlicheren Falle wohl charakteristische Architectur und der untere Theil des Mittelthurmes ist durch einen Wappenschild verdeckt, der höchst wahrscheinlich den teschenschen Adler enthält, den aber, da er auf dem vorliegenden Siegelabdruck von 1690 nicht mehr zu erkennen war, auf gut Glück oben abzubilden Abstand hat genommen werden müssen. Die Umschrift des in Rede stehenden, übrigens sehr kleinen Siegels lautet: SIGIL . MI . CIVI . SKOZ . 1565.

Sohrau,

Kreis Rybnik, Regbez. Oppeln,

Sorau, Sora, slaw. Zarki, Zar, Zaar, Zóra, Zóraw, Zyory, auch wohl Saurau, Sauer, an der Ruda oder Rudka, war 1240 und 1272 noch ein Dorf, bekam aber in den ersten Jahren des vierzehnten Jahrhunderts, vielleicht schon in den letzten des dreizehnten, Stadtrechte, jedenfalls noch vor 1303. Sohrau gehörte stets zum Fürstenthum Ratibor. Bei der Theilung desselben, 1424, fiel Sohrau an den Herzog Nicolaus von Jägerndorf-Rybnik, wurde ihm aber 1436 vom Herzog Wenzel von Leobschütz fortgenommen. Im Jahre 1464 war Herzog Wenzel, zweiter Sohn des Herzogs Nicolaus, Herr von Sohrau, Pless und Rybnik. Demselben nahm König Mattbias S. weg und gab es 1473 dem Jacob von Dubna als Pfandherrn. Nach dem Tode Herzogs Wenzel, im Gefängniss 1479, löste Herzog Johann der jüngere von Ratibor S. wieder ein. Nach dem Aussterben der oberschlesischen Piasten im Jahre 1532, theilte Sohrau die ferneren Schicksale der Fürstenthümer Oppeln-Ratibor und wurde 1741 eine königlich preussische Stadt.

Von Siegeln der Stadt sind bekannt eins von 1563: senkrecht getheilter Schild, rechts ein halber Adler (der oberschlesische goldne im blauen Felde), links ein mit der Spitze nach unten gekehrtes Schwert (im rothen Felde), Umschrift: SIG . MAIVS . SENAT, . POPVLIQz . CIVITATIS . ZARII . 1563 ., und ein sonst gleiches aus dem siebenzehnten Jahrhundert (Abdruck von 1683), mit der Umschrift: S . MINVS . SENA . POPVL . CIVITA . ZARII. Das Wappen ist bis heute unverändert beibehalten worden.

Sommerfeld,

Kreis Krossen, Regbez. Frankfurt,

au der Lubst (Lube, dem sogen. Sorauer Wasser), Hauptort der gleichnamigen Herrschaft, die anfangs abwechselnd zur Lausitz und zur Mark Brandenburg gerechnet, endlich aber ganz mit dem Fürstenthume Krossen vereinigt wurde. Unbekannt ist die Zeit, in welcher der Ort deutsches Stadtrecht erlangte. Im Frieden von Kamenz, der 1482 den Glogauischen Erbfolgestreit beendete, wurde die Verbindung der Stadt mit Schlesien, speziell mit Sagan gelöst: zusammen mit Krossen, Züllichau und Bobersberg fiel auch S. an das Kurhaus Brandenburg, anfangs noch pfandweise, und gehört seitdem zur Neumark. Die ältesten, bekannten Mediatherren von Sommerfeld waren die Herren von Torgau, von denen Johann von T. 1400 Schloss und Amt S. an Dietrich von Kracht verkaufte. Um 1442 gehörte die Herrschaft denen von Kottbus (1475 mit Reinhard von K. ausgestorben), die sie zwischen 1443 und 1445 an Kur-Brandenburg veräusserten. Von etwa 1449 bis ungefähr 1494 sassen die Freiherren von Bieberstein auf S., des 1492 verstorbenen Friedrich von B. auf S. Güter erbte Hans von Schellendorff, doch kann unter denselben nicht Sommerfeld gewesen sein, da in den beiden nächsten Jahren die dortige Bürgerschaft den Matthias von B. noch ihren „gnädigen Herrn" nennt. Mit dem Jahre 1500 zeigt sich Siegmund von Rothenburg (schon 1483 Hauptmann auf Schloss S.) als neuer Erbherr, sein Nachfolger Franz von R. besass die Herrschaft 1525 und noch 1536. Darauf wurde 1543 Heinrich von Pack mit S. belehnt, er starb 1554 als der letzte seines Geschlechts. Im selben Jahre erhielt Günther von Kottwitz die Belehnung mit Sommerfeld und vererbte den Besitz der Herrschaft seiner Familie,

welcbe sich ihn bis in die erste Hälfte des achtzehnten Jahrhunderts erhielt. Balzer Erdmann von
K. hatte 1711 einen erbitterten Streit mit der Bürgerschaft, der nur mit Mühe beigelegt wurde. Seine
Erbtochter vermählte sich mit Friedrich Siegmund
von Bredow aus dem ehemals Cremmenschen
Hause, der 1721 Besitz von der Herrschaft ergriff.
Sein Neffe und Erbe, Friedrich Carl Ludwig von
Bredow trat 1766 Sommerfeld der zweiten Gemahlin und Wittwe seines Oheims Friedrich Siegmund
von Br., Emmerentia Sophie, gebornen von Beer-
felde ab und diese vererbte die Herrschaft ihrer
Familie. Das jetzige Majorat Schloss Sommerfeld
gehört noch beutzutage (1857) denen von Beer-
felde.

Nach einem, nicht alten, Siegel der Stadt mit
undeutlicher Umschrift, besteht das Wappen aus
zwei spitzbedachten Thorthürmen, zwischen denen
auf der Stadtmauer aufrecht ein Löwe steht. Weitere Nachrichten, auch über die Farben des Stadtwappens, fehlen leider völlig.

Sprottau,

Kreisstadt im Regbez. Liegnitz.

Sprotta (wohl ein deutscher, kein dem
Slawischen entlehnter Name), zwischen
dem rechten Ufer des Bober und dem
linken der hier einmündenden Sprotta,
ist ein ziemlich alter Ort, welcher im
Jahre 1263 deutsches Stadtrecht erhielt und auf
dessen Burg zur selben Zeit landesherrliche Kastellane vorkommen. Ursprünglich zum Fürstenthume
Glogau gehörig, wechselte seit der Theilung von
1280 der Besitz der Stadt häufig zwischen den Herzogen aus der Glogauer Hauptlinie und denen von
Sagan. Im Anfang des vierzehnten Jahrhunderts
werden schon ein paar Pfandherren von Spr. genannt, um 1312 Wolfgang von Pannwitz, wahr-

scheinlich der 1296 als Kastellan auftretende Wolfram von P. und 1314 Heinrich von Bieberstein.
1451 war Nicolaus von Kottwitz Hauptmann von
Sprottau. Im Jahre 1484 verschrieb der letzte Herzog von Sagan Spr. seiner Tochter Margarethe,
die sich mit einem ungarischen Grafen Langhi von
Limbach vermählte, zum Leibgedinge, allein 1488
nahm König Matthias die Stadt ein und als er 1490
starb, überliess sie sein Sohn Johann Corvinus
dem Könige Wladislaw von Böhmen. Dieser übergab wiederum Glogau und Sprottau 1491 seinem
Bruder, dem Herzog Johann Albrecht, welcher im
nächsten Jahre König von Polen wurde und das
Fürstenthum noch bis 1496 behielt, worauf es wieder an die Krone Böhmen zurückgelangte. In den
ersten Jahren des sechszehnten Jahrhunderts (um
1511) war Georg von Nostitz Pfandherr von Spr.
geworden, von ihm kaufte vor 1530 Georg von
Schönaich das Schloss und Amt. Seinen Erben
kaufte die Stadt selbst das Pfandrecht auf die Herrschaft ab, welchen Vertrag der Kaiser 1565 bestätigte, aber erst 1709, nach Aufopferung grosser
Summen, wurde der völlige und unwiderrufliche
Besitz des Burglehns vom Magistrate erworben.
Seit 1741 ist Sprottau eine königlich preussische
Stadt.

Das älteste, grosse Siegel von Spr. ist in einem
Abdruck von 1310 erhalten. Es zeigt im Siegelfelde eine Zinnenmauer, flankirt von zwei gezinnten Thorthürmen und hinter ihr einen hohen, breitbedachten Mittelthurm. An der Mauer hängt der
schlesische Adlerschild, vor dem Mittelthurm auf
den Zinnen steht der schlesische Helm mit dem
Pfauenzagel, auf den Seitenthürmen sind halb sichtbar zwei blasende Thorwarte. Die Umschrift lautet: SIGILLVM . BVRGENSIVM . DEI . SPRO-
TAVIH. Dieses Wappen hat die Stadt, bis auf
selbstverständliche kleine Abweichungen, beibehalten, die ältern Siegel sind sämmtlich sehr schön
geschnitten, so ein kleineres von 1407, mit derselben Umschrift wie oben, nur S. statt SIGILLVH.,
ferner eins aus dem funfzehnten, oder Anfang des

sechzehnten Jahrhunderts, ohne den Helm, mit der Umschrift: ſigillbm . cibitatiſ . ſprottabienſiſ ., ein ganz kleines von 1678, mit, wie es scheint, einem Doppeladler im Schilde und einem kaum als solchen erkennbaren Helm, Umschrift: SIGIL . CIVITATIS . SPROTTAVIENSIS ., selbst noch das grössere von 1681, mit: SIGIL . MAIVS . CIVITATIS . SPROTTAVIENSIS ., alle neuern Siegel dagegen sind durchaus unbedeutend.

Ein kaiserliches Wappendiplom, d. d. 11. Juli 1579, fixirt zuvörderst die Farben des alten Stadtwappens, nämlich blaues Feld, rothes Dach des Mittelthurms mit gelben Windfahnen, schwarze Hörner der Thorwarte und -- irrthümlich -- statt der Pfauenfedern des Helms eilf schwarz und gelbe Straussenfedern, darauf folgen die Details der Wappenbesserung Die Stadt Sprottau ist danach fortan ermächtigt, die Thoröffnungen der Seitenthürme mit goldnen Fallgattern zu versehen, dem Adler im Schilde eine Krone aufzusetzen, den bisherigen Stechhelm in einen offnen, adligen zu verwandeln und ihn statt des Wulstes mit einer Krone zu verzieren, wofür aber die Zahl der Federn auf sieben reduzirt wird, endlich erhalten die Pickelhauben der Thorwarte je drei schwarz-gelbe Federn und ihre Hörner gelbe Schleifen! — Die Schöppen und der Hofrichter von Sprottau siegelten nur mit dem Helm, der mit zwei Halbmonden besteckt ist. Umschriften: ſ . ſcabinorbm . ſprottaᴠιᴇ . (1486) und: ſ' . fubiciſ . (cbriⱬ) . ſprottaᴠιe.

Städtel,

Kreis Namslau, Regbez. Breslau,

Städtlein, slaw. Miastecko, (Mieysca), am Stober, Mediat-Marktflecken, der ganz neuerdings zum blossen Dorfe herabgesunken ist. Im sechszehnten Jahrhundert hatte der Ort, welcher übrigens schon im dreizehnten zu deutschem

Stadtrecht ausgesetzt worden war, sicher ganz städtische Einrichtungen und gehörte damals den Kottulinski's, Freiherren von der Jeltsch, welche noch 1620 und wohl noch bis in das achtzehnte Jahrhundert hinein im Besitze von St. waren, In der Mitte dieses Jahrhunderts wurde St. Eigenthum des herzoglichen Hauses Würtemberg-Oels und 1793, mit Schwirz zusammen, zu der Fidei-Commissherrschaft Carlsruhe geschlagen, die heutzutage dem Herzoge Eugen von Würtemberg (aus der Stuttgarter Hauptlinie) gehört. Im Jahre 1800 wurde noch einmal der Versuch gemacht, den Ort zur Stadt zu erheben, allein von den vier Märkten, die St. früher gehabt, hatte nur einer noch bis 1811 Bestand, und im Jahre 1813 resignirte auch der bisherige Bürgermeister — seitdem ist der Ort eine Landgemeinde.

Es ist kein Siegel oder Wappen des Orts bekannt.

Steinau,

Kreisstadt im Regbez. Breslau,

Stinay, Stinav, Stinov, Steynaw, lat. Stinavia, auch Stinavia major, zum Unterschiede von St. in Ober-Schlesien, an der Oder und der Steina (dem Kalten Bache) ist eine der ältesten Städte Schlesiens, die bereits 1202 urkundlich erwähnt wird, 1209 eine städtische Pfarrkirche besass und wohl schon 1215 eigentliches Stadtrecht bekommen haben mag. Die Stadt gehörte zum Fürstenthume Glogau, war aber wiederholt und andauernd Residenz besonderer Linien, deren Häupter sich Herzoge von Steinau schrieben, seit 1329 unter böhmischer Lehnshoheit. Um das Jahr 1454 nannte sich ein Deutsch-Ordenssöldner, Botho von Wiesenburg Herr von Steinau und Raudten, wahrscheinlich hatte er vorübergehend die beiden Städte im Pfandbesitz. Wenige Jahre später wurde Stei-

nau vom Herzog Conrad X. seiner Schwester Salome, vermählten Herzogin von Troppau-Mün-
sterberg verpfändet, die, zeitweise zusammen mit
ihrem Sohne Wenzel († 1474), bis zu ihrem Tode,
1489, in St. regierte. Entgegen dem Versuch Herzogs Conrad X., sich wieder in den Besitz der Stadt
zu setzen, schenkte sie König Matthias noch in demselben Jahre dem Georg von Stain, Herrn von
Zossen. Nachdem im Jahre darauf, 1490, König
Matthias gestorben, wurde Georg's von St. Eigenthumsrecht vielfach angefochten und fraglich, er verkaufte daher seine Rechtsansprüche an Steinau und
Randten 1495 dem k. Burggrafen auf dem Carlstein, Beniseh von Weitmul (Weitmole), der aber
1505 beide Städte dem Herzoge von Münsterberg-Oels verkaufte. Von 1517 bis 1524 besass
Johann Thurzó von Bethlemfalva die beiden Städte,
welche im letztern Jahre in den Besitz des herzoglichen Hauses Liegnitz-Brieg übergingen, nach
dem Erlöschen desselben, 1675, k. k. Kammergüter
waren und 1741 preussisch wurden. Auf der
Burg zu St. sassen schon das ganze dreizehnte Jahrhundert hindurch herzogliche Burggrafen, seit 1253
namentlich bekannt. Noch 1584 sass ein Freiherr
Wolf von Kittlitz und 1591 Christoph von Kottwitz auf dem Burglehn Steinau, darauf scheint es
aber bald eingegangen zu sein und in der Mitte des
vorigen Jahrhunderts existirte nicht mehr die geringste Spur von demselben.

Im Raths-Archive zu Sprottau hat sich an einer
Urkunde von 1310 ein Siegelfragment erhalten, demzufolge das älteste Stadtwappen in einer Zinnenmauer mit zwei, aussen von zwei Rosetten begleite-
ten, spitzbedachten Zinnenthürmen bestand, zwischen
denen ein Gewappneter halb sichtbar ist, mit der
Rechten sich auf eine Lanze stützend, mit der Linken ein Horn an den Mund setzend. Von der Umschrift ist noch lesbar: SIGIL . . . . . . IH. Aber
bereits vom Jahre 1342 findet sich der Abdruck
eines neuen Siegels mit wesentlich anderm, noch
heutzutage gebräuchlichem Wappenbilde: nebeneinander, ohne sichtbaren Theilungsstrich, ein halber

Adler mit dem sehr deutlichen halben Halbmond und
über einer niedrigen Zinnenmauer ein spitzbedachter
Zinnenthurm und ein niedrigeres, gothisches Portal.
Die Umschrift lautet: SIGILLVOI . BVRGOSIV .
D . STIIIAVIH. Fast ebenso ist ein kleineres Siegel von 1363, nur hat hier der Adler eine Krone
auf dem Haupt und die Umschrift lautet: SHCRO-
TVOI . CIVIVOI . STIHH'. Auch neuere Siegel
(ein grösseres mit: SIGILLUM . CIVITATIS . STEI-
NAVIENSIS ., ein kleineres mit: SIG . DER .
STADT . STEINAV . 1641 .) haben keinen Theilungsstrich, der erst heutzutage für nöthig erachtet
worden ist. Die Architectur der Mauer und Thürme
hat sich ebenfalls wesentlich verändert und moder-
nisirt, die Mauer ist sehr hoch geworden und der
Hauptthurm hat ein Thor erhalten. Eine vom Könige 1846 der Stadt geschenkte Fahne hat rechts
die schlesischen Farben, links zieht sie die Burg
roth in silbernem Felde an.

Steinau O.-S.,

Kreis Neustadt, Regbez. Oppeln.

slaw. Kamena, Camin, (Scinawia,
abgeleitet von scina, d. h. Köpfen,
daher gleich Gerichtsstätte?), Sti-
naw, lat. Stinavia, an der Steina,
ein alter Marktflecken (Städtel),
welcher im Jahre 1243 einen Vogt und Marktrecht
vom Herzog Mesko von Oppeln und 1260 vom Herzog Wladislaw das Neumarkter Stadtrecht erhielt,
sich aber nicht zur eigentlichen Stadt herausgebil-
det hat, obschon noch 1562 neue Märkte ihm verliehen wurden. Der älteste bekannte Besitzer des
Orts war in der ersten Hälfte des dreizehnten Jahrhunderts ein Graf Zbroslaw (Sbrozlaus, in einer unechten Urkunde „Graf in Smesh" genannt), welcher 1236 denselben dem Bisthum Breslau schenkte,
jedoch sich und seiner Ehefrau den lebenslänglichen

Niessbrauch der Herrschaft vorbehielt. Herzog Wladislaw von Oppeln hatte 1260 St. wieder vom Bisthume eingetauscht und seitdem gehörte das Städtel unmittelbar dem herzoglichen Hause, oder auch abwechselnd seinen Nebenlinien (so 1327 der Falkenberger), bis die oberschlesischen Piasten 1532 ausstarben, worauf Steinau ein k. k. Kammergut wurde. Um das Jahr 1600 wurde die Herrschaft dem Georg von Mettich-Schweinsdorff verpfändet, aber schon vor 1635 war sie in den erblichen Besitz des Jaroslaw von Strzela übergegangen. Nach dem Tode seines gleichnamigen Sohnes, 1698, kaufte Steinau Georg Friedrich Parczeński, Graf von Tenczin, der 1721 starb. Ihn beerbte seine Tochter Marie Charlotte, verwittwete Gräfin von Promnitz-Halbau, wieder vermählte, aber bald geschiedene Gräfin von Callenberg-Muskau, die 1741 starb. Ihr einziger Sohn erster Ehe, Graf Balthasar Friedrich von Promnitz starb bereits 1744 ohne Erben und seine Wittwe, Anna Christiane Sophie, geborne Gräfin von Erbach-Fürstenau, schon verwittwet gewesene Gräfin von Maltzan, brachte 1751 St. ihrem dritten Gemahl zu, dem Grafen Friedrich August von Kospoth, der noch 1764 im Besitze war. Im Jahre 1774 aber gehörte die Herrschaft schon dem Freiherrn Carl Wilhelm von Haugwitz, († 1786), der dieselbe 1784 parzellirte. Seinen Nachkommen, die 1786 in den Grafenstand erhoben wurden, gehört, mit der Fidei-Commissherrschaft Krappitz verbunden, das Dominium Steinau noch heutzutage. Die Vogtei in Steinau kaufte von Albrecht von Schellendorff-Hornsberg 1557 Georg von Wachtel, Friedrich von Wachtel verkaufte sie 1564 dem Johann von Regenberg.

Es sind zwei neuere Siegel des Städtels bekannt, die beide im gekrönten Wappenschilde drei mit Stielen in der Mitte zusammenhängende Kleeblätter haben, 1, 2 gestellt. Die Umschrift des grössern heisst: STADT . SIEGEL . ZU . STEINAU . IN . OBER . SCHLESIEN . 1764 ., die des kleinern ist fast ebenso, mit der Jahreszahl: 1813. Das Stadtwappen, dessen Farben unbekannt sind, verdankt jedenfalls seine Entstehung dem Wappenbilde eines frühern, in Vergessenheit gerathenen Pfand- oder Erbherrn, vielleicht auch einem der adligen Vogteibesitzer. Da die heraldisch-richtigere Stellung von drei Figuren im stets oben breitern, unten schmälern Schilde 2, 1 ist, so hat man Anstand genommen, die auf den neuern Stempeln wahrscheinlich irrthümlicher Weise eingeführte Anordnung wie oben beizubehalten und sind daher vorstehend die drei Kleeblätter heraldisch rangirt. Das Wappen-Siegelbild jenes alten Grafen Zbroslaw (von Smesh?) war ein Drache.

Strehlen,

Kreisstadt im Regierungsbezirk Breslau,

 Strehlin, Strelin, slaw. Strzela, Strzala, Zrale (?), am linken Ufer der Ohle, war 1264 noch ein Dorf, wird aber 1292 eine „innovata locatio, eine ganz junge Stadt" genannt, so dass dieselbe sehr wohl 1293, oder 1296, wie die ältern Angaben lauten, eine wirkliche Stadt geworden sein kann. Der Ort, auf dessen Burg im ganzen dreizehnten Jahrhundert Kastellane sassen, gehörte ursprünglich den, von demselben den Namen führenden, Grafen von Strelin, welche ihn aber in dem oben angeführten Jahre 1292 dem Herzog Bolko I. von Schweidnitz verkauften, dessen Enkel, Herzog Bolko V. von Münsterberg ihn 1383 dem Herzoge Semovit von Teschen, Prior des St. Johanniter-Ordens verpfändete. Der Bruder des letztern, Herzog Przemislaw nannte sich danach Herr von Strehlen und nach seinem Tode, 1410, gehörte Str. von 1417 bis 1427 seinem Enkel, dem Herzog Casimir von Auschwitz. Im Jahre 1427 kam die Stadt käuflich an das Fürstenthum Brieg und wurde nicht wieder von ihm getrennt. Wiederholt war Str. der Wittwensitz von Brieger Herzoginnen. Nach

dem Aussterben der Piasten, 1675, eine k. k. Stadt, wurde sie, nebst andern Städten, von 1684 bis ungefähr 1669, in gewissem Sinne dem Fürsten von Schwarzenberg verpfändet. Seit 1741 ist Str. eine k. preussische Stadt.

Das älteste Siegel der Stadt, schon 1297 und noch 1316 in Gebrauch, von mittlerer Grösse, zeigt im runden Siegelfelde einen dreieckigen Wappenschild, in dem ein Helm, besteckt mit zwei sich kreuzenden Lilienstengeln, zwischen welchen ein Stern schwebt und hat die Umschrift: S . CIVIVM . DE . STREHM. Augenscheinlich ist es der Helm des Wappens der Grafen von Strelin, welchen die damalige Mediatstadt bei ihrer Gründung durch ihre Erbherren zum Wappenbilde erhalten hatte. Noch 1316 lebte ein Boguslaw aus diesem Geschlechte, der sich „ehedem Erbe von Strehlen" nannte, die Schildfigur des gräflichen Wappens ist aber nicht bekannt geworden, jedoch kann man, nach heraldischen Analogieen bezweifeln, dass dieselbe ein „Pfeil" (strzela) gewesen. Die Erinnerung an die alte Mittelbarkeit mochte mit der Zeit den Bürgern von Str. unbequem geworden sein, daher erwählten sie ein neues Siegelbild, und zwar den Patron ihrer Pfarrkirche, den St. Michael. Der erste Abdruck mit dem Erzengel ist vom Jahre 1346. Er hat ein langes Kleid an, einen Nimbus um den Kopf, Flügel und bläst auf der Posaune des Weltgerichts. Das Siegelfeld ist mit Sternen bestreut und die Umschrift heisst: S . CIVITATIS . DE . STREHM. Noch zwei andre Siegel, ein kleineres von 1411 und ein ganz kleines von 1518, haben den Erzengel im Siegelfelde. Auf jenem steht er in kurzem, knappem Waffenrock, mit heraldisch stylisirten Flügeln und ausgebreiteten Armen, in der Rechten das Schwert schwingend, Umschrift: S . CIVITATIS . STRELIRERSIS . — auf diesem hat er wieder ein langes Gewand, ein Kreuz auf dem Haupte, in der Rechten das Schwert, in der Linken eine Wage, auf deren Schaalen zwei Figuren, wie es scheint, ein vollwichtiger Bettler und

ein zu leicht befundener Kleriker. Die Umschrift dieses Secrets auf einem Bande lautet: MINOR . S . C . STREHLEN. Das Schöppensiegel, dem sechszehnten Jahrhundert angehörend, aber noch 1736 im Gebrauch, hat im besternten Siegelfelde das Brustbild irgend einer Heiligen und die Umschrift: SIGILLVM . SCABINATVS . CIVITA . STRELENSIS.

Neuern Ursprungs, erst in den siebenziger Jahren des siebenzehnten Jahrhunderts aufgekommen, ist das Wappenbild eines aufrecht die Initiale S durchbohrenden Pfeiles, offenbar anknüpfend an die Bedeutung des Wortes strzela, d. h. ein Pfeil, mit dem man den Namen der Stadt hat in Verbindung bringen wollen. Früher wurden Pfeil und Initiale golden im blauen Felde abgebildet, neuerdings schwarz in Silber und seit 1853, da der König der Stadt eine Fahne schenkte, schwarz in Gold Auch zwei Pfeile, kreuzweise durch das S gesteckt, kommen vor. Seit 1809 haben die Stadtverordneten das moderne Pfeilwappen adoptirt. Die angeführte Stadtfahne aber zeigt das alte Engels- und das neue Pfeilwappen nebeneinander im gespaltenen Schilde (den Engel im Stahlharnisch und rothen Waffenrock im blauen Felde, auf Rasen), auch versehen mit einem gekrönten Helm, auf dem das wachsende Bild des St. Michael und blau-goldnen Helmdecken.

Gross-Strehlitz,
Kreisstadt im Regierungsbez. Oppeln.

Gross-Strelitz, slaw. Wielke-Streleze, Wielki-Strzelec, lat. Strelitia major, soll, was aber entschieden in das Gebiet der Fabeln zurückzuweisen ist, schon 1234 ein Flecken gewesen sein. Wann der Ort deutsches Stadtrecht erhalten hat, ist ganz unbekannt, jedenfalls aber noch im vierzehnten Jahrhundert. Er war ein altes Besitzthum der

Herzoge von Oppeln, 1321 Residenz des Herzogs
Albert, † 1366, und der Oppelnschen Seitenlinien,
so 1366, auch Residenz, des Herzogs Heinrich von
Falkenberg und Ober-Glogau und 1458 des Herzogs Boleslaw von Ober-Glogau, † 1465. Nach
dem Aussterben der oberschlesischen Piasten, 1532,
mit Herzog Johann, wurde das nunmehrige k. k.
Kammergut Gross-Strehlitz bald verpfändet. Im
Jahre 1563 war bereits Pfandherr desselben Georg
von Redern, der 1593 die Herrschaften Tost und
Peiskretscham dazu erwarb und 1598 starb. Sein
Sohn Hans Georg von R. kaufte 1615 Gross-Strehlitz, wozu auch Leschnitz gehörte, erb- und eigenthümlich. Auf Georg v. R., der während des dreissigjährigen Krieges ohne Erben starb, folgte seine
Schwester Margarethe im Besitz, verwittwete Frau
von Kolowrath. Deren Tochter Margarethe Catharine war vermählt mit dem Freiherrn Siegfried
von Promnitz auf Pless. Dieser, der keine Nachkommen hinterliess, vermachte 1650 die Herrschaft
dem Freiherrn Gustav Colonna von Fels, dessen
Mutter Anna Siguna eine geborne Freiin von Kolowrath gewesen. Des 1658 in den Grafenstand erhobenen Gustav C. Nachkommen besassen Gross-
Streblitz bis 1807, da der letzte des Geschlechts,
Graf Philipp C. starb. Aus der Nachkommenschaft
des Grossvaters des letzten Grafen, des 1752 verstorbenen Grafen Carl Samuel Leonhard C. lebte
noch eine Enkelin, Charlotte geborne Freiin von
Reiswitz, in erster Ehe mit einem Grafen Gaschin, in zweiter mit dem Freiherrn Carl von Gast-
heimb vermählt, die Erbin der sämmtlichen Güter
wurde und bei ihrem Tode, 1812, Gross-Strehlitz
ihrer Tochter Aloysia Gräfin Gaschin hinterliess,
vermählt mit dem Grafen Johann Baptist von Renard. Sein Sohn, Graf Andreas von R. verkaufte
den nördlichen Theil der Herrschaft an die Actien-
Gesellschaft Minerva, den Rest machte er 1859
zum Majorat. Sein Erbe ist Graf Johannes von
Renard.

Das älteste Siegel der Stadt ist in einem Abdruck von 1396 erhalten. Es ist mittelgross und

hat im runden Siegelfelde nebeneinander, ohne Theilungsstrich den halben, oberschlesischen Adler und
einen schräglinks gestellten Zweig mit drei Blättern, von denen eins wie ein Lindenblatt, die
beiden wie Weinblätter geformt sind. Umschrift:
S . CIVIVM . DEI . STRELICIZ. Von demselben Stempelschneider sind offenbar noch zwei
andre, kleinere Siegel gefertigt, die freilich erst in
spätern Abdrücken vorkommen, aber, bis auf die
Umschriften, mit jenem völlig übereinstimmen. Diese
heissen: S . SCRRETVM . CIVIV . DEI . STRE-
LICIZ . und S . SCABIRORVM . DEI . STRE-
LIDZ. Ein kleines Siegel von 1645 hat schon deutlich den jetzt üblichen Rebenzweig mit einer Traube
und zwei Blättern, Umschrift: SIGILLVM . CIVITA-
TIS . MAIORIS . STRELICI., desgleichen ein grösseres
von 1720, mit SIGILLVM . CIVITATIS . MAIORIS .
STRELICZ., noch ein anderes, kleines, mit der
Schreibart: STRELICY . und die neuesten Stempel.
Vielleicht ist die Traube aus dem Lindenblatt der
ältesten Siegel entstanden, vielleicht soll sie alten
Weinbau um die Stadt symbolisiren, die Farben dieser Schildeshälfte sind grün in Gold, die der rechten golden in Blau.

Klein-Strehlitz,
Kreis Neustadt, Regbez. Oppeln,

Klein-Streletz, Wenigen-Strelitz, Stre-
licz, Strehletzke, Strzeleczki, slaw.
Chrzelitz, Male-Chrzeliz, lat. Parva
Streletz, am rechten Ufer des Zülzer
Wassers, ein kleiner Marktflecken
(oppidum), der zuerst im Jahre 1327 urkundlich ge-
nannt wird, bei Gelegenheit der Unterwerfung des
Oppeln-Falkenberger Fürstenthums unter die
Lehnshoheit der Krone Böhmen. Schloss und Städtel
Str. waren eine alte Besitzung der Herren und Gra-
fen Proskowski von Proskau, die 1769 in der

Person des Grafen Anton Christoph ausstarben. Laut Testament seines Vaters, des Grafen Georg Christoph II. erbte der Fürst Carl Maximilian von Dietrichstein - Weichselstadt - Hollenburg - Nicolsburg, Sohn der Caroline Maximiliane Proskowska, vermählten Fürstin von D., nebst Proskau auch Klein-Strehlitz und übergab diese Besitzungen im Jahre darauf, 1770, seinem Sohne, dem damaligen Grafen Johann von D. Dieser veräusserte 1782 Klein - Strehlitz an die Krone Preussen, welche seitdem das Städtel dem königlichen Domainen-Amte Chrzelitz unterordnete.

Zwei neuere Siegel des Marktfleckens mit den Umschriften: S . DES . STATLEINS . KLAIN . STRELITZ . und SIGILVM . CIVITAT . PARVO . STRELICENSIS . zeigen übereinstimmend als Wappen desselben einen (heraldisch stylisirten) Baum mit ausgerissenen Wurzeln, schrägrechts durchbohrt von einem Pfeil und begleitet beiderseits von — einmal je einem, das andre Mal, überflüssiger Weise, je zwei Sternen.

Die dem Herausgeber zugänglich gewesenen Quellen bringen keine Notiz, dieses Wappenbild zu erklären, dennoch spricht dasselbe deutlich die Thatsache aus, dass Klein - Strehlitz einmal eine Promnitzsche Besitzung gewesen und erst aus den Händen der Freiherren von Promnitz - Pless in die der Freiherren und Grafen Proskowski gelangt ist. Das Stammwappen der Pr. ist ein schräge gestellter Pfeil, begleitet von zwei Sternen im rothen Felde (man vergleiche den Artikel Halbau) und demgemäss ist auch das Feld des Klein-Strehlitzer Wappens roth anzunehmen.

Striegau,

Kreisstadt im Regierungsbez. Breslau,

Stregoni, Ztrigoni, Zregom, Stregon, „die" Strege, lat. Stregovia, Strigovia, Strigonia, und — mit Bezug auf das slawische Wort Trzi-ga, d. h. Dreiberg — Trimontium, am linken Ufer des sogenannten Striegauer Wassers, eine der ältesten Ortschaften des Landes, welche als Dorf bereits 1150 urkundlich erwähnt wird und dessen dem Johanniter-Orden zustehende Kirche 1203 und 1239 vorkommt. Auch die Burg zu Str. mit landesherrlichen Kastellanen erscheint geschichtlich schon seit dem Jahre 1155 und, nicht erst 1289, wie gewöhnlich angegeben, sondern schon 1242 besass wenigstens ein Theil des Ortes deutsches Stadtrecht. Die ursprünglich zum Fürstenthum Breslau gehörige Stadt kam 1277 an Liegnitz, 1278 an Jauer, um 1289 an Löwenberg, darauf an Schweidnitz und bildete anfangs meistentheils das Leibgedinge und den Wittwensitz der Schweidnitzer Herzoginnen. Nach dem Tode der Herzogin Agnes, 1392, unmittelbar der Krone Böhmen unterworfen, ist Striegau seit 1741 preussisch. Auf dem Burglehn Striegau sassen in späterer Zeit, bis zu seinem Eingehen, aus den bekannteren schlesischen Adelsfamilien u. A. 1421 Joachim von Schellendorf, 1503 Ulrich von Nimptsch, 1534, 1536 Sebald von Seidlitz, dann die von Czirn, von denen Heinrich von Cz. 1596 starb.

Ein Schöppensiegel von 1370 ist das älteste bekannte Striegauer Siegel, es hat im Siegelfelde gekreuzt zwei Schlüssel — nicht Schwert und Schlüssel — und die Umschrift: S . SCHBIN . . . . . H. Das nächstälteste, mittelgrosse Stadtsiegel ist in einem Abdruck von 1425 erhalten, der Stempel mag aber wohl älter sein, es hat die Umschrift: SIGILLVM . (CIVITATIS . STRIGOVIHRSIS) und zeigt im runden Siegelfelde auf einer niedrigen Zinnenmauer, ohne Thor, die in halber Figur sichtbaren Figuren der beiden Apostel St. Petrus und St Paulus mit Heiligenscheinen, Büchern und ihren Hauptattributen, dem Schlüssel und dem Schwert. Dieses Wappenbild mit den beiden Patronen der städtischen Pfarrkirche ist beibehalten worden als grosses Siegel der Stadt, meistentheils hat die Zinnenmauer jetzt aber ein Thor und zuweilen stehen oben neben den Heiligen noch drei Sterne. Die Farben sind: rothe Mauer, weissgekleidete Heilige, blaues Feld. Die Umschrift des ältesten dieser neuern Siegel lautet: SIGIL . CIVITAT . STRIGONIEN . ANNO . 1525. Nebenher war schon frühzeitig ein kleines Stadtwappen im Gebrauch, welches nur die Attribute der beiden Apostel, Schlüssel und Schwert (golden und silbern im blauen Felde) zeigt. Das älteste Siegel mit dieser Vorstellung im zierlich ausgeschweiften Wappenschilde ist vom Jahre 1586 und hat die Umschrift: SIGILLVM . CIVITAT . STRIGONIAE ., ein neueres hat einen hässlich geformten, fast wie ein Kleeblatt gestalteten Schild und die Umschrift: SIGIL . CIVITATIS . STRIGON . 1769.

Stroppen,

Kreis Trebnitz, Regbez. Breslau,

 Strupin, lat. Strupina, Stroppavia, offne Stadt, welche schon 1253 von Herzog Heinrich III. Marktrecht erhalten haben soll, aber noch 1301 ein blosses Dorf war, später wohl allmälig den Rang eines Marktfleckens sich aneignete, zur wirklichen Stadt aber erst 1756 erhoben wurde. Die Geschichte des Ortes dreht sich lediglich um seine Erbherren und leider ist die Reihe derselben nicht ganz vollständig und selbst das Vorhandene

giebt mancherlei Anlass zu kritischen Bedenken. Als erster, bekannter Besitzer von Stroppen gilt Sebald von Frankenberg um das Jahr 1430, nach andern Nachrichten hätte er aber erst 1492 die Stadt mit seiner Gemahlin Sibylle, der Erbtochter des Geschlechts von Sternberg erbeirathet. 1495 war sein Sohn Bartholomäus von Fr. Herr von Str., einige Jahre später, um 1500 soll ein von Kemnitz (Vater eines Melchior von K) die Stadt verkauft haben. Im Jahre 1505 gehörte sie wieder dem Johann v. Frankenberg, genannt Heydan, dem Sohne des oben genannten Bartholomäus v. Fr. Johann's gleichnamiger Sohn besass die Herrschaft Stroppen 1528 und starb 1540. Gegen Ende des Jahrhunderts, 1590 und 1597 sass Nicolaus von Zedlitz auf Stroppen, 1609 Hans Georg v. Z. In der Mitte des siebenzehnten Jahrhunderts gehörte die Stadt und Herrschaft dem Wenzel von Mutschelnitz, der 1641 starb: 1648 erkaufte sie Balthasar v. Nickisch und Rosenegk Dieser starb 1688 und sein Sohn Christian Ferdinand v. N. u. R. lebte 1698 und noch 1709 auf Stroppen. — Im Jahre 1776 starb Freiherr Gerhard Wilhelm von Kinski und Tettau, Erbherr auf Str., und nach dem Tode seiner Wittwe Johanna Elisabeth, gebornen Gräfin von Salisch, 1788, verkauften ihre Söhne, die Freiherren Friedrich und Moritz von K. im Jahre darauf die Güter an einen Herrn von Ponickau. Dieser veräusserte sie 1795 an den Freiherrn Paul Wilhelm von Welczek, welcher sie wiederum 1798 an Meyer von Mevius verkaufte. Diesen beiden letzten, in den schles. Prov.-Blättern mit genauen Details über die Kaufsumme etc. zu findenden Nachrichten stehen andere, denselben schles. Prov.-Blättern entnommene gegenüber, wonach die Wittwe jenes oben genannten Herrn von Ponickau, eine geborne von Pfeil, Stadt und Herrschaft Stroppen 1801 erbte und sie erst 1803 an einen Herrn Lucas verkaufte. Der Widerspruch dürfte nur zu lösen sein, wenn man annimmt, dass jener Herr von Ponickau nach dem Jahre 1798 seine früher verkauften und schon durch mehre Hände gegangenen Güter wieder erworben hätte. — Aus dem Besitz des Amtsraths Lucas ging Stroppen darauf 1817 in den eines 1836 verstorbenen Herrn von Blumenstein über, dessen Erben das Dominium erst ganz neuerdings, zwischen 1857 und 1869 an die jetzigen Eigenthümer Golden und Freise veräussert haben.

 Es giebt drei, neuere, Siegel des Städtchens. Das offenbar älteste derselben hat ein volles Wappen im Siegelfelde. Der Schild ist gespalten, rechts ein halber Adler, links die halbe Figur des herb Odrowąz auf dem von Helmdecken umflatterten Helm ein Zinnen - Kastell, ohne Thor. Umschrift: SIGILLVM . OPPIDI . STROPPIN. Die Farben dieses Wappens waren auf der grossen schlesischen Industrie - Ausstellung angegeben: rechts schwarz in Gold, links silbern in Schwarz, während sonst die Tincturen des Wappens Odrowąz silbern in Roth sind. Ein zweites, kleines Siegel hat im Wappenschilde einen Stierkopf und die Umschrift: SIGILLVM . CIVITATIS . STROPPENSIS. Das dritte, erst neuerdings aufgefundene und, weil wahrscheinlich nicht lange im Gebrauch, seltene hat einen quadrirten Wappenschild, 1 und 2 ein Stierhaupt, 2 und 3 ein wilder Mann mit einem Baumstamm in der Rechten, bedeckt von einer Grafenkrone und auf einem grossen Ordenssterne liegend, dem noch ein kleiner Orden angehängt ist. Die Umschrift oben lautet: SIGILLVM . OPPIDI . STROPPEN. Zimmermann bringt noch gar eine Beschreibung des Stadtwappens, die erst recht geeignet ist, die Verwirrung zu vermehren: quadrirter Schild, 1 und 4 ein halber Adler, 2 ein halbes Thurmstück (?), 3. ein halber Ochsenkopf. — Es ist wohl am besten, offen einzugestehen, dass sich sämmtliche Wappenbilder vorläufig gar nicht deuten lassen, bis die Reihe der Erbberren der Stadt vollständig ergänzt sein wird. Der halbe Adler könnte möglicherweise mit dem Wappen der von Mutschelnitz in Verbindung stehen, weit wahrscheinlicher aber ist er der gewöhnliche schlesische. Familien, die das Wappen Odrowąz (ein Wurfei-

sen), oder das Wappen Winiawa (ein Stierkopf) führen, gab und giebt es in Schlesien eine Menge, aber keine derselben kommt unter den Besitzern der Stadt vor. Auch die Helmzier des ältesten Siegelwappens ist eine bekannte der slawischen Heraldik, aber ebensowenig unterzubringen. Wenn man nun auch in Bezug auf dieses älteste Siegel sich leichter dabei beruhigen kann, dass sein Wappen eben einem in Vergessenheit gerathenen Erbherren angehört hat, so erscheint doch das Vorkommen des quadrirten, gräflichen Wappens besonders wunderbar, da es augenscheinlich ganz neuern Ursprungs, aber unsern ersten Heraldikern und sorgsamsten Wappensammlern vollständig unbekannt ist.

Sulau,

Kreis Militsch, Regbez Breslau,

 slaw. Sulawo, Żulawa, d. h. Werder, Niederung, jetzt: Sulejewo, am rechten Ufer der Bartsch, Mediatstadt und Hauptort der freien Minder-Standesherrschaft d. N., besteht aus der eigentlichen Stadt und der sogenannten Schlossgemeinde. Mit ganz besonderer Hartnäckigkeit hat sich in Bezug auf Sulau die müssige Erfindung irgend eines ältern, fabelnden Chronisten erhalten, dass die Stadt eigentlich einen deutschen Namen „Zulauf" führe, von dem Zulaufen, Zusammenlaufen vieler Menschenmengen, und einst ein bedeutender Ort gewesen sei. Thatsache aber ist, dass die Ortschaft dieses Namens, der sich doch so äusserst leicht aus der Lage desselben und der Sprache ihrer ältesten Bewohner erklären lässt, in alten Zeiten einem, nach dieser ihrer Besitzung sich nennenden, Adelsgeschlechte, denen von Zulow („von dem Werder", — was gäbe es wohl für einen Sinn: „Herren vom Zulauf, vom Zusammenlaufen?") gehört hat, von welchen die Gebrüder Conrad und

Wolschard von Zulow 1361 das ganze Weichbild Sulau dem Herzoge Conrad I. von Oels verkauften. Der Ort blieb nachweislich Jahrhunderte lang ein ganz unbedeutender Marktflecken, noch 1691 und 1694 wurde vergeblich das Stadtrecht für ihn nachgesucht und erst unter preussischer Herrschaft, 1755, wurde dasselbe ihm endlich ertheilt. Bis Ende des fünfzehnten oder Anfang des sechszehnten Jahrhunderts gehörte S. unmittelbar zum Fürstenthum Oels, in der Zeit aber, da die grosse Baronie der seit 1514 souveränen Freiherren von Kurtzbach gebildet wurde, zwischen 1488 und 1504 wurde auch das Weichbild Snlan zu ihren anderweiten Besitzungen geschlagen. Bei der Theilung der Söhne des Freiherrn Siegmund von K. († 1513), Johann und Heinrich, 1521, fiel S. mit Militsch an den erstern. Mit Johann's Sohne, dem Freiherrn Siegmund II., starb die Militschor Linie 1579 aus und es succedirte Heinrich II., Freiherr von Kurtzbach von der Trachenberger Linie, zu Wartenberg, der 1590 ohne directen Nachkommen starb und seine Güter dem Freiherrn Joachim von Maltzan hinterliess. Dieser verpfändete 1593 Sulau an Conrad von Tschammer, löste es zwar noch ein, verkaufte es aber 1595 an den Burggrafen Otto zu Dohna. Von dem Enkel desselben, dem Burggrafen Conrad Friedrich zu D. († 1673 unvermählt) kaufte die, 1654 zum Range eines Status minor erhobene, Herrschaft Sulau 1662 sein Schwager, der Freiherr Carl Nicolaus von Burghaus, dessen Sohn Nicolaus Conrad 1691 in den Grafenstand erhoben wurde. Der Letzte dieser Linie, Graf Hans Wilhelm Sylvius von B. starb 1816, mit Hinterlassung einer Tochter und Erbin, der Gräfin Julie Wilhelmine Antonie Elisabeth, vermählt mit dem Freiherrn Carl Anton Ferdinand von Troschke, Wittwe seit 1818, † 1848. Heutzutage gehört Sulau gemeinschaftlich den vier Töchtern der Baronin von Troschke, Julie, Melanie, Angelica und Leontine, von denen die beiden ältesten und die jüngste an Grafen von Schweinitz, die dritte an einen Freiherrn von Seidlitz vermählt sind.

Es ist nur ein kleines Siegel der Stadt S. bekannt, welches im Felde über dem Wappenschilde die Jahreszahl 1694 und die Umschrift: SIGILLVM . CIVITATIS . SVLAVIENSIS hat. Das Wappen besteht in einer Zinnenbrücke (offenbar eine Anspielung auf die Niederungsgegend), auf der, oder hinter der links ein Baum sichtbar ist, während rechts auf der Brücke der Löwe des Burghaus'schen Stammwappens steht. Dieser Löwe ist silbern im rothen Felde (sonst auch gekrönt) und demgemäss wäre es richtiger auch das Feld des Stadtwappens roth und die Brücke gleichfalls weiss oder silbern zu tingiren, man hat aber heutzutage die natürlichen Farben (Brücke von rothen Ziegelsteinen im himmelblauen Felde) beliebt. Ein etwas älteres Gerichtssiegel mit der Umschrift: SIGILLUM . PRÆFECTURÆ . SULAVIENSIS . 1682 ., hat das vollständige, zweifeldige, gekrönte und mit Helm und Helmdecken versehene Wappen der Grafen von Burghaus.

Tarnowitz,

Kreis Beuthen, Regbez. Oppeln.

Tarnowice, slaw. Tarnowski - Góry, offne Mediatstadt im Zusammenhang mit den Vorstädten Blachin und Lisce, wird zuerst nach Mitte des funfzehnten Jahrhunderts genannt, um 1490, da während des Darniederliegens des Beuthener Bergbaus sich hier Spuren von Reichthum an Erzen zeigten, welche nach und nach immer mehr Bergleute zur Ansiedelung hinlockten, so dass der Herzog von Oppeln bereits im Jahre 1526 dem entstehenden Orte das Recht einer freien Bergstadt zu ertheilen im Stande war. Nach dem Aussterben der oberschlesischen Piasten, 1532, kam Tarnowitz in den Besitz des Markgrafen von Brandenburg-Jägerndorf, der die Herrschaft Beuthen schon seit 1526 besass. Unter ihm und seinem Sohn, dem Mark-

graten Georg Friedrich wurde viel für die Hebung
der Stadt gethan und derselben endlich, 1599, auch
deutsches Stadtrecht zuertheilt. Im Jahre 1603 fielen
die oberschlesischen Besitzungen an die Kurlinie
Brandenburg, des Kurfürsten Sohn Johann Georg,
welcher dieselben bekam, verpfändete sehr bald
Beuthen mit Tarnowitz und Oderberg an Lazarus
Henckel (von Donnersmark), dessen Familie auch
im Besitze verblieb, als der Markgraf 1617 zuerst
dieser Länder vom Kaiser beraubt und darauf völlig in die Acht gethan wurde. Seit 1629 sind die,
1636 in den Freiherren- und 1651 in den Grafenstand erhobenen Henckel von Donnersmark Erbherren dieser früheren Pfandbesitzungen. Tarnowitz,
mit Neudeck zu einer Fidei-Commissherrschaft vereinigt, bildet den Hauptbesitz einer der drei Haupt-
linien des Geschlechts, welche sich bei der Theilung von 1664 bildeten. Die Linie Oderberg ist
1803 erloschen, zwischen den Linien Beuthen und
Tarnowitz alternirt die 1697 kreirte Würde eines
freien Standesherrn in Schlesien. Jetziger Besitzer
von Tarnowitz ist Graf Guido H. v. D.

Im Jahre 1562 wurde der freien Bergstadt Tarnowitz ein eignes Wappen ertheilt, jedenfalls vom
Markgrafen von Brandenburg. Dasselbe besteht in
einem gespaltenen Schilde: rechts ein halber, schwarzer Adler in Silber, die linke Hälfte ist wieder quer
getheilt, oben ein goldner Adlerflügel im schwarzen,
unten Schlegel und Eisen, eisenfarben an goldnen
Stielen, gekreuzt im silbernen Felde. Auf dem von
schwarz - weissen Helmdecken umflatterten Helme
steht der goldne Adlerflügel, belegt mit den beiden
Bergeisen an silbernen Stielen. Dieses Wappen ist
unverändert beibehalten worden. Die schwarz-
weissen Farben der rechten Schildeshälfte und der
Helmdecken goben zu allerlei Bedenken Anlass, wie
oben beim Beuthener Wappen; möglich ist es, dass
die hohenzollernschen Familienfarben haben vertreten sein sollen. Von Siegeln der Stadt sind zwei
bis drei bekannt, eins mit dem vollen Wappen und
der Umschrift: SIGILLVM . MAIVS . CIVITATIS .
FODINARVM . TARNOVICENSIVM ., ein anderes

mit dem blossen Schilde ohne Helm und der Umschrift: SIGIL . CIVIT . MONT(anae) . TARNOVI-
CEN. Auch ein neueres Polizei-Amtssiegel hat das
vollständige Wappen.

Teschen,

Kreis und Herzogth. Teschen.

 Tescin, Tesin, Tiessin, lat. Tessinum,
Tescina, Teschena, Tesehina, a. d. Olsa,
Oelse, alter Ort und Hauptstadt des Fürstenthums d. N. Schon im Jahre 1155
bestand daselbst sicher eine Kastellanei,
während des ganzen dreizehnten Jahrhunderts sind
die Namen der Kastellane bekannt und 1245 wird
auch die Burg selbst urkundlich aufgeführt als eine
von denen, an welchen die Breslauer Kirche Rechte
besass. Ebenso muss die Stadt selbst schon frühe
von grösserer Bedeutung gewesen sein, da sie bereits 1223 eine besondere Vorstadt (suburbium)
Suenchizi besass, jedoch erfolgte die Verleihung
deutschen Stadtrechts, und zwar des Magdeburger
nach Breslauer Vorbilde, erst im Jahre 1344. Die
Stadt Teschen und das umliegende Gebiet gehörten
ursprünglich zum Fürstenthume Oppeln, nach Wladislaw Tode, 1282, zum Fürstenthume Ratibor-
Auschwitz, erst bei der Landestheilung der beiden Brüder Mesko III. und Przemislaw, 1289, bildete sich unter ersterem Herzoge das besondere
Fürstenthum Teschen, anfangs meistentheils mit
Auschwitz verbunden. Mit dem Herzoge Friedrich
Wilhelm starb 1625 das Teschner Fürstenhaus aus;
zwar behielt die Schwester desselben, Elisabeth Lucretia, vermählt mit dem Fürsten Gundaccar von
Liechtenstein († 1658), das Fürstenthum noch
auf Lebenszeit, nach ihrem Tode aber, 1653, wurde
es, trotz der bis 1664 andauernden Bemühungen der
Fürsten von Liechtenstein, in den Besitz von Teschen
zu gelangen, als kaiserlich-königliches Erbfürstenthum eingezogen. Im Jahre 1722 verlieh es der

Kaiser dem Herzoge Leopold Joseph Carl von Lothringen, † 1729, durch seinen Sohn Franz Stephan, seit 1737 Grossherzog von Toskana, 1745
deutscher Kaiser, wurde das Fürstenthum wieder
mit der Krone und Oestreich vereinigt. Des Kaisers Franz I. Sohn, der spätere Kaiser Joseph II.
verkaufte darauf Teschen, ein Jahr nach dem Tode
seines Vaters, 1766, seiner Schwester, der Erzherzogin Marie Christine Johanna Josephe Antonie,
vermählt mit dem Herzoge Albrecht Moritz Casimir
von Sachsen, fortan von Sachsen-Teschen genannt.
Erstere starb 1798, letzterer 1822. Seitdem gehört
das Fürstenthum wieder dem östreichischen Kaiserhause, heutiger Besitzer desselben ist der Erzherzog
Albrecht. Nachzuholen ist noch, dass König August II. von Polen und Kurfürst von Sachsen einer
seiner Freundinnen, der geschiedenen Fürstin Ursula Catharina von Lubomirska, gebornen von
Buqnoi (Bukom), nach andern einer gebornen von
Radziejowska, 1704 den Titel einer „Reichsfürstin
von Teschen" verschaffte, den sie behielt, bis sie
sich 1722 mit dem Prinzen Ludwig von Würtemberg vermählte. Seit 1734 Wittwe starb sie 1743.

Das Wappen von Teschen ist, so weit es sich
hat ermitteln lassen, stets sich gleich geblieben: im
blauen Felde eine weisse Burg mit zwei spitzbedachten Zinnenthürmen zur Seite, zwischen ihnen
in der Zinnenmauer ein offenes Thor, unter demselben Wasser (die Olsa) und über ihm schwebend
der goldne Adler von Oberschlesien. Ein äusserst
zierlich geschnittenes Siegel, welches schon 1570,
auch noch 1625 und später vorkommt, hat diese
Vorstellung frei im runden, nur mittelgrossen Siegelfelde, die Architectur der sechseckigen Thürme
mit vielen Giebeln und Fensterbogen sehr hübsch
durchgeführt und die Umschrift auf einem Bande:
SIGILLVM . MAIVS . CIVITATIS . TESCHNEN.
Ein Siegel von 1619 soll dieselbe Umschrift, aber
die Schreibart: TESCHEM haben. Ein anderes Siegel, etwa aus dem siebenzehnten Jahrhundert, ist
oval, hat das Wappenbild im Schilde und die Umschrift auf einem Bande: S . MINI . CIVI . TE-

SCHIN. Ein kleines, neueres ist ziemlich entstellt,
indem, ohne Umschrift, frei im Siegelfelde drei einzelne Thürme stehen, über deren mittelstem, unbe-
dachten der Adler. Unten steht S. M(ajus?). C.T.
und ganz unten ist noch die in diesem Falle gewiss
nnverstandene Andeutung der Wasser-Wellenlinie zu
erblicken.

Tost,

Kreis Tost-Gleiwitz, Regbes. Oppeln.

Toschek, Tossek, Toszek, Thosech,
Tosech, Tosch, Tossotz, Tscheecz,
Tusserz, lat. Tosta, Tostum, ein alter
Ort, dessen Burg schon 1245 urkundlich vorkommt und welche letztere im
nächsten Jahre, 1246, zum Wittwensitze der Gemahlin des Herzogs Mesco von Oppeln bestimmt
wurde. Das Schloss Tost war vom Anfange des
vierzehnten Jahrhunderts ab wiederholt auch Sitz
eigner Linien des Oppelnschen Fürstenhauses, deren
Häupter sich Herzoge von Tost schrieben. Im Jahre
1357 kam T. an das Fürstenthum Teschen. Von 1445
bis 1484 regierte wieder ein besonderer Herzog Przemislaw zu Tost, auch zu Auschwitz. Vorübergehend
während dieser Zeit mit dem Fürstenthume Gleiwitz verbunden, fiel Tost nach dem Tode Przemislaw's an die Linie zu Zator, wurde aber 1492
an Johann von Sokolowski verpfändet, oder verkauft und von diesem 1495 wieder an Herzog Hans von
Auschwitz abgetreten. Die Herzoge von O. starben 1532 aus, T. ging in den Besitz des Markgrafen
von Brandenburg-Jägerndorf über und in dieser Zeit, 1536, erhielt der Ort deutsches Stadtrecht.
Nach dem schnell vorübergehenden Besitz der Königin Isabella von Ungarn seit 1552, erwarb Friedrich
von Redern, Freiherr von Friedland, Tost und
Peiskretscham 1554. Er starb 1564, sein Sohn
Hans Georg auf Tost 1586. Wie bei Peiskretscham

und Gr.-Streblitz erwähnt, ging darauf durch die
Erbtochter dieser Linie der R., Margarethe auch
die Herrschaft T. in den Besitz der Häuser Kolowrath, Promnitz und Colonna über. Zu Anfang des achtzehnten Jahrhunderts (um 1728) erwarb Graf Franz Carl von Kottulinski, Freiherr
von Kottulin die Herrschaft Tost. Spätere Besitzer
waren die Grafen von Posadowski (1763), [die
Freiherren von Eichendorff (1793, 1795)] und
darauf wieder die Grafen von Colonna, die 1807
ausstarben. Durch die Enkelin des Grossvaters des
letzten Grafen Philipp C., Charlotte, geborne Freiin
von Reisewitz, fiel Tost an ihren zweiten Sohn
erster Ehe, den Grafen Leopold von Gaschin, aus
dessen Händen es neuerdings, vor 1857, in die des
Herrn Salo: Guradze überging.

Das älteste Siegel der Stadt, Abdruck von 1454,
hat im runden Siegelfelde nebeneinander einen
Schlüssel mit halbem Griff, neben ihm ein Stern,
und einen halben Adler. Umschrift: SIGILLVM .
CIVITATIS . IN . TOST. Das Wappen ist im
Allgemeinen beibehalten worden, neuere Siegel (SI-
GILVM . CIVITATIS . STAT . TOSZ . und SIEGEL .
DER . CREIS . STADT . TOST . 1802 .) haben
den Schlüssel ganz, den Stern in eine Rosette verwandelt, oder fehlend. Oben sind die Farben des
Wappens abgebildet worden nach Maassgabe seiner
Darstellung auf der grossen Schles. Industrie-Aus-
stellung, alles schwarz in Silber — richtiger ist es
jedenfalls, die linke Schildeshälfte in den oberschle-
sischen Farben, golden in Blau zu tingiren.

Trachenberg,
Kreis Militsch, Regbez. Breslau.

 Drachenberg, slaw. Straburek, Stra-
burka (d. h. Gesträuch, Gestrüpp), zwi-
schen dem linken Arme der Bartsch,
dem sogen. Ledergraben und der in
mehre Arme getheilten Schätzke, Haupt-

stadt des jetzigen Fürstenthums d. N. erhielt im
Jahre 1253 durch Herzog Heinrich III. deutsches
Stadtrecht. Seit dem Jahre 1323 erscheinen landesherrliche Kastellane auf der Burg zu Trachenberg. Im Allgemeinen hatte Trachenberg dieselben
Schicksale, wie Militsch, welche beiden Städte zusammen einen Kreis bildeten. Von 1294 bis 1309
gehörte derselbe zum Fürstenthum Glogau, in der
Theilung von 1312 kam Tr. an Oels. Gegen Ende
des fünfzehnten Jahrhunderts war der ganze Kreis
direct dem Könige Wladislaw, resp. dem Herzog
Carl von Münsterberg zuständig. Im Jahre 1492
wurde Freiherr Siegmund von Kurtzbach mit
Trachenberg beliehen, welches er wohl schon 1488
inne gehabt zu haben scheint, vielleicht pfandweise.
1494 und in den nächsten Jahren kamen Militsch
und die übrigen Städte und Weichbilder hinzu, die
zusammen die grosse, seit 1514 vollständig souveraine Baronie des Hauses Kurtzbach bildeten, freilich nur kurze Zeit. Des 1513 verstorbenen Freiherrn Siegmund Söhne theilten 1521 ihre Lande,
der jüngere, Freiherr Heinrich nahm Trachenberg.
Sein gleichnamiger Enkel, der als letzter seines
Hauses, 1618 im Elende starb, verkaufte 1592 Trachenberg an Adam Schaffgotsch, seitdem Freiherr. Er starb 1602 und es succedirte ihm sein
unglücklicher Neffe Hans Ulrich, der erste Semperfrey auf Kynast (und Greiffenstein, Freiherr von
Trachenberg, Herr von Prausnitz, Greiffenberg, Fried-
berg, Schmiedeberg, Kemnitz, Giersdorf, Herzogs-
waldau, Rausse etc.), welcher 1634 zu Regensburg
enthauptet wurde. Von den konfiszirten Gütern desselben war Tr. bis 1641 eine kaiserliche Domaine,
dann wurde damit Melchior Graf von Hatzfeldt-
Gleichen belehnt, welcher aber 1658 ohne Erben
starb. Um das eröffnete Lehn stritten sein Bruder,
Graf Hermann von H. und sein Schwager, Freiherr
Bertram von Nesselrode. 1664 wurde zu Gunsten
des letztern Prätendenten entschieden, doch gelang-
ten er und seine Erben nur theilweise in den Besitz der freien Standesherrschaft. Die Söhne des
1673 verstorbenen Grafen Hermann H. regierten an-

fangs gemeinschaftlich, später der älteste, Graf Heinrich allein. Die seit 1671 angebahnte Einigung mit den Nesselrode's führte 1680 zu einer Theilung der von beiden Seiten beanspruchten Güter. Des 1683 verstorbenen Grafen Heinrich Wittwe, Catharina Elisabeth, eine geborne Freiin von Schönborn, vereinigte endlich 1685 auch die letzten, bisher abgetrennt gewesenen Theile wieder mit der freien Standesherrschaft und ihr, so lange unter Vormundschaft gestandener Sohn, Graf Franz trat 1700 die Regierung an, † 1738. Dessen Sohn Franz Adrian wurde 1742 erster preussischer Fürst (1748 auch Reichsfürst), dessen Sohn aber, Fürst Cajetan Friedrich, beschloss diese Linie der H. in demselben Jahre, in welchem er majoren wurde, 1791. In dem über die Erbfolge ausgebrochenen Streite zwischen den Häusern Hatzfeld und Schönborn (auch die Mutter des ersten Fürsten war eine Gräfin von Schönborn gewesen), siegte das erstere, es succedirte der, in den ersten Jahren dieses Jahrhunderts auch in den Fürstenstand erhobene, Graf Franz Ludwig von Hatzfeld-Schönstein, doch hat auch die Hatzfeldsche Linie Weisweiler den Mitbesitz von Trachenberg, die Linie Schönstein aber die Verwaltung. Jetziger freier Standesherr zu Tr. ist Fürst Hermann von H.-Schönstein-Wildenburg.

Das Wappen der Stadt Trachenberg ist ein redendes, das Hauptstück desselben ist ein Drache. Das älteste Siegel von 1402, leider nur in einem äusserst schlecht erhaltenen Abdruck bekannt, zeigt im mittelgrossen, runden Siegelfelde einen schlanken, spitzbedachten Zinnenthurm, durch dessen Vorder- und Hinterthor ein Drache mit langem Hals, Flügeln und langem, dünnem Schwanz hindurchkriecht. Von der Umschrift ist nur noch lesbar: SIGILLVM . CIVITAT . . . . . . Ein neueres Siegel (SIGILLVM . CIVITATIS . TRACHENBERGENSIS . 1614 ., ein andrer Stempel ebenso, aber ohne die Jahreszahl) hat hinter (oder unter) einer räthselhaften Figur den Drachen auf dem Rücken liegend. Diese Figur ist aller Wahrscheinlichkeit eine ungeschickte Nachbildung jenes ältesten Thur-

mes, so aber, wie sie da ist, kann sie kaum noch für ein Kastell angesehen werden, obschon sie meist so beschrieben wird, weit eher hat sie in der That Aehnlichkeit mit einer grossen Kirchenglocke, allenfalls auch mit einer Schachfigur. Ganz neuesten Ursprungs ist das Stadtverordneten-Wappen von 1809 (mit deutscher Umschrift), welches einen wirklichen Berg zeigt, hinter dem Vordertheil und Schwanz des Drachen sichtbar sind. Die Farben des Stadtwappens sind nicht näher fixirt worden. In der obigen Abbildung ist der heutzutage geläufigsten Vorstellung Ausdruck gegeben worden, sollten aber einmal neue Siegelstempel anzufertigen nöthig werden, so dürfte es wohl anzurathen sein, der ältesten Type den Vorzug vor allen spätern Entstellungen zu geben.

Trebnitz,
Kreisstadt im Regbez. Breslau.

 Trebenicz, Trebnicz, lat. Trebnicha, Trebnicium, an einem der Quellbäche der Schätzke, soll nach dem Inhalte der sogenannten Stiftungsurkunde des Klosters Trebnitz von 1203 der älteste Marktort Schlesiens sein, da sein Marktrecht schon vor dem Jahre 1155 auf Zirkwitz übertragen und zu jener Zeit wieder restituirt worden wäre. Die betreffende Urkunde ist nun aber falsch, doch ist ihr Inhalt der Art, dass er im Allgemeinen wohl mit dem der echten übereinstimmen dürfte, und die Fälschung nur unternommen worden sein mag, um den Verlust der verloren gegangenen, echten Urkunde zu verdecken. -- Der Ort Trebnitz wird urkundlich zuerst im Jahre 1139 erwähnt, er gehörte damals dem St. Vincenz-Stift in Breslau, doch vertauschte dasselbe damals eine Hälfte von Tr. gegen ein anderes Gut an den Herzog Wladislaw. Das Cisterzienser-Jungfrauen-Kloster zu Trebnitz wurde vom Herzog Heinrich I. und seiner Gemuhlin, der

später heilig gesprochenen, Hedwig wohl schon 1202 gestiftet, wenigstens datirt die Bestätigungs-Urkunde des Papstes von diesem Jahre. Eine zweite Urkunde von 1224, welche die Gründung des Marktfleckens, resp. der Stadt Trebnitz sehr ausführlich behandelt, ist auch entschieden unecht, dessen ungeachtet kann, ebenso wie bei der oben erwähnten von 1203, das Wesentlichste ihres Inhalts wahrheitsgetreu wiederholt und die betr. Urkunde aus ganz andern Gründen untergeschoben sein, als um diese, an und für sich durchaus nicht unwahrscheinliche, Markt- und Stadtrechts-Verleihung um ein paar Jahre zurück zu datiren. Die Burg zu Tr. wird, mit auf ihr hausenden Kastellanen erst seit dem Jahre 1323 genannt. Das Kloster Trebnitz hatte gleich bei seiner Stiftung das vorher herzogliche Gut Trebnitz geschenkt erhalten; es blieb im Besitze der Stadt bis zu seiner Säcularisation 1810. Das Kloster erwarb im Laufe der Jahre einen sehr bedeutenen Grundbesitz und seine Aebtissinnen, welche bis in das sechszehnte Jahrhundert hinein der Mehrzahl nach geborne Prinzessinnen von Schlesien (aller Linien) waren, hatten fürstlichen Rang.

Das älteste Siegel der Stadt hat sich in einem Abdrucke von 1321 erhalten. Es ist sehr ungeschickt geschnitten. Auf einer, seitwärts mit halben Lilien verzierten Bank sitzt der Apostel Petrus,  ohne Nimbus, den Schlüssel geschultert, in der Linken das Buch haltend. Die Umschrift des mässig grossen, runden Siegels heisst: SIGILVM . CIVIVM . IN . TREBRIZ. Das Siegel muss bald darauf erneuert worden sein, von 1372 zeigt sich bereits ein anderer, besser geschnittener Stempel. Hier hat der St. Petrus einen Heiligenschein, hält das Buch aufgeschlagen in der Rechten und in der Linken schräge vor sich den Schlüssel, die mit ganzen Lilien seitlich besteckte Bank hat eine niedrige, halbrunde Lehne. Die Umschrift lautet: SIGILLVM . CIVIVM . IN . TREBRIUS. Dieser Siegeltypus ist noch einmal nachgeahmt worden 1612, wie die im Siegelfelde, neben der Bank stehenden Zahlen beweisen, die Umschrift ist gleich, nur modern gestaltet. Nebenher führte die Stadt, wohl schon seit dem vierzehnten Jahrhundert, ein kleines Siegel, welches die beiden Schlüssel gekreuzt hat, zwischen denen oben der Kopf des Apostels schwebt. Das älteste Siegel mit dieser Type liegt in einem Abdruck von 1430 vor. Der Kopf hat den Nimbus, die Umschrift heisst: S . CIVIVM . IN . TREBRICS. Ein anderes, Abdruck von 1519, hat den Kopf ohne Nimbus, von der Umschrift ist nur lesbar: s . civitatis . . . . . . Ein noch jüngeres, grösseres, von 1672, welche Jahreszahl neben dem Kopf steht, der auch ohne Nimbus, mit zierlichen Schlüsseln, hat die Umschrift: SIGILLVM . CIVITATIS . TREBNITCENSIS. Endlich giebt es noch ein kleines Siegel von 1742 (Jahreszahl auch neben dem Kopf), welches ohne Umschrift unten die Aufschrift hat: SIGILL . CIVIT . TREBNITZ. Das moderne Stadtgerichtssiegel ist keiner Erwähnung werth. Ein Schöppensiegel aber von 1761 hat nur einen aufrecht gestellten Schlüssel, neben welchem die Jahreszahl und unten die Aufschrift: SIGILL . SCAB . TREBNIC. Die ältern, unbekannt gebliebenen Schöppensiegel mögen wohl auch, der Unterscheidung wegen, nur den einen Schlüssel geführt haben. Als Farben des Stadtwappens, als welches jetzt nur das Bild des Secretsiegel betrachtet zu werden scheint, werden angegeben: goldne Schlüssel im grünen Felde und naturfarbnes, schwarzhaariges und bärtiges Menschenhaupt. Ein Schlüssel St. Petri müsste wohl silbern sein, gegen die, aller Wahrscheinlichkeit nach, den Schützenfahnen entnommene, grüne Farbe des Feldes ist schon früher gelegentlich einmal ein Bedenken ausgesprochen worden. Das Kloster war Gottvater, der Jungfrau Maria und dem St. Bartholomäus geweiht, der St. Petrus ist daher der specielle Schutzpatron der Stadt.

Tribusch,

Kreis Guhrau, Regbez. Breslau.

Triebusch, jetzt ein Dorf und Ritter-gut, war im vierzehnten Jahrhun-dert ein Städtchen. Im Jahre 1406 aber nahm Herzog Conrad III. von Oels demselben seine Stadt- und Marktgerechtigkeit. Nach dieser Zeit wurde Tri-busch einer der Stammsitze der Herren von Stosch, schon Balthasar von St. († 1561) besass denselben. Des Hans Georg von St. Erbtochter Eva Marianne brachte das Gut bei ihrer Vermählung, 1680 dem Heinrich Oswald von Saek zu. Dessen Erbtochter, Barbara Helene vermählte sich mit Julius August (seit 1696) Frei- und Bannerherrn von Bothmer, welcher Tribusch auf seine Nachkommen vererbte, die theilweise 1713 in den Grafenstand erhoben wor-den waren. Seit dem Jahre 1782 bis in die neueste Zeit war die Familie der, 1705 (in der Person des Samuel Regius) geadelten und 1788 in den Grafen-stand erhobenen, Herren von Königsdorff im Be-sitze des Ritterguts, heutzutage gehört dasselbe einem Grafen von der Schulenburg.

Es ist unbekannt, ob von der früheren Stadt noch ein Siegel sich erhalten hat. Zuweilen findet man auf ältern Abbildungen von Tr. das Bothmersche Wappen beigefügt, das ohne Weiteres natürlich nicht als Ortswappen betrachtet werden darf.

Troppau,

Kreis und Fürstenthum Troppau,

Opau, Oppau, slaw. Oppawa, lat. Oppavia, auch Troppavia, an der Oppa, gehörte ursprünglich zu Mäh-ren und ist eine der ältesten Städte dieser Gegend. Nach Ens sind die

beiden ersten Buchstaben des deutschen Stadtna-mens durch Zusammenziehung entstanden, indem man statt „in der Oppau" allmälig sich gewöhnte zu sprechen und zu schreiben: „in (Droppau) Troppau". — Die Erzählung, dass bereits 1124 die Stadt von einem Ufer des Flusses auf das andere verlegt worden sei, gehört gewiss in das Gebiet der Sage, noch 1155 ist Gräz die einzige Burg des gan-zen, umliegenden Landes, welches damals den Na-men Golasiz, Golasizeh, Goleusiczeko, Goleusisko hatte. Dagegen kommt seit 1222 der Name Troppau wiederholt urkundlich vor und 1224 war der Ort entschieden schon eine Stadt, wahrscheinlich aber noch nicht zu deutschem Rechte, da dieselbe erst 1371 speziell das Magdeburger Stadtrecht annahm. Den Titel einer Hauptstadt von Schlesien führt Troppau selbstverständlich erst seit 1742, seitdem die Trennung des Landes in einen östreichischen und preussischen Theil vollzogen war.

König Ottocar II. von Böhmen, dem damals auch Mähren gehörte, † 1278, hatte aus seiner Ver-bindung mit der Freiin Agnes von Kunring einen Sohn, Nicolaus Nothus und zwei Töchter. Ersterem verschaffte er die Anerkennung legitimer Geburt und gab ihm bereits bei Lebzeiten das Troppauer Land als Dotation. Seit 1269 nannte sich Nicolaus Herr von Tr., später Herzog von Tr., doch war sein Be-sitz kein sicherer und unangefochtener. Schon 1279, nach dem Tode seines Vaters, musste er mehre Jahre der Königin-Wittwe Kunigunde weichen, der Tr. ebenfalls als Leibgedinge verschrieben worden war. Von 1281 bis in die ersten Jahre des vier-zehnten Jahrhunderts regierte darauf Herzog Nico-laus ziemlich ruhig, dann aber musste er vor seinen eigenen Ständen flüchten und starb 1318 in der Ver-bannung. Um 1309 hatten sich die Stände dem Herzoge von Breslau unterworfen, welcher aber 1312 das Land direct der Krone Böhmen abtrat. Die Söhne des Herzogs Nicolaus kamen nach 1318 wieder in den Besitz ihres Erbes, sie und ihre Nach-kommen gründeten die verschiedenen Linien zu Troppau, Jägerndorf, Ratibor und Leobschütz.

Die Hauptlinie zu Troppau beschloss Herzog Johann, der seinen Antheil dem Könige verkaufte,
abgesehen von seinem Oheim, Herzog Przemislaw,
der erst 1493 starb, aber Canonicus in Breslau
war und nur den Titel „Erbe von Troppau" angenommen hatte. Das Fürstenthum wurde von der
Krone Böhmen eingezogen, aber vom Könige Georg
1465 theilweise und später ganz seinem Sohne Victorin von Münsterberg überlassen, welcher es
auch 1472 bei der Theilung der Erben des verstorbenen Königs behielt, jedoch 1485 an Johann Trnka
von Raciborzan abgeben musste. Von 1489 bis
1501 besass Tr. Johann Corvinus, der natürliche
Sohn des Königs Matthias. Im letzten Jahre trat
er das Land dem Könige Wladislaw von Böhmen
ab, der es noch im selben Jahre seinem Bruder
Siegmund, Herzog von Glogau übergab. Nachdem dieser aber 1506 König von Polen geworden,
wurde Troppau wieder mit der Krone Böhmen vereinigt. Während der nächsten Periode gab es verschiedene Mediatherren des Troppauer Landes, so
vor 1515 einen gewissen Emmerich von Czobor,
unter dem Titel eines Statthalters, von 1515 bis zu
seinem Tode, 1528, den Herzog von Teschen, Casimir, der wirklich belehnt wurde, später die Königin Isabella von Ungarn 1551 bis 1556, endlich
1596 den Bartholomäus Pezz, jur. utr. doctor, als
Pfandherrn auf drei Jahre. Im nächsten Jahrhundert, 1614 wurde das Fürstenthum Troppau dem
Freiherrn Carl von Liechtenstein vom Kaiser
verliehen, welcher 1618 in den Reichsfürstenstand
erhoben wurde und 1623 auch das Fürstenthum Jägerndorf erhielt. Das Haus Liechtenstein ist im
Besitze geblieben; jetziger Herzog von Troppau und
Jägerndorf ist Fürst Johann II. Maria Franz Placi-
dus, reg. seit 1858.

Ein ziemlich grosses Siegel der Stadt
Troppau von 1341 zeigt das alte Stadtwappen im dreieckigen Schilde: einen
mit drei Sparren belegten Pfahl. Der
Grund des Pfahls und der des Siegelfeldes sind gegittert. Umschrift: SIGILLVM .

CIVIVIS . IN . OPPAVIA. Auch noch ein kleines Siegel von 1593 hat den einfachen Pfahl mit
drei Sparren im Wappenschilde, Umschrift: S . SE-
NATVS . POPVLIQI . OPPAVIENS. Die Farben
dieses Wappens werden angegeben von Widimski
und andern: rothes Feld, schwarzer Pfahl und silberne Sparren. Neuerdings ist das Wappen vermehrt worden, indem man rechts mit dem Pfahl einen halben Adler in Verbindung setzte, gleichzeitig
die Farben und einiges Andre veränderte. Meistentheils werden nämlich jetzt die Sparren gestürzt gezeichnet, auch wohl der Pfahl nicht senkrecht die
Theilungslinie des Schildes mitbildend, sondern
schräge gestellt. Die Farben werden aber jetzt angegeben: silberne Sparren auf rothem Pfahl im silbernen Felde und halber weisser Adler in Roth.
An den polnischen Adler ist in so später Zeit nicht
gut mehr zu denken, möglich dass es aus der Zeit
des Herzogs Casimir der teschensche sein soll, dann
müsste er golden in Blau sein und die Farben der
andern Wappenhälfte hätten auch besser die alten
bleiben können. Das erste Siegel mit dem neuen
Wappen ist von 1609 (Abdruck von 1673), oval,
hat die Sparren bereits gestürzt, neben dem Schilde
die Jahreszahl und die Umschrift: S . SENATVS .
POPVLVSQVE . CIVITATIS . OPPAVIENSIS.
Die „Silesia picta" hat merkwürdiger Weise die
Sparren nicht gestürzt, dafür aber nur zwei derselben und den halben Adler gekrönt. Das neuere
Gerichtssiegel, mit dem schrägen Pfahl und gestürzten Sparren, hat die Umschrift: SIGILLVM . IV-
DICIORVM . CIVITATIS . OPPAVIENSIS. Hefner
kannte nur das alte, einfache Wappen.

Tropplowitz,

Kreis Leobschütz, Regbez Oppeln und
Kreis und Herzogthum Troppau,

slaw. Oppawice, Oppavice, lat. Troplovica, auf beiden Seiten der Gold - Oppa, welche die Grenze zwischen preussisch und östreichisch Schlesien bildet, so dass ein Theil des Marktfleckens diesem, der andere jenem Staate angehört. Tr. wird zuerst urkundlich im Jahre 1256 genannt, da die Deutsch-Ordens-Kommende zu Troppau das Dorf Opawicz von der Stadt Troppau gegen ein anderes Gut eintauschte. Wann der Ort die Marktgerechtigkeit erlangt hat, ist unbekannt geblieben, 1662 wird er aber bereits ein „uraltes Bergstädtlein" genannt, 1800 wurde der vergebliche Versuch gemacht, ihn zur Stadt zu erheben. Im Jahre 1410 verkaufte Herzog Przemko von Troppau Tr. an die Gebrüder von Bladen. — Tropplowitz gehörte wohl schon damals zur Herrschaft Geppersdorf. Im fernern Verlaufe des funfzehnten Jahrhunderts besassen diese die Herren von Fulstein, denen ihr Besitz 1477 aus dem Lehnsverbande entlassen und in freies Eigenthum umgewandelt wurde. Nach dem Tode Lacek's von F., 1566, erbte Geppersdorf nebst Tropplowitz seine Schwester Magdalene, in erster Ehe vermählt mit Bartholomäus Krawař von Seblowitz, in zweiter mit einem von Tworkowski-Krawař. Ihre drei Töchter theilten 1578 das Erbe und die zweite Tochter erster Ehe, Catharina Kr. von S. erhielt die beiden Herrschaften G. und Tr. Sie war vermählt mit Wenzel von Haugwitz, der 1588 starb. Sein Enkel Ladislaw Aloys von H. verkaufte die Güter 1658 an Carl Maximilian von Sedlnicki. Die, 1695 in den Grafenstand erhobenen, Herren von S. Freiherren von Choltitz, blieben bis 1850 im Besitz, in welchem Jahre Graf Anton von S. starb. Aus der Nachlassmasse kaufte sein Enkel (Sohn der Gräfin Caroline von S., vermählt mit dem Grafen Eduard von O.) Hans Rollo Graf von Oppersdorff die beiden Herrschaften, er ist der gegenwärtige Besitzer derselben.

Es giebt nur ein neues Siegel des Städtels, dasselbe enthält im, mit einer Grafenkrone bedeckten, Wappenschilde eine Harke und eine Haue, gekreuzt, denen im untern Winkel eine Rose beigefügt ist. Die Umschrift heisst: STÄDTEL . TROPPLOWITZ ., im Abschnitt steht: LEOBSCHITZ . CREYS. Das zweite, oben abgebildete Wappen mit der Sense, statt der Haue und ohne Rose, und die Farben desselben sind Widimski entlehnt.

Gross-Tschirnau,

Kreis Guhrau, Regbez. Breslau,

Tschirna, Tschirne, slaw. Czyrna, Scyrna, Czernina, wird zum Unterschiede von den Dörfern und Rittergütern Ober- und Nieder-Tschirnau, von denen ersteres dieselbe Herrschaft hat, wie die Stadt, letzteres als Majorat heutzutage der Familie von Tschammer gehört, „Gross-Tschirnau" genannt. Die erste Entwickelung desselben ist in Dunkel gehüllt: des verdächtig klingenden Namens wegen erscheint auch die Notiz unsicher, dass Tsch. aus dem unmittelbaren Besitz der Herzoge von Glogau, (Sagan, Steinau) schon 1430 in den eines adligen Mediatherrn, Magnus von Lobel (?) übergegangen sei. Mit dem Jahre 1492, in welchem der Burggraf Heinrich zu Dohna den Flecken kaufte, beginnt die eigentliche Geschichte desselben. Dem Hause Dohna kauften 1538 die Gebrüder Alexander und Balthasar von Stosch Tschirnau ab; ihr Geschlecht blieb 167 Jahre im Besitz. Nach der gewöhnlichen Angabe hätte aus demselben ein anderer Balthasar von St. dem Orte 1584

das Stadtrecht erwirkt, allein es kann sich dabei
nur um eine Retablirung eines ältern Privilegiums
gehandelt haben, da das Wappen der Stadt, wie unten gezeigt werden wird, entschieden auf die Doh-
nasche Besitzperiode zurückweist, weshalb wohl das
Jahr 1515 das richtige ist, in welchem Tschirnau
zur Stadt nach deutschem Rechte erhoben wurde.
Mit Georg Abraham starb 1705 diese Linie der von
Stosch im Mannsstamme aus, es succedirte zuvörderst seine Schwester Hedwig Helene, vermählt an
einen Herrn von Schweinitz und nach ihrem Tode,
1713, ihr Schwiegersohn Adam Melchior von Lossk-
witz, der 1718 starb. Ihm folgte sein Sohn Georg
Abraham von L. im Besitz (noch 1742) und diesem
wieder sein Sohn Carl Rudolph von L., welcher
1803 ohne Leibeserben, als der Letzte seines alten
Hauses, starb. Schon seit dem Jahre 1778 hat sich
der letzte Erbherr mit dem Gedanken getragen, seine
Hauptbesitzung Tschirnau einem wohlthätigen Zwecke
zu vereignen. In seinem Testamente wurde darauf
der ausgearbeitete Plan zu einem adligen Fräu-
leinstift auf dem Schlosse Gross-Tschirnau vorge-
funden, derselbe erhielt die königliche Bestätigung
und im Jahre 1815 wurde das Stift, dem jetzt die
Stadt gehört, eröffnet.

Das alte Wappen der Stadt Tschirnau besteht
in einer Zinnenmauer, in der Mitte unterbrochen
durch einen hohen, breitbedachten Thorthurm, beide
weiss im blauen Felde. Aus dem Fenster über dem
offnen Thore stecken nach beiden Seiten hin zwei
Fahnen heraus, weiss mit dem blauen Wappenschilde
der Dohna's, in welchem das silberne Hirschgeweih
auf den ältern Siegeln deutlich erkennbar ist. Ein
kleines Siegel der Art mit zierlichem Wappenschilde,
einer breiten offnen Krone auf demselben und darüber,
wie es scheint, die Jahreszahl der Besitzergreifung
der Dohna's 1X9X. hat die Umschrift: SIGILLVM.
CIVITATIS. TSCHIRNENSIS. Ein andres Siegel
mit: 1591 über dem ausgeschweiften Wappenschilde,
sonst derselben Umschrift, hat die Hirschstangen
weniger deutlich, fast einem Andreaskreuze ähnlich.
Ein neueres Siegel der Stadt ist äusserst schlecht

gemacht, mit ganz entstellter Architectur, ohne jede
nähere Andeutung auf den winzigen Fähnchen und
hat die Bezeichnung, halb Um-, halb Aufschrift:
MAGISTRAT . ZU . TSCHIRNAU.

Ujest,

 Uyasd, Ujasd, Vyasd, Viast, Oyest,
Ugest, Ujesd, alles slaw. gleich Bezirk,
lat. Ugesdum, am Klodnitz und Jordan, gehörte bis 1817 zum Tost-Gleiwitzer Kreise und ist ganz offen. Der
Ort ist alt, er wurde um das Jahr 1222 vom Herzoge Casimir von Oppeln dem Bisthume Breslau
geschenkt und gleich darauf, in dem genannten
Jahre selbst dem letztern gestattet, deutsche Kolonisten dort anzusiedeln, womit jedenfalls die Verleihung eigentlichen Markt- und Stadtrechts zusam-
menhing. Der bischöfliche Besitz dauerte nur wenig über 200 Jahre. Bischof Conrad, ein geborner
Herzog von Oels, der von 1417 bis 1447 regierte,
verpfändete die Stadt wieder dem Herzoge von Oppeln, zwar wurden zwei Jahre nach seinem Tode,
1449. Verhandlungen über die Wiedereinlösung
sowohl von U., wie von Ziegenhals eingeleitet,
allein dieselben führten 1461 und 1463 nur zu dem
Resultat, dass Ujest dem Herzoge Przemko von
Gleiwitz abgetreten wurde. Nach Herzog Przemko
gehörte die Stadt seinem Bruder Johann, dessen
Wittwe aber verpfändete sie 1517 dem bisherigen
Erbvogt von Ujest, Nicolaus Dlugomil (Dlubumil)
von Bierawa, der sie 1524 käuflich erwarb. Er
sowohl, wie seine Nachkommen scheinen aber in
Bezug auf die Herrschaft immer Lehnsträger des
Bisthums geblieben zu sein, als welche seine vier
Enkel Caspar, Georg, Sambor und Joachim 1574
sich ausdrücklich bekennen. Der Älteste derselben,
Caspar Dl. cedirte 1589 seine Güter seinen Gläubi-

gern, Sambor Dl. kaufte sie aber 1592 zurück.
Endlich verkaufte Hans Dlugomil die Stadt und
Herrschaft 1609 dem Freiherrn Nicolaus von Kochtitzki, dessen Erbtochter Anna Juliane dreimal vermählt war, 1) mit Georg Christoph von Proskowski auf Proskau, Grätz und Zülz, † 1634, 2)
mit Leon Cropello von Medicis, 3) 1653 mit
dem Freiherrn Joachim von Mitzlaw. Schon inzwischen scheint Ujest aber in andre Hände übergegangen zu sein, denn 1644 wird Johann Gottlieb
von Zwole und Goltstein als Besitzer der Stadt
genannt und 1664 gehörte sie dem Grafen Carl
Joachim von Mettich, dessen Gattin Anna Maria,
eine geborne von Proskowska, dieselbe 1666 übernahm. Im Jahre 1675 pachtete und im nächsten
Jahre kaufte die Herrschaft Johann Bernhard Graf
von Praschma, sein Sohn, Graf Johann Ferdinand
starb 1729 ohne männliche Erben und ihm folgte
nun im Besitz der Freiherr Rudolph von Sobeck.
In dem über das Vermögen seines Enkels, des Grafen Rudolph von S. († 1748) ausgebrochenen Konkurse kaufte Ujest sub hasta dessen Wittwe
Josepha, geborne Freiin von Welczek. Nicht lange
darauf fingen die Besitzer an, sehr häufig zu wechseln: 1780 Graf Friedrich Wilhelm von Posadowski, 1781 Graf Gottlob von Schönaich-Carolath, 1788 Ernst Wilhelm von Pannewitz, 1793
Graf Heinrich Caspar von Franken-Sierstorpff,
† 1803. Dessen Sohn, Graf Friedrich Wilhelm verkaufte U. 1816 dem Freiherrn Joseph von Welczek
und dieser 1837 dem Fürsten Friedrich August Carl
von Hohenlohe-Oehringen auf Schlawentzitz,
welcher 1838 das Fidei-Commiss U. gründete und
dessen Sohn Hugo, seit 1861 Herzog von Ujest,
der gegenwärtige Besitzer ist.

Das originelle Wappen der Stadt Ujest hält die
Erinnerung an den alten Besitzstand des schlesischen Bisthums fest: zwei Bischofsstäbe aufrecht,
zwischen denen ein Doppelthurm schwebt, einer mit
der Spitze nach oben, der andre mit der Spitze
nach unten gekehrt, aussen begleitet von je einem
Sterne. Die Farben des Wappens waren auf der

schles. Industrie-Ausstellung angegeben alles golden
im blauen Felde. Von Siegeln sind nur einige
neuere bekannt, von denen eins die Umschrift führt:
SIGILLVM . CIVITATIS . VGESDENSIS, das andere, ovale: STADT . VGEST . SIEGL . 1771.
Das Siegel der Ujester Schöppen, mit unleserlicher
Umschrift, hatte nur einen Thurm mit einem, schräge
duhintersteckenden Krummstabe. Auch giebt es ein
Sondersiegel eines Theiles der Stadt, der sogenannten Dechantei oder Stielelgasse in der Vorstadt, die ganz unter die Gerichtsbarkeit des Schlosses
gehört, während die eigentliche Stadt schon 1639
von der Erbunterthänigkeit befreit worden ist, welches Siegel eine Bischofsmütze zeigt mit der nur
halb lesbaren Umschrift: DIE . STIEFELGA'sseu-
GeiMAINE.

Wagstadt,

Kreis und Herzogth. Troppau.

 Waagstadt, Wagenstadt, Wogstadt,
slaw. Bilowec, Bělowes, lat. Wogsta-
dium, an der Waag (Wog, dem Wag-
bache). Hauptort der Herrschaft dieses
Namens, über dessen älteste Geschichte
und Entwickelung zur Stadt nichts, über dessen
neuere mancherlei einander widersprechende Angaben bekannt geworden sind. Im Anfang des vier-
vierzehnten Jahrhunderts gehörte die Herrschaft dem
weit verbreiteten und mächtigen Geschlechte der
Krawař. Im Jahre 1440 starb Georg von Sternberg als Herr von W., 1515 gehörte die Stadt den
Brüdern Johann und Wenzel von Fulstein, 1520
dem Osorius von Fulstein. Im Jahre 1561 war Benedict von Praschma Besitzer der Herrschaft, 1590
Bernhard von Pr., welcher 1622 hingerichtet wurde.
Seine Güter wurden konfiszirt und 1632 trat König
Ferdinand die Güter Wagstadt und Wiegstein der
verwittweten Hedwig von Seydersdorff, gebor-

nen Khreuter ab. 1690 war Wenzel von Sedlnicki
Besitzer von W. Die Oderskischen Erben auf
Wiegstein verrechneten sich 1702 über die Herrschaft Wagstadt untereinander. Darauf (1710, noch
1750) scheint W. wieder im Besitze der Familie
der Familie Praschma gewesen zu sein. Nach ihr
sollen die Freiherren von Popp die Herrschaft besessen haben, denen die jetzigen Besitzer, die von
Sedlnicki, Freiherren von Choltitz gefolgt sind.
Nach anderweiten Angaben freilich hätte Freiherr Wenzel Siegmund von S. schon 1679, durch
seine Vermählung mit Beate Elisabeth von Praschma,
W. erworben. Im Jahre 1836 besass der Freiherr
Carl von S. Wagstadt.

Das jetzige Wappen der Stadt ist, nach Widimski, das Wappen Odrowąz, das Familienwappen
der jetzigen Grundherren der von Sedlnicki, ein silbernes Wurfeisen im rothen Felde. Siegel der Stadt
sind nicht bekannt. Das Wappen hat wohl mit den
Grundherren oft gewechselt; an der Rathsbank in
der Kirche findet sich noch das alte Wappen der
Herren von Fulstein, als damaliges heraldisches
Emblem der Stadt.

Waldenburg,
Kreisstadt im Regbez. Breslau,

 offne Stadt an der Polsnitz, die, einer
ganz unglaubwürdigen Sage nach, 1191,
wahrscheinlich aber erst in der Zeit
der Hussitenkriege gegründet worden
ist. Eigentliches Stadtrecht hat der
Ort wohl noch später, erst im Laufe des sechszehnten Jahrhunderts erhalten. Der erste bekannte Besitzer der Herrschaft war um das Jahr 1440 Ulrich
von Czettritz und Neuhaus auf Ober-Waldenburg,
der 1450 in der zu W. von ihm gegründeten Kirche
bestattet wurde. Der Besitz der Familie von Cz.
endete zwischen 1628 und 1650. In diesem Zeit-

raume brachte Maria Catharina von Cz. die Herrschaft ihrem Gemahl, einem Freiherrn von Bibran
zu, dessen Nachkommen bis 1719 im Besitze blieben, in welchem Jahre sie Christoph Friedrich Graf
von Stolberg-Stolberg, seit 1701 vermählt mit
Henriette Catharine Freiin von Bibran, erbte. Nach
dem Tode des Grafen, 1738, ging die Herrschaft,
nach schnell vorübergehendem Besitz wieder eines
Herrn von Czettritz, Hans Abraham, in die Hände
des Grafen Conrad Ernst Max von Hochberg,
Freiherrn zum Fürstenstein über, der 1742, und
dessen einziger Sohn, Graf Heinrich Ludwig Carl
1755 starb, so dass nunmehr die Herrschaft Waldenburg an des letztern Schwester Juliane Dorothee
Charlotte, vermählt mit dem Grafen Heinrich II.
Reuss, jüngerer Linie zu Lobenstein, fiel und
darauf an ihren Sohn den Grafen Heinrich XXXIV.
Reuss. Jedoch kaufte schon 1764 der Graf Hans
Heinrich V. von Hochberg zum Fürstenstein W.
zurück und seitdem ist „Städtchen und Gut Waldenburg, wie der Lehnbrief von 1764 es bezeichnet,
ununterbrochen im Besitz des Hauses Hochberg geblieben, dessen gegenwärtiger Chef Hans Heinrich XI.
seit 1850 Fürst von Pless ist, und gehört zur Herrschaft Fürstenstein.

Das Wappen der Stadt Waldenburg ist ein
redendes, es besteht in der heraldischen Andeutung des Waldes, einem Baume, grün auf grünem
Boden im weissen (resp. himmelblauen) Felde. Es
sind nur zwei Siegel der Stadt bekannt, ein kleines,
sauber geschnittenes, mit dem Baum im runden,
reich verzierten Roccoccoschilde, über welchem steht:
WALDENBVRG ., welches Siegel etwa im Anfange
des achtzehnten Jahrhunderts geschnitten sein mag,
und einem grössern, ovalen aus diesem Jahrhundert,
welches einen sehr hässlich geformten Wappenschild
mit dem Baume auf Erdreich und die Umschrift hat:
DER . MAGISTRAT . ZU . WALDENBURG . 1809.
und noch im Gebrauche ist, auch das getreu kopirte Vorbild zu einem neuesten Schwarzdruckstempel abgegeben hat.

Wansen,

Kreis Ohlau, Regbez. Breslau.

Vanzow, Wunzow, lat. Wansawia, Wansovia, offne Stadt am rechten Ufer der Ohle, deren Namen als bischöflich Breslauische Besitzung urkundlich bereits 1227 (in einer nicht echten Urkunde schon 1202) vorkommt. Im Jahre 1250 gestattete Herzog Heinrich dem Bischof Thomas I. in dessen Dorfe W. eine Stadt nach deutschem, Neisser Recht anzulegen, welche 1256 vollständig ausgebildet war, so dass es nöthig geworden, die Rechte der Vogtei zu präzisiren. Die Bischöfe von Breslau waren zwar von Alters her Grundherren des Ortes, die landesherrlichen Oberrechte gehörten aber anfangs den Herzogen von Münsterberg, von denen Herzog Bolko 1337, mit Strehlen, auch Wansen an die Krone Böhmen wiederkäuflich veräusserte und erst (1341) 1350 Herzog Nicolaus von M. alle seine Rechte an der Stadt Wansen dem Bisthume verkaufte. Seitdem gehörte die Stadt, welche mit ihrem Districte den sogenannten „Wansenschen Halt" bildete, zum Fürstenthum Neisse, bis zur Säcularisation des Bisthums 1810.

Das älteste, mittelgrosse Siegel der Stadt ist in einem Abdruck von 1557 erhalten, freilich nur schlecht, da die Umschrift unleserlich ist. In einem Dreipass schwebt auf mit Sternchen bestreutem Grunde der Wappenschild mit einem bärtigen Mannskopf, beiderseits begleitet von je einer Lilie. Die folgenden Siegel beweisen, dass es das Haupt St. Johannis des Täufers, des Schutzpatrons des Bisthums sein soll, das dargestellt ist, die Lilien sind augenscheinlich die Zeichen der bischöflichen Herrschaft. Das nächste, sehr kleine, aber äusserst zierlich geschnittene Siegel hat im reich verzierten

Schilde deutlich das Johannishaupt auf der Schüssel, doch scheinen die Lilien zu fehlen, oder sie sind neben den Ornamenten des Schildes auf dem vorgelegenen Papierabdruck (von 1592) nicht gut zu unterscheiden gewesen. Die Umschrift lautet: SIGILVM . CIVITATIS . WANSAW . 19 . (d. h. 1519). Ein nur wenig grösseres Siegel aus dem siebenzehnten Jahrhundert hat im ausgeschnittenen Schilde auch den Johanniskopf auf der Schüssel und über demselben die beiden Lilien, durch ein Sternchen geschieden. Die Umschrift lautet: SIGILLVM . CIVITAIS . WANSOVIÆ. Ein neues Siegel mit der Umschrift: SIEGL . DER . STADT . WANSEN ., zeigt im runden Siegelfelde die runde Schüssel mit des Täufers Kopf, auf eine grosse, vielblättrige Rose gelegt. Die Lilien fehlen, offenbar aber ist die Rose nur aus den unverstandenen Konturen des Wappenschildes eines der ältern Siegel entstanden. Die Farben des Stadtwappens war der Magistrat im Jahre 1843 anzugeben nicht im Stande gewesen — doch wohl die silberne Schüssel und die silbernen Lilien des Breslauer Bisthums im rothen Felde. Die Schöppen von Wansen siegelten noch 1610 mit einem alten Stempel aus dem fünfzehnten Jahrhundert: gespaltenes Wappenschild, rechts der halbe Adler von Schlesien, links drei der bischöflichen Lilien, in deren Mitte ein eigenthümlicher, kleiner, rautenförmiger Punkt. Die nur halb lesbare Umschrift heisst: s . scabinorum . civita . w . . . .

Warmbrunn,

Kreis Hirschberg, Regbez. Liegnitz.

Warmbad, Warmenborn, auch die „Hirschberger Bäder" genannt, lat. calidus fons, bekannter Badeort zwischen dem Zacken und Giersdorfer Bach, der alle Bedingungen in sich

fasst, Stadtrechte zu erhalten und auszuüben, dessen
Einwohnerschaft es aber vorzieht, den Charakter
eines blossen Marktfleckens zu konserviren. Die
warmen Quellen, welche dem Orte den Namen gegeben, sollen, einer durch nichts beglaubigten Sage
nach, bereits im Jahre 1175 entdeckt worden sein,
sicher scheint es aber zu sein, dass dieselben und
ihre heilkräftige Wirkung etwa hundert Jahre später,
1281 bekannt gewesen sind und dadurch der Grund
zur Anlage des Fleckens gegeben war. Im Jahre
1377 erhielt Gotsche Schoff II., der nähere Ahn-
herr der Schaffgotsche, neben andern Gütern
auch W. zu Lehn, nach Andern kaufte er W. erst
1399. Er stiftete im Jahre 1403 daselbst ein, später zur Propstei erhobenes, Kloster Cisterzienser
Ordens, welches er mit ungefähr der Hälfte des ganzen Warmbrunner Territoriums dotirte. Seitdem
hatte W. zwei Grundherrschaften, die Familie der
Schaffgotsche, welche ununterbrochen bis auf
den heutigen Tag im Besitze geblieben ist, und die
Propstei Warmbrunn, welche 1810 säcularisirt
wurde. Die vom Fiskus eingezogenen Stiftsgüter
kaufte darauf 1812 der damalige Herr der andern
Hälfte, Graf Leopold Gotthard von Sch. zurück.
Das Schaffgotsche Geschlecht erhielt 1592 den freiherrlichen Stand „bestätigt“, 1627 den Titel „D. H.
R. R. Semperfrey auf Kynast und Greiffenstein“,
und wurde durch verschiedene Diplome 1651, 1708,
1717 in den Grafen- und Reichsgrafenstand erhoben.
Die Herrschaft Kynast, zu welcher Warmbrunn gehört, erhielt 1826 den Charakter einer freien Standesherrschaft, jetziger Besitzer derselben und von
W. ist Graf Ludwig Gotthard von Schaffgotsch.

Der Flecken Warmbrunn besitzt kein
Wappen. Früher gab es nur die Do-
minialsiegel der Herren und Grafen
von Schaffgotsch und der Pröpste von
Warmbrunn. Heutzutage, da der ganze
Ort nur einen Grundherrn hat, ist aber die that-
sächliche Selbstverwaltung der Gemeinde so wesentlich verschieden von den Zuständen der frühern
Mediat-Verhältnisse, dass man das Siegel des Domi-

niums Warmbrunn mit dem vollen, vielfeldigen und
behelmten gräflichen Wappen unmöglich für ein Emblem der Ortschaft ansehen darf. Andererseits erscheint es aber auch nicht angemessen, dass ein
Marktflecken von der Grösse und Bedeutung Warm-
brunns sich mit einem so leer aussehenden Siegelstempel begnügt, wie er jetzt im Gebrauche
ist, der nichts enthält, als ein paar Zeilen Schrift.
Mag es daher gestattet sein, von dem Grundsatze
dieses Buches, nur Vorhandenes und Begründetes
dem Publikum zu bieten, einmal eine Ausnahme zu
machen und als Ortswappen von Warmbrunn das
alte, einfache Stammwappen des Geschlechts in Vorschlag zu bringen, mit dem die Geschichte des Orts
seit fünfhundert Jahren auf das Engste verknüpft
ist: im silbernen Felde die vier rothen Pfähle der
Schaffgotsche.

Deutsch-Wartenberg,
Kreis Grünberg, Regbez. Liegnitz.

Wartinberg, Wartembergh, an der
Ochel, kleine zur gleichnamigen Herrschaft gehörige Stadt, welche zuerst
im Jahre 1322 erwähnt worden und
bereits im Besitze der Familie der
Zobel von Zabeltitz (damals des Diepold Z. v.
Nittratz) gewesen sein soll. Im Jahre 1408 besass
Caspar Z. von Z. den Ort; des um 1443 vorkommenden Siegmund Z. von Z. drei Söhne wurden
1482 vom Könige Matthias und dem Herzoge von
Sagan gefangen genommen und zwei derselben,
Bruno und Caspar 1488 enthauptet. Von 1488 bis
1516 gehörte W. darauf unmittelbar der Krone Böhmen, die 1497 von den Besitz von W. erhobenen
Ansprüche Balthasar's Z. v. Z., des Sohnes des hin-
gerichteten Caspar blieben ohne Erfolg. Im Jahre
1516 kauften die Herrschaft W. die Gebrüder Hans

und Nicolaus von Rechenberg, welche, resp. deren Nachkommen Beuthen, Freistadt, Schlawa und Neustädtel dazu erwarben und 1534 in den Freiherrenstand erhoben wurden. Nach dem Tode des Freiherrn Melchior von R., 1562, setzte sich sein Schwiegersohn Wolfgang Freiherr von Kittlitz in den Besitz von W., musste aber bald den Vormündern des minorennen Hans von Rechenberg weichen. Die Hauptlinie derer von R. aus dem Hause Windisch-Bohrau starb 1610 mit dem Freiherrn Hans Georg aus. Es succedirte in W. Melchior von R. aus dem Hause Schlawa († 1625), allein unter heftiger Opposition des Freiherrn Hans Ernst von Sprinzenstein, der mit Helene, der Schwester des verstorbenen Hans Georg von R. vermählt war, so dass sehr verwickelte und doppelte Besitzverhältnisse eintraten, die noch dadurch verwirrter wurden, dass die Wittwe Hans Georg's, die Neustädtel und Freistadt behalten, sich wieder mit Siegmund Freiherrn von Kittlitz auf Hoyerswerda und Spremberg vermählte. Von 1616 ab, da sich der Freiherr von Sprinzenstein zuerst in den Besitz von Wartenberg setzte (später nahm er auch Neustädtel ein) wechselte fortwährend die Herrschaft dieser Städte zwischen jenem, dem Freiherrn von Kittlitz und den verschiedenen Vettern von Rechenberg. Der Freiherr von Sprinzenstein ehelichte nach dem Tode seiner ersten Frau, 1628, eine Gräfin Eleonore von Harrach und beschloss sein ruheloses Leben 1639. Im selben Jahre occupirten die Schweden Wartenberg und zogen es ein. Unter ihrer Herrschaft besass W. vorübergehend 1643 Wilhelm von Heyking. Als nach dem westphälischen Frieden die Familie Rechenberg hoffte, endlich wieder in den ruhigen Besitz ihrer Güter zu gelangen, trat 1649 ein neuer Prätendent auf — der Jesuiten-Orden von der Provinz Böhmen, gestützt auf ein Testament jener Freifrau Eleonore von Sprinzenstein, gebornen Gräfin von Harrach, der erbittertsten Feindin der Rechenberg. Gegen die Macht des Ordens war nichts auszurichten, die Erbschaft von Wartenberg und Neustädtel wurde ihm zugesprochen und 1661 den

Rechenberg's „ewiges Stillschweigen" auferlegt. Vorher, um 1650, war schon ein Abenteurer Philipp von Sprinzenstein, ein angeblicher natürlicher Sohn jenes oft genannten Freiherrn als Prätendent aufgetreten, aber ohne besondere Mühe unterdrückt worden. Als die Provinz Schlesien 1742 preussisch geworden, wurde eine Unmasse Prozesse wider die Besitztitel der Jesuiten angestrengt, die Aufhebung des Ordens 1776 machte sie gegenstandslos, der Fiskus zog die Güter des Ordens ein und liess sie Anfangs durch die General-Schulen-Administration (Schul-Amt Wartenberg) zu gemeinnützigen Zwecken verwalten. Im Jahre 1787 aber wurde die Herrschaft Deutsch-Wartenberg an den Herzog Peter von Curland-Sagan verkauft, der bei seinem Tode, 1800, nur Töchter hinterliess. Aus dem Nachlasse seiner dritten Tochter, der Herzogin Dorothee von Sagan, vermählten Herzogin von Talleyrand-Périgord, erbten 1862 Deutsch-Wartenberg gemeinschaftlich ihre beiden jüngern Kinder, die jetzigen Besitzer: der Herzog Alexander von Dino, Marquis von Talleyrand-Périgord und Pauline Marquise von Talleyrand-Périgord, verwittwete Marquise von Castellane.

König Ferdinand I. ertheilte d. d. 19. Mai 1528 dem Hans von Rechenberg einen Wappenbrief für seine Stadt Wartenberg. Nach demselben soll das Wappen bestehen in einem weissen Thurm, auf dessen Zinnen ein Gewappneter halb sichtbar ist, einen Stein zum Wurf mit beiden Händen in die Höhe hebend, auf grünem Dreiberge im rothen Felde. Ob dies, noch im Gebrauch befindliche, Wappen damals erfunden wurde, oder in einem frühern Siegelbilde seinen Anhalt hatte, ist unbekannt geblieben. Von Siegeln sind bekannt: ein mittelgrosses, gut geschnittenes aus dem siebenzehnten Jahrhundert, mit reich damaszirtem Schilde und der Umschrift: SIGILLVM . IN . DER . STAT . WARTENBERG . AN . DER . OCHEL ., eine kleinere Nachbildung desselben, mit ganz moderner Umschrift, ferner ein 1702 im Gebrauch gewesenes, mit bereits entstellter Architectur (zwei Thürme, auf denen eine Zin-

nenbrustwehr ruht) und der Umschrift: SIGILLVM .
CIVITATIS . WARTENBERGENSIS . AD . OCHO-
LVM ., endlich ein neueres auch mit zwei Thürmen
und: SIGEL . DER . STAD . WARTENBERCH .
DA . (?) .

Polnisch-Wartenberg,

Kreisstadt im Regbez. Breslau,

Wartemberg, Warthenberg, slaw. Sy-
cóW, Syrzow, Sirzow, an der Weida,
einst befestigt gewesene Stadt und
Hauptort der freien Standesherrschaft
gleichen Namens, war im dreizehnten
Jahrhundert nur ein unbedeutender Flecken, der
etwa in der ersten Hälfte des vierzehnten deutsches
Stadtrecht bekommen haben wird. Wartenberg gehörte zum Fürstenthume Oels bis 1490. In diesem
Jahre (nach andern Nachrichten erst 1495) verkauften die Herzoge die Stadt an Hans von Haugwitz,
dessen beide Söhne auch noch im Besitze derselben
waren. Im Anfange des sechszehnten Jahrhunderts,
um 1517, waren zwei Brüder (einer hiess Zdenko)
von Rosenthal und Platen Herren der Stadt, von
denen 1530 Joachim von Maltzan, seitdem Freiherr von W. und Pentzlin, die Herrschaft erwarb.
Er verpfändete sie aber 1552 an Otto von Zedlitz
auf Parchwitz, unter welchem W. den Charakter
einer freien Standesherrschaft erhielt. Von 1556
bis 1558 war Pfandinhaber derselben Freiherr Wilhelm von Kurtzbach auf Militsch und Trachenberg, in letzterm Jahre löste Freiherr Joachim Bernhard von Maltzan W. wieder ein, † 1567, jedoch
verkaufte seine Wittwe Elisabeth, geborne von Lom-
nitz 1570 (resp. 1571) die Standesherrschaft an Georg von Braun und Ottendorff († 1585), der sie
1583 seinem Sohne Georg Wilhelm abtrat. Dieser
verkaufte W. im Jahre 1589 dem Burggrafen Abraham zu Dohna († 1613), welcher sie seinen Nach-

kommen vererbte. Sein Urenkel Otto Abraham
hinterliess 1645 eine Wittwe Renate Eusebia, geborne Freiin von Breuner, welche bis 1654 die Regierung führte, und einen unmündigen Sohn Carl
Hannibal, dessen Vormundschaft darauf bis zum
Jahre 1666 Hans Christoph Saurma, Freiherr von
und zu der Jeltsch auf Lortzendorf, Balthasar von
Borwitz, Joachim Friedrich von Prittwitz-Gaffron
und Georg von Sternberg übernahmen. Der 1666
mündig gesprochene Burggraf Carl Hannibal starb
1711 ohne Erben, worauf eine kaiserliche Administration für Wartenberg eintrat, bis 1719 die preussische Linie der Dohna's, in der Person des Burggrafen Alexander zur Regierung gelangte, † 1728.
Sein Sohn Albrecht Christoph verkaufte 1734 die
freie Standesherrschaft an den Grafen Ernst Johann
von Biron, der 1737 Herzog von Curland und
Semgallen wurde. Als derselbe 1740, nach dem
Tode der Kaiserin Anna von Russland, in Ungnade
fiel, übernahmen die Administration der W.'schen
Güter die Grafen Heinrich Wilhelm von Solms-Wildenfels, der in zweiter Ehe mit einer Gräfin zu
Dohna-Schlobitten vermählt war, † 1741, und sein
Sohn Friedrich Ludwig. Dem Schwiegervater des
letztern, dem Grafen Burchhard Christoph von
Münnich beliebte es der Kaiserin Elisabeth von
Russland, die schlesische Standesherrschaft zu schenken, allein der Kaiser Carl VII. und der König von
Preussen waren über diesen Eingriff in ihre ober-
lehnsherrlichen Rechte wenig erbaut und als 1743
auch Graf Münnich nach Sibirien geschickt worden,
wurde W. mit Sequester belegt und durch Landeshauptleute (von Dresky, Adami) verwaltet. Als der
Herzog von Curland 1762 aus seiner sibirischen
Verbannung zurückberufen war und durch die Ver-
wendung der Kaiserin Catharina auch seine schlesischen Besitzungen zurückerhielt, einigte er sich 1763
mit dem gleichfalls begnadigten Grafen Münnich
über dessen Ansprüche auf W. durch eine Abstands-
zahlung. Das Haus Biron-Curland ist noch im
Besitze von Polnisch-Wartenberg, gegenwärtiger
freier Standesherr ist der k. Oberst-Schenk, Prinz

Calix Gustav Hermann B. von C. seit dem Jahre 1848.

Das älteste, nur kleine Siegel der Stadt Polnisch-Wartenberg von 1377 hat im mit Arabesken ausgefüllten Siegelfelde einen dreieckigen Wappenschild, in welchem ein Reiter sichtbar ist, der in ein Jagdhorn stösst. Die späteren Sterne oder Rosen in den Schildesecken sind auf dem mässig erhaltenen Abdrucke nur zu erkennen, wenn man sie durchaus erkennen will. Die Umschrift heisst: S . CIVITÄ-TIS . WARTHꞫꞫBꞫRCh. Auf einem jüngern Siegel von 1661 ist wieder das Horn nicht zu erkennen, dagegen bereits deutlich drei Rosen (oder Sterne) in den Ecken des Schildes. Ein neueres, ovales Siegel mit der Umschrift: SIGILLVM . CIVI-TATIS . WARTEMBERGENSIS . hat den Schild oben mit einem Löwenkopf verziert und darüber die Jahreszahl: 1721. Heutzutage bildet man Ross und Reiter weiss, Horn und Sterne golden im schwarzen Felde ab. Ein kleines Schöppensiegel aus dem funfzehnten Jahrhundert hat einen geharnischten Mann, der auf dem Horne bläst, aber zu Fuss und neben ihm zwei Röschen. Die Umschrift dieses Siegels lautet: ꝑ . ꝺer . ſtadtſchꝛeppen . zu . wartenberg.

Wartha,

Kreis Frankenstein, Regbez. Breslau,

Warta, Werte, Barda, Bardo, Bardau, Bardou, Bardum, Bard, Burdo, Varta, Brido, Birde, am linken Ufer der Neisse, ist ein sehr alter Ort, dessen Erwähnung durch Chronisten bei den Jahren 1096 und 1124 kein Bedenken erregen darf. Allerdings ist dabei in dieser Zeit nur von der festen Burg W. (damals eine Grenzburg gegen Polen) die Rede, 1155 gehörte dieselbe zu den Besitzungen des Bisthums Breslau. Im Jahre

1189 wurde die Kirche zu W. vom Bisthum dem St. Johanniter-Orden überlassen, als aber 1210 das Augustiner-, spätere Cisterzienser-Kloster Kamenz gestiftet wurde, ging die Kirche in dessen Besitz über, was Herzog Heinrich 1230 ausdrücklich bestätigte. Die Ueberlassung des Schlossberges über Wartha 1299 durch Hermann von Reichenbach an das Kloster ist wohl, wie die meisten ältern Nachrichten über diese Familie nur mit Vorsicht aufzunehmen. Im Jahre 1301 aber verkaufte Herzog Bolko dem Kloster die Ortschaft, welche sich um die, ihres wunderthätigen Gnadenbildes wegen schon seit 1200 weit und breit berühmte, Wallfahrtskirche gebildet hatte und gestattete ihm, dieselbe nach deutschem Rechte auszusetzen. Wartha blieb aber ein blosses Städtel (oppidum, urbs) bis in die Zeit der preussischen Besitznahme, in welcher es, 1809, zur wirklichen Stadt erhoben wurde. Die alte Wallfahrtskirche wurde 1425 durch die Hussiten zerstört und erst in den letzten Jahren des siebenzehnten Jahrhunderts wieder aufgebaut, eine neue Wallfahrtskapelle oben auf dem Warthaberge schon 1619 errichtet. In der zweiten Hälfte des vorigen Jahrhunderts (1785) war der Ort nur zum Theil noch Eigenthum des Stiftes Kamenz, zum Theil gehörte er der Stadt Frankenstein. Das Stift wurde 1810 säcularisirt, die aus den Stiftsgütern gebildete Herrschaft dieses Namens, zu der auch W. gehört, ist jetzt Eigenthum der Prinzessin (Wilhelmine Friederike Louise) Marianne der Niederlande.

Das Wappen des früheren Städtchens und der jetzigen Stadt ist das Abbild des wunderthätigen Marienbildes ihrer Kirche. Nur zwei Siegel mit dieser Vorstellung sind bekannt, das ältere war 1691 geschnitten worden und hatte über dem verzierten Wappenschilde nur die Initiale W., das neuere, bis 1809 im Gebrauch gewesene, hat dieselbe Vorstellung (die Jungfrau ist sehr steif, mehr stehend, als sitzend wiedergegeben, den Jesusknaben vor sich haltend und hat eine sehr grosse und breite Strahlenglorie um das gekrönte Haupt) und die Umschrift:

SIGILLVM . DER . GEMEINE . WAARTE. Die
Farben des Wappens sind jedenfalls die conventionellen blau-rothen Kostümes auf Goldgrund.

Weidenau,

Fürstenth. Neisse, Kreis Troppau,

slaw. Waidenow, lat. Wydna,
Widenava, Weidenava, an der
Weida, befestigt gewesene Stadt,
welche 1266 oder 1267 zu deutschem Rechte anzulegen Herzog
Heinrich IV. (trat 1266 die Regierung an) dem Bischof Thomas I. von Breslau
(† 1267) erlaubte, welcher letzterer damit seinen
Vogt Rutger, genannt Heldore, beauftragte. Im Jahre
1291 wurde das Stadtprivilegium vom Bischofe Thomas II. bestätigt und die Rechte der Vogtei präzisirt. Späterhin wurde die Stadt für selbstständig,
unter bischöflichem Schutze, erklärt, die Vogtei abgetrennt und diese adligen Vasallen zu Lehn gegeben. Speziellere Nachrichten über die Schicksale der
Vogtei, wie der Stadt sind unbekannt, ausgenommen
die von der scheusslichen Verheerung der Stadt durch
die Hussiten im Jahre 1428. Im Breslauer Frieden
1742 fiel Weidenau an den Theil des bischöflichen
Fürstenthums Neisse, der östreichisch blieb.

Das Wappen der Stadt ist ein redendes, ein Weidenbaum in den natürlichen Farben im silbernen Felde.
Die beiden älteren bekannten Siegel
zeigen die Weide heraldisch stylisirt,
das heisst eine dünne Weidenpflanze mit ausgerissenen Wurzeln und fünf grossen, charakteristisch zugespitzten Blättern. Das grössere Siegel (Abdruck
von 1669, aber weit älter) hat die Weide frei im
runden Siegelfelde und die Umschrift: S. CIVITÄ-
TIS . IN . WIDRHWH ., das kleinere (Abdruck
auch von 1669) hat gewissermassen gar nur einen

Weidenzweig auf einem Aststück im Wappensbilde,
der sich oben in die bischöfliche Lilie zuspitzt und
neben derselben die Buchstaben: C. W. Nach Widimski scheint heutzutage ein völliger Weidenbaum,
sogar mit den bekannten Knollen der abgehauenen
Aeste versehen, auf grünem Erdboden stehend, im
Siegel und Wappen geführt zu werden.

Weisswasser,

Kreis und Herzogthum Troppau,

slaw. Biala, Bjla-Woda, lat. Alba-
Aqua, am Bache Weisswasser (der
Bjlawoda) war vordem ein unbedeutendes Dorf, zum Rittergute Hertwigswalde gehörig und wurde erst
zu Ende des vorigen Jahrhunderts eine selbständige
Ortschaft. Die ältesten, bekannten Grundherren derselben waren die von Maltitz, denen in der Mitte
des siebenzehnten Jahrhunderts (1655) die Freiherren von Hoditz folgten, aus denen Freiherr
Georg Maximilian auf Hennersdorf, Johannisthal,
Rosswald, Hertwigswalde und W. 1641 in den Grafenstand erhoben wurde. Im Jahre 1688 erwarben
die Herrschaft W. vom Grafen Ludwig Maximilian
von H. die Grafen von Liechtenstein-Castel-
corn. Des Grafen Franz Carl von L.-C. Sohn war
Graf Jacob Ernst, welcher von 1728 bis 1738 Bischof von Seckau, von 1738 bis 1745 Bischof von
Olmütz und darauf bis 1747 Erzbischof von Salzburg war und als Herr von Weisswasser daselbst
1726 ein Piaristen-Collegium stiftete, was die all-
mälige Vergrösserung des Ortes zur Folge hatte.
Von seinen Schwestern war die eine, Maria Theresia, mit dem Grafen Franz Valerian von Podstatzki
vermählt, dessen Sohn 1762 die k. Ermächtigung
erhielt, Namen und Wappen der ausgestorbenen
Grafen von Liechtenstein fortzuführen, die andre,
Maria Franzisca heirathete den Grafen Ernst Leo-

24

pold Ignaz zu Salm-Neuburg, dessen Sohn, Graf
Carl Otto 1749 Weisswasser erbte und dem Orte
1794 Marktrecht verschaffte. Im selben Jahre 1794
kaufte W. der Graf Anton von Schlegenberg,
der die Herrschaft 1802 an den Grafen Otto von
Haugwitz veräusserte, aus dessen Händen sie aber
auch bald auf den Grafen Ludwig d'Ambly überging, der 1828 starb. Gegenwärtige Besitzerin der
Herrschaft ist die Prinzessin (Wilhelmine Friederike
Louise) Marianne der Niederlande auf Kamenz.

Bei Verleihung des Marktrechts, 1794, wurde
dem Städtchen Weisswasser auch ein eignes Wappen
gegeben. Dasselbe besteht, nach Widimski, in einem quergetheilten Schilde, oben die beiden silbernen Salme im mit goldnen Kreuzchen bestreuten,
rothen Felde des Stammwappens der Grafen von
Salm, unten eine natürliche Traube an beblättertem
Stiel im blauen Felde.

Wiegandsthal,

Kreis Lauban, Regbez. Liegnitz,

 am Lausitzbach und am Fusse der
Tafellichte (Isergebirge), offnes Städtel
auf dem Grund und Boden des Ritter-
gutes Meffersdorf, gehörte bis zum
Jahre 1815 zum Queiskreise der kur-,
resp. königlich sächsischen Oberlausitz und ist erst
seitdem preussisch. Meffersdorf war zu Anfang des
siebenzehnten Jahrhunderts (1615) Eigenthum der
Familie von Uechtritz und kam darauf an die
Herren von Gersdorff. Wiegand von G. nahm
(in den sechziger Jahren desselben Jahrhunderts)
eine Menge aus Böhmen geflüchteter Protestanten
bei sich auf und vereinigte sie in einer grösseren
Ansiedelung dicht bei seinem Rittersitze, welcher
anfangs davon den Namen „das Meffersdorfer Städtchen" erhielt, 1668 jedoch auf Anregung des ersten,
dort angestellten Diaconus, dem grossmüthigen

Grundherren zu Ehren, mit dem Namen „Wiegandsthal" belegt wurde. Die von Gersdorff blieben noch
lange im Besitz, erst nach dem Tode des berühmten Herrn von G., welcher unter andern Verdiensten
die Lausitzer Gesellschaft der Wissenschaften zu
Görlitz stiftete, 1823, fiel Meffersdorf nebst Wiegandsthal an den Landgrafen Victor Amadeus von
Hessen-Rothenburg-Reinfels, Herzog von
Ratibor, welcher die Herrschaften 1830 dem Grafen
Ernst von Seherr-Thoss verkaufte. Heutzutage
gehören dieselben Herrn Gustav Theodor von Sal-
dern.

Es giebt drei verschiedene Gerichtssiegel des
Marktfleckens Wiegandsthal, von denen eins immer
schlechter gemacht ist, als das andre. Das eine hat
im Siegelfelde die Figur der Themis mit Schwert
und Waage, wie es scheint, auf einem Halbmonde
stehend; Umschrift: GERICHTS . SIEGEL . IM .
WIEGANTZT . SCHVTZ . HAVSE. (Es giebt in
W. nur ein einziges öffentliches Gebäude, welches
zugleich das Armen-, das sogenannte Schutzhaus ist).
Das andre zeigt eine Art landschaftlicher Darstellung, im Hintergrunde die Stadt, vorne in der
Mitte ein hoher Baum; Umschrift: WIEGANDS-
THALISCHES . GERICHTS . SIGNET. Das dritte
hat den Baum allein im Felde, auf dessen sich nach
beiden Seiten hin ausbreitende Blätterkrone der
rothe, weiss aufgekrämpte, oben mit einem schwarz-
weissen Wulst umwundene und mit drei weissen
und drei schwarzen Reiherfedern bestockte Hut des
Helmschmuckes derer von Gersdorff gestülpt ist;
Umschrift: WIEGAND. THALISCHES. GERICHTS.
SIGNET. Dieses Siegel allein hat eine heraldische
Darstellung und sogar eine ungemein charakteristische. Auffallend allein bei demselben ist die
Jahreszahl: 1619, die im Siegelfelde neben dem
Baume steht, da in jenem Jahre der Marktflecken
noch gar nicht existirte. Aller Wahrscheinlichkeit
soll die Zahl entweder den Anfang der von Gers-
dorffschen Herrschaft in Meffersdorf oder den ersten
Beginn der Ansiedelung böhmischer Flüchtlinge be-
zeichnen.

Wigstadtl,

Kreis und Herzogth. Troppau.

Wigstädtel, Wiegstadt, slaw. Witkow, lat. Witcovium, offnes Städtel am Cerwenkabache, zur Herrschaft Wiegstein gehörig, über dessen ältere Geschichte nur dürftige Nachrichten und Sagen vorhanden sind. Das ausgebreitete und mächtige Geschlecht der Krawar besass Stadt und Herrschaft von Alters her; mit einem Witko von Kr., der im dreizehnten Jahrhundert gelebt haben soll, wird Namen und Entstehung des Ortes in Verbindung gebracht. Im Jahre 1590 schenkte König Rudolph das Gut W. dem Adam von Oderski und Liederau, Freiherr Alexander von O. baute 1625 daselbst die Kirche mit dem Thurme. Um diese Zeit scheint der Familie aber zeitweise ihr Besitzthum konfiszirt gewesen zu sein, da König Ferdinand III. 1632 der verwittweten Hedwig von Seydersdorff, gebornen Khreuter die Güter Wiegstein und Wagstadt abtrat. Wahrscheinlich von ihr kaufte 1640 Wigstadtl ein Freiherr von Eckstein, später gehörte es wieder dem Freiherrn Anton von Oderski, der oder dessen Nachkommen um 1702 ausgestorben sein müssen, da in diesem Jahre ihre Erben sich wegen des Nachlasses verrechneten. Im Jahre 1703 gehörte W. bereits dem Freiherrn Carl Franz von Wipplar, dem die Freiherren Franz und Wilhelm von W. folgten, worauf Gustav Berthold von Paczeński Wigstadtl erwarb. Unter diesem Grundherrn machten sich die Bürger von der Robothspflicht frei, erkauften das Rathhaus und die Brau- und Schankgerechtigkeit, mit andern Worten der Ort erlangte deutsches Stadtrecht. Von dem Ritter von Paczeński kauften 1797 W. zwei Troppauer Bürger, Joseph Pawliczek und Johann Andreas Streng, der nach diesem Jahre den alleinigen Besitz behielt, später aber die Herrschaft an den

Freiherrn Emanuel von Zawisch veräusserte, dem sie 1836 noch gehörte.

Das einzige bekannte Siegel der Stadt, geschnitten 1628, 1651 noch im Gebrauch, hat einen gespaltenen Wappenschild, rechts ein Büffelhorn — ein gewöhnliches Bild der slawischen Heraldik —, neben ihm aber eine eigenthümliche Figur, gestaltet wie eine Hausmarke, links Sparrentheilung. Die Umschrift heisst: SIEGEL . DER . WIEGSTAT . 1628. Nach Widimski ist aus diesem, ihm übrigens unbekannten, Siegelbilde das jetzige Stadtwappen entstanden: der Schild auch gespalten, rechts aufrecht, mit dem Mundstück nach oben ein schwarzes, goldbeschlagenes Jagdhorn an rothem Bande, im blauen, links die rothen Sparren im silbernen Felde.

Wilhelmsthal,

Kreis Habelschwerdt. Reghes. Breslau.

auch Neustädtel, „Neustädtlein in der Grafschaft" genannt, am Zusammenfluss der Mora und Kamitz, offnes und sehr kleines Bergstädtchen, welches im Jahre 1581 von Wilhelm dem Aeltern, Freiherrn von Oppersdorff, Königlichem Obermünzmeister in Böhmen, († 1588) der daselbst Bergwerke angelegt hatte, gegründet, nach seinem Vornamen benannt und mit städtischen Rechten versehen wurde. Mit den Söhnen des Freiherrn Wilhelm des Jüngern starb diese Linie der Oppersdorffs aus und die Stadt kam unmittelbar an die Krone Böhmen. Später wurde sie vom Kaiser wieder veräussert, und zwar 1684 an den Grafen Michael Wenzel von Althan auf Mittelwalde, † 1686. Im Jahre 1789 war ein Graf von Schlabrendorff Herr von W., 1830 gehörte der Ort den von Mutius'schen Erben, als Pertinenz der Herrschaft Sei-

24*

tenberg, welche seit 1837 im Besitz der Prinzessin Marianne der Niederlande ist.

Das älteste, 1548 geschnittene Siegel der Stadt hat einen gespaltenen Wappenschild, rechts zwei schräglinke Binden, unter denen die Buchstaben: **M.K.**, links die Initiale des Stadtnamens: **W**. Die Umschrift lautet: GERICHT . SIEGEL . ZVM . WIL-BELMSTHAL. Ueber dem Schilde steht die oben genannte Jahreszahl. Ein neueres Siegel mit der Umschrift: SIEG . D . STADT . WILHELMSTHAL . I(n) . D(er) . G(raf-) . S(chaft) . GLATZ . hat in der rechten Schildeshälfte die Schrägbalken breit, golden im rothen Felde tingirt und ohne die beiden Buchstaben: **M.K.**, die linke Schildeshälfte mit dem **W** auch roth schraffirt. Danach könnte man glauben, dass die rechte Schildeshälfte das Wappen der Grafschaft Glatz enthielte, da aber die auf jenem ältern Siegel vorkommenden Buchstaben jedenfalls nicht unwesentlich sind, so ist es wohl richtiger, anzunehmen, dass die beiden schmalen Schrägbinden die durch ihre Anfangsbuchstaben bezeichneten Flüsse Mora und Kamitz vorstellen sollen, an denen die Stadt liegt. Die Farben des Stadtwappens sind oben angegeben, wie dasselbe auf der schles. Industrie-Ausstellung abgebildet war: alle Figuren golden, rechts im schwarzen, links im rothen Felde.

Winzig,

Kreis Wohlau, Regierungsbez. Breslau.

[Vin, Vinc], Wintzig, Wintz, slaw. Wineyk, Winezk, Winnika, lat. Vincium, auch wohl poetisch: Oenopolis, weil selbstverständlich des Gleichklanges wegen von alten Zeiten her der Name der Stadt mit Wein und Weinbau hat in Verbindung gebracht werden müssen (Sage vom Winziger „Mordwein" als wirksamstem Torturmittel!), wurde im Jahre 1285 vom Herzoge Przemislaw zu

Steinau, durch seinen Vogt, einen von Cridlitz (Kreidelwitz) als Stadt zu deutschem Rechte ausgesetzt, nahm aber 1404 speziell das Magdeburger Recht an. Die Stadt gehörte anfangs zum Fürstenthum Glogau, später zum Fürstenthume Oels, war auch ab und zu in fremdem Pfandbesitz, so 1345 Herzogs Johann von Steinau, der es gegen Fraustadt eingetauscht zu haben scheint. Nach dem Tode Herzogs Conrad VIII. von Oels, 1492, fiel W. direct an die Krone Böhmen, kam von 1493 bis 1495 in den Pfandbesitz des Herzogs Casimir IV. von Teschen, darauf in den Besitz 1495 des Herzogs Heinrich II. von Münsterberg und später des Herzogs Hans von Sagan bis 1504. In diesem Jahre verkaufte der Herzog von Münsterberg-Oels Herrnstadt und Rützen und die Anwartschaft auf Winzig dem Freiherrn Siegmund von Kurtzbach auf Militsch und Trachenborg, welcher 1512 W. völlig erwarb. Nach seinem Tode, 1513, regierte seine Söhne Johann und Heinrich bis 1521 gemeinschaftlich die Baronie, bei der dann vorgenommenen Theilung fiel W. an den erstern auf Militsch, wurde aber schon 1524 von ihm an die Herzoge von Liegnitz verkauft, welche die Stadt bis zu ihrem Aussterben, 1675, besassen, worauf sie bis 1741 eine kaiserlich-königliche und seitdem eine königlich preussische Immediatstadt geworden ist. Die Erbvogtei von Winzig, welche zum grössten Theil meistens denen von Rechenberg zuständig gewesen war, hatte übrigens die Stadt schon im Jahre 1500 erkauft.

Das alte Wappen der Stadt besteht in einem spitzbedachten Zinnenthurm, an den sich nach rechts eine, mit Fenstern versehene, Zinnenmauer anschliesst, über welcher ein Stern steht, während der linke Raum des Schildes, resp. des Siegelfeldes leer bleibt, oder vielmehr schwach damaszirt ist, derart, dass man in den Ranken dieser Damaszirung allenfalls wohl eine Rebe erkennen möchte. Ein Siegel mit dieser Vorstellung, vom Jahre 1377, hat die nur noch halb vorhandene Um-

schrift: SIGILLVℳ . CIVI . . . . . . Nach Ertheilung des gleich zu erwähnenden Wappenbriefes,
sank das alte Stadtwappen zum Gerichtssiegel herab,
es findet sich noch ein neuerer Stempel (Abdruck
von 1725) mit demselben Bilde, nur dass nunmehr
die Weinranke unverkennbar ausgebildet und aus
der Seitenmauer ein kleinerer Thurm geworden ist,
und mit der Umschrift: SIGILL . IVDICII . WIN-
CINGENSIS. Das neue Wappen der Stadt ist fest-
gesetzt worden durch ein Diplom des Königs Wladislaw d. d. 1512, für den Freiherrn Siegmund von
Kurtzbach, den damaligen Grundherrn von Winzig.
Nach demselben soll das Wappen bestehen in dem
Bilde (Kniestück) eines geharnischten Mannes mit
langem Bart, mit der Rechten ein Schwert schul-
ternd, in der Linken einen Weinstock mit Blättern
und Trauben haltend, im rothen Felde. Nachdem
die Original-Urkunde im dreissigjährigen Kriege ver-
nichtet worden, wurde sie durch eine zweite der
Herzoge von Liegnitz d. d. 19. Oct. 1651 erneuert.
Es sind zwei Siegel mit dem neuen Wappen bekannt, einmal steht dasselbe frei im Siegelfelde,
Umschrift: SIGILLVM . CIVITATIS . WINCIN-
GENSIS., das andre Mal ist es vom Wappenschilde
eingeschlossen, neben dem die Jahreszahl: 1747
steht und lautet hier die Umschrift: SIGILL . CIVI-
TATIS . WINTZIGENSIS.

Wittichenau,
Kreis Hoyerswerda, Regbez. Liegnitz.

Wittigenau, Wittigenhau, Wittechin-
dau, slaw. Kulow, am linken Ufer der
schwarzen Elster, ist ein alter Ort,
wenngleich natürlich die Fabeln über
seine Gründung und Befestigung durch
den Sachsenherzog Wittekind (770!) kein näheres
Eingehen verdienen. Im dreizehnten Jahrhundert,
1286 und bis nach dem Jahre 1289 sassen die

Schenken von Landsberg, die Burggrafen von
Lübben waren, auch auf W. Nach der gewöhnlichen Annahme aber haben die früheren Grundherren
des Orts, schon in jenem Jahre 1289 denselben dem
Nonnenkloster St. Marienstern, Cisterzienser Ordens, geschenkt. Das Stift, im Volksmunde „Mor-
genstern" genannt, in der sächsischen Ober-Lansitz,
um jene Zeit von dem herzoglich Briegschen Kanzler,
Bernhard von Kamenz gestiftet, ist bis auf den
houtigen Tag im Besitze von W. geblieben.

Es ist nur ein kleines Siegel der Stadt bekannt,
schlecht gemacht, welches im Siegelfelde die Jungfrau Maria mit dem Jesusknaben auf dem Halbmond
stehend zeigt. Blumen neben dem Monde und ein
Zepter in der Rechten der Jungfrau sind wohl unwesentliche Zuthaten dieses Siegels, dessen Umschrift lautet: SIGILLVM . WITTICH . ENAVLE.
Offenbar ist die Jungfrau Maria das Wappen der
Mediatherrschaft der Stadt, des Stifts St. Marienstern.

Wohlau,
Kreisstadt im Regbez. Breslau.

Wolau, slaw. Wolowo, Wolovo, an
der Jäsche, ein alter Ort, der — die
Burg W. soll schon 1157 vom Herzoge
Wladislaw erbaut worden sein — urkundlich seit dem Jahre 1202 ferner
1227, 1233 unter denjenigen Ortschaften mit aufgeführt wird, an denen das Kloster Leubus Zehnten
zu heben berechtigt war. Damals mag auch wohl
schon die Burg zu Wohlau gestanden haben und
Anlass gewesen sein, dass die Einwohner von Alt-
Wohlau (jetzt ein Rittergut, im Besitze eines Herrn
von Nitzschwitz) allmälig zu ihr hinüberzogen und
die Stadt begründeten. Wann Wohlau deutsches
Stadtrecht erhalten, ist nicht genau bekannt, aber
wahrscheinlich, dass es im oder um das Jahr 1292

geschehen. Vom Fürstenthum **Glogau**, zu dem W. von Alters her gehört, kam die Stadt 1310 an **Oels**. Mit dem Jahre 1323, resp. 1324 mit Werner von Pannewitz, beginnt die Reihe der Kastellane auf der Burg zu Wohlau Vorübergehend, 1447, war die Stadt im Pfandbesitz des Domcapitels von **Breslau**, 1489 bis 1490 gehörte sie dem Könige Matthias, kam 1493 an das Fürstenthum **Teschen** und 1495 an **Münsterberg**. Im Jahre 1517 wurde sie an Johann **Thurzó** von Bethlemfalva (Bethleheimsdorf), Kammergraf von Kremnitz und seitdem Freiherr von Wohlau und Steinau, verkauft, der als Verwalter Heinrich von Schindel auf Bernstadt einsetzte, fiel aber 1524 an die Herzoge von **Liegnitz-Brieg** und gehörte ihnen darauf bis zu ihrem Erlöschen 1675. Schon im Jahre 1654 war aus den Weichbildern von Wohlau, Winzig, Herrnstadt, Rützen, Steinau und Raudten ein, durch die Oder in zwei Theile geschiedenes, besonderes Fürstenthum Wohlau gebildet worden, welches dann von 1675 bis 1742 als böhmisches Fürstenthum dem Kaiserhause gehörte und seitdem preussisch ist.

Das Wappen der Stadt Wohlau ist ein redendes, ein Ochs. Denn „Wol“ heisst der Ochs und der Ort hat wohl davon seinen Namen, dass in alten Zeiten daselbst ein bedeutender Rindviehmarkt bestanden. Das älteste Siegel mit diesem Wappenbilde ist von 1473 und hat die Umschrift: S . CI-VIVM . DH . WOLÆV. Auch das Gerichtssiegel aus derselben Zeit, mit der Umschrift: S . PRÆTORIS DH . WOLÆV. hat den Ochsen als Siegelbild. Das nächstälteste Siegel dürfte ein kleines Sekret sein, das im Schilde den Ochsen und darüber nur die Buchstaben S. C. W. zeigt. Ein sehr hübsch geschnittener Siegelstempel (Abdruck von 1681) hat den Ochsen im Schilde auf Erdreich und die Umschrift: S . CIVITATIS . WOLAVIEN-SIS. Das wenig jüngere Schöppensiegel (S . SCA-BINORVM . IN . WOLAW .) hat den Ochsen frei im Siegelfelde, ein neueres städtisches, auffallend gut gefertigt, denselben auf Erdreich, im zierlichen Wappenschilde und die Umschrift: SIG .MAG. CIV.

WOLAV. Entgegen einigen Angaben, welche das Wappenthier schwarz tingiren, ist nach einer Auskunft des Magistrats zu W. d. d. 15. März 1842 der Ochs roth im silbernen Felde, auch soll auf dem Schilde ein mit einer Krone bedeckter, von rothweissen Helmdecken umflatterter Helm stehen, wie es scheint, aber ohne Helmschmuck. Die „Silesia picta“ zeigt noch einen Stern über dem Ochsen, der sich sonst ebensowenig wieder findet, wie der betreffende Helm.

Woischnik,

Woysnik, Voznici, Wosnik, slaw. Woznik, Wozniki, ein alter Ort, der, bereits 1206 urkundlich erwähnt wird als eins der Dörfer, in denen das St. Vincenzstift Zehntberechtigung vom Bischofe erhielt. Markt- und Stadtrecht hat W. wohl schon 1310 gehabt, sicher und ausdrücklich 1454 vom Herzoge Bernhard von **Oppeln** erhalten (vom Kaiser 1637 noch einmal bestätigt), ohne dass der Marktflecken jedoch im Stande gewesen wäre, sich zur wirklichen Stadt zu erheben. Die Burg und Vogtei zu W. verlieh Herzog Ladislaus von O. 1386 dem Marcus Joch, 1412 verkaufte dieselbe ein gewisser Albrecht dem Swench Wessowski und dieser veräusserte sie 1418 an Wlczke Kobelciez. Um das Jahr 1440 schenkte Herzog Bernhard von O. die ganze Stadt seinem Kanzler Peter Lubscha. Die Rechte an der Vogtei gingen 1493 von den Gebrüdern Stanislaw und Christoph Brzezina von Witoslawecz auf Simon von Strelitz über. Zu Anfang des sechzehnten Jahrhunderts sass auf W. Stephan von Kaminiec, nach ihm, 1540 bis 1543 sein Sohn Georg und darauf des letztern Sohn Johann von K. † 1590. Die Wittwe desselben, der 1581 auch die Scholtisei W. von Georg von Suche gekauft hatte, Maria, wieder vermählte von Kochtitzka, vererbte 1604 Woischnik auf ihren Sohn zweiter Ehe, Georg Friedrich von Kochtizki, nach dessen Tode, 1632, die Herrschaft käuflich auf Elisabeth von Twardawa, vermählt mit Balzer von Frankenberg überging. Nicht lange darauf erwarb sie Graf Melchior Ferdinand von Gaschin, der zwar 1655 ohne directen Nachkommen starb, dessen Geschlechtsvettern ihm aber im Besitze von Woischnik folgten und es noch fast hundertundfunfzig Jahre behielten. Im Jahre 1796 starb Graf Anton Johann Nepomuk von Gaschin, 1799 sein Bruder Franz und ihr Neffe und Erbe, Graf Franz von G. verkaufte darauf 1803 die Herrschaft an Carl Friedrich Wilhelm Leopold von Löben Im Jahre 1808 erstand sie Graf Gustav Adolph Henckel von Donnersmark, † 1813, dessen Wittwe Johanna Eleonore Caroline, geborne von Prittwitz, sie 1837 an Bernhard Rosenthal veräusserte. Von diesem kaufte W. 1854 Otto Wilhelm von Zastrow und von seinem Sohne Alfred von Z. 1858 der gegenwärtige Besitzer Graf Guido Henckel von Donnersmark.

Das Wappen des Marktfleckens Woischnik ist nach Ausweis dreier übereinstimmender Siegelstempel ein (gespaltener) Wappenschild, rechts ein halber Adler. Beide Figuren waren auf der schles. Industrie-Ausstellung golden im blauen Felde abgebildet, der Adler ist natürlich der oberschlesische, der diese Tincturen hat, das Rad ist wohl einem der Felder des Stammwappens der Grafen Gaschin entlehnt, welches nebeneinander zwei goldne Räder im blauen Felde zeigt. Das grössere der erwähnten Siegel, nebst dem folgenden noch dem siebenzehnten Jahrhundert angehörend, ist das Gerichtssiegel und hat die Umschrift: SIGILLVM . CIVITATIS . WOZNIKI . SCABINORVM ., das zweite hat: SIGILLVM . CIVITATIS . WOZNIXII ., der neueste Stempel aber: SIGILLVM . CIVITATIS . WOZNICENSIS.

Wünschelburg,

 Wünschelberg, slaw. Hradek (d. h. Schlösschen, kleine Burg), Radek, Radkow, am Poskafluss und am Fusse der Heuscheuer, entstanden um die Burg daselbst und als Städtel zuerst im Jahre 1336 genannt. Die Kirche des früheren Dorfes kommt dagegen schon 1290 urkundlich vor. Andern, aber nicht ganz zuverlässigen, Nachrichten zufolge hätte W. erst 1409 Marktrecht erhalten. Im Jahre 1418 bekam der Ort vom Könige Wenzel eigentliches, deutsches Stadtrecht nach dem Vorbilde von Glatz, das darüber sprechende Privilegium wurde von den späteren Grafen von Glatz wiederholt bestätigt. Von Besitzern der Vogtei W. sind bekannt 1380 ein gewisser Osprand, 1383 Hermann Tscheterwang, im Anfange des funfzehnten Jahrhunderts [bis 1414 Hans von Engelhardt?] Peter Blümel, der sie 1417 dem Nicolaus Obler verkaufte, welchem letzten sie noch 1425 gehörte, endlich noch 1665 Carl Daneg von Zdanitz.

Das verhältnissmässig älteste Siegel der Stadt, vielleicht noch aus dem Ende des sechzehnten Jahrhunderts, ist nur klein, hat die Umschrift SI . CIVITATIS . WVNTSCHELBVRGENSIS . und hat im runden Siegelfelde das gewöhnliche Stadtsymbol: eine Zinnenmauer mit Thor und drei spitzbedachten Zinnenthürmen. Das Wappen ist beibehalten worden, die Farben werden jetzt angegeben roth im blauen Felde, als besonderes Unterscheidungszeichen mögen heutzutage etwas grössere Knöpfe gelten, die auf den Thurmspitzen und den Mauerzinnen stecken. Ein ovales Siegel, 1734 im Gebrauch, ist sonst dem vorigen gleich, desgleichen ein ganz kleines rundes u. s. m., nur unterscheiden sich die Umschriften in Kleinigkeiten, einmal steht nur S ., ein ander Mal: SIGILLUM ., das T im Stadtnamen fehlt, auch wird dieser auf dem letztangeführten kleinen Siegel „BERGENSI" geschrieben.

Würbenthal,

Mindenstandesherrsch. Freudenthal, Kreis Troppau.

slaw. Wrbno, Wrbotal, a. d. Gold-Oppa, ist eine kleine Bergstadt, die im Anfange des siebenzehnten Jahrhunderts entstand. Die erste Niederlassung daselbst soll Alt-Fürstenwald geheissen und später unter dem Namen Neu-Fürstenwald auch schon Stadtrechte besessen und ausgeübt haben. — Hynek (Heinrich) Freiherr von Würben (Wrbna) und Freudenthal (Bruntalski) gründete 1611 (? 1609) die jetzige Stadt, die nach ihm den Namen bekam und welche er mit vielerlei Freiheiten ausstattete. Die Herrschaft Freudenthal, zu welcher W. gehörte, wurde 1621 der Familie von Würben vom Kaiser konfiszirt und seinem Bruder, dem Erzherzoge Carl von Oestreich, Bischof von Breslau und Brixen und Deutschmeister verliehen, der 1624 starb und sie dem deutschen Ritter-Orden vermachte. Mit Freudenthal gehört W. noch heutzutage dem Orden und steht unter der Komthurei Engelsberg.

Das Wappen des Orts ist nur aus der Abbildung und Beschreibung Widimski's bekannt. Danach findet sich in demselben eine deutliche Anspielung auf das Stammwappen seines Gründers. Die von Würben führen im Wappen einen goldnen Querbalken, beiderseits begleitet von drei goldnen Lilien im blauen Felde — der goldne Querbalken im blauen Felde ist geblieben, statt der Lilien aber erblickt man oben einen laufenden, rothen Fuchs, unten, landschaftlich gehalten, einen Berg mit dem Eingang zu einem Stollen, aus dem ein Bergmann gewonnenes Erz herauskarrt.

Zauditz,

Kreis Ratibor, Regbez. Oppeln.

Sanderwitz, Zuditz, Czudicz, mähr. Sudice, poln. Sudzice, lat. Zauditium, am Mühlbach (Bjlawoda), ist ein kleines Städtel, oder Marktflecken, der als Pfarrort zuerst 1328 genannt wird. Anfangs unmittelbar zum Fürstenthume Jägerndorf gehörig, theilte Z. die allgemeinen Schicksale desselben, bis zum Breslauer Frieden, 1742, in welchem Jahre es abgetrennt und zum preussischen Herzogthume Ratibor geschlagen wurde. Der erste bekannte Mediatherr des Ortes war Peter Oderski von Liderau, der 1571 starb. Ihm folgten Georg O. 1574, Jaroslaw O. 1586 und darauf Ernst von Falckenhayn, † 1594. Im Jahre 1612 sass noch Siegmund von F. auf Zauditz, um 1630 aber Wenzel von Podstatzki, dessen Familie später in den Grafenstand erhoben wurde und 1762 erlosch. Im Jahre 1680 gehörte Z. bereits dem Johann Bernhard Brix von und zu Montzel, dessen Erben 1713 mit ihrem Vormunde Friedrich Gottlieb von Reisewitz prozesirten. Bald darauf war Zauditz in den Besitz des Halbbruders jenes Johann Bernhard Br., des Freiherrn Friedrich Gottlieb von Henneberg († 1776) übergegangen; der letzte dieser Linie, Freiherr Aloys von H. starb 1823. Von 1816 bis 1833 besass Z. Freiherr Ludwig von Bibran, vermählt mit der Freiin Engelberta von Henneberg, darauf kaufte die Herrschaft Fürst Eduard von Lichnowski, der sie 1839 an die belgischen Banquiers Gebrüder Lejeune verkaufte, aus deren Händen sie 1856 an den jetzigen Besitzer, den Freiherrn von Rothschild überging.

Das älteste, ovale Siegel des Ortes, Abdruck von 1753, mindestens aber schon in der ersten Hälfte des siebenzehnten Jahrhunderts geschnitten, macht den Eindruck, als hätte man zu demselben eine antike Gemme, von freilich nur mittelmässiger Arbeit, verwendet, indem man den Profilkopf, den sie darstellt, als den irgend eines Heiligen auffasste und ihn mit einem Schriftrande umgab: SI-GILLVM . CIVITAS . ZAVDICIENSIVM. Ein neueres, grösseres Siegel zeigt einen ähnlichen Profilkopf in einem Kreise, welcher an die Schüssel St. Johannis Baptistae erinnert und hat die Umschrift: STÆDTEL . ZAVDITZER . SIEGEL., im Abschnitte: RATIBOR . CREIS. Soll der Kopf den des Täufers vorstellen, so wäre natürlich die silberne Schüssel (im rothen Felde?) wesentlich.

und Hals einer Ziege, schwarz im silbernen Felde. Ein grosses altes Siegel, dessen Umschrift auf einem Abdruck von 1614 nicht mehr zu lesen war, zeigt bereits den links gekehrten Ziegenhals im Wappenschilde. Die Richtung nach Links ist, wie es scheint, stets beibehalten worden. Ein nur wenig kleineres Siegel von 1622 lässt in der Umschrift noch lesen: S . CIVITATIS . . . GENHALS. Ein paar neuere Stempel, von anerkennenswerth guter Arbeit haben zierlich ausgeschweifte Barockschilder mit dem Wappenbilde und die Umschriften, ein kleines noch aus dem siebenzehnten Jahrhundert: S . ZIGENHALS . CIVITATIS ., ein ovales aus dem vorigen Jahrhundert: SIGIELLUM (?) . CIVITATIS . ZIGENHALS.

Ziegenhals,

 Zigenhals, Ziegenhalss, Cyginhals, Cigenals, Cegynhals, poet. lat. Capricolli, am rechten Ufer der Biela, ist ein alter Ort, welcher 1249 schon bestand, als Bischof Thomas von Breslau dem Ritter Smilo einen daneben liegenden Wald zur Aussetzung nach deutschem Recht verlieh. 1268 war Ziegenhals bereits Stadt, unter dem Vogt Rynbold Fullschüssel so bezeichnet. Die Stadt wurde 1428 von den Hussiten erstürmt, 1444 vom Herzoge Wilhelm von Troppau durch Verrath eingenommen, aber noch in demselben Jahre dem Bisthume Breslau wieder eingeräumt. An Georg von Stosch verpfändet, wurde von diesem Z. im Jahre darauf, 1445, unter Genehmigung des Bischofs, an den Herzog Bolko von Oppeln verkauft. Im Jahre 1449 kaufte das Bisthum die Stadt zurück und seitdem blieb sie im Besitze desselben, zum Fürstenthum Neisse gehörig, bis zur Säcularisation der bischöflichen Güter 1810, worauf sie eine k. Immediatstadt geworden ist.

Das Wappen der Stadt ist ein redendes, Kopf

Zirkwitz,

 Cirquich, Cyrcoviza, Circkwicz, Czeroquiez, Cerequie, slaw. Czirkiew, sehr alter Ort, so wenig sicheres auch über seine älteste Geschichte bekannt ist.

Die sogenannte Trebnitzer Stiftungsurkunde von 1203 und eine andre von 1208, die beide aller Wahrscheinlichkeit nach unecht sind, bringen Data über den Ort, welche man mit grosser Vorsicht aufzufassen hat. Danach wäre bereits vor dem Jahre 1155 das Marktrecht von Trebnitz auf das schon damals bischöfliche Zirkwitz übertragen worden: ferner soll Z. früher einem Grafen Andreas Ranzki gehört haben und als Mitgift seiner beiden Schwestern von deren Bruder Wizlaw dem Kloster geschenkt worden sein, von dem es 1208 das Bisthum eingetauscht. — Sicher ist, dass Z. im Jahre 1228 schon eine Besitzung des Bisthums Breslau war. Stadtrecht hat Z. wohl 1252 erhalten, nicht erst 1324, in welchem Jahre freilich zuerst von seinen Bürgern die Rede ist. Im Jahre 1361

wird es als Städtel (oppidum) bezeichnet, hatte 1368
einen Vogt und noch 1498 kommen urkundlich
„Bürgermeister, Rathmannen, Richter und Schöppen
von Z." vor nach dieser Zeit ist sein Stadtrecht
erloschen, selbst sein Marktrecht auf das nahe Trebnitz übergegangen, so dass der Ort jetzt völlig zu
den Landgemeinden gehört. Im sechszehnten Jahrhundert war Z. einmal vom Bischofe Balthasar von
Promnitz (1539 bis 1562) dem Sebastian von Nostitz
verliehen worden, dessen Wittwe Margarethe, geborne Kapperwolf 1565 vergeblich um die Weiter-
belehnung petitionirte. Nach der Säcularisation des
Bisthums, 1810, wurde Zirkwitz zusammen mit den
Trebnitzer Stiftsgütern, 1814 dem Fürsten Gebhard
Lebrecht Blücher von Wahlstatt († 1819) als
Dotation verliehen, von seinen Erben, den Grafen
Bl. von W. aber 1821 an Sylvius von Dobschütz
verkauft, dessen Familie noch im Besitze des Ritter-
gutes ist.

Glücklicherweise hat sich das mittelgrosse, schön
geschnittene Siegel des alten Städtels in einem Abdrucke im Breslauer Staats-Archive erhalten. Dasselbe zeigt im Vierpass aufrecht den Krummstab,
fest in die graswachsene Erde gesteckt, rechts
und links von je einer Lilie des Breslauer Bisthumswappens begleitet, und hat die Umschrift: sigillum .
ciuitatis . (irli(ctwic)s. Unzweifelhaft sind, den Farben des Bisthumswappens gemäss, auch hier die
Farben Silber in Roth anzunehmen.

Zobten,

 Soboth, Subota, Subat, Sobotko, Zo-
boten, Czobothen, Czobothu, Czobtaw,
Zobten „am Berge", zum Unterschiede
von Z. „am Bober", am Fusse des
Zobtenberges und am Schwarzwasser,
ist einer der ältesten Orte Schlesiens, dessen Kirche

bereits 1150 dem Sandstifte in Breslau zustand.
Der Markt Zobten kommt urkundlich im Jahre 1193
zuerst vor, ebenfalls als Besitzthum des Sandstiftes (des Augustiner Stifts regulirter Chorherren
zu Unserer Lieben Frau auf dem Sande in Breslau),
1250 wird derselbe in der päpstlichen Bestätigungs-
urkunde der Besitzungen des Sandstifts „Stadt" genannt und hatte jedenfalls schon deutsches Recht,
jedoch erfolgte die Erhebung des Marktflockens zur
eigentlichen Stadt nach Schweidnitzer Recht erst im
Jahre 1399 durch den König Wenzel. Auf dem
Zobtenberge (Slenz, Zlenez, mons Silencii, Sylencii)
stand wohl schon von alten Zeiten her eine Burg,
ihre erste urkundliche Erwähnung datirt vom Jahre
1242 und 1247 wird der erste Kastellan auf ihr namentlich bezeichnet. Obschon ursprünglich auch
dem Sandstift gehörig, kamen Schloss und Burg
doch bald in weltlichen Besitz, seit 1209 in den der
Herzoge von Breslau, von denen ein Theil mit
dem Walde 1280 dem Stifte zurückgestellt wurde,
1296 der Herzoge von Schweidnitz. Im Jahre
1321 und 1336 nennen sich die Herzoge von Münsterberg auch Herren der Stadt, aber wohl nur
in ihrer Eigenschaft als oberste Landesherren, 1343
wurde der Berg wieder an das Fürstenthum
Schweidnitz verkauft; das Schloss scheint schon
um diese Zeit königlich gewesen zu sein, wurde
1353 dem Herzoge von Schweidnitz verliehen, kam
aber 1392 ganz in den Besitz der Krone Böhmen.
Die Vogtei Zobten kaufte das Sandstift 1351 von
einem Grafen Matthias von Treuez. In der ersten
Hälfte des funfzehnten Jahrhunderts (schon vor 1431)
war das Schloss den Herren von Kolditz verpfändet worden, auch als dasselbe um 1471 zerstört
wurde, blieben sie Pfandherren der Herrschaft, bis
endlich das Sandstift ihnen 1494, nachdem sie ebon
im Jahre vorher das erbliche Eigenthum daran erlangt hatten, den ganzen Rest des Zobtenberges und
Gebietes abkaufte, welcher nunmehr, mit dem übrigen Theile und der Stadt vereinigt, den sogenannten „Zobtener Halt" bildete und bis zur Säcularisation 1810 im Besitze des Stiftes blieb.

Das älteste Stadtsiegel vom Jahre 1448 hat im langgestreckten Vierpass eine weibliche Heilige — nicht den St. Jacob. Schleier, das lange Gewand und vielleicht ein Buch in der linken Hand sind erkennbar, aber nicht anderweite Attribute, so dass man die Persönlichkeit feststellen könnte. Die Umschrift heisst: g . cöľvibm . b . ᵵᵤᵇᵗᵃ. Alle neuere Siegel und Wappendarstellungen kennen nur den St. Jacob als Wappenfigur mit Pilgerstab, Muschelhut, Wasserflasche am Gürtel u. s. w. Ein ziemlich roh geschnittener Stempel aus dem siebenzehnten Jahrhundert hat hinter dem Heiligen noch ein Kloster auf dem Berge und die Umschrift: SIGILLVM . CIVITATIS . ZOPOTEN ., ein ganz modernes Siegel mit: DER . MAGISTRAT . ZU . ZOBTEN . AM . BERGE . 1812 . hat den heiligen Pilger mit einem Buch in der Rechten und kein Kloster im Hintergrunde. Eine vom Könige 1862 der Stadt verliehene Fahne giebt die jetzt wohl üblichen Farben: weisses Gewand des Heiligen, grüner Erdboden und blaues Feld, mit Weglassung natürlich der unwesentlichen Specialitäten (Bucheinband etc.). Interessant sind auch die beiden alten Gerichtssiegel der Stadt, das der Schöppen (1404) hat im Felde einen Arm, der den Krummstab (des Abts vom Sandstifte) hält, Umschrift: S . SCHBIRORVM . OXOBTAW., das der Richter (auch schon 1404) zeigt die Mitra des Abts freischwebend im Felde, Umschrift: S . IVDIGVMR . IR . UZOBOTAW.

Zuckmantel,

Fürstenthum Neisse, Kreis Troppau.

Czuckmautel, Coczkemantl, slaw. Ćukmantl, lat. Zurmontanum, Zukmantela, in alten Zeiten nach der Burg Edelstein auf dem Berge oberhalb „Edelstadt" geheissen, am Bache Miserich, ist jetzt

eine fürstbischöfliche Schutz- und Municipal-stadt im östreichisch gebliebenen Theile des Fürstenthums Neisse, an welcher das Bisthum Pfand-, oder sonstige Rechte schon zu Ende des dreizehnten Jahrhunderts gehabt haben soll. Zu Anfang des vierzehnten Jahrhunderts jedoch gehörte Z. zu den Städten des Fürstenthums Troppau, fiel bei der Theilung von 1377 an den Herzog Nicolaus III. von Leobschütz und wurde im Jahre 1383 von diesem dem Bisthume Breslau verpfändet. Wie lange der Pfandbesitz gedauert, ist nicht klar, Zuckmantel gehörte aber wieder zum Fürstenthum Troppau, als Herzog Bolko von Oppeln 1455 den grössten Theil desselben (mit Z.) erkaufte. Von ihm ging die Stadt in den Besitz der Krone Böhmen über, 1467 aber bemächtigte sich Bischof Jobst von Breslau (ein von Rosenberg, † in demselben Jahre) der Stadt und des Schlosses Edelstein und zerstörte das letztere. Seinem Nachfolger, Bischof Rudolph (von Rüdisheim) wurde 1474 vom Könige Matthias der Besitz von Zuckmantel bestätigt und seitdem scheint derselbe nicht mehr unterbrochen worden zu sein. Der „Czückmentlischen" Bergwerke wird schon im vierzehnten und in den folgenden Jahrhunderten wiederholt, und als zum Theil äusserst ergiebiger, Erwähnung gethan.

Es hat sich ein ziemlich altes Siegel der Stadt in einem Abdrucke von 1662 erhalten, das aber seiner Entstehung nach noch dem Anfange des funfzehnten Jahrhunderts angehört und, über das runde Siegelfeld theilweise hinausgehend einen gnomenartig gebildeten Bergmann zeigt, der, gebückt mit der Haue im Steingeröll arbeitet, die edlen Golderze in einer Mulde sammelnd. Umschrift: sigillbm . civitatis . cӡocӡkemantci. Auch ein jüngeres, achteckiges Siegelchen von 1656 zeigt einen ähnlichen Gnomen, nach der andern Seite gewendet, mit dem Spitzhammer und der charakteristischen Mulde zum Goldsammeln, oder Goldwaschen, Umschrift: SIGILLVM . CIVITATIS . ZVCMONTAN(en)SIS. Widimski bildet einen schlanken, wohlgebildeten

Bergmann ab, der an einem Felsen herumklopft, auf grünem Erdboden im blauen Felde, hinter ihm ein Bäumchen. Das Gerichtssiegel von Z., etwa aus dem Ende des siebenzehnten Jahrhunderts, hat im Wappenschilde eine der bischöflichen Lilien und die Umschrift: S . IVDICII . CIVITATIS . ZVCK-MANTEL.

Züllichau,
Kreisstadt im Regbez. Frankfurt,

 Züllich, Zülch, Czulchow, ein Name, der von Celichowa, auf deutsch: die Viehweide, abgeleitet wird, was nicht unwahrscheinlich klingt, wogegen der Zusammenhang des Ortes mit einem adligen Geschlechte der Zelechowski von Zelechowo unerwiesen bleibt, liegt eine halbe Meile von der Oder und soll nm das feste Schloss dieses Namens 1304 vom Herzoge Heinrich III. von Glogau angelegt, nach Andern nur vergrössert und gehoben worden sein. Von ihm tauschte Markgraf Waldemar von Brandenburg († 1319) kurz vor seinem Tode, gegen Sagan und Krossen, die Städte Züllichau und Schwiebus ein. Noch am Ende dieses Jahrhunderts bestand die Verbindung mit der Mark, da 1395 Graf Eitel Friedrich von Hohenzollern, auch Verweser von Krossen und Kottbus, Hauptmann des Markgrafen Jobst auf Schloss Z. war. Bald darauf aber kam die Stadt und das Gebiet von Züllichau an die Krone Polen, erstere wurde 1476 vom Herzog Johann von Sagan eingenommen und im Frieden von Kamenz, 1482, der den Glogauischen Erbschaftsstreit beendete, kamen Züllichau, nebst Krossen, Sommerfeld und Bobersberg, in den Pfandbesitz des Kurhauses Brandenburg. Der Pfandbesitz des Herzogthumes Krossen, welches aus den genannten Städten und Herrschaften bestand, 1535 bis 1571 unter dem Markgrafen Johann von Kü-

strin, ging später in Lehnsbesitz über, bis der Breslauer Frieden, 1742, die Lehnsabhängigkeit aller dieser und anderer Lande von der Krone Böhmen für immer aufhob. Züllichau, dessen Zugehörigkeit zu Schlesien seit der Consolidirung der brandenburgisch-preussischen Herrschaft immer mehr in Vergessenheit gerieth, anfangs einen der sogenannten incorporirten Kreise der Neumark bildete, jetzt ganz zu derselben gehört, war stets eine Immediat- und Weichbildstadt, dennoch dürfte eine Reihenfolge der bekannt gewordenen Schloss-Hauptleute von Züllichau von einigem Interesse sein: 1486 Nitsche von Unruh, 1491 Caspar von Kracht, 1541, 1543 Melchior von Löben, 1544 Johann von Knobelsdorff, 1545 Heinrich von Unruh, 1548 bis 1570 Johann von Löben, 1574 bis 1578 Nicolaus von Tschirnwitz, 1579 Johann Adam von Zilenzig, 1580, 1590 Botho Graf von Reinstein-Blankenburg, dieser gewissermassen als Pfandherr von Z., 1608 Joachim von Winterfeldt, 1626 Busso von Güblen, 1628 Joachim von Köckeritz, 1645 Erasmus von Troschke, 1655 Dietrich von der Marwitz.

Ein älteres Siegel von Züllichau, von 1453, hat im Siegelfelde einen Gewaffneten im blossen Haupte, kurzen Waffenrock, in der Rechten eine Lanze, mit der Linken den Schild vor die Brust haltend, dessen Wappenbild leider nicht mehr zu erkennen ist, wahrscheinlich aber der schlesische Adler war, so dass man in der Gestalt das Abbild eines schlesischen Herzogs, vielleicht jenes Heinrich III. von Glogau zu erkennen wohl berechtigt ist. Zu beiden Seiten desselben kleine Andeutungen von Thürmen, deren Fundamente möglicherweise auch durch Wappenschilder verdeckt sind, wenigstens macht der untere Theil des linken Thurmes, der Kreiseinfassung des Siegels sich anschliessend und unten spitz zulaufend genau den Eindruck eines quer getheilten Wappenschildes. Die Umschrift lautet: sigillum . civitatis . czulchaw. Heutzutage wird der „Herzog" bald als Riese erklärt, der hier einst gehaust habe, bald stellt man ihn als Polacken vor, mit beschnür-

tem Rock, Pelzmütze, Säbel und Helleparte, bald
als Soldat im Kostüm der Zeit des dreissigjährigen
Krieges. Ein Siegel aus dem vorigen Jahrhundert
hat die letztere Vorstellung, die oben beibehalten
worden ist, ein ganz neues „SIEG . D . SPAR-
CASSE . ZU . ZÜLLICHAV .“ hat den Polacken,
beide Male sind die Thürme sehr deutlich markirt
und die Figur steht auf einem festen Mauerwerk.

Anm. Mit Rücksicht auf die oben erwähnten Zelechowski
von Zelechowo möge die Beschreibung eines Siegels (D . Fran-
cisci . br . [spulshom] von 1412 hier einen Platz finden: im
lang gezogenen Vierpass in Dreiviertelfigur die Jungfrau Maria,
ohne den Jesusknaben, mit dem Zepter in der Rechten, die
Linke in die Seite gestemmt.

Zülz,

Kreis Neustadt, Regbez. Oppeln.

Czuliz, Czulcze, Zülcb, slaw. Bialy,
Biala, Bela, an der kleinen Biela, dem
sogenannten Zülzer Wasser, ist wahrscheinlich ein alter Ort, wenn die Annahme richtig ist, dass man unter dem
mit deutschen Kolonisten besetzten Dorfe Bela in
Oberschlesien, dessen Freiheiten als Vorbild für die
neu angesetzten Ortschaften Kostenthal, 1225, und
Jarozlaw, zwischen 1239 und 1246, dienen sollten,
die spätere Stadt Biala, oder Zülz zu verstehen hat.
Eine Burg mit einem herzoglichen Kastellan auf ihr
stand jedenfalls schon zu Ende des dreizehnten Jahrhunderts zu Zülz. Landesherren waren die Herzoge
von Oppeln, im vierzehnten Jahrhundert (1327,
1380) die Seitenlinie zu Falckenberg, von ungefähr 1384 ab wieder die Hauptlinie, bis zu ihrem
Erlöschen 1532. Schon vorher, 1522, kommt ein
erster Mediatherr auf Zülz, ein Hans von Seidlitz
vor. Im Jahre 1565 verpfändete der Kaiser das ihm
zugefallene Kammergut Zülz dem Freiherrn Georg IV.
Proskowski von Proskau († 1584), dessen Fa-

milie 1602 (1606?) das erbliche Eigenthum an der
Herrschaft erwarb und bis zu ihrem Aussterben,
1769 in der Person des Grafen Anton Christoph
von Pr., im Besitze derselben verblieb. Aus dem
Nachlass desselben kam Zülz in die Hände des Frei-
herrn Heinrich Gottfried von Spättgen, dessen
Erbtochter, Freiin Josepha Barbara von Sp., vermählt mit Friedrich Rudolph Freiherrn, seit 1747
Grafen von Matuschka, der Titel und Wappen der
Freiherren von Spättgen annahm und 1770 starb,
bei ihrem Tode 1781 Zülz an die Familie ihres
Gatten brachte. Die Grafen von Matuschka waren
noch in den dreissiger Jahren dieses Jahrhunderts
Erbherren auf Zülz, 1841 gehörte die Herrschaft
einem Herrn von Gersdorff, 1857 einem Herrn
Müller, das letzte sчlea. Provinzial-Handbuch von
1869 kennt kein Rittergut Zülz mehr, dessen Dis-
membration allerdings schon seit dem Jahre 1802
begonnen hatte. Alt-Zülz, slaw Solez ist ein Pertinenzstück des Majorats Ober-Glogau, im Besitze
der Grafen von Oppersdorff. Die Stadt Zülz war
früher besonders dadurch bekannt, dass sie eine
„Juden-Freistadt“ war. Dieselbe war schon 1562
vorhanden, besondere kaiserliche Privilegien wurden
den dortigen Israeliten noch 1699 ertheilt, weshalb
denn besonders im vorigen Jahrhundert, ehe die
neuen Zeitverhältnisse derartige Einrichtungen überflüssig machten, fast die ganze Einwohnerschaft aus
lauter Juden bestand.

Im Jahre 1564, im ersten Jahre der Proskauschen Herrschaft, ertheilte Kaiser Ferdinand der
Stadt einen Wappenbrief, der das alte Wappen derselben wohl nur mit dem Wappenschilde ihrer neuen
Grundherren vermehrte. Danach besteht das Stadtwappen in einer weissen Zinnenmauer mit Thor,
über demselben ein weisser Zinnenthurm, an welchem der Schild mit dem Proskauschen Stammwappen hängt, im rothen Felde. Das Stammwappen
derer von Pr. ist roth und silbern gespalten und
enthält zwei Hufeisen von verwechselten Tincturen,
mit den Rücken an der Theilungslinie zusammen-
stossend. Ein älteres, grösseres, gut geschnittenes

Siegel (Abdruck von 1693) hat diese Vorstellung im mit Blumenranken angefüllten Felde und die Umschrift: SIGILLVM . CIVITATIS . CZVLIZ ., ein kleineres, ovales aus dem vorigen Jahrhundert hat den Schild mit den Hufeisen nur noch eben zur Noth erkennbar; Umschrift: SIGILLVM . CIVITATIS . CZVLZ ., ein neuestes mit: SIEGEL . DES. POLIZEY . AMT . DER . STADT . ZÜLZ . 1810. hat den proskauischen Schild ganz weggelassen, dafür den Thurm in besonderer Gestalt, oben breit, unten schmal, wie angeblich das Neustädter Thor in Zülz sich repräsentiren soll.

Nachträge und Berichtigungen.

Seite 1. Altenberg, zuweilen auch Altenburg genannt, war im Anfange des siebenzehnten Jahrhunderts, 1603, 1616, schon einmal im Besitze derer von Zedlitz. Das erste Heft der Mittheilungen des in Dresden neu gestifteten Vereins für Münz-, Wappen- und Siegelkunde bringt in einem Probe-Artikel über die Wappen und Siegel der Städte Sachsens und Thüringens die interessante Thatsache, dass das Wappen des schlesischen, ehemaligen Städtels Altenberg frischweg von der meissnischen Stadt Altenberg im Erzgebirge annektirt worden ist. Der Hergang ist wahrscheinlich ein höchst einfacher gewesen. Ein Siegelsammler hatte einen Abdruck des Seite 1 beschriebenen Siegels erhalten und dasselbe, da Altenberg in Schlesien inzwischen aus der Reihe der Städte verschwunden war, unter dem Namen von Altenberg in Meissen rubrizirt. Als der Magistrat der letztern Stadt nun eines Tages, etwa in Folge eines jener, in der Geschichte aller kleinen Städte eine so grosse Rolle spielenden, Brände, eines neuen Siegels benöthigt war, genügte die Autorität des, jedenfalls bona fide handelnden, Sammlers, um das Wappen des schlesischen Städtels mit dem ober-landesherrlichen, böhmischen Löwen nach Meissen zu verpflanzen und es fand sich auch schnell ein „Chronist", der nähere Data zur Hand hatte, sogar das merkwürdige, dass der böhmische Löwe „weiss und roth quer getheilt im blauen Felde" sei, wobei ihm vielleicht das ähnlich, aber auch anders tingirte Wappen der meissnischen Familie von Schönberg vorgeschwebt haben mag, welche die Mission zu haben scheint, spezialhistorische Lücken auszufüllen. Aus dem Bericht der sächsischen Vereinsschrift ist auch zu ersehen, dass bereits mehre neuere Nachahmungen des ursprünglichen Siegel-Stempels existiren — schwerlich dürften der Grundherr und die jetzige Dorfgemeinde von A. im Kreise Schönau gegen den ferneren Gebrauch derselben Protest einlegen, obschon sie aus den noch existirenden Schöppenbüchern ihres Ortes ihr alleiniges Eigenthumsrecht zu beweisen sehr wohl im Stande sind, nur an diesem Orte muss es konstatirt werden, in welcher Weise zuweilen Wappen gemacht werden.

Seite 2. **Auras.** Freiherr Christoph von Jörger soll bereits 1520 Erbherr von A. gewesen sein. (Weltzel.)

„ 14. **Beuthen, O.-S.** hat 1254 deutsches Stadtrecht erhalten. (Dr. Luchs.)

„ 15. „ „ Das auffallend kleine Siegel eines Vogts von B. von 1346, abgebildet Taf. XI. No. 142, zeigt im damaszirten Siegelfelde drei Vorlegeschlösser in das Dreieck gestellt, Umschrift: S'. RIGROLMI . ADVOGATI . DG . BYTV.

„ 16. **Beuthen, O.-S.** In Bezug auf das jetzige Wappen der Stadt (schwarzer Adler im silbernen Felde) ist zu bemerken, dass dasselbe dem k. Diplomwappen der Grafen Henckel von Donnersmark seine Entstehung verdankt. Im zweiten und dritten, gespaltenen Quartier sind nämlich die Herrschaften Beuthen und Oderberg vertreten, beide aber heraldisch unrichtig: Beuthen durch einen schwarzen, goldbewehrten Adler im silbernen Felde, den man heutzutage glaubt, für den preussischen halten zu müssen, statt des goldnen im blauen Felde, Oderberg durch ein rothes Antoniuskreuz auf grünem Dreihügel im goldnen Felde, statt des herb Kornic, silbern im rothen Felde (siehe Oderberg). Jedoch ist es auch möglich, dass die Farben des jetzigen Stadtwappens schon unter brandenburgischer Herrschaft entstanden sind, da auch die Wappen von Tarnowitz, Tost und Georgenberg die Deutung zulassen, als hätten die schwarz-weissen Farben des hohenzollernschen Stammwappens in ihnen verewigt werden sollen.

„ 20. **Bielitz.** In Fischer's Handbuch von Schlesien wird als Wappen des Fürstenthums B. aufgeführt ein quer getheilter Schild, oben drei Vögel hintereinander in Roth, unten ein silberner Sparren auch in Roth (?).

„ 24. **Borislawitz.** Die Vornamen der letzten drei Besitzer sind: Carl Benjamin Unger, der bereits 1805 starb, Maximilian Wilhelm Erdmann von Pückler und Georg Julius Fölckel.

„ 29. **Breslau.** Das Wappenbild des vierten Quartiers des grossen Diplomwappens der Stadt, der Kopf St. Johannis Apostoli auf der gestürzten Krone war ebenso, wie die Initiale W. des dritten Quartiers schon vor dem Jahre 1530 bekannt; beide Wappenbilder zeigen sich in behelmten Schilden bereits auf dem Deckel des, ungefähr 1497 gefertigten, Zinnkruges der Breslauer Bäcker-Innung (Dr. Alwin Schulz). Ob es am Ende die Spezialwappen von, später mit der Stadt verschmolzenen, Stadttheilen waren?

„ 31. **Brieg.** Auch ein kleines Stadtsiegel aus dem funfzehnten Jahrhundert (Abdruck von 1515) hat bereits andeutungsweise ein kleines Engelsköpfchen über dem Schilde, Umschrift: ſigillum . confulum . de . brega. Taf. I, No. 12. Desgleichen ein grosses Siegel von 1551, welches auf dem Titelblatte der „Urkunden der Stadt Brieg", von Dr. C. Grünhagen abgebildet ist und in den eigenthümlichen Buchstabenformen, die damals eine kurze Zeit lang Mode waren, die Umschrift zeigt: SIGILLVH . CONCIVIVH . DE . BRIGH

„ 32. **Brieg.** In dem eben angeführten Werk „Urkunden der Stadt Brieg" bespricht der Verfasser das Wappen der Stadt und kommt, gestützt auf das Zeugniss eines bischöflichen Notars vom Jahre 1374 zu dem Resultat, dass die drei Figuren des Brieger Wappens keine Anker, sondern „Wolfseisen" wären. Die interessante Frage wird in einem heraldischen Fachblatte ausführlicher und eingehender besprochen werden, als es hier möglich ist. Vor der Hand möge nur constatirt werden, dass die charakteristischen Widerhaken der Ankerarme für den praktischen Gebrauch völlig unwesentlich sind und dass in der heraldischen Terminologie, die es von jeher liebte, alte, auch die unschuldigsten, Wappen-(Waffen-)bilder auf Begriffe aus dem

Bereiche des Krieges, der Jagd — um modern zu reden, mindestens des Turfs und Sports — zurückzuführen, die Bezeichnung „Wolfseisen" für eine Unzahl eiserner Geräthschaften gebräuchlich ist, deren eigentliche Bestimmung räthselhaft geworden. Nicht weil der Wortlaut jener notariellen Erklärung des Brieger Stadtwappens den Nagel auf den Kopf getroffen, sondern weil sie ein seltener Beweis dafür ist, wie frühe man schon anfing, nur kriegerische und Jagd-Beziehungen auch in der Heraldik für „nobel" zu halten, ist das angeführte Zeugniss vom Jahre 1374 von hohem Interesse. Das älteste Schöppensiegel vom Jahre 1394 ist auf der ersten Siegeltafel No. 13 abgebildet. Dasselbe ist leider schlecht erhalten gewesen, daher liess sich in der Beschreibung desselben nur sagen, dass der Adler auf einem Halbmonde stände, es ist aber sehr wahrscheinlich, dass es eigentlich ein Anker alter, einfacher Form ist, auf dessen Armen der Adler steht, während der Stiel desselben vor der Brust desdesselben undeutlich geworden ist. So weit wäre der recht oft bemerkbare Humor mittelalterlicher Stempelschneider nimmer gegangen, den landesherrlichen Adler abzubilden, wie er sich in einem Wolfeisen verfangen! —

Seite 35. **Canth.** Nachzutragen sind noch zwei Siegel. 1) das der Stadtschöppen von 1526: gespaltener Schild mit halbem Adler und halber Lilie, Umschrift: ɕ. ſɕɛppɘn . ſiɡil . im . ʞant. Taf. XI, No. 144. 2) das des bischöflichen Amts-Verwesers (Hans Metche von Metchau) vom Jahre 1536: gespaltener Schild, rechts die sechs Lilien, links der ganze Adler, also das vollständige bischöfliche Wappen, mit der Umschrift: AM(PTS .) SIGEL . ZWM . KANT ., auf einem Bande.

„ 36. **Carlsmarkt.** Frühere herzogliche Hauptleute auf Ketzendorf und Cöln waren u. A. 1566 Hans von Wilberg, 1579 Otto von Wilberg.

„ 39. **Constadt.** Jener Herr von Posadowski, welcher C. 1742 besass, hiess mit Vornamen Carl Heinrich; Conrad David Edler von Gräve starb 1792. In der Matrikel von 1869 kommt ein Rittergut Ellguth-Constadt nicht mehr vor.

„ 40. **Cosel.** Schon vom Jahre 1234 kennt man einen Castellan auf der Burg daselbst, Werner.

„ 41. „ Nach Weltzel haben die ältern Siegel der Stadt in der That nur zwei Bocksköpfe gehabt und ein Schöppensiegel von 1585 zeigt gar nur einen.

Das kaiserliche Reichsfürsten-Diplom für Menzikoff datirt vom Jahre 1705, Russischer Fürst wurde derselbe erst 1707.

„ 46 u. 47. **Falkenberg.** Die Herzoge von F. starben erst 1455 aus und es folgten ihnen Herzoge von der Hauptlinie Oppeln im Besitze. Partschal von Reibnitz ist ganz zu streichen, Hans von Logau war 1462 Hauptmann zu F., dasselbe, oder vielleicht Vogteibesitzer, aber nicht Herrschafts-Pfandbesitzer, war schon 1497 Johann von Proskowski. Der erste Pfandbesitzer von F. war 1559 Matthias von Logau, 1560 verschrieb er den Pfandschilling Falkenberg seinen Söhnen Georg, Heinrich und Gotthard und 1567 war Heinrich von L. Pfandherr. Die Herrschaft der von Pückler dauerte etwa von 1578 bis 1616, von da ab bis 1620 war Ernst von Poser Pfandinhaber. Seit 1637 war Siegfried von Promnitz und schon seit 1652 Freiherr Ferdinand von Zerotin Besitzer von Falkenberg. Nach diesen (Weltzelschen) Daten ist der obige Text zu berichtigen.

„ 49. **Frankenberg** gehörte zu einem Theile dem Collegiat-Stifte zum Heiligen Kreuz in Breslau, nicht dem Kreuzstifte zu St. Matthiae daselbst.

Seite 50. **Frankenstein.** Aus Theilen des früher fürstlich Auerspergschen Fürstenthums wurde 1795 eine neue freie Minder-Standesherrschaft Münsterberg-Frankenstein gebildet und dem gräflichen Hause Schlabrendorff verliehen, jedoch ruht gegenwärtig die standesherrliche Würde.

„ 53. **Fraustadt.** Zwei ältere, aber nur kleine Siegel haben gleichfalls Gottvater und die Jungfrau in halber Figur zwischen Andeutungen eines gothischen Portals und unten den Wappenschild. Die Umschriften lauten: ſigillum . Franenſtat... und: ſigillum . cibitatis . Fratenſtat. Ein dem siebenzehnten Jahrhundert angehöriges Siegel hat auch die Vorstellung der Krönung Mariae, unten den Wappenschild, jedoch fehlen die Seitenthürme ganz, die Umschrift lautet: SIGILLVM . CIVITATIS . FRAVNSTAD . SEV . WSCHO.

„ 53. **Freiburg.** Nach Dorst sind die Farben des Stadtwappens: weisser, rothbedachter Thurm im blauen Felde mit goldnen Gestirnen. So soll das Wappen 1839 am Rathhausthurme ausgemalt gewesen sein.

„ 55. **Freihan** war um 1675 im Besitze des Freiherrn Johann Christoph von Nostitz auf Rothenburg.

„ 60. **Freiwaldau** in Oestreichisch-Schlesien ist vom Bischof Thomas 1. (Kozlarogi, 1232 bis 1267) von Breslau gegründet worden, auch sein dritter Nachfolger, Bischof Johann (von Szlumita) nannte 1295 Fr. noch „nostra civitas“. Nachdem darauf die Stadt dem Bisthume verloren gegangen war, kaufte sie Bischof Rudolph (von Rüdesheim) 1468 zurück von der Frau Elisabeth von Nimptsch. (Weltzel.) Bischof Martin von Breslau übernahm 1580 von den Fugger die Bergwerke.

„ 62. **Freudenthal** kaufte Johann von Würben († 1477) am 1450 vom Herzoge Ernst von Troppau. Seine Nachfolger blieben etwa 150 Jahre im Besitze der Herrschaft, verloren sie Ende des sechszehnten Jahrhunderts, erwarben sie nach 1590 zurück, verloren sie aber definitiv beim Anfange des dreissigjährigen Krieges. Im Jahre 1639 wurde Fr. vom Fürstenthume Jägerndorf abgetrennt und durch die Bemühungen des Deutsch-Ordens-Statthalters Georg von Eckershausen genannt Klippel zu einer unmittelbaren Minder-Standesherrschaft erhoben.

„ 64. **Friedeberg a. Qu.** Neuere Abbildungen des Stadtwappens (1841) zeigen sehr deutlich statt des Falken eine Ohreule (Schuhu), einen andern Vogel im Schnabel, vorne das rosenumrankte Kreuz, hinten einen hohen Rosenstock auf dem Rasenhügel, das Feld ist blau.

„ 67. **Friedeck** wurde vom Bischofe von Olmütz, Stanislaus Pawlowski v. Pawlowicz (1579—1598), der die Herrschaft von Georg von Logau (seit 1571) erworben hatte, 1584 an Bartholomäus von Würben verkauft.

„ 70. **Friedland O.-S.** gehörte im funfzehnten Jahrhundert denen von Bierawski, deren Namen in „Beroschinski“ corrumpirt worden ist. Durch den Dlugomil von B., der 1496 Erbherr von Fr. war, Tochter Catharina kam die Herrschaft 1535 an ihren Gatten, den Marschall Caspar Gotsch auf Kynast. Sein Nachkomme Adam Schoff auf Trachenberg und Prausnitz verkaufte Friedland im Jahre 1594 an Curl von Dannwitz. Später kam die Stadt an Christoph von Mettich; es kann auch nur dieses Friedland gewesen sein, welches 1617 der Freiherr Johann Arbogast von Annaberg im Besitz hatte. Die Freiherren von Redern als Herren von Fr. sind wohl zu streichen; 1630 sass bereits Heinrich Wenzel von Nowagk auf Fr. und durch seine Tochter kam die Herrschaft 1677 an die von Burghauss. (Weltzel).

„ 72. **Georgenberg.** Die Farben des kleineren Wappens, der Adlerkralle mit der Berghaue sind

wohl besser schwarz in Silber anzunehmen, da auch in den andern oberschlesischen Städtewappen, die unter Brandenburg-Jägerndorfscher Herrschaft entstanden sind, die Farben
Schwarz-Weiss so auffallend vorwiegen, dass man eine bestimmte Absicht dabei nicht gut ver-
kennen kann.

Seite 76. **Gleiwitz.** Mit dem alten Stadtwappen ist noch ein Siegel vom Jahre 1561 (die Jahreszahl
über dem Wappenschilde) bekannt geworden, bei welchem den frei im Schilde schwebenden,
halben Adler und den breitbedachten Zinnenthurm ein breiterer Zwischenraum trennt. Umschrift: S . CIVITATIS . GLIWITZ.

„ 87. **Goldentraum.** Ein Siegel des Marktfleckens vom Jahre 1675 ist inzwischen ermittelt worden.
Es hat im Wappenschilde den Bergmann ganz en face, in der Rechten den Hammer, in der
Linken das Bergeisen haltend.

„ 89 u. 90. **Görlitz.** Das älteste Siegel (Taf. III, 38) kommt schon von einer Urkunde von 1298
vor. Vom Jahre 1398 ist auch ein kleineres Siegel bekannt, welches den böhmischen Löwenschild über dem Thore der Stadtmauer, zwischen zwei Thürmen schwebend zeigt und die
Umschrift hat: SЄGRЄTVM . Ⱶ . CIVITATIS . GORLICƷ. Einzelne Branchen der
städtischen Verwaltung, so neuerdings die „Servis-Deputation der Stadt G.", führen nur
den Mittelschild des grossen Diplomwappens in ihrem Siegel. Der Name der Stadt kann
auch hergeleitet werden von z Gorlice d. h. ungefähr: Hügelstadt.

„ 94 u. 95. **Grätz.** Schon von 1146 ist ein Kastellan mit Namen, Draslaw, bekannt. König Ferdinand
verpfändete Gr. 1535 an Friedrich von Czettritz und dessen Söhne Friedrich und Adam.
Durch Kunigunde von Cz. kam der (1580 noch nicht eingelöste) Pfandschilling Gr. 1585 an
ihren Gemahl, den Freiherrn Caspar von Proskau († 1603). Im Jahre 1733 kaufte die Herrschaft ein Freiherr von Neffzern, 1777 der Fürst Johann Baptist von Lichnowski; die
Grafen von Mettich scheinen also gestrichen werden zu müssen. Dem Hause Lichnowski,
jetzt dem Fürsten Carl (Maria Faustus Timoleon) gehört die Mediatherrschaft Grätz noch gegenwärtig. (Weltzel). Das Recht eines eignen Siegels soll Herzog Victorin von Troppau
(1472—1484) der Stadt ertheilt haben, die eigentliche Stadtrechte aber erst 1709 durch den
Grafen Erdmann Christoph von Proskau erlangte.

„ 96. **Greiffenberg.** Ein mit der Jahreszahl 1500 versehenes Wappen hat dieselbe Vorstellung,
wie oben beschrieben, jedoch waren daselbst 1838 die Farben anders, nämlich das Feld silbern, der Greif golden und der Ritter blau-geharnischt.

„ 89. **Grottkau.** Zu Ende des siebenzehnten Jahrhunderts gehörte das Rittergut Alt-Grottkau nicht
mehr denen von Hundt, sondern einem Johann Heinrich Haymann von Rosenthal, der 1687
das Fidei-Commiss stiftete. Im Jahre 1784 war eine Frau von Münnich Besitzerin, 1853
aber wurde das Rittergut wegen Zerstückelung in der Matrikel gelöscht.

„ 101. **Grünberg.** Eine Abbildung des Stadtwappens von 1786 zeigt im blauen Felde die rothe
Stadtburg, deren Thorflügel schwarz und weiss gestreift, während das offne Thor ausserdem
noch ein schwarz und weiss gestreifter Schrägbalken verwahrt. Der silberne Helm ist mit
einer Krone bedeckt, der Halbmond golden.

„ 105. **Guttentag.** Ein neuerer Schwarzdruckstempel hat die Umschrift: MAGISTRAT . ZU .
GUTTENTAG ., sonst halbe Rose und halber Adler nebeneinander, wie gewöhnlich, den
Adler nur besonders abscheulich gebildet.

Salte 111. Heinzendorf. Graf Franz Julian von Breda (Brayda) zu Ronsecco und Cornigliano war schon 1681 und noch 1721 Herr von H. Auf den Grundmauern des alten Schlosses, der „Heinzenburg" steht jetzt eine evangelische Pfarrkirche und diese gehört zum Rittergute Neugut, seit 1855 im Besitz eines Herrn Adamson und seiner Familie.

„ **114. Hirschberg.** Ein äusserst sauber geschnittenes Siegel, mit der ganz kleinen Jahreszahl: 1660 unten, hat das volle Wappen und die Umschrift: SIGILL . CIVITAT . HIRSCHBERGEN.

„ **115. Hotzenplotz** war in der That bereits eine Residenz des Bischofs Bruno von Olmütz, 1245 bis 1281. (Weltzel).

„ **116. Hoyerswerda.** Die ersten Herren des Ortes sollen die Grafen von Schwarzburg auf Spremberg gewesen sein, von denen Johann und Günther 1357 das Haus H. mit Zubehör dem Kaiser Carl IV. verkauften. Stadtrecht soll Heinrich Berka von der Duba, 1423 bis 1427, den Bürgern ertheilt haben. Heinrich Anselm von Promnitz (die von Pr. schon seit 1581) verkaufte H. 1602 an einen von Ponickau. Das Stadtwappen soll nach Frenzel, Chronik der Stadt H., dem Familienwappen der Berka von der Duba (zwei schwarze Eichenäste — Duba = Eiche — gekreuzt im goldnen Felde) seine Entstehung zu verdanken haben. Die Richtigkeit dieser Angabe vorausgesetzt, müssten demnach die drei Bäume in schwarze Aeste sich verwandeln und das Feld golden tingirt werden.

„ **118. Hrabin** hat 1760 vom Kaiser Joseph II. Marktrecht erhalten. Ferner ist Folgendes zu ergänzen, beziehungsweise zu berichtigen: die ältesten Herren des Ortes waren die Herzoge von Troppau, von denen Johann denselben um 1370 einem von Nedardek verkaufte. Spätere Besitzer von Hr. waren ein Bitowski von Bitowa, die Krawař von Tworkowski, 1613 ein Krawař von Straswitz, darauf Franz Stibor von Rembawski, seit 1687 die, 1709 in den Grafenstand erhobenen, Herren Mitrowski von Nemysl, denen der Ort bis 1832 gehörte. In diesem Jahre kaufte Ernst Otto Ritter von Badenfeld Hrabin und von ihm neuerdings der Deutsche Ritter-Orden. (Weltzel).

„ **120. Hultschin.** Eine Zeichnung Vossbergs giebt als Stadtwappen allein das herb Kornic (goldnes Schächerkreuz, mit den sogenannten Broden besteckt, auf silbernen Stufen im rothen Felde und bezeichnet es als Familienwappen derer von Sobeck. Auch eine Bestätigung der aufgestellten Hypothese über das richtige Wappenbild.

„ **129. Jauer.** Es ist inzwischen noch ein altes, ziemlich grosses Sekret (von 1432) bekannt geworden, ziemlich mit derselben Vorstellung, wie auf der Taf. V, Nr. 55 abgebildeten, grossen Siegel, nur hat hier der Heilige einen Helm auf dem Haupte und das Ross wendet theilnehmend den Kopf zurück nach der Handlung des Manteltheilens hin. Umschrift: SECRETVM . CIVITATIS . IAWOR.

„ **131. Janernig.** Die städtischen (Wappen-)Farben sollen roth und silbern sein, wonach Widimski's immer unsichere Angaben zu berichtigen wären.

„ **132. Johannesthal** wurde erst 1535 durch den Bischof Stanislaus Thurzó zur freien Bergstadt erhoben, wobei sie das noch übliche Wappen erhielt. Erst von 1577 datirt das Marktrecht des Ortes. Von Johann Pawlowski von Pawlowic (seit 1614) kaufte das Gut J. der Freiherr Georg Maximilian von Hoditz um das Jahr 1635. Derselbe wurde 1641 Graf, seine Nachkommenschaft starb 1739 mit dem Grafen Joseph Thaddaeus von H. aus und im selben

Jahre belehnte der Bischof von Olmütz mit der Herrschaft den Freiherrn Johann Christoph von Bartenstein. Die Familie desselben war noch nach 1829 im Besitze von Johannesthal.

Seite 140.  **Königshütte.** Während des Druckes ist höchsten Orts die Entscheidung über das Stadtwappen getroffen worden: der halbe Adler der rechten Schildeshälfte soll der allgemein schlesische, schwarze im goldnen Felde sein und der Dreihügel in der linken Hälfte fällt fort. Auch soll den Wappenschild die sogenannte Mauerkrone decken.

„ 141. **Kontop.** Man vergleiche in Bezug auf das Schicksal der Gebrüder von Zabeltitz den Artikel Deutsch-Wartenberg, Seite 362.

„ 146. **Kranowitz.** Eine mit der Jahreszahl 1848 versehene Zeichnung Vossberg's hat als Stadtwappen im Schilde einen geharnischten, schwertbewaffneten Arm. Es ist leider nicht ersichtlich, ob diese Vorstellung einem neuern Siegel, oder einer andern Quelle ihren Ursprung verdankt.

„ 147. **Krappitz.** Eine ähnliche Handzeichnung Vossbergs giebt als Stadtwappen nebeneinander, ohne Theilungsstrich ein halbes Rad und eine halbe Lilie (?). Die Persönlichkeit des Gewährsmannes lässt nicht gut an eine Verwechslung der Lilienfigur mit der Adlerfigur denken, unaufgeklärt bleibt aber diese Angabe.

„ 157. **Landeshut.** Das Schloss L. gehörte zu Anfang des sechszehnten Jahrhunderts den Herren von Schömberg. Im Jahre 1516 wurde Johann von Sch. durch Siegmund von Kauffungen ermordet, sein Bruder Carl von Sch. stellte sich darauf an die Spitze aller gegen den gefürchteten Raubritter gerichteten Unternehmungen, gerieth aber darüber selbst in eine, etwa om 1525 beendete, Fehde mit der Stadt Breslau, die ihren Verpflichtungen gegen ihn nicht nachkam. Man vergleiche den Nachtrag zu Lewin. (Perlbach).

„ 160. **Langendorf** führt heutzutage ein Gemeindesiegel, in dem schräg rechts eine Sense schwebt über dem mit niedrigem Korn, oder Graswuchs bestandenen Erdreich. Umschrift: SIEGEL : D : GEM : LANGENDORF, im Abschnitt: TOST-GLEIWITZ | KREISES. Obschon Sensen der slawischen Heraldik nicht ganz fremde sind, so ist in diesem Falle doch schwerlich an einen Zusammenhang mit dem Wappen eines der alten Grundherren zu denken, sondern man kann wohl annehmen, dass das Siegelbild lediglich ein landwirthschaftliches Symbol sein soll.

„ 164. **Leobschütz,** welches schon 1265 vom Könige Ottocar II. einen Wald geschenkt erhalten hatte, bekam von demselben 1270 seine Stadtrechte erweitert und bestätigt. Herzog Nicolaus I. (Notbus) von Troppau musste schon 1279 der Königin-Wittwe Kunigunde weichen, kam nachher wieder vorübergehend zum Besitz, starb aber in der Verbannung. Man vergleiche Troppau, Seite 348.

„ 165. **Lewin.** Bei der Erbtheilung der Söhne des Königs Georg Podiebrad, 1472, erhielt Herzog Heinrich von Münsterberg die Herrschaft Hummel mit L. Derselbe verlieh diese 1477 Hildebrand von Kauffungen, böhm. Kaffang genannt, einem Sohne des bekannten Prinzenräubers Kunz, der 1455, wenige Tage nach dem verunglückten Attentat hingerichtet und dessen ganze Familie in Sachsen geächtet worden war. Hildebrand von K. scheint bald nach 1497 gestorben zu sein, er hinterliess sieben oder acht Söhne, von denen die mehrsten gemeinschaftlich auf dem Schlosse Hummel sassen. Nachdem die Kauffungen bis 1505 in löblieber Weise gewirthschaftet und für die Germanisirung der Gegend, besonders der beiden Städte Lewin und Reinerz gewirkt hatten, fingen zwei der Brüder Siegmund und Kunz im Jahre 1506 aus altem Hass gegen das Haus Sachsen eine Fehde mit demselben an, an der sich später auch die andern Brüder mehr oder weniger betheiligten und in deren Verlauf dieselben mit aller Welt den Frieden brachen und die berüchtigsten Raubritter wurden. Von aller Welt aber auch verfolgt und bedrängt verkauften sie 1513 das Hummelschloss mit der Herrschaft dem Grafen Ulrich von Hardegg, Grafen von Glatz. Erst im Jahre 1534 beschloss der Enkel des Prinzenräubers, Siegmund von K. seine verbrecherische Laufbahn in Wien auf dem Schaffot. Ueber seine Brüder, von denen besonders Kunz und Heinrich schwer mit komprommittirt waren, schweigen alle Nachrichten seit dem Jahre 1516. (Perlbach.)

Das Wappen der von Kauffungen ist ein von Gold und Roth in zweifachem Zickzack quer getheilter Schild, das auch schwerlich das heraldische Motiv zu dem auffallenden Stadtwappen von Lewin gegeben haben kann. Ein Siegel mit der Umschrift: SIGILLVM . CIVITATIS . LEVINENSIS . hat auch drei Reihen Zinnen übereinander. Dagegen hat eine mit 1830 bezeichnete, flüchtige Handzeichnung im Vossbergschen Nachlass: im Schilde eine Thurmruine, unten drei Thoröffnungen nebeneinander, eine Reihe Zinnen in halber Höhe und darüber eine höhere, runde, fensterlose Mauer — vielleicht eine Abbildung des ehemaligen Hummelschlosses, des Landfrieds, aus deren Verstümmelung das jetzige Wappenbild entstanden?

Seite 170. **Liebau.** Die Erbvogtei war bis 1360 herzoglich, seit diesem Jahre gehörte sie auch dem Kloster Grüssau. Ein Stadtsiegel, mit der Jahreszahl 1675 oben, hat den Thurm mit hohem spitzen Dach, zwei wachsende Lilien neben ihm, unten den Fisch und die Umschrift: SIGEL . CIVITATIS . LIBAV . LAB . SVBRA . BOBR ., deren drei letzten, abgekürzten Worte schwierig zu deuten sind. Kretschmer hat irgendwo die Erklärung gefunden: labore subradientis Boberis (zum ewigen Denkmale der Drangsale, welche der Bober veranlasste!?), die wenig befriedigen will. Wahrscheinlich hat ein „sächsischer“ Graveur SVBRA aus SVPRA gemacht. Eine 1852 angefertigte Stadtfahne hat folgende Farben fixirt: oben den Thurm silbern in Roth, unten die Forelle golden in Blau.

171. **Liebenau.** Ein neuerer Siegelstempel des Marktfleckens ist kürzlich in den Besitz des Herausgebers übergegangen. Derselbe ist von auffallend roher Arbeit. Statt der Zinnen ist der Thurm und die Mauer mit Kugeln besteckt, zu beiden Seiten des Krummstabes steht noch je ein Stern, links vom Thurme steht auf der Mauer noch ein spitzer, sechsmal quergetheilter Wappenschild (des zeitigen Abtes von Paradies?), über ihm ein grösserer Stern und ausserdem finden sich im Siegelfelde noch die Buchstaben: S . I . L., deren Bedeutung unklar. Die Umschrift lautet: SIGILLVM . CIVITATIS . LUBINOVIENSIS . 1723.

172. **Liebenthal.** Das ehemalige Klostergut L. kaufte zuerst, im Jahre 1812, Christian Jacob Salice Contessa, der 1825 starb. Das oben angeführte älteste Siegel der Stadt hat auf besser erhaltenen Abdrücken die Jahreszahl 1616 neben dem Heiligen im Siegelfelde.

173. **Liebenwerda.** Nach Bulinski erhielt Kenty 1271 (nach Rzyszczewski und Muszkowski 1277), Auschwitz 1291 und Zator 1292 deutsches Stadtrecht, ersteren das Löwenberger.

177. **Liegnitz.** Das erste Siegel mit dem Schlüsselwappen hat auf dem Schriftbande die, nach einem deutlicheren Abdruck auch bereits Taf. VI, No. 70 wiedergegebene, Umschrift: fecretum . legnitcenfe . (abtrati)ʃ.

Seite 178. **Lissa.** Die ältesten Herren des Städtels L. waren Gysko Reste, dem es König Johann 1330 verkauft, und die Familie Banke, welche es seit 1412 besass. Schon zu Anfang des sechszehnten Jahrhunderts erwarben es die Hörnig's und von diesen schon 1651 Horaz von Forno. Das Matthiasstift in Breslau kaufte L. im Jahre 1733; um die Schuldenlast des Stiftes zu vermindern, verkaufte König Friedrich II., gegen den Willen des Convents, die Herrschaft 1752 dem Freiherrn von Mudrach. Lissa liegt an der Weistritz, die früher Lozna hiess, doch wird der alte Name Lesnice auch von Las, Liés (d. h. Wald) abgeleitet.

„ 179. **Mark-Lissa.** König Wenzel Ottocar von Böhmen gab 1247 die Burg Lesna dem Bischofe von Meissen, ein bischöflicher Kastellan schrieb sich 1264 de Lesna, noch 1268 gehörte die Burg dem Bisthume. Im Jahre 1329 war Lesna bereits ein Marktflecken und gehörte zum Fürstenthume Jauer. Schon im funfzehnten Jahrhundert war Mark-Lissa eine Besitzung derer von Debschütz, so des Christoph von D. † 1496. Der fragliche von Nostitz, 1644, ist jedenfalls zu streichen. Von dem Lieutenant Jung kaufte 1847 ein Kammerherr von Zastrow die Güter, vertauschte sie nachher an den Freiherrn von Badenfeld und erstand sie aus dessen Konkurse zurück. Ein Stadtsiegel mit dem verkehrten Herb Leliwa, wie oben, im Schilde hat die Umschrift: SIGIL . CIVI . MAEGKLISNA.

„ 181. **Loslau.** Der letzte Graf von Dietrichstein auf L. hiess Guidobald Joseph und starb kinderlos 1773. Graf Ernst von Strachwitz starb bereits 1826.

„ 182. **Löwen.** Im Jahre 1301 nannten sich Boguslaw (Graf) von Pogrell und sein Vetter Busewoy von Michelau Erbherren des Städtchens L., auch dem Enkel des Boguslaw, Hans von Pogrell soll dasselbe noch 1409 gehört haben. Die oben genannte Barbara Hoff war die Wittwe des Hans von Schweinichen, der 1434 Pfandherr von L. geworden war. Dieselbe verpfändete L. 1496 an ihre Vettern Caspar und Christoph Hoff und letzterer, genannt Schnorpein, verkaufte die Güter 1504 dem Hans von Proskau. Die von Schweinichen hatten inzwischen ihre Ansprüche auf L. nicht aufgegeben, erst 1522 überliessen sie dieselben dem Freiherrn Adam von Bees, welcher sie 1530 zu realisiren wusste. Caspar von Pannwitz kann alleiniger Herrschaftsbesitzer nur ganz vorübergehend gewesen sein, schon 1606 war Hans Freiherr von Bees wieder Herr von Löwen († 1615). Das angebliche, alte Siegel der Stadt hat wohl nie existirt, nur ein neues mit der auffallenden Umschrift in modernen Buchstaben und der Jahreszahl der Erhebung zur Stadt. Die richtigen Farben des Wappens sollen sein: goldner, wachsender Löwe über grünem Dreihügel im blauen Felde. Die Angabe Ehrhardts, dass es ein städtisches Siegel gegeben habe, darin „ein Schloss mit einer Kirche", dürfte nicht so unwahrscheinlich sein, als sie klingt, es mag das Wappenbild derer von Pogrell gewesen sein und ausgesehen haben, wie das Stadtwappen von Grottkau.

„ 185. **Löwenberg.** Das alte grosse Stadtsiegel war noch 1458 im Gebrauche. Nach Sotorius hat das Taf. XI, Nr. 150 abgebildete, defecte Siegel die Umschrift: ſigillum . ſcabinorum . hærebitariorum . lewenbergenſium . und das Gerichtssiegel: ſ . iudiciſ . curiæ . et . ſcabinorum . lewenbergend. Ein Siegel mit dem neuen, behelmten Stadtwappen hat die Umschrift unten rechts anfangend: S . MAIVS . CIVITATIS . LEOBERGENSIS.

„ 188. **Löwenstein** gehört jetzt, 1869, dem kön. sächs. Minister von Carlowitz.

„ 192. **Lublinitz.** Es existirt ein Schöppensiegel von 1590 (Umschrift: SIGIL . SCABINORVM . LVBN, neben dem Schilde: 90.), das einen Wappenschild enthält, dessen untere Hälfte das

heutige Stadtwappen zeigt, während in der obern sich das Wappen der Freiherren von Kochtitzki, wachsend, präsentirt, nämlich Hals und Kopf eines Reihers, einen Fisch im Schnabel.
Damit fällt natürlich die Hypothese in Bezug auf die Sterne des Garnier'schen Wappens.

Seite 194. **Michelau.** Die alten Herren „von Michelau" waren eines Stammes mit denen von Pogrell auf Löwen. Das Kloster Kamenz hat, nach Schönwälder, M. schon 1715 gekauft. Die
Gemeinde Michelau kaufte das Klostergut vom k. Fiskus 1813.

„ 204. **Muskau.** Die ältesten Herren des Ortes scheinen sich nach ihm genannt zu haben, so 1249
Theodorich de Muscov. Im Anfange des vierzehnten Jahrhunderts gehörte derselbe denen
von Ileburg (Eulenburg) auf Senftenberg. Von ungefähr 1425 bis 1437 sassen die von
Penzig auf M., 1452 kaufte die Herrschaft der oben schon genannte Wenzel von Bieberstein auf Forsta und Triebel. Diese Linie der Herren von B., die Sorauer, starb 1551 mit
Christoph von B aus. Fürst Hermann von Pückler-Muskau verkaufte die Standesherr-
schaft 1845 an einen Grafen von Nostitz und zwei Grafen von Hatzfeldt, welche dieselbe
im nächsten Jahre dem Prinzen Wilhelm Friedrich Carl der Niederlande wieder verkauf-
ten. Das älteste bekannte Siegel der Stadt hat den wilden Mann innerhalb eines gotbischen
Portals stehen und dieser hält in der Linken den Biebersteinschen, gekrönten Helm mit der
Hirschstange, Umschrift: secretum . cuuitatis . muskab. Im Pücklerschen Wappen ist aus der
Hirschstange ein grüner Tannenzweig geworden.

„ 213. **Naumburg a Qu.** Eine Abbildung vom Jahre 1783 zeigt das Thurmgebäude ohne die beral-
dischen Thierfiguren, auf schilf- und rohrbewachsenem Boden stehend, oben begleitet von
zwei Rosen.

„ 214 u. 215. **Neisse.** Ein bemerkenswerthes, mittelgrosses Siegel von 1432 hat im schräge gegitterten Felde den St. Johannes Baptista stehend, mit Nimbus, in der Linken die Scheibe mit
dem Gotteslamm, mit der Rechten auf sie hinweisend. Unten, zu beiden Seiten seiner Füsse
steht je eine Lilie. Umschrift: S' . OONSVLVM . ET . SOABIRORVM . D' . RYSZ.
Taf. XI, 152. Das im Text beschriebene und Taf. VII, 88. abgebildete, ungefähr gleichzei-
tige Gerichtssiegel hat doch, wie ein besser erhaltener Abdruck ergeben, den bärtigen Kopf
des Täufers, nicht den unbärtigen des Apostels Johannes. Das eben daselbst erwähnte, para-
bolische Siegel ist aber nicht, wie versprochen, bisher eingegangen.

„ 225. **Nicolai** wird 1287 schon eine „alte Stadt" genannt, Erbherr zu dieser Zeit war Johann von
Grabic. Im Jahre 1375 nahm Herzog Ladislaw von Oppeln Pless und N., welche Städte
er vom Herzog Johann von Ratibor gekauft, vom Kaiser Carl IV. zu Lehn. 1525 gehörten
beide Städte dem Johann Thurzó von Bethlemfalva. (Weltzel). Die Seite 226 in Bezug auf
das älteste und richtige Stadtwappen ausgesprochene Vermuthung ist durchaus bestätigt worden durch einen inzwischen aufgefundenen Siegelstempel aus dem funfzehnten Jahrhundert,
von dem durch Dr. Luchs ein Abdruck eingeschickt worden ist. Derselbe ist abgebildet
Taf. XI, 153 und zeigt im Vierpass den alten Stechhelm mit dem schlesischen Pfauenfederbusch, aus dem oben noch ein Reiherfederbusch hervorragt, entweder nur um den Raum oben
auszufüllen, vielleicht auch als zeitweises heraldisches Abzeichen jener oberschlesischen Herzogslinie. Der Pfauenfederbusch ist in charakteristischer Weise mit langen, am Ende umgebogenen Nadeln auf dem Helme befestigt. Umschrift: sigunm . cuuitat(i)s . mykulow. Dieses
Siegel ist ganz neuerdings in einem genau dem alten nachgebildeten Stempel von der Stadt
N. wieder angenommen worden.

Seite 229. **Oderberg.** Von Herzog Johann von Oppeln, der 1521 Oderberg vom Herzoge Valentin geerbt hatte, erwarb die Herrschaft Markgraf Georg von Brandenburg, dem 1545 sein Sohn Georg Friedrich in den oberschlesischen Besitzungen folgte.

„ 231. **Odran.** Unter den ältern Grundherren ist nachzutragen: 1641 Freiherr Johann von Viens. Anderweite Nachrichten lassen die, inzwischen gefürsteten, Lichnowski's noch 1766 und 1786 Odran besitzen.

„ 233. **Olbersdorf.** Georg von Stosch lebte noch 1455, seine Nachkommen blieben noch längere Zeit im Besitze von O. Auf Adolph Mrakota folgte Ernst Mrakota um 1498.

„ 238. **Oppeln.** Ein paar ältere Abbildungen geben übereinstimmend das halbe Kreuz des Stadtwappens golden in Roth an, untereinander aber abweichend den halben Adler schwarz im rothen und auch im goldnen Felde.

„ 239. **Ottmachau.** Eine ältere Handzeichnung tingirt den Thurm schwarz.

„ 242. **Patschkau.** Es ist ein Siegel aus dem funfzehnten Jahrhundert nachzutragen, mit dem Adler auf dem Sprachbande, ziemlich wie Taf. VIII, No. 102, die Umschrift aber heisst: ♰ . confitin . in . pacʒkaw.

„ 253. **Priebus.** Nach einer alten Zeichnung sind die Thürme roth in goldnem Felde.

„ 265. **Reichenbach.** Schon 1356 kommt Ravolt von Gyrhartsdorf (Gersdorff) als Herr von R. vor. Das oben beschriebene, älteste Siegel der Stadt hat die Umschrift: ♰ . cibium . in . rychenbach.

„ 271. **Reinerz.** Man vergleiche den Nachtrag zu Lewin über die Besitzverhältnisse der Herrschaft Landfried von 1477 bis 1513. Im Jahre 1705 ertheilten die Brüder Heinrich und Hans von Kauffungen in Vormundschaft ihrer jüngern Brüder der Stadt R. einen Bestätigungsbrief ihrer Freiheiten und Rechte.

„ 274. **Rosswald** gehörte schon in der ersten Hälfte des dreizehnten Jahrhunderts dem Bisthume Olmütz. Im Jahre 1255 erhielt Truchsess Herbort die Burg Fulstein, von der er den Namen annahm, und R. zu Lehn, † 1266. Seine Nachkommen lassen sich bis 1310 auf R. verfolgen, darauf treten die, wahrscheinlich stammverwandten Herbort von Traberg als Besitzer des Ortes auf. Die Mutter des ersten Sedlnicki, Wenzel, der 1480 R. besass, soll nach Wolny eine geborne von Fulstein, nach Sinapius eine Freiin von Rziczan gewesen sein. Im Jahre 1620 wurden diese Güter denen von Sedlnicki konfiszirt und vom Bischof-Cardinal Franz, Grafen (spätern Fürsten) von Dietrichstein seinem Neffen, dem Grafen und spätern Fürsten Maximilian von Dietrichstein verliehen, der sie 1630 dem Freiherrn (1641 Grafen) Georg (Maximilian) von Hoditz verkaufte. Die Gemahlin des letzten Grafen von H. Sophie, verwittwete Markgräfin von Brandenburg-Bayreuth, war eine geborne Herzogin von Sachsen-Weissenfels. Von 1778 bis 1790 stand R. unter landesherrlicher Administration behufs der Ablösung der darauf haftenden Schulden, theilweise auch um später zur Dotirung eines beabsichtigten, neuen Bisthums zu Troppau zu dienen, wurde aber in letzterem Jahre dem Erzbisthume O. als böhm. Afterlehn zurückgegeben und im nächsten Jahre an den Ritter von Badenfeld verkauft. Seine Nachkommen wurden 1825 in den Freiherrenstand erhoben.

Seite 275. **Rothenburg a/O.** Schon 1264 kommt ein Christian von Rothenburg auf R. urkundlich vor.

Seite 277. **Rothenburg a. N.** war bis 1607 im Besitze derer von Nostitz, in diesem Jahre verkaufte Hartwig von N. die Herrschaft an Melchior von Recherßberg, den 1616 sein Sohn, Freiherr Balthasar von R. beerbte. Seit 1620 saß Friedrich von Salza auf R., das er 1651 an Samuel von Horn verkaufte. Diesem folgte 1660 sein Sohn, Freiherr Carl Christoph von Horn, der um 1675 starb. Darauf kaufte die Herrschaft, die er seit 1673 schon pfandweise inne hatte, Freiherr Johann Christoph von Nostitz auf Freihan, aus dem Hause der alten Erbherren von R., er wurde 1680 meuchlings erschossen. Sein Nachfolger Freiherr Christoph von N. verkaufte R. 1686 an Hans Heinrich I. Grafen von Hochberg-Fürstenstein. Graf Hans Heinrich II. von H. veräusserte Rothenburg 1710 an Gottfried Schneider, der die Herrschaft im Jahre darauf allodifiziren liess und 1740 starb. Sein Erbe und Schwiegersohn, Caspar Christian Henrici starb bereits 1744. Dessen Wittwe, Christiane Elisabeth H., geborne Schneider, ehelichte 1748 Johann Gottlob Pannach. 1751 wieder verwittwet, blieb sie im Besitze der Güter bis 1764. In diesem Jahre kaufte Ernst Andreas von Meyer zu Knonow († 1795) R., welches er 1782 wieder an Johann Christian Friedrich von Eicke verkaufte. Der Herr von E. († 1808) verkaufte die Güter 1790 dem Grafen Friedrich Aloys von Brühl, † 1793, dessen Wittwe, Josepha geborne Gräfin von Schaffgotsch dieselben 1796 an Christian Friedrich von Schrickell veräusserte. Letzterer († 1835) blieb bis 1804 im Besitz, ihm folgten darin 1804 bis 1805 Henriette verwittwete von Kölichen, geborne von Kroekow, 1805 bis 1806 Graf Ernst Heinrich von Hagen, 1806 bis 1829 Friedrich Johann August Erdmann von Kutzschenbach, 1829 bis 1840 Friedrich Heinrich Ernst († 1834) und sein Sohn Carl Friedrich Rudolph Körber, 1840 Wigand Adolph von Gersdorff, der Freiherr wurde und das Majorat stiftete. Ein Siegel mit der Jahreszahl 1698 im Siegelfelde hat den Thurm mit breitem Dach, an den Ecken mit Knöpfen besteckt und die Umschrift: SIGILL . DER . STADT . ROTHENBVRG. Die Farben sollen sein roth im blauen Felde, goldne Knöpfe, die Blumenzweige werden ausdrücklich als unwesentliche Zuthat bezeichnet. (Der verdächtige Siegelstempel, dessen Wappenbild oben gegeben ist, könnte, wenn sich nachweisen liesse, dass er einem alten Originale seine Entstehung verdankt, die Vermuthung erwecken, dass die beiden Baumäste mit dem Wappen allerältester Grundherren, der von der Duba (?) im Zusammenhange stünde, ähnlich, wie es bei Hoyerswerda der Fall sein soll.

„ 280. **Ruhland.** Eine mit der Jahreszahl 1709 versehene Handzeichnung giebt die Farbe des Feldes, auf dem der Doppeladler liegt, als roth (!) an.

„ 306. **Schweidnitz.** Ein Siegel mit dem Schweine liegt jetzt in einem Abdruck schon vom Jahre 1432 vor. Es ist grösser, als das beschriebene Sekret von 1440, die beiden S fehlen, dafür ist das Siegelfeld mit Blumenranken damaszirt, die Umschrift heisst: sigillum . minus . civitatis . swidnic.

„ 310. **Seidenberg.** Otto Ferdinand Leopold, Sohn des 1769 in den Grafenstand erhobenen, 1689 verstorbenen, Otto von Nostitz verkaufte die Standesherrschaft 1693 an Hans Haubold von Einsiedel. Hofmann führt als Stadtwappen auf einen quergetheilten Schild, oben das Brustbild des Erzengels Michael mit der Monstranz, unten ein Schild mit der Hirschstange, Dorst giebt allein das Biebersteinsche Wappen als städtisches.

„ 326. **Strehlen.** Bemerkenswerth ist auch noch ein Taf. XI, Nr. 160 abgebildetes Vogtssiegel von

1531. Im runden, gegitterten Siegelfelde ein spitzer Schild, in dem drei Beine in das Dreieck gestellt sind (bekanntes slawisches Werb), Umschrift: S . RESQOIIS . EDVOGETI . I . STRELIN.

Seite 331. **Striegau.** Eine Handzeichnung mit der Jahreszahl 1830 zeigt das Stadtwappen (am dortigen Rathhause): im Schilde Schlüssel und Schwert gekreuzt, mit Helm und Helmdecken und dem Wappenbilde als Helmzier wiederholt.

„ 339. **Teschen.** Nach dem Tode des Herzogs von Sachsen-Teschen, 1822, war der nächste Besitzer des Fürstenthums Erzherzog Carl von Oestreich.

„ 341. **Tost** wurde 1791 vom Grafen August von Posadowski an den Grafen (?) Adolph von Eichendorff und 1797 von dem Freiherrn von Eichendorff dem Grafen Franz von Gaschin verkauft. (Schles. Prov.-Blätter, 1797). Abraham Guradze erwarb Tost 1842.

„ 346. **Trebnitz.** Auch von dieser Stadt ist ein interessantes Vogtssiegel von 1321 nachzuholen, abgebildet Taf. XI, Nr. 161. Es ist dreieckig, im Schilde ein Vogel (Hahn? Pfau?), oben begleitet von zwei Sternen, einem kleinen und einem grossen. Die Umschrift lautet: S . NI-COLAI . ADVOGATI . DE . TREBNITZ. Das Menschenhaupt des kleinen Stadt-Wappens wird auch als das des Täufers Johannes bezeichnet. Die Stadtfarben sind gelb und blau, das Feld also richtiger blau anzunehmen.

„ 351. **Tropplowitz** wird durch das Hermannstädter Wasser, auch die Tropplowitza genannt, in zwei Theile getheilt, den östreichischen und den preussischen. Das Wappenbild wird auch, aber schwerlich richtig, beschrieben: eine Harke und eine Axt gekreuzt über einem Hügel.

„ 352. **Gross-Tschirnau.** Das Rittergut Nieder-Tschirnau gehörte früher lange Zeit denen von Cziru. Den Geschwistern von Cz. kaufte 1391 ein N. N. Karthoe Tsch. ab. Jacob von Cziru verkaufte Ober-Tschirnau 1430 an Magnus von Label, 1492 verkaufte Christoph von L. das Gut dem Burggrafen Heinrich jun. zu Dohna. Hedwig Helene von Stosch war vermählt mit Hans Friedrich von Schweinitz und ihre Tochter, die den Herrn von Lesswitz heirathete, hiess Ursula Elisabeth von Schw. † 1719.

„ 367. **Polnisch-Wartenberg.** Das früher nur aus der Beschreibung bekannte Schöppensiegel ist Taf. XI, Nr. 162 nach einem Abdrucke von 1499 abgebildet worden. Statt der „Röschen" sollte es in der Beschreibung heissen: Der Mann steht auf pflanzenbewachsenem Erdreich, die höchsten Pflanzen enden oben eher in Trauben, oder Sonnenblumen, als in Rosen. Auch lautet die Umschrift richtig: ſ . ber . ſtat . ſcheppin . czu . wartſrberg.

„ 375. **Wilhelmsthal.** Eine mit der Jahreszahl 1830 versehene Handzeichnung giebt die Farben so an: zwei goldne Schrägbalken in Roth (ohne die Buchstaben), das W. silbern in Roth.

„ 378. **Wittichenau.** Das Wappen des Convents von St. Marienstern ist ein roth und silbern geschachter Sparren im blauen Felde.

Anmerkung. Die Siegelzeichnungen sind nicht sämmtlich nach Originalabdrücken, oder guten Abgüssen, sondern auch nach Kretschmerschen Zeichnungen gemacht, der seinerseits wieder ältere Abbildungen von verschiedenem Werthe kopirt hat. Auf Taf. II, Nr. 20 sind durch die dünnen und zu stark angefeuchteten Umdruckpapiers ein paar Buchstaben ausgefallen und aus Versehen nicht rechtzeitig ergänzt worden. Sonstige unbedeutende Abweichungen einzelner Buchstaben der Umschriften von den im Text aufgeführten dürften sich für Kenner alter Siegel von selbst entschuldigen.

Register der Ortsnamen.

Alba Aqua: Weisswasser.
Alberti villa: Olbersdorf.
Albrechtice: Olbersdorf.
Albrechtsdorf: Olbersdorf.
Altenburg: Altenberg.
Aureomons: Goldberg.
Aurum: Goldberg.
Bahronica: Bauerwitz.
Rahornw: Bauerwitz.
Bardau: Wartha.
Bardom: Wartha.
Barosw: Bohrau.
Barleslavia: Bunzlau.
Bavarow: Bauerwitz.
Bawrob: Bauerwitz.
Bela: Zülz.
Bélowes: Wagstadt.
Benesowe: Benisch.
Benciow: Benoschau.
Benishaw: Benneschau.
Benisium: Benisch.
Bentschia: Henisch.
Beroldivilla: Bernstadt.
Berolstadt: Bernstadt.
Beuthom: Beuthen O/S.
Biala: Weisswasser.
Bialobricrie: Beuthen O/S.
Bialy: Zülz.
Bierna: Pitschen.
Bierau: Beran.
Bierutow: Bernstadt
Bjla: Bielitz.
Bilic?: Bielitz.
Bilowec: Wagstadt.
Birdo: Wartha.
Bistrice: Habelschwerdt.
Bithom: Beuthen O/S.
Bohumin: Oderberg.
Boleslaw: Bunzlau.
Boleslawecz: Bunzlau.
Bolkowitz: Polkwitz.
Borec: Grossberg.

Boriovo: Bohrau.
Borkum: Grossberg.
Borzolawice: Borislawitz.
Botan: Beuthen O/S.
Brege: Brieg.
Brido: Wartha.
Brunothal: Freudenthal.
Brzeg: Brieg
Brzieg: Dybersforth.
Balcoui fauum Bolkenhain.
Bautzel: Bunzlau.
Burdo: Wartha.
Bothom: Beuthen O/S.
Bycen: Pitschen.
Bythom: Beuthen O/S. u. a/O.
Byzina: Pitschen.
Camin: Steinau.
Capricolli: Ziegenhals.
Carnovia: Jägerndorf.
Casuchow: Freistadt.
Ceregnium: Neukirch.
Chladezcha: Glatz.
Choczenau: Kotzenau.
Choale: Cosel.
Chrysopolis: Herrnstadt.
Chrselitz: Kl.-Strehlitz.
Cirquich: Zirkwitz.
Civitas dominorum: Herrnstadt.
Cladaco: Glatz.
Clacsibor: Creuzberg.
Cocxemplora: Kostenbluth.
Cocxkomaul: Zuckmantel.
Costinlot: Kostenbluth.
Coxla: Cosel.
Coxemlot: Kostenbluth.
Coronowia: Kotzenau.
Crxphowicz: Kruppitz.
Crosstau: Krossen.
Crozna: Krossen.
Crocxburch: Creuzburg.
Cunsinstat: Constadt.
Capri Fodina: Kupferberg.

Cazeau: Kotzenau.
Cyginhals: Ziegenhals.
Cyrrovisa: Zirkwitz.
Czerequicz: Zirkwitz.
Czirkiew: Zirkwitz.
Czobotha: Zobten.
Czoblaw: Zobten.
Czodicz: Zauditz.
Czulchow: Zöllchau.
Czulz: Zülz.
Cayma: Tschirnau.
Demiliche: Militsch.
Dobrisia: Guttentag.
Dobrodzień: Guttentag.
Drssky: Juliusburg.
Duenie: Heinerz.
Ebersteltig: Borislawitz.
Edelstadt: Zuckmantel.
Engelstadt: Engelsberg.
Engelsthal: Engelsberg.
Eulendorf: Friedeberg.
Falkoberga: Falkenberg.
Ferlond: Friedland.
Fraecherc: Frankenberg.
Freiberg: Freiburg.
Freienwalde: Freiwaldau.
Freyno: Freihan.
Friedrichsfeld: Hundsfeld.
Frodreisau: Breslau.
Froudenthal: Freudenthal.
Frowenstadt: Fraustadt.
Pryenstat: Freistadt.
Fürstenthal: Constadt.
Fyrljad: Friedland.
Gablonkow: Jablunka.
Gauerajk: Jauernig.
Georgenech: Jauernig.
Gleibitz: Gleiwitz.
Gliwice: Gleiwitz.
Glogowek: Ober-Glogau.
Globrich: Leobschütz.
Gobeau: Köben.

Gora: Guhrau.
Gorslitz: Görlitz.
Gorena: Guhrau.
Gorny-Glogow: Ober-Glogau.
Gorzowa: Landsberg.
Gosszes: Geschütz.
Goszysa: Geschütz.
Gouri: Guhrau.
Gradicz: Grätz.
Grodcavichi: Grottkau.
Grodez: Grätz.
Grathkow: Grottkau.
Grunixberg: Grünberg.
Gryphisberga: Greifenberg.
Gudsberg: Gottesberg.
Guldentraum-Goldentraum.
Hagenow: Haynau.
Halbe: Halbau.
Hartenberg: Festenberg.
Havilawerde: Habelschwerdt.
Hayn: Haynau u. Rothenhain.
Heiduk: Königshütte.
Heltzen: Hultschin.
Honerswerde: Hoyerswerda.
Hildschin: Hultschin.
Hirshbergh: Hirschberg.
Hlwicz: Gleiwitz.
Hlubezyce: Leobschütz.
Holobohe: Mühlbach.
Horlice: Görlitz.
Hradecz: Grätz.
Hradeh: Wünschelburg.
Hwopezyow: Leobschütz.
Janetorph: Johannesthal.
Janow: Johannesthal.
Jantal: Johannesthal.
Janerne: Jauernig.
Javar: Jauer
Javoria: Janer.
Javorowo: Jauernig.
Kaben: Köben.
Kamena: Steinau.

27*

Kanthy: Lisbenwerda.
Karlowice: Carlsmarkt.
Karnowo: Jägerndorf.
Katowice: Kattowitz.
Katschera: Katscher.
Kecser: Katscher.
Ketrž: Katscher.
Kettre: Katscher.
Ketzendorf: Carlsmarkt.
Kietrza: Katscher.
Kingsberg: Königsberg.
Kirnow: Jägerndorf.
Kladcko: Glatz.
Klein-Berlin: Borislawitz.
Klinkowice: Königsberg.
Klodcko: Glatz.
Kobin: Köben.
Kontopie: Kontop.
Koperberg: Kupferberg.
Kostemplots: Kostenbluth.
Kotzen: Kotzenau.
Kotzplots: Kostenbluth.
Koźle: Cosel.
Kosnchow: Freistadt.
Krapkowice: Krappitz.
Krenowic: Kranowitz.
Kronow: Jägerndorf.
Krolewska Hutha: Königshütte.
Krzenowice: Kranowitz.
Kulow: Wittichenau.
Kumptop: Kontop.
Könsberg: Königsberg.
Konzenstadt: Constadt.
Landishuthia: Landeshut.
Leben: Löwen.
Lebynsteyn: Löwenstein.
Leguicism: Liegnitz.
Lehenberg: Löwenberg.
Leisna: Mark-Lissa.
Lempergh: Löwenberg.
Leobschutium: Leobschütz.
Leoberga: Löwenberg.
Leopolis: Löwenberg.
Leorinum: Löwenberg.
Leovinia: Lewin.
Leowalla: Liebenthal.
Lesna: Lissa.
Lesna: Mark-Lissa.
Lesnich: Lissa.
Lesnicia: Leschnitz u. Lissa.
Leupere: Löwenberg.
Leveoice: Lewin.
Lewin: Löwen.
Lewisberg: Löwenberg.
Libenow: Liebenau.
Lioba: Löben.
Lischwitz: Leobschütz.
Lissaw: Mark-Lissa.

Lüben: Löwen.
Loblin: Lublinits.
Lobyn: Löben.
Lesnica: Leschnitz.
Losslow: Loslau.
Löwenthal: Liebenthal.
Luba: Lüben.
Lubanum: Lauban.
Lubavia: Liebau.
Lubczyce: Leobschütz.
Lubens: Leubus.
Lubethala: Liebenthal.
Lubenski: Lublinits.
Lublißi: Leubus.
Lubie: Lüben.
Lublin: Lublinits.
Lubschitz: Leobschütz.
Lovan: Lauban.
Lycssnica: Leschnitz.
Lynda: Neustättel.
Mala Berlina: Borislawitz.
Maly-Glogow: Ober-Glogau.
Meczylesse: Mittelwalde.
Messlowitz: Myslowitz.
Melbog: Mühlbach.
Melicz: Militsch.
Mesebohr: Medzibor.
Metwald: Mittelwalde.
Miastecho: Städtel.
Miasterako: Georgenberg.
Michalowo: Michelau.
Micolow: Nicolai.
Miczdzibore: Medzibor.
Mielicz: Militsch.
Mieysca: Städtel.
Mikulan: Nicolai.
Milicium: Militsch.
Milith: Militsch.
Misacvice: Myslowitz.
Moska: Muskau.
Mühlbock: Mühlbach.
Munsterberch: Münsterberg.
Muiskow: Muskau.
Myslosowice: Myslowitz.
Namcalow: Namslau.
Namislavia: Namslau.
Nemecka-Cerekwe: Neukirch.
Nemcein: Nimptsch.
Nemodlin: Falkenberg.
Nemtsche: Nimptsch.
Neoforum: Neumarkt.
Neuenburg: Naumburg.
Neuenrodt: Neurode.
Neustatett: Neustädtel.
Neustädtel: Neustädtel.
Neustädtel: Wilhelmsthal.
Neustädtel: Goldentraum.
Newenmark: Neumarkt.
Nielsdorff, Nicolstadt.

Nicopolis: Nicolai.
Niemcay: Nimptsch.
Niemodlin: Falkenberg.
Nimchi: Nimptsch.
Nimiz: Nimptsch.
Nissa: Neisse.
Nova Catholica: Neukirch.
Nova civitas: Neustädtel.
Nova civitas: Neustadt.
Nova Ecclesia: Neukirch.
Novum castrum: Naumburg.
Novum forum: Neumarkt.
Nowinrode: Neurode.
Nueabore: Naumburg.
Numborch: Naumburg.
Nuwenburg: Naumburg.
Nuyenrod: Neurode.
Nyclosdorph: Nicolstadt.
Nysa: Neisse.
Odry: Odrau.
Oenopolis: Winzig.
Olavia: Ohlau.
Olesznica: Oels.
Olessno: Rosenberg.
Olienznie: Rosenberg.
Oliesda: Lissa.
Olobok: Mühlbach.
Olsna: Oels.
Opau: Troppau.
Oppavia: Troppau.
Oppawice: Trupplowitz.
Oppolia: Oppeln.
Opal: Oppeln.
Oseblov: Rosenplotz.
Osseoblavia: Hotzenplotz.
Osswacim: Auschwitz.
Osweotinia: Auschwitz.
Ottmächow: Ottmachau.
Owras: Auras.
Oswiccim: Auschwitz.
Oyest, Ujest.
Ozobloga: Hotzenplotz.
Paczchow: Patschkau.
Parrchowitz: Parchwitz.
Parrewitz: Parchwitz.
Pasqua: Peiskretscham.
Pasquica: Peiskretscham.
Patzkow: Patschkau.
Pczin: Pitschen.
Pencin: Beanich.
Persigh: Dyhernfurth.
Peyssenobreschia: Peiskret-
    scham.
Piscovia: Peiskretscham.
Piskowits: Peiskretscham.
Pissinbreczim: Peiskretscham.
Pitscina: Pitschen.
Plesana: Pless.

Plisschae: Pless.
Plocheslau: Pless.
Pojerojce: Hoyerswerda.
Pokoyu: Carlsruhe.
Preba: Priebus.
Premilkaw: Primkenau.
Prilanc: Frankenberg.
Priluc: Frankenberg.
Primcke: Primkenau.
Primicavia: Primkenau.
Primislavia: Primkenau.
Prisig: Dyhernfurth.
Prnduik: Neustadt.
Pruskóv: Proskau.
Prusira: Prausnitz.
Prusko: Proskau.
Przewoz: Priebus.
Prsiegh: Dyhernfurth.
Pschibus: Priebus.
Pszczyna: Pless.
Pylchowice: Pilchowitz.
Psepole: Hundsfeld.
Racibora: Ratibor.
Radkow: Wünschelburg.
Radek: Wünschelburg.
Radmercy: Radmeritz.
Rawsko: Rausse.
Raudena: Raudten.
Rassao: Rausse.
Rebanik: Rybnik.
Reczu: Rützen.
Regia Ustrina: Königshütte.
Reinharts: Reiners.
Reorena: Rützen.
Resina: Michelau.
Ribalcy: Rybnik.
Roland: Ruhland.
Rotimburg: Rothenburg.
Rottenberg: Rothenburg.
Roswalda: Rosswald.
Rodisdorf: Rodelstadt.
Rndas: Raudten.
Rudolphswald: Rosswald.
Ruske: Rausse.
Rychenbach: Reichenbach.
Rycein: Rützen.
Rynhavrz: Reiuerz.
Rahat: Zobten.
Saber: Saabor.
Sambice: Münsterberg.
Saxsinkowits: Kieferstädtel.
Sauderwitz: Zauditz.
Saursu: Sohrau.
Savou: Schawoine.
Schomborg: Schömberg.
Schmidborg: Schmiedeberg.
Schosnischova: Kieferstädtel.
Schümrich: Schömberg.

Register der Familiennamen.

Jablunau.   Leuber   Rawthal.   Glatz. Habelschwert. Königsberg. Landeck.   Canth.   Löwen.   Löwen.

Löwenberg.   Nathau   Leobschütz   Freiwaldau   Auras.   Wohlau.   Stroppen.

Schweidnitz   Schweidnitz.   Schweidnitz.   Greiffenberg.   Würbenthal   Mittelwalde.   Landsberg.

Hirschberg.   Hirschberg.   Brunn.   Brunn.   Rosswald.   Schmiedeberg.   Parchwitz.

Haudsfeld.   Mirkelau.   Ziegenhain   Oosel.   Schömberg.   Oels.   Peterkhau

Oels.   Namslau.   Beuthen a. O. Breslau. (fr. Glogau. Pless.   Goldberg.   Namslau.   Reichenstein.   Silberberg.

Beuthen O.-S. Leobschütz. Pless   Rothenburg a. O.   Breslau.   Kuhland   Kuhland   Görlitz.   Falkenberg.

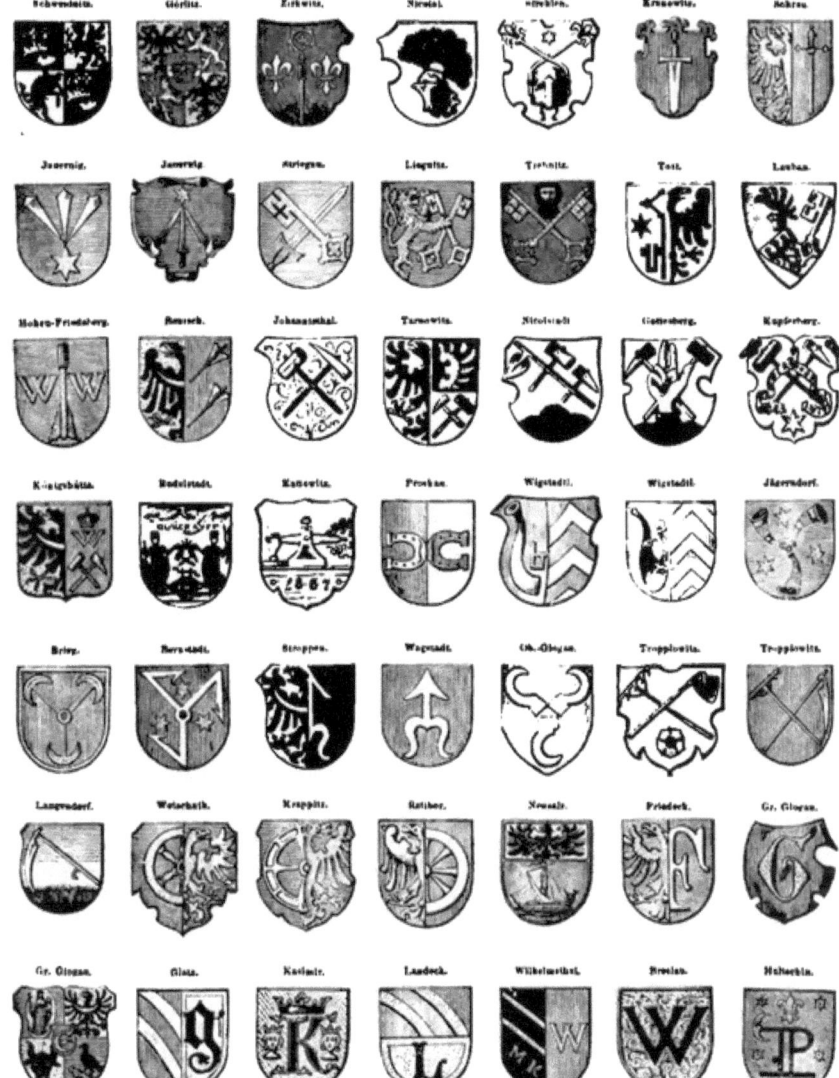

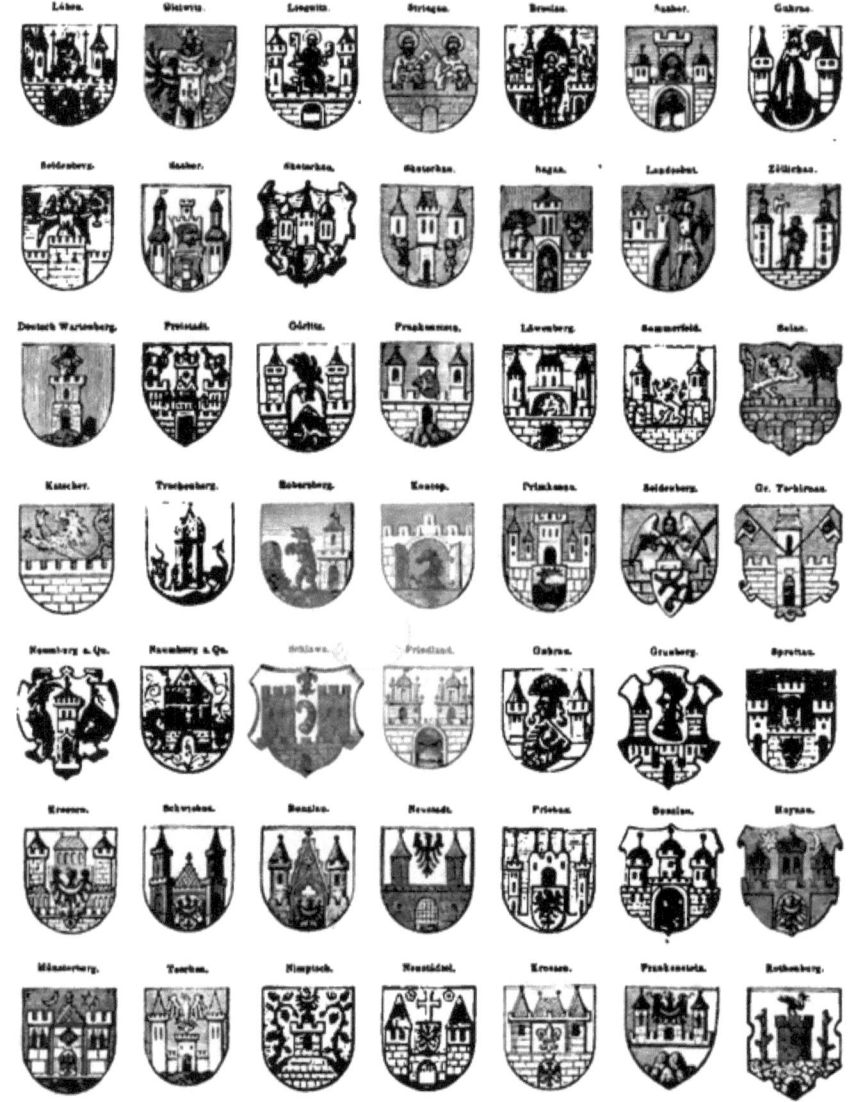

Druckfehler.

Seite 2 Zeile 7 von unten lies: 1493, statt: 1593.

„ 9 „ 8 u. 9 von oben lies: Znane, statt: Jenne.

„ — „ 12 von oben lies: im Besitze von, statt: im Besitze.

„ — „ 7 von unten lies: **Benisch**, statt **Benisch**;

> Dieselbe fettere Schrift hätte auch Statt haben sollen bei **Dyhernfurth** pag. 44, **Engelsberg** pag. 45, **Freiwaldau** in Oestreich. Schlesien pag. 50, **Freudenthal** pag. 63, **Halbau** pag. 107, **Jablunka** pag. 123, **Johannesthal** pag. 131, **Königsberg** pag. 140 und **Landsberg** pag. 159.

„ — „ 11 von oben lies: Schellenberg, statt: Schellendorff.

„ 12 „ 6 „ unten „ hiebei wird, statt: hiebei.

„ 21 „ 9 „ „ „ Redern, statt: Rhedern.

„ 26 „ 11 „ „ „ nach Ritschen (Recen) verlegt, statt: nach Rötsen (Ritschen) verlegt.

„ 27 „ 16 „ „ „ 1761, statt: 1262.

„ 30 „ 18 „ „ „ Georg Wilhelm, statt Wilhelm.

„ 41 „ 4 u. 5 von oben lies: Ober-Glogau, statt: Ober-Gleiwitz, auch ist der freiherrliche Titel des Hans Saurma zu streichen, desgleichen Seite 63, Zeile 20 von unten.

„ — „ 13 von unten lies: Schlosshauptmann, statt: Stadthauptmann.

„ 50 „ 11 u. 12 von unten lies: Auersperg, statt: Auersberg.

„ 55 „ 6 von unten lies: Willamowitz, statt Willamowitz.

„ 61 „ 20 „ oben „ 1863, statt: 1857.

„ 67 „ 9 „ „ „ 1571, statt 1471.

„ 67 „ 19 „ unten „ Frydek, statt: Frydeck.

„ 104 „ 11 „ oben „ Herzog Bernhard, statt: Boleslaw.

„ — „ 13 „ unten „ Dzbachlz, statt: Demblitz.

„ 131 „ 2 u. 18 von unten u. Seite 132, Zeile 5 von oben lies: Johannesthal, statt: Johannisthal.

„ 154 „ 15 von unten lies: Guttenstetten, statt: Guttensletten.

„ 161 „ 10 „ oben „ Magnus Ludwig von Schack (von Wittenau), statt: Ludwig Magnus von Sebeck.

„ 186 „ 4 „ „ „ leoberr, statt: leweaberr.

„ 198 „ 10 „ „ „ 1536, statt 1634.

„ 203 „ 19 „ unten „ den Buchstaben, statt: Buchstaben.

„ 219 „ 12 „ oben „ lies: das alte, statt: alte.

„ 222 „ 8 „ unten „ mit, statt: mabat.

„ 223 „ 7 „ „ „ Stachern, statt Nechern.

„ 252 „ 19 „ „ „ Hakeborn, statt: Hakenborn.

„ 260 „ 13 „ „ „ einem weissen, statt: weissen.

„ 265 „ 14 „ „ „ und links, statt: und.

„ 300 „ 22 „ oben „ Grüntheilung, statt: Grundtheilung.

„ 366 „ 18 „ unten „ Borchard, statt: Borchhard.

Beuthen OS

Beuthen O S

Senitz.

Breslau

Aurae

Bolkenhayn

Breslau

Breslau.

Breslau.

Bunzlau

Canth

Creuzburg

Frankenstein

Canth

Frankenstein

Conradt

Freistadt ⁰/₂

Fraustadt

Creuzburg

Freistadt ⁰/₂

Freistadt ⁰/₂

Freistadt ⁰/Str.

Bunzlau

Glatz

28.

Glatz

30.

Glogau

34.

Glogau

38.

Gorlitz.

33.

Glogau

37.

Goldberg

34.

Glogau

32.

Glogau

36.

Goldberg.

35.

Ober Glogau

41. Grünberg

39. Görlitz

42. Guhrau

40. Grottkau

47. Haynau

43. Guhrau

44. Guhrau

49. Haynau

48. Haynau

45. Haynau

46. Hohenschwerdt

Jaue... ...

aaugaa

kasimir

Jauer

...auen

Fr...

...andshut

...oppitz.

Jauer

...andeshut

Kro'sen

Landeshut

Löwenberg

Luben

Lüben

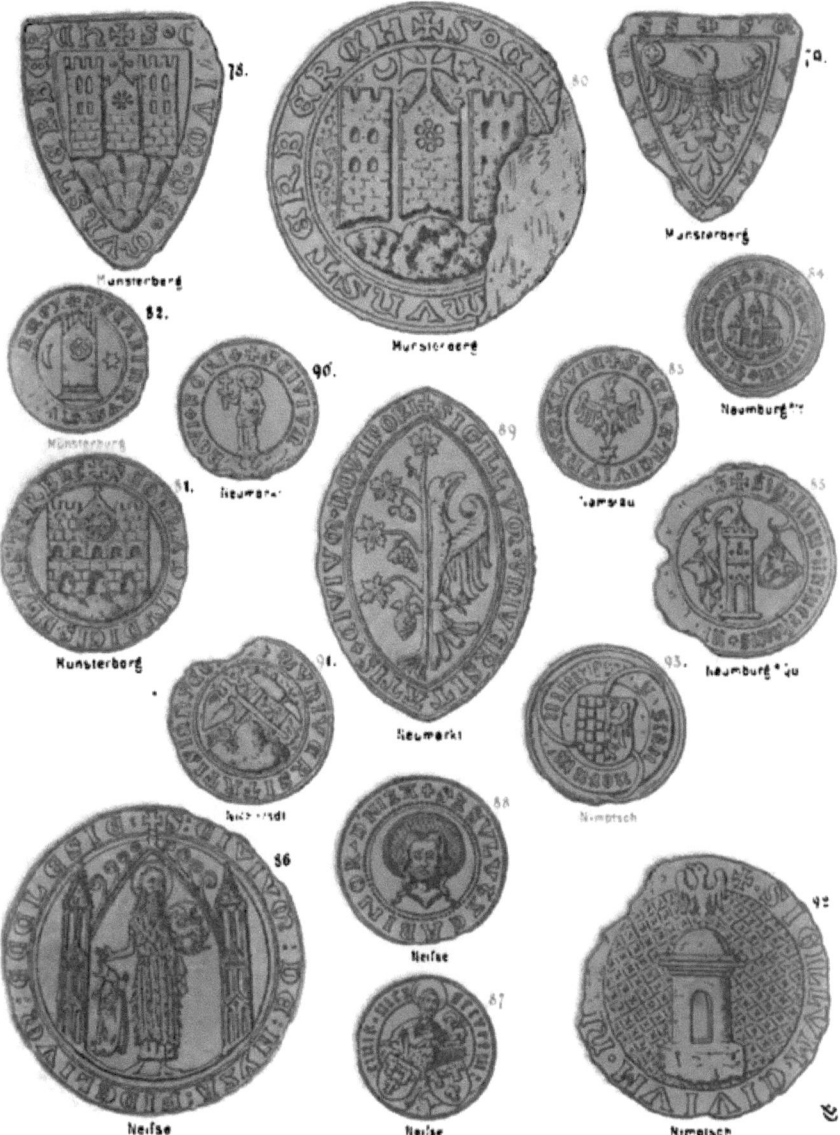

78.

Munsterberg

80.

Munsterberg

79.

Munsterberg

82.

Münsterberg

90.

Neumarkt

84.

Neumburg

85.

Lampau

81.

Kunsterborg

89.

Neumarkt

86.

Neumburg *gu

91.

Neustadt

93.

Nimptsch

86.

Neiſse

88.

Neiſse

87.

Neiſse

92.

Nimetsch

46.

98.
Öls

99.
Oppeln

108.
Reichenbach

97.
Öls

95.
Ohlau

100.
Oppeln

101.
Militschau

105.
Prausnitz

104.
Pitschen

94.
Ohlau

103.
Peiskretschen

102.
Patschkau

106.
Polewitz

109.
Rosenberg

107.
Ratibor

Schweidnitz

Schweidnitz

Schweidnitz

Sagan

Schweidnitz

Sprottau

Sagan

Schweidnitz

Sprottau

Sprottau

Schmiedeberg

Steinau

Strehlen

Strehlen

Bye

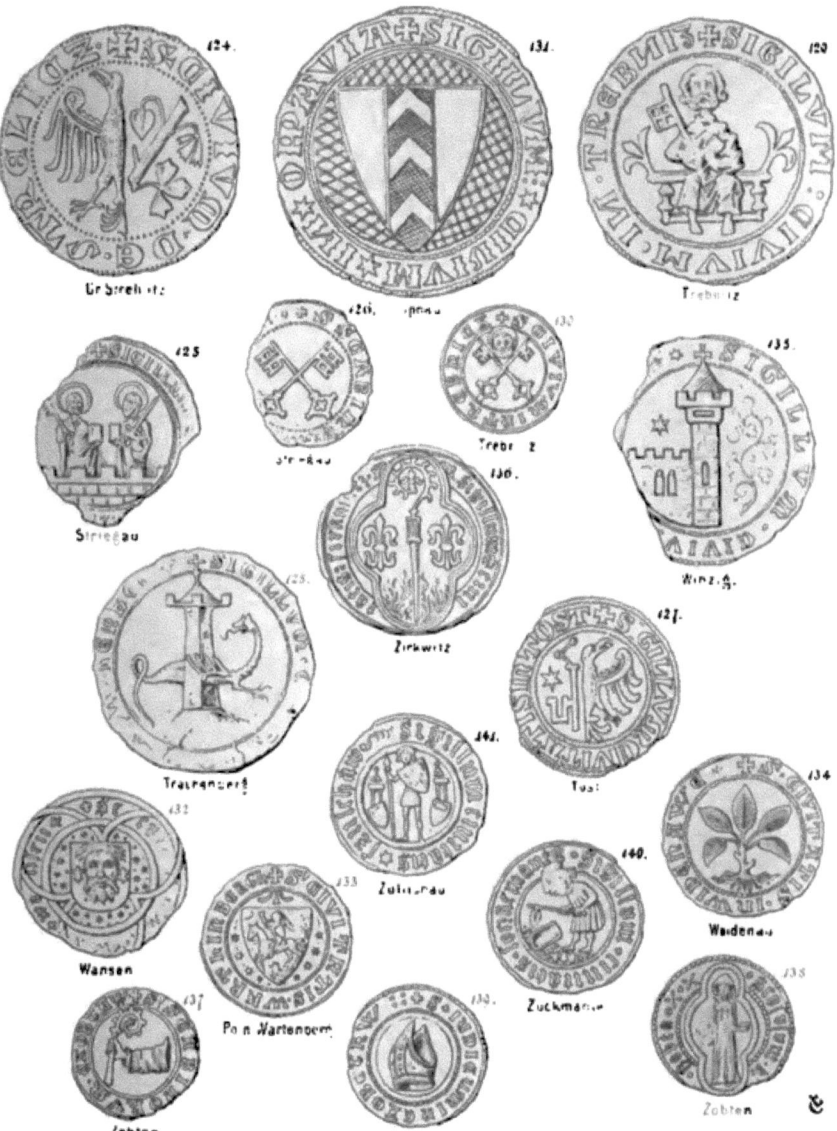

124. Ür Streh itz

134.

129. Trebnitz

125. Striegau

126. Stre au

130. Trebnitz

135. Winz A.

128. Traurnsdorf

136. Zirkwitz

127. Tost

132. Wansen

141. Zülsdrau

133. Po n Wartenberg

140. Zuckmantel

134. Weidenau

137. Zobten.

139. Zobten.

138. Zobten

Beuthen OS Breslau Canth Gross Glogau Ober Glogau

Goldberg Canhau [illegible] [illegible]

Luben Neisse [illegible] [illegible]

[illegible] [illegible] [illegible] Poln.Wartenberg

Sagan [illegible] [illegible] Steinau

Trebnitz